权威·前沿·原创

皮书系列为
"十二五""十三五"国家重点图书出版规划项目

江苏蓝皮书
BLUE BOOK OF JIANGSU

2017年
江苏经济发展分析与展望

ANALYSIS AND PROSPECT ON ECONOMIC
DEVELOPMENT OF JIANGSU (2017)

主　编 / 王庆五　吴先满

社会科学文献出版社
SOCIAL SCIENCES ACADEMIC PRESS (CHINA)

图书在版编目(CIP)数据

2017年江苏经济发展分析与展望 / 王庆五,吴先满主编 . -- 北京:社会科学文献出版社,2017.7(2018.3重印)
(江苏蓝皮书)
ISBN 978 - 7 - 5201 - 0631 - 3

Ⅰ.①2… Ⅱ.①王… ②吴… Ⅲ.①区域经济发展 - 研究报告 - 江苏 - 2017 Ⅳ.①F127.53

中国版本图书馆 CIP 数据核字(2017)第 070970 号

江苏蓝皮书
2017年江苏经济发展分析与展望

主　　编 / 王庆五　吴先满

出 版 人 / 谢寿光
项目统筹 / 任文武
责任编辑 / 王玉霞

出　　版 / 社会科学文献出版社·区域与发展出版中心 (010) 59367143
　　　　　 地址:北京市北三环中路甲29号院华龙大厦　邮编:100029
　　　　　 网址:www.ssap.com.cn

发　　行 / 市场营销中心 (010) 59367081　59367018
印　　装 / 北京京华虎彩印刷有限公司

规　　格 / 开 本:787mm × 1092mm　1/16
　　　　　 印 张:25.75　字 数:388千字
版　　次 / 2017年7月第1版　2018年3月第2次印刷
书　　号 / ISBN 978 - 7 - 5201 - 0631 - 3
定　　价 / 128.00元

皮书序列号 / PSN B - 2017 - 636 - 1/3

本书如有印装质量问题,请与读者服务中心 (010 - 59367028) 联系

▲ 版权所有 翻印必究

本书编委会

主　　任　王庆五

副 主 任　吴先满

委　　员　(以姓氏笔画为序)
　　　　　包宗顺　孙克强　吴　群　张远鹏　陈　柳
　　　　　胡国良　章寿荣

主　　编　王庆五　吴先满

主要编撰者简介

王庆五 2017年3月起任江苏省人民政府参事室主任，曾任江苏省社会科学院党委书记、院长，教授。兼任中国科学社会主义学会常务理事、中国政治学会理事、江苏省科学社会主义学会会长、江苏省政治学会副会长。江苏省有突出贡献中青年专家，享受国务院特殊津贴。国家行政学院兼职教授，江苏省委政策研究室特约研究员，江苏省马克思主义中国化研究中心特聘研究员。主要研究方向为当代中国社会主义理论及发展、全球化条件下的社会主义理论及实践等。

迄今主持完成国家级课题1项、省部级课题10余项；出版专著10余部，在《求是》、《当代世界与社会主义》、《马克思主义研究》、《江海学刊》等发表论文100余篇，数十篇论文被《新华文摘》、《高等学校文科学术文摘》、人大复印资料等全文转载；获省部级一等奖3项、二等奖3项、三等奖1项。

吴先满 现任江苏省社会科学院党委委员、副院长，经济学二级研究员，金融学博士生导师。江苏省经济学会副会长兼秘书长，中国社会科学院研究生院等单位兼职教授。江苏省有突出贡献中青年专家，中共江苏省委决策咨询专家库成员，江苏省人民政府研究室特约研究员，江苏省财政厅特聘财经顾问。长期致力于社会主义经济与金融问题研究。

迄今主持和参加国家和江苏省社科基金项目、中宣部委托研究课题等重要课题30多项，在《中国社会科学·未定稿》、《光明日报》、《经济日报》、《金融时报》、《江海学刊》等报刊杂志发表论文300多篇，出版独著、合著、编著30多部。有19项成果分别在全国和江苏省获得哲学社会科学优秀成果一、二、三等奖等省部级奖和精神文明建设"五个一工程"奖等重要奖项，有40多项成果获得包括省委书记、省长在内的省部级领导重要批示或转化为江苏省省级决策文件，有2项成果上报中央领导研究参考。

摘 要

《江苏经济社会形势分析与展望》蓝皮书是江苏省社会科学院组织编写的江苏年度发展报告，从1997年起开始编写，一直延续到现在。为深化对新常态下江苏的经济、社会、文化问题的研究，从2015年开始，江苏省社会科学院决定将《江苏经济社会形势分析与展望》蓝皮书分为经济、社会、文化3卷本，并于2016年开始出版3卷本。

作为江苏经济形势分析与展望的蓝皮书，旨在分析当年的江苏经济运行情况，预测下一年度的江苏经济形势，提出相应的对策、思路与建议。本书是对2016年即"十三五"开局之年、供给侧结构性改革之元年江苏经济运行的分析和对2017年即中共江苏省第十三次党代会开局之年、"十三五"规划实施的重要一年、深化供给侧结构性改革之年江苏经济形势的预测与政策建议。本书的研究报告大体分为六个部分。第一部分即总报告，是对江苏经济形势的总体研究，突出对深化供给侧结构性改革、增强江苏经济发展优势的研究；第二部分为转型升级篇，是对江苏经济转型升级的分析研究；第三部分为改革开放与创新篇，是对江苏经济改革开放与创新的研究；第四部分为城乡经济发展篇，是对江苏城乡经济发展的分析研究；第五部分为区域经济发展篇，是对江苏区域经济协调发展的分析研究；第六部分为分市报告篇，是对泰州、连云港、南通三市2016年经济运行情况的分析及对2017年发展的预测研究。以期这些研究报告能为相关部门制定经济发展政策提供一定的借鉴与参考。

目 录

Ⅰ 总报告

B.1 深化供给侧结构性改革　增强江苏经济发展优势
　　——2016年江苏经济运行分析与2017年经济形势预测及对策
　　……………………… 王庆五　吴先满　陈　柳　方维慰
　　　　　　　　　　　李　洁　周　睿　李　慧 / 001

Ⅱ 转型升级篇

B.2 江苏海洋特色经济研究 ……………………… 刁化功 / 017
B.3 江苏经济发展内生动力优化研究 …………… 张　超 / 026
B.4 江苏互联网文娱产业的前景机遇与发展对策 … 李　洁 / 035
B.5 "新常态"下苏南集体经济的现状及未来展望 … 沈　于 / 042
B.6 江苏养老产业的新发展及国际经验的借鉴 …… 刘　远 / 052
B.7 江苏外贸稳增长的难点与对策研究 ………… 曹晓蕾 / 062
B.8 江苏开放型经济发展的内生动力研究 ……… 陈思萌 / 071
B.9 人民币深度国际化下江苏企业"走出去"战略研究
　　……………………………………………… 张　莉 / 079

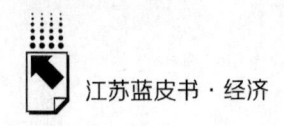

B.10 江苏扩大民间投资的难点和对策 …………………… 陈　涵 / 089
B.11 国内外互联网平台经济发展经验借鉴 ………………… 王德华 / 100
B.12 江苏互联网金融发展的问题和对策 …………………… 丁敏雯 / 111
B.13 江苏"互联网＋"企业的发展与支持政策研究 ……… 肖　平 / 121
B.14 江苏科技服务业的新进展、新问题和新对策 ………… 顾丽敏 / 132
B.15 江苏县域经济绿色发展的问题与对策 ………………… 战炤磊 / 143
B.16 江苏实体零售企业发展面临的挑战与应对策略 ……… 曹小春 / 153

Ⅲ 改革开放与创新篇

B.17 供给侧结构性改革背景下重构江苏经济竞争优势研究
　　　 ……………………………………………………… 吕永刚 / 161
B.18 开发区转型升级创新发展与体制机制改革研究 ……… 王　维 / 169
B.19 民生共享理念下江苏开放型经济创新与发展研究 …… 李　洁 / 178
B.20 江苏制造业的"供给侧"问题及出路 ………………… 黎　峰 / 189
B.21 扩大开放优势，提升江苏创新的国际化水平 ………… 李思慧 / 199
B.22 江苏战略性新兴产业的商业模式创新研究 …………… 王树华 / 211
B.23 江苏推广复制自贸区经验的对策研究 ………………… 周　睿 / 222
B.24 江苏借鉴国际经验集聚高端要素的政策研究 ………… 杜宇玮 / 231
B.25 多措并举消除江苏民营企业家重重顾虑 ……………… 陈清华 / 242

Ⅳ 城乡经济发展篇

B.26 江苏居民消费需求的新特点、新变化 ………………… 李　慧 / 251
B.27 江苏农业标准化的成效、难点与对策建议 …………… 金高峰 / 262
B.28 江苏省土地规模流转的现状特征、发展思路及对策研究
　　　 ……………………………………………………… 高　珊 / 272
B.29 江苏省农业现代化进程与发展对策研究 ……………… 吕美晔 / 283

B.30 江苏如期完成脱贫致富奔小康工程的重点、难点及对策
　　………………………………… 张立冬　周春芳　赵锦春 / 293
B.31 江苏财政政策促进城乡一体化研究 ……………… 顾纯磊 / 302

Ⅴ　区域经济发展篇

B.32 江苏参与长三角城市群一体化发展的路径研究 ……… 徐春华 / 312
B.33 江苏参与"一带一路"建设新进展及分析 …………… 张远鹏 / 321
B.34 江苏塑造区域协调发展新格局的路径分析 …………… 方维慰 / 329

Ⅵ　分市报告篇

B.35 泰州市2016年经济运行情况分析及2017年发展预测
　　………………………………………………………… 朱菊萍 / 338
B.36 连云港2016年经济运行情况分析及2017年发展战略
　　调整建议 ……………………………………………… 薛继坤 / 349
B.37 南通2016年经济运行情况分析及2017年发展预测
　　………………………………………………………… 刘冬明 / 364

Abstract ……………………………………………………………… / 372
Contents …………………………………………………………… / 374

皮书数据库阅读 **使用指南**

总报告

General Report

B.1
深化供给侧结构性改革 增强江苏经济发展优势

——2016年江苏经济运行分析与2017年经济形势预测及对策

王庆五 吴先满 陈柳 方维慰 李洁 周睿 李慧*

摘　要： 回顾2016年，江苏经济运行基本保持稳定，主要经济指标均符合预期，供给侧结构性改革取得显著成效。展望2017年，江苏面临的外部环境有所好转，但不确定因素仍然较多，尤其需要防范金融和房地产领域的潜在风险。预计2017年江苏经济增长将保持在8%左右。2017年江苏省要继续深化推进供给侧结构性改革，大力振兴实体经济，优化区域发展布局，

---

* 王庆五，江苏省人民政府参事室主任，原江苏省社会科学院党委书记、院长，教授；吴先满，江苏省社会科学院党委委员、副院长，研究员；陈柳，江苏省社会科学院《现代经济探讨》杂志主编，研究员；方维慰，江苏省社会科学院财贸研究所研究员；李洁，江苏省社会科学院经济研究所助理研究员；周睿，江苏省社会科学院区域现代化研究院副研究员；李慧，江苏省社会科学院经济研究所助理研究员。

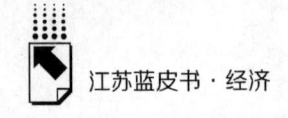

提高开放型经济水平，聚力创新，聚焦富民，为全面建成更高水平的小康社会打下坚实的基础。

关键词： 经济增长 供给侧 改革 实体经济 江苏

在以习近平为核心的党中央坚强领导下，江苏省委、省政府共同带领全省人民攻坚努力，2016年江苏经济运行稳定，稳中有进，稳中向好，全年经济能够实现年初的预期目标，增长8.1%，与此同时，经济结构持续调整改善。特别是2016年，江苏认真贯彻落实中央作出的供给侧结构性改革重大战略决策，全年"三去一降一补"的年度任务顺利完成，江苏供给侧结构性改革取得积极成果。当前，江苏经济的下行压力依然存在。2017年，是江苏"十三五"规划实施的重要一年，也是深化推进供给侧结构性改革的重要之年。展望2017年，江苏经济发展的国际环境严峻，但是国内环境会有渐次的改善，综合考虑国际、国内多方面因素的作用，我们预期2017年江苏经济增长率为8.0%，虽然比2016年有些回落，但是仍然保持在江苏经济增长的合理区间。问题的关键在于，江苏要贯彻2016年底召开的中央和全省经济工作会议精神，坚持稳中求进的总基调，深入推进江苏供给侧结构性改革，聚力创新，聚焦富民，推动江苏经济的转型升级和新旧动能转换，着力提高江苏经济增长的质量与效益，增强江苏经济发展优势，并努力实现江苏居民收入与经济增长大体协调的增长，夯实江苏经济增长的民生基础。

一 2016年江苏经济运行情况及主要特点

（一）经济运行的基本情况

1. 经济增长保持稳定

前三季度，江苏实现地区生产总值55281.46亿元，同比增长8.1%

（预计全年增长8.1%），增速比上半年回落0.1个百分点，较上年同期回落0.4个百分点。与鲁、沪、浙、粤四省市相比，江苏GDP增速位居首位，总量仅次于广东（57061.17亿元）。从年初政府工作报告提出的全年增长7.5%~8%的目标来看，圆满实现了既定目标。

2. 工业生产平稳增长

1~9月，全省规模以上工业实现增加值25962.5亿元，同比增长7.8%，与上半年持平，较一季度小幅回升0.1个百分点，年内总体保持平稳增长趋势，增幅高于全国1.8个百分点，与周边省市比较，江苏工业增速分别高于山东、上海、广东、浙江工业1.1个、9.3个、1.1个和1.2个百分点。前三季度，江苏省战略性新兴产业实现销售收入3.6万亿元，同比增长10.5%，增速高于全省规模以上工业平均水平3.9个百分点，是拉动全省工业增长的重要支撑力量。

3. 投资结构持续优化

前三季度，江苏完成固定资产投资34897.97亿元，同比增长8.5%，较上半年回落1.2个百分点，较上年同期回落2个百分点。与鲁、沪、浙、粤四省市相比，江苏投资总量位居第二，仅次于山东（36860.78亿元）；投资增速仅高于上海（6.4%），低于广东（12.3%）、山东（10.7%）和浙江（11.1%）。其中，全省完成第三产业投资17352.9亿元，同比增长8.2%，占全部投资总量的49.7%；全省完成基础设施投资5393.49亿元，同比增长7.8%。中国港澳台地区及外商投资明显加速，1~9月，全省完成中国港澳台地区及外商投资3454.87亿元，同比增长19.0%。江苏完成民间投资24178.9亿元，同比增长8.7%，增速比全国高6.2个百分点，比东部地区高1.6个百分点，投资总量仅次于山东，占全国的比重达9.2%，占东部地区的比重达20.5%。

4. 消费平稳较快增长

1~9月，江苏实现社会消费品零售总额20880.4亿元，同比增长10.8%，增速比上半年提高0.2个百分点，比上年同期提高0.8个百分点。与鲁、沪、浙、粤四省市相比，总量低于广东（25465.26亿元）、山东

(21853.7亿元），高于浙江（15614.4亿元）、上海（8024.6亿元）；增速仅低于浙江（10.9%），高于广东（10.1%）、山东（10.2%）和上海（7.9%）。2016年江苏消费的特点是消费升级趋势明显，新型消费快速增长。2016年前三季度，全省网上零售额3049.1亿元，同比增长37.8%。居住类商品消费增长加快，限额以上批零业五金电料类、家具类和建筑及装潢材料类分别实现零售额190.7亿元、153.8亿元和434.4亿元，同比分别增长22.3%、18.4%和15.7%。

5. 科技创新能力不断提升

江苏区域创新能力连续8年位居全国第一。1~9月，江苏发明专利受理量136767件，总量全国排名第一位，同比增长33.8%。发明专利授权数35690件，同样位居全国第一，同比增长46.6%。2016年8月，省政府发布了《关于加快推进产业科技创新中心和创新型省份建设若干政策措施》（简称"四十条政策"），其中包括完善创新型企业培育机制、打通科技成果转移转化通道、加大政府引导和支持力度等七个方面，破除了创新的机制障碍，有助于推动江苏省创新能力的进一步提升。

6. 城乡居民收入增长与经济增长基本同步

1~9月，全体居民人均可支配收入为24366元，同比增长8.5%，增速比江苏地区生产总值高0.3个百分点。其中，城镇常住居民人均可支配收入30592元，同比增长7.9%；农村常住居民人均可支配收入13345元，同比增长8.5%，高于城镇居民收入增速。

（二）供给侧结构性改革的成效

2016年年初以来，江苏省认真贯彻落实中央关于供给侧结构性改革的重大战略决策部署，召开全省供给侧结构性改革工作会议，出台系列政策，推进供给侧结构性改革，完成"三去一降一补"的年度五大任务，取得了积极成果。

1. 去产能

2016年4月，省政府发布了《关于供给侧结构性改革去产能的实施意见》，初步确定当年退出和压减煤炭产能600万吨，压减钢铁（粗钢）产能400万吨、水泥产能380万吨、平板玻璃产能300万重量箱，化解船舶产能330万载重吨。以2015年产品产量为基准，原煤、粗钢、水泥、平板玻璃、船舶2016年要化解的产能分别占2015年产品产量的31.3%、3.6%、2.1%、6.5%和15.1%。据统计，前三季度，全省水泥、平板玻璃、民用钢质船舶产量同比分别下降1.7%、14%、23.8%，煤炭、钢铁、船舶分别完成全年去产能计划的97%、71.8%和43%，去产能取得积极进展。全年的去产能任务得以完成。

2. 去库存

省政府发布的《关于供给侧结构性改革去库存的实施意见》提出，深化户籍制度改革，有效释放农业转移人口城镇购房需求；不断提升城市宜居性，更好地满足居民购房需求等去库存十大举措，要求到2016年底，江苏各地市商品房去化周期原则上不超过20个月。9月末，全省商品房待售面积同比增长4.5%，增速较6月末回落4.7个百分点；8月末，全省规模以上工业企业产成品存货同比增长0.1%，低于销售收入增速6.6个百分点，去库存进程明显。

3. 去杠杆

省政府发布的《关于供给侧结构性改革去杠杆的实施意见》提出，2016年非金融企业直接融资占社会融资规模比重提升，达到28%左右，法人银行机构并表和未并表的杠杆率不低于4%、资本充足率和拨备覆盖率不低于监管指标要求，法人证券公司净资本与负债的比例不低于8%、法人期货公司负债与净资产的比例不高于150%，法人保险公司偿付能力基本符合"偿二代"标准，小额贷款公司、融资性担保再担保公司、融资租赁公司杠杆率符合行业监管要求，按期完成当年政府存量债务置换计划。同时，还提出了发展股权融资，降低非金融企业杠杆率等重点举措。1~8月，全省非金融企业直接融资占社会融资规模的比重达26.73%，较上年同期提高8.84个百分点；8月末工业企业资产负债率52.82%，较上年同期下降1.28个百分点；年内已发行江苏省政府置换债券2555.1484亿元，全部用于置换地方

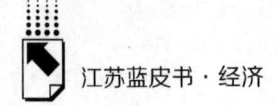

政府存量债务。实体经济部门和金融部门杠杆水平有所降低。

4. 降成本

2016年2月26日，省政府出台了《关于降低实体经济企业成本的意见》，提出合理降低企业用工、物流成本，进一步降低用能、用地成本，有效降低企业融资成本，切实减轻企业税费负担，着力降低制度性交易成本等五方面32条措施。为了减轻企业税费负担，江苏省取消、停止、减免、清理、规范了有关行政事业性收费项目，如暂停征收防洪保安资金，取消网络计量检测费、粮油储存品质鉴定检验费、政府定价管理的经营服务性收费项目等。自2016年起，一般工商业及其他用电类别电费下调至3.12分/千瓦时，降低用电成本，鼓励商业银行对符合条件的小微企业贷款给予优惠利率支持，降低企业融资及制度性交易成本。1~8月，全省规模以上工业企业每百元主营业务收入中的成本为86.48元，同比减少0.25元。

5. 补短板

2016年，省政府出台的《关于供给侧结构性改革补短板的实施意见》提出，启动实施基础设施、民生保障、公共服务、脱贫攻坚、现代农业五大领域"补短板专项工程"，重点推进200个重大项目，总投资2.8万亿元。其中，"十三五"期间投资2.1万亿元，2016年投资4000亿元。据统计，全省公共安全、社会保障和就业、医疗卫生、城乡社区事务等财政支出同比增幅均超过20%。民生投入保持强劲增势，前三季度，全省公共管理、社会保障和社会组织固定资产投资同比增长32%，文化、体育和娱乐业投资增长15.1%，卫生投资增长13.9%，均高于全部投资增速。

（三）经济运行的风险及不利因素

1. 对外贸易仍然低迷

1~9月，江苏省实现外贸进出口24394亿元，同比下降2.7%，占同期我国进出口总值的13.9%。其中出口15314.6亿元，下降0.9%；进口9079.4亿元，下降5.5%。从出口市场看，江苏对美国、欧盟、日本、东盟出口分别下降4.1%、2.9%、9.3%和2.3%。与鲁、沪、浙、粤四省市相比，江苏对外贸易进出口总额虽然位列第二，但与第一位广东（44865.9亿美元）差距较大，降幅在五省市中最大，达2.7%。

2. 投资持续下滑

前三季度，投资增速8.5%，较二季度继续下滑。前三季度工业投资增速8.6%，较二季度下降2.3个百分点；基础建设投资增速7.8%，较二季度下降5.8个百分点；房地产开发投资增速7.0%，较二季度下降1.1个百分点。江苏省房地产市场存在三、四线城市去库存和重点城市房价泡沫双重压力，重点城市的楼市调控政策可能导致未来房地产投资继续下滑，而基础建设投资增长空间较为有限，会对未来投资增长继续产生不利影响，可能会影响经济平稳运行。

3. 实体经济困难仍然比较大

由于处于去产能和转型升级的关键时期，受市场需求疲弱、用工成本上升等因素影响，工业企业生产经营困难仍然较大。尽管近期部分周期性产品价格持续上涨，但也带来下游企业成本大幅提升。1~9月，江苏工业企业应收账款净额18456.58亿元，同比增长9.1%，比上半年提高1.8个百分点，比主营业务收入高2.3个百分点，企业仍面临资金周转的困难。

二　2017年江苏面临的国内外经济环境分析

（一）国外经济总体处于弱势复苏状态

2016年世界经济预期增速仅为3.1%，不仅低于1980~2015年的历史均值3.5%，还低于2008~2015年的危机均值3.3%。全球经济增长明显弱于预期，IMF年内三次下调全球经济增长预期，累计降幅达0.5个百分点。WTO同样下调2016年全球货物贸易量增速至1.7%，低于2015年的2.8%。世界经济增长缓慢的直接原因在于主要经济体无法有效提升全要素生产率，经济增长主要依赖资本投入的扩张，而资本投入的刺激效应正在衰减，导致全球经济增长中枢正在缓慢下移。此外，英国脱欧公投、欧洲难民危机、土

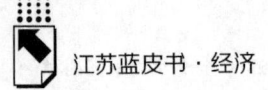

耳其政变、美国总统大选等事件层出不穷，加剧了世界经济走势的不确定性。

欧、美、日等发达经济体经济总体表现：较低经济增长、较弱通胀和相对改善的就业状况。主要新兴经济体中仅中国和印度经济增长符合预期，中国在国际经济领域中的地位继续提升。委内瑞拉、巴西等资源型经济体主要表现为轻度经济衰退，出现较严重的通货膨胀和严峻的就业状况，南非和埃及等不少发展中国家陷入经济衰退。2015年以来，发展中国家贸易增长率首次低于发达国家贸易增长率。由于发展中国家更加依赖通过贸易促进本国经济快速发展，所以全球贸易的这一新特点值得高度警惕。

展望2017年，全球经济仍将缓慢增长，预计全年经济增速将降至3.0%。其中，发达经济体增速下降至1.4%，新兴市场增速为4.5%，两者的增速分化加剧。由于刺激性政策作用衰退，结构性改革尚需时日，所以全球经济弱复苏趋势难有改善，全球货币宽松和资产荒将延续，市场潜在风险依旧广泛存在。"加快结构性改革—改善生产效率—提升全要素生产率"将成为新的增长路径，各国宏观政策也将从危机应对向中长期经济治理加速转变。未来，美、中、欧"三极"的结构性改革进程，将对全球经济的中长期前景起决定性作用。

（二）国际经济的主要特征

1. "逆全球化"已成为趋势

2016年，发达国家采取的贸易保护措施持续增多，据WTO报告，1~5月，G20集团实施了100项新的贸易限制措施。随着贸易保护主义的加剧，以及发达国家复兴工业战略的施行，国际投资、劳务流动方向出现了逆转，重新向发达国家回流。这种趋势无疑会对我们外向型经济发展特别是对外贸易造成巨大阻碍。商务部数据显示，2016年1~8月，中国已遭受来自20个国家和地区发起的85起贸易救济调查案件，涉案金额103亿美元，案件数量上升49%，涉案金额上升94%。

2. 经济区域化成为国际合作主流

市场开放是经济转型的大趋势,是全球结构性改革面临的重大课题。"一带一路"计划把亚、欧、非联系起来,在促进开发市场潜力,创造就业机会,提升投资,促进跨境文化、经贸往来上扮演了重要角色。海关总署初步测算,前三季度,中国与"一带一路"沿线国家进出口额超过 4.52 万亿元,约占同期我国外贸总值的 1/4。"一带一路"不仅可以促进中国的可持续发展,还会给沿线国家发展带来更大的动力。此外,启动中欧投资协议谈判,成立金砖银行、亚洲基础设施投资银行等都是国际区域合作的重要成果。

3. 服务贸易成为全球贸易新动力

2008 年国际金融危机以来,在经济信息化、服务化趋势推动下,服务贸易发展一直优于货物贸易。在全球贸易增长中,2014 年服务贸易所占比重首次超过货物贸易比重。到 2015 年,服务贸易占世界贸易比重上升至 22.2%。现在服务贸易已经成为拉动世界经济增长的新动力,成为国际贸易投资规则重构的焦点,成为双边区域贸易协定谈判的焦点。服务贸易自由化进程对全球贸易自由化进程有决定性的影响。中国正逐渐成为国际服务贸易出口的重要力量。通过大量向外输出中国基础设施修建等服务产品,在货物贸易仍存在较大压力的背景下,服务贸易已成为中国对外贸易的新亮点。

(三)国内经济的基本走势

1. 经济下行压力减轻,稳中求进仍然是主基调

2011~2015 年,中国 GDP 增速分别为 9.5%、7.9%、7.8%、7.3% 和 6.9%,2016 年初经济仍然面临很大的下行压力,经济进一步减速。前三季度,经济稳定在 6%~7%,总体上,经济快速减速阶段已经过去,经济由降转稳的特征明显。目前 6.7% 的增速已经接近了学界认为的现阶段经济增长的潜在增速,目前经济增速已非常接近底部。从中长期战略角度看,经过几年努力实现经济软着陆后,经济止降转稳甚至略有回升,当前需要考虑引导经济转向在 6%~7% 增速平台上稳定运行。这个平台就是所谓的"中高速增长"平台,如果能在这个新的增速平台上运行 5~10 年,则能够顺利实现十八大和

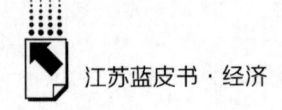

"十三五"的战略目标，推动中国经济综合实力再上一个新台阶。

2. 进一步完善和推进供给侧结构性改革

2015年末，中央提出"供给侧结构性改革"，经过一年的启动和推进，成效显著，但也出现了新的问题，五大任务面临的形势发生了变化。2016年7月26日的政治局会议提出，"要采取正确方略和有效办法推进五大重点任务，去产能和去杠杆的关键是深化国有企业和金融部门的基础性改革，去库存和补短板的指向要同有序引导城镇化进程和农民工市民化有机结合起来，降成本的重点是增加劳动力市场灵活性、抑制资产泡沫和降低宏观税负"。因此，相关政策需要作出适应性调整。去产能要更多地转向兼并重组；去库存的重点要转向三、四线城市和县城，方法主要是棚改货币化安置，引导农民进城，引导高校毕业生流向三、四线城市；去杠杆方面总体进展相对滞缓，需要在稳定的前提下进一步加快推进；降成本工作，预计会继续降税减费，减轻企业用工成本，"五险一金"仍有下调的空间。

3. 振兴实体经济，进一步培育经济新动能

2016年12月，中央经济工作会议指出要"大力振兴实体经济，培育壮大新动能"。要把稳定经济增长与经济结构转型升级更好地结合起来，加快新旧动力衔接切换。未来的经济增长潜力，取决于新动能的成长和发展速度。站在中长期发展战略的角度看，加快培育和发展新动能的重要性和紧迫性是不言自明的，关键是要迈出更有力的步伐。就2017年而言，继续落实相关行业"十三五"发展规划，引导和推动这些行业快速发展，并落实财税、金融、创新方面的实质性政策。

4. 扩大对外开放

2017年将是扎实推进"一带一路"的关键一年，继续推广自贸区的成熟、可复制经验，允许"4+7"自贸区在更广更深范围内开展先行先试探索。加快扩大开放领域，尤其服务业对外开放步伐可能加快。面对外资外贸整体下行的趋势，吸引外资的工作将放在比以往更加重要的高度。

5. 注重防范金融和房地产领域的风险

当前，防风险主要表现为防止汇率风险和部分资产泡沫风险。2016年7

月，中央政治局会议强调，要有效防范和化解金融风险隐患，保持人民币汇率在合理均衡水平上基本稳定。2016年6月以后，年度累计新增居民户中长期贷款占中长期贷款的比重首次超过50%，2016年7月和10月两次政治局会议都提到抑制资产泡沫问题，主要是指房地产泡沫。12月的政治局会议提出，加快研究建立符合国情、适应市场规律的房地产平稳健康发展长效机制。预计2017年会保持货币供应、信贷、社会融资规模适度增长，在资金流向结构上，政策会持续发力，在保护合理需求的同时，加大抑制炒作房地产需求的力度。继续实施"一城一策"的房地产差别化政策，有效抑制一线和部分二线城市的房地产泡沫。

三 2017年江苏宏观经济预测

根据2012Q1~2016Q3的数据，本研究报告对2016年全年和2017年的江苏经济增长情况进行了预测，同时基于当前三次产业的结构，结合2012Q1~2016Q3的三次产业增长率，推算出了2016年三次产业的增长率。对2015Q1~2016Q3的进出口数据进行观察，发现前三季度基本上决定了全年的进出口情况，但是第四季度，可能由于西方圣诞节等季节性因素，会使贸易出现季节性调整，因此在2016年前三季度的贸易增长率基础上，考虑季节性变化进行调整而得。资本投入、消费、收入和财政的预测是借助其相关指标与GDP的关系计算而来，即通过构建这些指标与GDP的最小二乘回归模型，测算出GDP变化一个单位对这个变量的影响，然后以2014年的增长率作为基期进行推算。对于2017年的预测也是采用同样的方法，先观察2012Q1~2015Q4的数据，预估出GDP增长率，然后再对其他指标进行推算。

表1中给出了2016年江苏主要宏观经济指标预测的修正值（本预测中的增长率为同比）。2016年GDP增长率为8.1%。农业由于受到连续阴雨、粮食价格下跌等因素的影响，第一产业增加值的增长率为0.7%。工业继续受到产业结构性调整、国际市场低迷等影响，导致第二产业的增长率较上年同期有所下降，2016年第二产业的增长率为7.1%。可能受到房地产、互联

网等快速发展的驱动,第三产业继续维持较快增长,2016年第三产业的增长率为9.2%。经济整体下行,导致固定资产投资、居民收入、消费、财政收支等的增长率较2015年同期都有所下降,2016年固定资产投资增长率为7.5%,城镇居民家庭人均收入和农村居民家庭人均收入增长率分别为8.2%、8.3%,公共财政预算收入和支出增长率分别为8.9%、7.9%。贸易出现较大幅度的下滑,贸易总量较上年同期下滑6.6%,其中进出口分别下滑8.1%、5.7%。

与2016年相比,美国总统特朗普上台后采取何种贸易政策将会增加2017年经济发展的不确定性,从目前情况来看,中美发生贸易战的可能性很小,而中欧贸易联系将更加紧密,江苏对外贸易预计将出现一定程度的复苏。如果不发生灾害性天气和不可预测的国际经济环境变化,2017年江苏经济的发展变化情况基本上和2016年持平,GDP增长率为8%,其中,第一产业的增长率可望恢复到2%的水平,第二产业的增长率较2016年略有下降,第三产业对经济增长的贡献进一步扩大(见表1)。

表1 江苏省2016年主要宏观经济指标修正预测值与2017年预测值

单位:%

类别	指标	2016年	2017年
产出	国内生产总值	8.1	8.0
	其中:第一产业	0.7	2
	第二产业	7.1	7.0
	第三产业	9.2	9.4
资本投入	固定资产投资	7.5	8.4
消费	居民人均生活消费	7.7	8.1
收入	城镇居民家庭人均收入	8.2	7.8
	农村居民家庭人均收入	8.3	8.4
财政	公共财政预算收入	8.9	8.8
	公共财政预算支出	7.9	7.6
贸易	进出口总额	-6.6	-2
	其中:进口	-8.1	-3.2
	出口	-5.7	-1.2

四 深化供给侧结构性改革，增强江苏经济发展优势

2017年，江苏的经济工作要继续以五大发展理念为指导，按照稳中求进的总基调，进一步实质性推进供给侧结构性改革，适当扩大总需求；保持经济增速稳定在合理区间，着力提升经济增长的质量，优化经济结构，培育经济发展的新动能，聚力创新、聚焦富民，为全面建成小康社会打下良好的基础。具体可以从以下几个方面入手。

（一）进一步推进供给侧结构性改革

2017年，需要在总结2016年"三去一降一补"成效的基础上，进一步巩固改革成果，在薄弱环节力争尽快取得实效。去产能方面，要针对江苏省存在的地条钢等不合规的小钢铁项目进行专项整治，同时保障煤炭、钢铁、石化等基础产品的正常生产和商品流通，防范对大宗商品的跟风炒作；去库存方面，要继续坚持"一城一策"，在防范南京、苏州等重点城市房价上涨过快的基础上，加快新型城镇化和农民市民化的步伐，着力降低三、四线城市和县域地区的房地产库存；去杠杆方面，要规范地方政府平台的融资模式，控制政府举债规模，加大PPP项目的落地力度；降低成本方面，重点是增加劳动力市场灵活性，推进社保改革，为中小企业创造友好的融资环境，实现中央营改增等财税改革的落地。

（二）切实把创新引领发展作为第一要务

按照江苏省第十三次党代会聚力创新的要求，在创新发展上推出实招和新招。一是形成创新的载体特色。发挥苏南国家自主创新示范区集聚效应，建设创新驱动发展引领区、深化科技体制改革试验区、区域创新一体化先行区，打造具有国际影响力的产业科技创新中心和创新型经济发展高地。二是强化企业创新的主体地位和主导作用。以阿里巴巴、华为等领军企业为标杆，加快打造江苏若干具有国际水平的创新型领军企业。三是要尤其重视进

一步将江苏省科教资源优势转化为产业创新优势。加大"产学研"合作力度，推动产学研协同创新。转变政府职能，从研发管理向创新服务转变，搭建一批国家和省级创新平台或组织，支持那些投资巨大、风险较大、短期效益不明显、具有基础作用的科技创新，为提升企业和科研院所创新提供公共服务。加强科技基础设施与科技服务平台建设，进一步提升省产业技术研究院建设水平，加大支持事关产业发展前景的前瞻性与共性技术的研发及成果转化。

（三）加快富民和扶贫步伐，提升消费在经济发展中的作用

实现需求结构调整、提升消费在经济增长中的作用，首要是提升城乡居民收入。聚焦富民要将短期举措与中长期战略结合起来。城乡居民收入本质上还是与劳动生产率、产业结构、城镇化水平、创业人群的比重等因素相关，当前需要做好立足当前、着眼长远的基础性工作。一是进一步引导好创新创业的"双创"氛围，针对公教人员离岗创业、大学生创业、农民返乡创业制定接地气的支持政策。二是在农村改革上大胆探索试点，在保留农民"三权"即农村土地承包权、宅基地使用权和村集体经济股权的前提下，加快制度改革促进"三权"流转。三是保证精准扶贫工作保质保量完成。对经济薄弱村、革命老区、集中连片困难地区，实行重点帮扶，壮大集体经济，增强内生发展动力，保障完成年均收入低于6000元的农村低收入人口脱贫的年度任务。四是做好小微企业的服务，降低个体经营户各类税费成本，尤其研究做好淘宝村等新业态下个体经营户的规范和服务工作。

（四）大力振兴实体经济，推动各类要素流向实体经济

江苏的实体经济尤其是制造业要在调结构中强供给，实体经济的功能和特色应当进一步加强。着力通过各种举措，促进科技、人才、金融等各类要素流向和服务实体经济。对此，一是要构建"市场友好型"产业政策。各地吸引要素的模式要从争相成为低成本的政策洼地，转向比拼成为服务、宜居的高地。加快各类专项资金转化为政府引导性的投资基金，实施市场化运

作的模式。二是加快知识产权保护政策与国际惯例、国内先进地区接轨。从战略高度认识到知识产权对集聚创新要素的重要性，在促进产业集聚区各类主体学习效应的同时，在员工流动、技术模仿等方面严格执行知识产权相关政策。三是促进金融资源流向实体经济。政府部门与阿里巴巴等企业合作建设江苏的信用体系，减少金融企业的征信成本，研究实体经济融资的风险分担机制，促进股权投资发展，加强江苏企业与资本市场对接。四是加强吸引人才的软环境建设。与其用各类资金补助吸引人才，不如脚踏实地地做好软环境建设，解决好各类人才工作生活中的入学、入籍、社保等问题，有利于留得住真正愿意在江苏发展的各类人才。

（五）进一步优化区域发展布局，促进城市融合发展

要着力构建省内统一市场，促进省内城市互联互通，促进要素自由有效流动，从而促进区域经济效率提升。打破江苏省长期以来对苏南、苏中、苏北的传统区域划分，促进三个板块的融合发展，将扬子江城市群建设作为江苏省融入长江经济带的重要战略，重点打造宁镇扬、锡常泰、沪苏通三个城市圈的一体化发展。发挥南京等中心城市的支配或主导地位，把它们建设成具有创新"孵化器"功能的城市，由此带动整个城市群的创新驱动发展。加快沿海铁路、苏北铁路建设，提高三、四线城市和重点城市间基础设施的互联互通，提升中小城市接受辐射的能力。

（六）争创开放型经济新优势，提升外资、外贸和开发区水平

关注逆全球化动向给江苏省外向型经济带来的负面冲击，建立和拓展"一带一路"相关国家的新兴贸易和投资市场，开发与欧洲国家经济合作新领域，促进深度合作。在构建开放型经济新体制上取得进展，因地制宜地复制自贸区经验，继续推进跨境电商、市场采购贸易、外贸综合服务企业等改革领域的制度完善，使其成为带动外贸增长的重要力量，优化外贸结构，提升服务贸易比重。制定新常态下江苏省吸引外资的策略和目标，加快服务业领域开放，注重吸引外资服务江苏省实体经济。着力推进开发区转型升级、

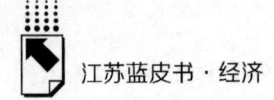

创新发展，发挥各类开发区在新时期中新兴城镇化、创新载体等方面的功能，充分发挥对外开放主阵地作用。

（七）防范各类经济金融风险

按照2016年底中央经济工作会议精神，江苏要着力防范化解企业负债率高可能带来的金融风险，稳步降企业的杠杆率，尽力通过债转股、兼并收购、引进战略投资者等方式平稳实现过渡；对于破产清算的情况，做好金融机构的协调和人员的安置工作。准确监测地方政府平台的融资规模，加快平台债务置换工作，控制平台融资规模增长速度。动态监控宏观汇率对江苏省实体经济尤其是外向型经济的影响，引导企业通过多种金融对冲工具化解汇率风险。保持江苏省重点城市房价基本稳定，加快三、四线城市房地产去库存，防止江苏省房地产销售和价格大起大落，严格控制银行信贷流入房地产投机性市场，保持房地产市场健康有序发展。

转型升级篇

Transformation and Upgrading

B.2
江苏海洋特色经济研究

刁化功*

摘 要： 经济新常态下，江苏发展海洋特色经济要坚持特色功能定位，建设全国海洋先进制造业基地、海洋科技创新及产业化高地、全国海洋产业开放合作示范区和海洋经济绿色发展示范区。新形势下，江苏发展海洋特色经济，要优化海洋经济特色化布局，构建体现江苏特色的海洋产业体系。

关键词： 海洋经济　新常态　特色产业

江苏的海洋经济在"十二五"期间增速不断提升，发展空间不断扩张，

---

* 刁化功，江苏省社会科学院经济研究所助理研究员。

日渐成为国民经济新的增长极。"十二五"期间，全省海洋生产总值由"十一五"末的3551亿元增至6406亿元，占全省地区生产总值的比重由8.6%提升至9.1%，占全国海洋生产总值的比重由9.0%提升至9.9%。整体而言，经过多年奋斗，制约江苏海洋经济发展的基础设施、科技创新、港城建设等短板得到有效弥补，特别是沿海开发站上新起点，江苏发展海洋经济的潜在优势将进一步转化为现实发展优势。但江苏海洋经济规模总量仍然偏少，产业质态相对落后，全省海洋经济总量及占地区生产总值比重远低于广东、山东等省份，发展短板明显。江苏临海拥江，海洋资源丰富，海洋经济发展潜力巨大。在经济新常态下，江苏培育壮大海洋经济，拓展蓝色空间，既要遵循海洋经济发展的一般规律，也要积极探索特色化发展道路，通过塑造差异化竞争优势，推进海洋经济强省建设不断取得新进展。

一 明确功能，坚持江苏海洋经济特色化定位

经济新常态下，在海洋经济新引擎的驱动下，江苏在全国经济发展大局中的地位将进一步提升。在建设海洋经济强省的整体定位下，江苏积极推进实现如下几个定位。

第一，建设全国海洋先进制造业基地。深入实施《中国制造2025江苏行动纲要》，培育壮大海洋工程装备、海洋可再生能源、海洋药物和生物制品、海水淡化与综合利用等新兴产业，提升海洋产业智能制造水平和业态融合水平，培育壮大一批产业层次高、创新能力强、集聚效应好、管理效能优的海洋先进制造业集聚区，为江苏制造业强省建设提供强力支撑。

第二，建设全国海洋科技创新及产业化高地。瞄准世界海洋科技前沿领域和顶级水平，健全符合科技进步规律的体制机制和政策法规，高水平建设一批海洋重点技术创新平台，构建产学研协同创新体系，培育涉海创新型企业集群，集聚国际化、高端化、特色化海洋人才，培育壮大一批海洋科技创新策源地和科技成果转化基地，打造全球海洋产业技术创新网络重要节点。

第三，建设全国海洋产业开放合作示范区。放大多重国家战略叠加优

势，依托海洋资源优势、区位优势和产业基础，深度融入长三角城市群、长三角一体化、长江经济带建设等区域合作进程，主动对接"一带一路"战略，围绕海洋主导产业和新兴业态，加强与周边及"一带一路"沿线国家和地区在海洋资源、要素、市场等领域的合作，打造区域性涉海资源配置平台，提升海洋产业链对外分工协作水平，为深化全国海洋产业对外合作水平探索可行路径。

第四，建设全国海洋经济绿色发展先行区。以建设美丽海洋为统揽，以海洋生态文明制度体系和能力建设为支撑，将海洋生态文明建设贯穿于海洋经济发展的全过程和全领域，按照人口资源环境相均衡、经济社会生态效益相统一的原则，推动海洋生态经济化、海洋经济生态化，促进海洋经济绿色发展、循环发展、低碳发展，促进人海和谐，逐步建成"水净、岸绿、滩洁、湾美、物丰"的美丽海洋。

二 滚动开发，推动江苏海洋经济特色化布局

坚持"陆海统筹、江海联动、集约开发、生态优先"的原则，综合发展基础、区位特征与资源禀赋，加快构建特色鲜明、优势互补、集聚度高的海洋经济空间布局，引导全省海洋经济转型升级和集聚发展。

1. 打造"L"形海洋经济发展带

提升沿海海洋经济核心带，推进港产城联动发展，建设以区域中心城市为支撑、以沿海综合交通通道为枢纽、以临海城镇为节点的新兴城镇化地区，集聚各类海洋发展要素，建设全国重要的海洋产业基地，建成一批临海特色小镇；强化主体功能分区的基底作用，落实海洋主体功能区规划，在推进沿海地区发展的过程中，根据海域自然条件和海洋经济发展需要，合理确定区内重要海域的基本功能。提升沿江海洋经济支撑带，加速集聚海洋创新要素，着力增强海洋教育和科技研发功能，建设海洋人才培养基地和海洋科技创新策源地；推动海洋船舶、海工装备、港口物流等优势产业转型升级，建设一批海洋先进制造业集聚区；培育发展海洋药物和生物制品、涉海金融

服务、海洋信息服务等新产业、新业态，打造海洋经济新增长点；鼓励发展涉海龙头企业、科技型涉海中小企业和众创型涉海小微企业，打造一批特色鲜明、竞争优势突出的涉海企业集群；有序推进沿江石化优质过剩产能向沿海、苏北地区转移，腾出发展空间，留足生态空间，守护长江两岸良好生态。

2. 构建腹地海洋经济成长轴

培育沿东陇海线海洋经济成长轴，发挥徐州淮海区域中心城市和连云港沿海临港城市的区位优势，提升徐州公铁交通枢纽和连云港深水良港的带动效应，把海洋经济更深地融入东陇海线现代产业布局，拓展江苏海洋经济发展战略腹地；支持连云港建设区域性国际枢纽港，推进连云港港口建设，加速连云港海港功能沿陇海线向内陆延伸，推动海洋产业的内陆经济支撑带向中亚延伸，将连云港建成我国沿海新型临港产业基地。培育淮河生态经济带海洋经济成长轴，积极推动淮河生态经济带建设；发挥淮安作为运河与淮河交汇的物流枢纽功能，以低成本运输贯通南北、连接东西；发挥盐城组合港河海联运优势，实现淮河航道与淮三角各海港的无缝对接；建设沿淮公、铁、水、管综合运输体系，促进淮河沿岸地区一体化发展，拓展江苏海洋运输的腹地范围，打造江苏海洋产业发展新空间。

三 挖掘潜力，彰显江苏海洋传统产业特色化优势

立足海洋传统产业基础，发挥海洋传统产业特色规模优势，加大海洋传统产业技术创新和改造力度，延伸产业链和价值链，优化产品结构，塑造发展新优势。

1. 提升发展海洋渔业

坚持生态优先、科学开发，优化海洋渔业的资源配置，大力发展生态养殖，加快调整现代海洋渔业产业结构，着力建设海洋"蓝色粮仓"。优化海水养殖品种结构，开展海洋水产品标准化健康养殖，推广无公害水产品产地认定和产品认证，加强海洋水产品主导产品良种培育和原种保护。严格执行

休渔、禁渔和渔船数量及功率指标"双控"制度，逐步压减近海捕捞能力。继续改善海洋捕捞作业结构，提升渔业装备技术水平。推进远洋渔业发展，巩固提高过洋性渔业，加快发展大洋性渔业。利用海滩、岛礁、湿地、海洋牧场等资源，积极发展沿海休闲渔业。大力发展海洋水产品精深加工，加强水产品冷链物流体系建设。依托各类电商平台，发展海洋水产品电子商务。

2. 稳健发展海洋船舶业

顺应世界造船竞争和船舶科技发展新趋势，发挥龙头企业带动作用，以高技术船舶产品及其配套设备自主化、品牌化为主攻方向，着力发展节能环保型新型散货船、超大型集装箱船、大型液化天然气（LNG）船、液化石油气（LPG）船、游轮游艇等高技术船型的研发建造，重点提升船用低速机、燃气轮机、喷水推进装置及油船货油区域舱室设备的研发制造能力。鼓励船舶行业兼并重组，推动船舶龙头企业规模化、专业化发展，推动产业链向上、下游延伸，打造一批具有较强实力的船舶及配套设备系统集成供应商。推动低附加值的普通散货船制造和污染型船舶制造去产能。加强海洋船舶配套能力建设，重点发展船用推进器、发电机组、齿轮箱、舵机、全自动码头及港口设备、船用导航、自动控制设备等。

3. 适度发展滩涂农林业

加强全省沿海滩涂开发、保护与利用，统筹农业开发、城镇建设和生态保护，规模集约化开发滩涂农林业。支持盐城国家级滩涂综合开发试验区建设，推进滩涂综合治理和配套设施建设，开展耐盐农作物基因工程改良和培育，发展耐盐蔬菜、苗木、特色经济植物等盐土产业，重点推广优质水稻、双低油菜、专用大麦、中药材等优质粮经作物。实施盐城沿海百万亩防护林工程，建设沿海滩涂海堤抗风、防浪、护堤林带，加强耐盐植物保护及产业化开发，重点发展商品苗木，建立一批高效生态防护林基地和省级示范苗圃基地。

四 高端引领，引导江苏海洋新兴产业特色化集聚

瞄准国内外海洋产业发展的前沿，整合创新资源，完善产业链条，培育

龙头企业，着力发展海洋工程装备制造业、海洋可再生能源业、海洋药物和生物制品业、海水淡化与综合利用业等海洋新兴产业，打造江苏海洋经济发展新引擎。

1. 转型升级海洋工程装备制造业

推动海洋工程装备产业链高端发展，提升海工装备自主创新水平，着力增强关键系统和设备的制造能力，建设一批高水平产业聚集区。推动骨干企业、高等院校和科研院所开展协同创新，突破海上高难度油田的新型平台技术等关键技术，加快提升海洋工程装备设计建造能力和规模。围绕提升海洋工程装备产业链发展能级需求，依托行业龙头企业，提升基础部件配套能力，发展海洋工程总承包和专业化服务，提高海工装备总装集成能力。以总承包为牵引，带动和引导一批中小型企业走专业化、特色化发展道路，逐步发展成为具备较强国际竞争能力的专业化分包商。

2. 积极壮大海洋可再生能源业

优化海上风电开发布局，积极发展离岸风电。巩固放大盐城国家海上风电产业区域集聚发展试点效应，推动海上风电设备关键技术攻关，重点发展具有世界先进水平的6WM以上海上风电机组及关键零部件、集中监控及智慧风场管理系统、风电控制系统及设备，构建集技术研发、装备制造、风场应用和配套服务于一体的全产业链。开展海洋可再生资源调查，支持潮汐能、波浪能、潮流能、温差能、盐差能利用技术研究与试验，攻克关键技术，为海洋能商业化开发利用奠定基础。构建海洋能开发利用政策、法规、技术标准体系，建设海洋可再生能源开发利用公共支撑服务平台，形成基本完整的产业支持服务体系。重点支持盐城、南通、连云港海上风电开发，加快建设千万千瓦级风电基地。

3. 鼓励发展海洋药物和生物制品业

利用沿海地区丰富的海洋生物资源，依托盐城海洋生物产业园等载体，加大投入力度，构建全省海洋药物和生物制品研发、中试等公共技术服务平台，加快关键技术突破，促进产学研用深度融合。海洋生物制品重点推进系列多肽、壳聚糖、海藻多糖、医药用及食品用新型海洋生物酶、海洋渔用疫苗、海洋化妆品等产品研发及产业化；海洋生物材料重点推进海洋功能材料、海洋医用辅料等新型海洋生物材料研发及产业化；海洋药物重点推进抗菌、抗病毒、降血糖等海洋创新药物和海洋现代中药研发及产业化，逐步打造完整的海洋药物和生物制品产业链条。

4. 积极培育海水淡化与综合利用业

着力突破海水淡化浓缩水处理等关键共性技术，加快饮用淡化水向工业淡化水、医用淡化水、农林灌溉淡化水延伸，形成海水淡化产品系列。依托行业龙头企业，积极研发和生产风电、太阳能等新能源海水淡化设备、海岛适用的海水淡化及海水综合利用设备；加强与国内外海水淡化设备制造企业的合作，引入低温多效淡化装备、反渗透膜、能量回收装置、高压泵、防腐管材及配件生产线，推进以"风电水一体化"为主的海水淡化成套装备产业化进程，提升海水淡化装备制造综合水平。发展大型成套海水淡化装备、面向海岛及船舶应用的中小型海水淡化成套装备，形成海水淡化成套装备的设计、研发、生产、配套和技术服务能力，加强海水淡化设备在淡水匮乏的海岛、沿海国家和地区推广应用。

五　延伸价值，促进江苏海洋现代服务业特色化发展

坚持把服务业作为产业调整升级的战略方向，围绕市场化、专业化、信息化导向，推动海洋现代服务业发展提速、比重提高、结构提升，构建功能完善、业态高端、特色鲜明的盐城海洋现代服务业体系。

1. 重点发展海洋交通运输业

以沿海连云港港、盐城港、南通港及沿江主要港口为主枢纽，建设投融资、航运交易服务平台、调度中心等高效便捷的现代航运服务体系。依据港口条件和腹地资源需求，建设不同特色的物流园区、物流集散中心和临港加工运输仓储三级物流设施体系，加强重点港区专业化集装箱泊位和信息化建设，推广"港口作业区＋集装箱处理中心"的物流模式，提升集装箱物流服务效率。积极推进上合组织（连云港）国际物流园、徐圩新区现代港口

物流园、赣榆临港综合物流园区、洋口港物流园区等重点物流园区建设，提升临港物流园区综合服务功能，着力增强承载铁矿石、石油及制品、煤炭、粮食、LNG等大宗商品物流能力。加快发展冷链物流、汽车整车物流、保税物流等特色物流业务，延伸物流产业链，提高物流服务附加值。优化近、远洋航线与运力结构，提升全省海运国际竞争力。

2. 优先发展海洋旅游业

整合开发江苏海岸带旅游资源，建设山海神话文化旅游、大潮坪生态旅游和江风海韵休闲度假旅游三大旅游精品，加快形成以沿海为主、江海联动的海洋旅游发展格局。南通市突出江海风光特色，打造特色鲜明的江海旅游目的地。盐城市围绕珍稀野生动物资源和滨海湿地生态资源，打造我国沿海最佳生态湿地休闲旅游目的地。连云港市积极发展海岛旅游，延伸辐射陆域纵深和近岸海域、海岛、渔村，构建"山、海、城、港"互融互动的滨海旅游新格局，打造"一带一路"交汇点的重要旅游节点。加强滨海旅游基础设施建设，提升旅游服务水平，打造海洋旅游特色精品线路。鼓励海洋旅游与文化创意、运动娱乐、康体养生等业态融合，增强海洋旅游新业态和新产品供给，打造为国内乃至东北亚地区重要旅游目的地和生态休闲旅游带。

3. 培育发展涉海金融服务业

推进金融优惠政策在海洋经济领域先行先试。发展海洋金融中介服务业，打造海洋金融中介服务基地。创新海洋特色金融发展机制，发展船舶融资租赁、航运保险等非银行金融产品，开发服务海洋经济发展的金融保险产品。创新海域使用权抵押融资，鼓励条件成熟的地区创建地区性海洋产权交易平台。鼓励成立涉海融资租赁公司，建设江苏沿海地区海洋融资租赁中心。引进培育一批涉海融资担保机构。发展海洋产业投资基金、创投基金、天使基金、成果转化基金等海洋投资基金，打造江苏海洋特色金融创新发展示范区。

4. 鼓励发展海洋信息服务业

鼓励发展"互联网+海洋"，运用工业大数据和云计算等新技术，建设覆盖沿海地区的立体空间网络运营、监管、服务体系，建设海洋经济发展大数据库。鼓励有条件的企业建设海洋信息技术研发基地，开展海洋监测、港航管理、船用电子、滩涂开发等领域海洋信息服务。重点依托苏州、扬州、盐城大数据产业基地建设，吸引一批从事海洋大数据业务的研发机构、企业，构建服务江苏沿海、面向国际的海洋数据交流平台和海洋科学数据中心。依托海洋大数据产业基地建设，打造海洋空间地理信息系统和海洋数据公共服务平台。推动北斗导航信息系统在海洋开发领域应用，逐步打造国内领先智慧海洋产业基地和海洋大数据研发、应用高地。

B.3
江苏经济发展内生动力优化研究

张 超*

摘　要： 在增强经济内生动力方面，江苏面临一些短板，如前沿科技合作不足、一流人才引进不足、承担国家重大科技项目不足、创新生态系统有待进一步建设完善、大型企业创新和品牌建设不足。未来，一是要围绕高端人才打造创新大生态协同系统，以集聚一流人才、高效配置人才、承载重大科技项目、增强创新效能等；二是要鼓励企业家在增强创新能力、提升品质、建设品牌、开拓市场等方面积极进取，在新的投资领域敢做敢为；三是要合理利用多重国家战略的支撑引领作用，促进不同区域不同部门之间优势互补，扩大经济内生发展的动力基础和形成更有效的内生发展机制。

关键词： 内生动力　人才机制　经济增长

江苏经济在转型与调整的新常态下，除了通过政策刺激和加大政府主导性投资等措施以继续保持较快增长，同时也在实施创新驱动和促进内生增长方面做了很大努力。从长远看，内生增长是江苏经济的主要路径。政府在引导经济实现内生增长方面需要结合问题与短板，以更精准发力。

---

* 张超，江苏省社会科学院经济研究所副所长，研究员、博士后。

一 理论视角下的江苏经济内生增长因素分析

理论上,经济增长的内生动力或内生驱动因素主要是人力资本积累和技术进步,但是,这两种因素包含在劳动力投入和资本投入的过程中,即通过对劳动力的教育、培训和提升专业技能水平而实现了人力资本的积累,通过资本投入促进研究与开发、发明、创新等活动而形成了技术进步,因而,人力资本积累、技术进步等增长驱动因素是内生于劳动力、资本等传统增长要素的投入过程中的,并且由于人力资本积累、技术进步具有不同于传统要素的外部溢出效应,因而经济增长能够在这两种内生因素的驱动下实现长期增长。

但在现实中,人力资本积累和技术进步常常会遇到很多困难和阻碍,突出表现在知识的来源与扩散、知识主体的获取与行为、知识在产业领域的运用三个方面的不确定性和可实现程度。具体的如前沿知识、尖端技术、一流人才是否具有可获得的来源和可交易的通道,特别是高端人才是否具有流入的意愿、是否有足够有利的生态环境和政策激励;整个社会中,知识和人才在创新的各个环节和领域能否自由流动、能否以更低的成本流动并获得更大的收益,高校、科研机构、企业等是否有高效运行的平台、机制、政策等来支撑知识和人才的自由流动与合理配置,科技人才以及企业、高校、科研机构等作为知识主体在知识增长、接受教育、交流合作、研发创新等方面是否便利和受到激励;科技成果与产业技术需求是否能够对接和融合,企业是否有足够的能力吸收科技成果;等等。

因此,江苏要增强内生发展动力,真正实现内生增长,就要做到以下五点。一是要大力寻求前沿知识、尖端技术的国内外更多更可靠的来源地,并建设有效的交易模式和合作通道;二是有效激励科技人才以及企业、高校、科研机构的知识增长和研发创新,引导社会资本、金融资本参与,构建创新风险分担机制,特别是通过体制机制创新使江苏高校能够成体系地推动以市场化为导向的科技创新,不仅让教授也让高校获得科技创新的更大收益;三是大力建设和创新高校、科研机构、企业等各领域环节的平台、体制、机制、政策，并有效打通、贯通融合、协同推进来支撑知识、人才等创新要素的自由流动与合理配置，并让知识和人才以更低的成本流动获得更大的收益；四是从产业看，特色产业和战略性新兴产业发展、传统产业转型升级等不仅要寻找技术、引进人才，还要创新理念、提升品质、塑造品牌、寻找市场，甚至打造出响亮的"江苏制造"品牌；五是从区域看，需要推进"两区一带"即苏南国家创新示范区、南京江北新区和长江经济带的更高水平的创新发展、融合发展、开放发展，以及苏北基础设施、特色产业、新兴产业、高校及其科研机构、各领域关键人才的协同发展。

二 江苏经济发展内生动力优化的主要问题

从人力资本、技术进步这两个内生要素的长期累积与有效发挥作用看，江苏经济内生发展的动力具体在以下几个方面还存在不足和障碍。

1. 在前沿科技合作上存在明显不足

在与国内知名高校和科研院所如清华大学、中国科学院等，以及与国际知名高校、科研院所和跨国公司等在前沿科技领域的交流合作，相对广东而言，江苏步子慢、力度不大、措施不多，在科研平台共建、一流团队引进、前沿科技成果转化等方面都存在一定的差距。在国内科技合作方面，一方面由于沿海各省在产业结构上差异不大，因而在技术和人才需求上存在明显的雷同和竞争；另一方面由于"明星"高校、科研院所及高端人才数量有限，后期在全国各地的产学研合作布局必然力不从心。因此，引进力度越大、时间越早就越能形成更大规模、更深度、更有成效的合作，相反，尽管也挂牌、建立了合作平台，但实际在岗人员数量、持续研发强度、新产品和新企业规模等都十分有限，对新兴产业发展、传统产业转型升级等作用也很有限。在国际科技合作方面，江苏与上海、广东相比差距明显，仅与北京、重庆等相近，特别是在技术引进项目的平均单体规模上，广东是江苏的近2倍。另外，以企业境外设立技术研发机构为例，这是未来获取国际先进技术的重要途径，但江苏的国家级高新区企业在境外设立技术研发机构的数量，除苏州工业区外，其余都非常少，与科技大省的地位不相称。因此，从总体看，江苏目前在对外前沿科技合作上还有不足。

2. **在国际一流人才引进上仍有不足**

近年来，江苏在引进国内外优秀人才方面取得了显著成绩，为江苏创新创业和新兴产业发展起到了很大的促进作用。但江苏作为一个科技大省，企业、高校和科研院所等在引进国外拔尖人才、海外留学归国杰出人才方面，与北京、上海相比也具有明显的差距，特别是在引进国际上重量级的一流科技人才方面还没有突破。尽管从全国看，在引进国际重量级科技人才方面都存在困难，但是，一流人才和团队确实在形成学术高地、培养优秀人才、集聚创新要素、提供前沿科技成果等方面具有巨大优势和能力，其成果转化为产品和企业后则都会有很强的市场竞争力，对技术进步和新兴产业发展的带动作用很强。

3. **在承担国家重大科技项目上存在明显不足**

江苏是科技大省，科研人才队伍庞大，高校和科研院所众多，但在承担国家重大科学研究项目、科技创新项目、科技成果产业化项目上数量不多，与北京、上海、四川等地区相比有不同程度的差距。当然，中国科学院的直属研究所落户江苏的不多，特别是涉及制造业的工业技术研究所，这在一定程度上影响了江苏科技创新能力及科技成果产业化规模，也必然会减少江苏承担国家重大科技项目的数量。

4. **高校在以产业为导向的科技创新上还存在体制机制上的制约**

尽管目前政府、高校等各方面都提出要加强产学研合作，也采取了许多很好的合作模式和鼓励政策，实施了许多项目，取得了许多成果，但高校及其科研机构本身有自己的经费来源及自我运转体系，包括独立于产业的考核体系、排位目标等。因此，从激励上来说，高校科研机构并没有从事产业化导向的科研活动的强烈意愿和巨大压力。目前，我国部分教授从事企业需求的产业技术创新更像是"独狼式"行为，高校有组织地、成体系地进行具有产业化导向的科技创新的推动体制机制还没有形成。2014年我国理工农医类高校专利转让及许可数仅占专利申请数的1.56%，占有效发明专利数的1.43%，而2012年美国大学技术专利执行许可及转让数占专利申请数的比例为7.79%。由此可知，高校科研成果转化率低，高校专业设置及尖端科研能力与当地主导产业的需求不匹配等问题的长期存在也就不难理解了，从某种程度上说，这也十分明显地造成了科技资源、高端人才的巨大浪费。

5. 在人才与创新的生态系统方面有待进一步完善

过去一般认为，一个地区或城市如果能够引进、培养大量的高学历人才，就能够实现大量的科技创新、发展高科技产业、生产更多创新产品。但实际上并非完全如此。北京凭借绝对优势的高校和科研院所每年培养出大量高学历人才，但北京的专利授权量、高技术产业规模、规模以上工业新产品销售收入远不及江苏和广东，发明专利授权量也逐渐被江苏超越。同样，在江苏省内，南京以绝对优势的高教和科研资源每年培养出更多的高素质人才，但专利授权量、高技术产业规模、规模以上工业新产品销售收入不及苏州和无锡。由此可见，人才的初始丰裕并不总是导致创新优势、高新技术产业发达，人才与创新的生态系统对人才大量集聚、对人才发挥科技创新作用具有决定性的影响。人才与创新生态系统是以人才为基本单元，以知识、能力、经验等为基本要素，以产业、平台、资金、市场、政策、环境、服务等为主要支撑，实现不同人才生态链、人才种群、人才生态节点之间的自由配置、分工协作、相互依存、相互激活、优势互补、共同进化和集聚发展。我国最大的人才集聚地是事业单位如高校、医院、公共科研机构等，因此，体制机制与市场经济国家有很大不同。硅谷人才与创新生态系统的特征，不仅体现在高校与产业界的充分融合，如硅谷内有超过六成的企业源于斯坦福大学的科研团队，以及风险投资作为发动机的大量运作，如风投对其技术创新的贡献是常规经济政策的3倍，而且还以自由、灵活的制度安排、创新文化和激励政策来引导创新创业，也以"移民友好生态圈"吸引大量海外优秀人才集聚。相比而言，我国高校、科研机构的事业单位体制使其在与产业界充分融合、实现人才自由流动与作用发挥、实现科技成果更有动力和更顺畅转化上还存在一定的制约，这种体制、制度、文化和生态系统也是许多海外人才回国有顾虑，不知道怎么开展工作的主要原因。

6. 企业在发展理念、产品品质和品牌、市场创新上仍有不足

近年来，江苏在技术升级、创新发展和产业结构调整上积极推进，高新技术产业产值占整个工业总产值已达到40%，工业企业利润率超过全国平均水平，但与北京、上海、天津等创新发展能力较强的地区相比，江苏传统产业和加工组装制造业在工业经济中仍然占较大比重，工业企业利润率还相对较低，特别是企业在创新发展理念、提升产品品质、塑造品牌文化、开拓新市场等方面存在明显不足。

7. 区域在平台整合、要素优化配置等协同发展上有待进一步规划完善

区域整合和协调发展，有利于不同区域不同部门之间优势互补、区域发展要素优化配置、发挥发达地区引领带动作用，以及更充分、更合理地利用多重国家战略的支撑作用，从而更有效地形成经济内生发展的动力机制。具体来看，目前江苏"两区一带"即苏南国家创新示范区、南京江北新区和长江经济带的更高水平的创新发展、融合发展、开放发展还不够，苏北在基础设施、特色产业、新兴产业、高校及其科研机构、各领域关键人才等方面的协同发展还不够，这些都需要进一步规划和协同推进。

三　江苏经济发展内生动力优化的主要对策

江苏经济发展内生动力优化的主要对策有如下三个方面。

（1）通过体制机制政策创新和各类主体功能强化完善，打造人才与创新的大生态协同系统，以达到集聚一流人才、高效流动配置人才、承载重大科技项目、增强创新效能、促进成果转化等主要目标。

人才是创新的核心要素，但实施创新、积累人力资本和实现内生增长不仅需要投入人才要素，还要为人才提供所需要、所匹配的要素，如知识、技术、教育、产业、平台、经费、制度、政策、环境等，通过各要素之间的关联、匹配、互动和共生，形成更良好的人才与创新的大生态协同系统，以此来促进人才要素加快集聚和自由流动配置，特别是一流人才和团队的引进，同时使在承载重大科技项目、增强创新效能、促进成果转化等方面持续推进和不断突破。

要打造江苏人才与创新的大生态协同系统，首先需要作为事业单位的高校、科研院所深入推进体制机制创新，改变高校和科研院所经费收入结构和拓展收入来源渠道，强化通过科技成果产业化增加收入的路径，形成以产业化需求为导向的科技创新的压力与动力，并由此激励和促进高校通过相应的功能与机制的建设来有组织、有计划、系统性地推进应用技术研究、科技成果转化和教授创业，真正推进作为事业单位的高校、科研机构向产业领域延伸，或者实现与产业界在科技创新的人才、资金、项目、设施等方面深度、持久、紧密的合作。

其次，需要科技创新链上的各个环节如高校、科研机构、产业技术研究院、企业等，共同形成依次对接、彼此融合的制度安排、运行机制和政策激励，让整个社会中的知识、技术和人才在创新的各个环节和领域能自由流动，并能以更低的成本流动及获得更大的收益，特别是不仅教授个人受益也要使高校、研究平台和企业都共同受益，实现机制和平台的高效、持久运行，促进人才资源、技术要素实现更优化配置以及其对经济内生增长发挥更大作用。

最后，需要在推进前沿技术合作、承担国家重大科技创新项目、引进国际重量级人才和团队方面，加强高校、科研机构、产业技术研究院、协同创新中心、产业技术联盟、企业等相关平台载体的功能建设，并实现彼此优势互补和分工协作，同时，加强政策激励和专项经费投入，实现江苏在引进高端人才、承担重大科研项目、开展前沿技术合作等方面的更大突破，以此更有力地带动整个社会创新效能的明显提升，更好地实施创新驱动战略，有力地推动技术进步和增强经济内生增长动力。

（2）通过市场竞争、政府支持的双重作用，鼓励企业家创新发展理念、转变发展思路，在增强企业创新能力、提升产品品质、塑造品牌文化、开拓新兴市场等方面积极进取，在新的投资领域敢作敢为，由此促进企业创新升级、新兴产业发展和经济内生增长。

企业既是发展的主体、创新的主体,也是市场的主体、配置资源要素的主体,是经济内生增长的最终推动力。要增强经济内生发展动力必须显著提升企业家的能力、显著提升企业的活力与市场竞争力。在实现经济内生增长的要求下,江苏传统企业不能按部就班地经营和增长,否则发展之路会越走越窄,必须敢于和善于转型升级,学会顺应新形势、适应新环境、利用新要素、探索新模式、开拓新市场、投资新企业、研发新产品、提供新服务。特别是在当前宏观经济环境不利于经营发展的情况下,一方面要立足长远、提升企业创新能力,积极引进技术人才和开展产学研合作,努力提高产品品质和知名度,塑造良好的产品品牌和企业文化;另一方面要积极关注新的投资领域、新的行业发展动向、新的技术模式、新的组织形式等,敢于在新兴产业领域有所作为,把资本引向更有前景的发展领域和更广阔的市场空间。政府要在鼓励企业家追求卓越的工匠精神上、在支持企业家勇于开拓的创新实践中,提供浓厚的社会氛围、宽松的制度环境、有效的政策激励和完善的风险保障,特别是充分关注企业家在配置重组发展要素如人才、资金、技术、设施等时的需求,并能及时提供和使之满足。

(3)更具战略性的规划引导,可以促进不同区域不同部门之间优势互补、区域发展要素优化配置、发挥发达地区引领带动作用、实现更协调的区域发展,以及更充分、更合理地利用多重国家战略的支撑作用。由此可以扩大经济内生增长的动力基础和更有效地形成经济内生发展的动力机制。

经济政策、发展战略等是促进经济内生增长的重要外部推力,能够对经济增长产生短期促进作用。这种作用是由于经济长期增长的一系列内生变量对外生的政策措施的敏感并受其影响而引发的。从区域发展的优势互补和资源整合的角度看,江苏过去苏南、苏中和苏北的三大板块的视角需要有所淡化,因为,随着国家长江经济带发展战略的规划实施,分布于长江两岸的苏南和苏中两大板块必将趋于融合。因此,未来江苏将主要存在两大区域板块,即长江两岸板块和苏北板块。前者主要是"两区一带",即苏南国家创新示范区、南京江北新区和长江经济带的江苏段。这一区域基于目前的发展基础和比较优势,未来必然进一步提高创新发展、融合发展、开放发展的水

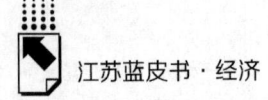

平，通过优势互补和互联互通打造更为融合的沿江8市城市群，打造高端要素集聚和先进制造业集群的发展高地。后者主要是苏北5市的淮海经济带和沿海开发中的中北部区域。这一区域基于目前的发展基础和比较优势，未来发展必须实行经济、社会、城市等发展的整体推进，即在基础设施、城市面貌、特色产业、新兴产业、农村农业、生态环境、高校及其科研机构、各领域关键人才等方面的整体推进、良性互动和协调发展。只有这样才能形成更稳健、更强的内生增长动力。

B.4
江苏互联网文娱产业的前景机遇与发展对策

李 洁[*]

摘 要： 互联网文娱产业是前后向带动能力很强的绿色产业，将对江苏经济社会转型提供强有力的支撑。目前，江苏互联网文娱产业竞争地位并不突出，行业优势并不明显，产业生态亟待进一步优化。强化资本运作，构建互联网良好生态，重视文娱产业智库研究，深度融合科技与文化，发挥江苏网络文学、演义市场等行业特色优势是江苏互联网文娱产业逆势向上的关键对策。

关键词： 互联网 文娱产业 绿色产业 发展机遇

适逢国家大力发展"互联网+"产业，互联网文娱产业逆势而发，成为迅速增长的一匹黑马。互联网文娱产业是对环境"友好"的绿色产业，产业前向和后向带动能力强，能够在短期内发挥巨额资本的优势；它丰富人们的精神生活层面，影响力巨大，如果能够以战略性的眼光规划好互联网文娱产业内容，将对江苏经济社会的成功转型提供强有力的支撑。

一 江苏互联网文娱产业的发展现状

从区域横向比较来看，江苏互联网文娱产业仍需提升竞争地位，积极打

---

[*] 李洁，江苏省社会科学院经济研究所助理研究员，博士。

造细分行业优势。互联网文娱产业发展的关键要素包括资本、技术、内容和生态，其中生态包含平台、消费者和政府的政策导向，资本、技术、内容等要素的和谐发展取决于互联网文娱产业的生态建设。对江苏而言，互联网文娱发展的生态建设还有很大的提升空间。

（一）产业竞争地位不突出

2015年中国文化企业品牌价值前50位的企业中，北京凭借深厚的文化底蕴和资本基础有15家优秀的文娱企业，广州有9家互联网文娱企业，上海和浙江分别有5家，湖南有3家企业，四川、湖北、陕西各有两家企业。从上榜的各个地区企业所属的行业来看，我国互联网文娱产业的区域发展已经出现了一些专业性的特征，广东省上榜企业大多从事游戏、动漫产业，浙江省的上榜企业聚焦于影视和传媒产业，而上海的上榜企业则以传统媒体为主。江苏的互联网文娱产业发展业绩并不突出，在2015年中国文化企业品牌价值前50位的企业中仅占1席。2015年我国文化企业30强，江苏有三家企业入选，其中涉及互联网文创娱乐领域的企业有江苏省广播电视集团有限公司和江苏凤凰出版传媒集团有限公司。

（二）行业优势不明显

2015年江苏省重点文化企业两批入选名单145家企业，从事互联网文化娱乐产业相关产品和服务内容的企业仅有44家，占比30.3%。而广东省文化企业中60%以上企业的产品和服务内容涉及互联网文娱产业，仅游戏企业更是超过1500家。江苏省的互联网文娱企业经营内容大部分属于动漫、游戏和影视产品后期制作。在这三个细分产业门类中，江苏企业的优势也不显著，以游戏产业为例，广东省游戏产业2015年实现营业收入1010.7亿元，占全国游戏收入72.1%，已经形成了互联网游戏产业的绝对市场优势。全球游戏公司收入排行前十位企业，广东省腾讯位列榜首、网易排名第七。从动漫产业来看，江苏与浙江、湖南、北京同为第二方阵。江苏有许多动漫企业，也产生出不少优秀的动漫作品，但这些作品的市场业绩并不高，中国

50大网络动画内容IP生产商中,近1/2来自广东,近1/3来自上海,但无一家来自江苏。

(三)产业生态须优化

投融资服务平台、艺术产品产权交易平台、内容处理加工平台等是互联网文娱产业的硬件基础;消费市场的氛围营造和消费人群的培养是互联网文娱产业的根基,政策导向更是产业发展的阳光和雨露。观察互联网文娱发展较快的地区,广东省已经培育出了全国最大规模的游戏玩家群体,游戏收入占全国72.1%;浙江省多年来聚焦于"互联网+特色生态体系"的打造,为互联网文化创意创新平台和土壤;上海市从多方面着手,推出多项政策鼓励互联网文娱产业的跨界融合和深度发展。江苏互联网文娱产业的发展需要深挖区域特点和优势,用活资本和技术两项利器,通过政策创新和服务创新构建有利于互联网文娱产业发展的生态圈。

二 江苏互联网文娱产业的优势和亮点所在

(一)优势

1. 政府支持是互联网文娱产业孕育发芽的沃土

近年来江苏省创新管理模式,通过政策杠杆、金融手段,搭建文化繁荣发展的平台,"十一五"期间全省财政用于文化建设的投入达248亿元,先后建成南京图书馆新馆、南京奥体中心、南京博物馆新馆、江苏省美术馆新馆、江苏广电城等一批省级重点文化设施。2014年,全省文化(文物)行政事业单位的财政拨款总额50.23亿元。2013年19家文化企业获得紫金文化产业发展基金2.98亿元的资金支持,覆盖的领域既有传统的广电、报业出版,也有新兴的动漫网游、影视基地。紫金基金是省委、省政府为加快文化强省建设而组建的新兴投融资平台,"股权+债权"的模式为国内首创。江苏紫金文化产业发展基金连续两年荣膺年度"中国文化产业最佳投资基金"第一名。江苏政府通过搭建平台，在文化与资本之间架设桥梁，让不同需求的文化企业与金融机构实现有效对接。2013年全国首家文化金融服务中心在南京揭牌，向10家文化企业授信1.57亿元，撬动了10倍以上的民营资本。

2. 科技传统优势与文化娱乐行业深度融合形成新增长点

近年来江苏的科技优势与文化娱乐行业结合得越来越紧密，产生了不少能够带来优厚市场回报的产品和项目。例如，常州嬉戏谷利用最先进的三维立体影像内容让虚拟世界的场景"落地"变成了现实世界的互动体验区。江苏的文化科技型企业近年如雨后春笋般出现，成为文化产业中一道抢眼的风景，江苏尚阳科技公司的巨幕影院系统，以及视频2D转3D技术，无锡慈文紫光基于自主研发的Epod技术平台，制作的《西游记》以单集10万美元的价格，刷新了亚洲纪录。苏州蜗牛公司凭借先进的3D网游开发引擎技术，仅用3年时间就成为收入超亿元的网游知名企业，正是这些文化科技企业的发展，江苏省文化产业才有了连续5年保持30%以上的增幅。

（二）亮点

1. 网络文学创作优渥土壤催生互联网文学产业崛起

经过20年的发展，江苏网络文学已成为中国网络文学的高地。目前在全国各大文学网站注册的江苏籍网络写手多达2万余人，一线的重点签约网络作者也有1000余人，其中顶级网络作家的数量在全国排在前列，仅阅文集团白金级作家就有7人，约占全国总数的1/5，大神级作家有30余人，还有许多作家在百度文学纵横中文网、17K小说网、掌阅文学等文学网站处于领军地位。在出版界，江苏凤凰出版传媒集团销售收入、利润总额、资产总额等各项主要经济指标连续9年位居全行业榜首，在进入中国企业500强的出版集团中排名第一，位居"首届全国文化企业30强"中出版发行类之首。如果能把江苏的互联网文学内容IP与本省的数字阅读和出版企业更好地结合在一起，将大大推动江苏互联网文娱产业有新的飞跃。

2. 江苏表演艺术创作活跃、演艺市场成熟

近年来，各地涌现了一大批新创剧目，京剧、昆剧、话剧、舞剧、歌剧、锡剧、淮剧、扬剧、滑稽戏等各式剧种全面创作，呈现出人、出戏的良好局面，多项剧目获得国家嘉奖。江苏省广播电视集团和江苏省演艺集团有限公司位列"全国文化企业 30 强"，在业界有很高知名度，江苏卫视推出的《非诚勿扰》节目连续多年创下有线电视收视率奇迹，带动了多个真人秀综艺节目的发展。江苏省演艺集团更是四度蝉联"全国文化企业 30 强"。

三 江苏抢抓互联网文创娱乐产业发展机遇的对策

1. 强化资本运作，为江苏企业在互联网文娱产业资本角力中赢得优势

首先，江苏省要在文娱产业界积极布局政府财政资金，发挥政府文产基金的积极作用，尤其重视紫金文化产业发展基金的引导功能和作用，做大做活江苏省文娱产业资本市场。与北、上、广、浙相比，江苏省的文娱投资规模不大，紫金文化产业发展基金发行两年均为 20 亿元规模，而广东省文化产业投资基金总规模为 50 亿元，上海文化产业股权投资基金总体规模为 100 亿元，浙江文化产业成长基金规模在 50 亿元。其次，改变偏向保守的投资风格，充分利用各类社会资金，积极谋求与民间股权投资机构合作，设立互联网文娱产业专项投资基金，利用民间投资机构对市场的敏锐眼光和信息优势，优选具备市场潜力的优秀项目，积极利用众筹平台面向更为广泛的市场开拓文娱项目。

2. 重视产业生态构建，为江苏互联网文娱产业打造良好发展环境

首先，政府要为互联网文娱产业的内容创新打造良好的版权环境，加大对正版和原创内容的采购和保护力度，以保证互联网文娱产业有不竭的发展动力。其次，进一步简政放权，探索互联网条件下政府优化管理与服务的全套体制机制，积极完善规划，着力在规划编制、资源要素保障、服务和制度供给、文化内涵挖掘、生态环境保护等方面下功夫，加快构建集产业链、投资链、创新链、人才链、服务链于一体的互联网文娱产业创业创新生态系统。最后，学习借鉴浙江及深圳南山的发展经验，重视互联网文娱产业集聚优势，将政府的服务放在最底层，让其作用在整个互联网文娱产业创新的体系中得以发挥。江苏也可以试点"互联网文娱小城"，发展以互联网文娱产业为中心的城镇，吸引文创人才、创业资本集聚江苏。

3. 重视学术研究和政策咨询，通过智库研究和数据分析把握产业的发展态势和方向

在江苏建立互联网与文娱创意产业研究机构十分有必要。现有的紫金文创与艺术发展研究院是专业的文化产业研究机构，应该在此基础上尽快设立互联网文娱产业分院或者专业研究所，利用江苏省社会科学院、南京艺术学院、南京师范大学、南京大学等相关高校和科研院所的实力，设立专门针对互联网文化娱乐产业发展的研究机构、设立互联网文娱研究专项经费，催生具有江苏风土人情的互联网文娱内容产品，培育科技型文化创意产业人才，实现多样化文化创意人才供给。

4. 将科技优势与互联网文娱产业发展深度结合，打造具有高辨识度的江苏互联网文娱科技产品

在互联网文娱技术研发上，江苏企业应更关注产品本身，积极构建以企业为主体、以市场为导向的文化科技创新体系；打造专业化文娱产业创意中心，建设互联网视听技术研究中心和实验室；大力发展文化科技企业孵化器，促进新型业态的互联网文娱企业在孵化器中集聚发展；发挥江苏动漫产业群、线上演艺产业基地的优势，通过各类日益完善的平台服务甄选高层次人才和市场潜力巨大的创新项目入驻产业基地。通过策划实施一批重大互联网文娱科技项目，打造互联网文娱科技产业链；通过产业联盟和集群发展模式，促进新兴互联网文娱企业在空间上的集聚，形成产业间信息共享、优势互补的发展局面。

5. 发挥江苏文学创作优势，重视网络文学市场开发，打造江苏互联网文娱新增长点

积极探索网络文学作品评价体系与标准，尝试开展网络文学作品评奖、重点作品扶持、作家签约等系列工作，并与签约文学网站在网络作家培训、江苏文学作品宣传推介、文学活动组织、作家权益维护等方面密切开展合作。在国家许可的范围内，引导社会资本以独资、控股、收购、并购等多种形式参与网络文学出版，对导向正确、主业突出、管理规范、实力雄厚、核心竞争力强的民营文化企业授予网络文学策划出版资质，发挥非公有制企业产品策划、资本运作、技术运用、生产管理、市场营销等多方面优势，构建多元化网络文学出版产业发展格局，持续打击网络文学作品侵权盗版行为，切实保障著作权人合法权益。

6. 发挥演艺产业优势，关注"互联网+演艺"产业，开发具有江苏特色的互联网线上演艺市场

江苏在开发互联网演艺市场时，要不断优化机制，加快资源整合，逐步探索和实施演艺产销及宣传推广的线上线下互动，构建"互联网+演艺"新模式。江苏可以通过并购已有的视频网站，将传统演艺与互联网进行深度融合，加快推动传统演艺线上传播，在客户资源、商业模式、经营环境、行业特点、消费行为特性等多方面进行高度互补，深度优化业务结构；也可以参照湖北省演艺集团的方式直接成立视频网站，提供交响乐、戏曲、话剧、歌舞剧等多个表演艺术门类的线上播放。此外，支持用户上传自制剧等原创剧目，推动"互联网+演艺"的新发展与新跨越。

B.5
"新常态"下苏南集体经济的现状及未来展望

沈 于[*]

摘 要： 长期以来，苏南农村有较为发达的集体所有制经济。本文对苏南集体经济的现状做了概括，归纳了其在新时期的表现形式，分析了其对本地区经济发展、社会进步、人民幸福所做出的贡献，并对其未来发展进行了展望。

关键词： 集体经济 新常态 苏南

集体所有制是社会主义公有制的重要组成部分，在社会主义市场经济运行中发挥着不可替代的作用。随着中国经济步入新常态，江苏经济面临的结构调整要求更为迫切。在这样的背景下，须调动包括集体经济在内的多种所有制形态的积极性，促进多种所有制形态的协调发展。为此，我们有必要对江苏集体所有制经济的现状做一分析，并对其未来发展加以展望。

一 苏南集体经济现状及其在新时期的表现形式

从整体上看，江苏集体经济发展水平不低，但很不均衡，存在较大的地区差异。这种差异可能发生在不同的村庄及县、市之间，但更突出地表现在苏南、苏中、苏北三大地域。抽样调查表明，苏南、苏中、苏北三地的样本

---

[*] 沈于，江苏省社会科学院经济研究所助理研究员，经济学博士。

村庄①集体经济平均收入分别为 681.2 万元、151.5 万元、70.2 万元。苏南样本村的平均集体资产为 2509.4 万元,而苏北仅为 374.6 万元,不及苏南的 1/6(包宗顺,2015)。调查显示,约有 25% 的苏北村庄集体收入不足 10 万元/年,此类行政村基本无法维持自身的正常运行。此外,某些村庄还存在较大的非生产经营性负债。

尽管存在明显的地域差异,但一个不容否定的事实是,进入 21 世纪以来,江苏集体经济在逆境中奋勇前行,在整体上取得了较大的成绩。据统计,截至 2013 年年底,江苏全省的村级集体资产已达 2054 亿元,净资产 1333 亿元,分别是 2000 年的 4.1 倍和 4 倍,年平均增长速度分别达 11.5%、11.3%;村均经营性收入从 2000 年的 26 万元,增长到 2013 年的 159 万元,年均增长率达 14.9%。其中,特别值得一提的是苏南,苏南地区在新的时代背景下不断探索集体经济的实现形式,走出了一条既富有自身特色,又与市场经济相契合的道路,堪称新时期全国农村集体经济的典范。

(一)改制后,苏南集体经济的经营方式

苏南集体经济的起源之一是 20 世纪六七十年代的社队企业(乡镇企业)。改革开放后,在相对有利的政治、经济环境下,苏南乡镇企业得到了迅猛发展。然而,好景不长,到 90 年代,随着内外部环境的变化,以乡镇企业为代表的苏南集体经济陷入了困境。为此,自 1992 年起,苏南开始对集体企业实施产权制度改革。经过改制,传统的单一集体所有制乡镇企业已基本消失。改制后,除了少数乡村继续持有一定的乡镇企业股份,大多数农村社区从制造业等竞争性领域退出,改由其他途径实现集体资产的保值增值。在此背景下,苏南集体经济的经营方式出现了多元化的趋势,大体上可

---

① 从理论上说,集体经济可分为城镇集体所有制和农村集体所有制。然而,20 世纪 90 年代以来,随着城镇集体所有制企业的改制,许多城镇集体企业或因经营不善而破产倒闭,或转制为民营、股份制企业,或被收购、兼并。目前,江苏城镇的集体企业数量已大大减少,在整体经济中所占的比重也大为下降。考虑到这一因素,本文重点关注江苏农村集体所有制经济。

分为资产租赁型、农业开发型、联合发展型和企业股份型四类。

1. 资产租赁型

资产租赁型是指乡村集体通过持有厂房、门面房、仓库等不动产获取租金收入。以江阴为例，在1995年乡镇企业改制时，江阴农村保留了集体土地、房屋等经营性资产，为今后集体经济的发展提供了载体。到2014年，江阴村级集体土地、房屋租金收入已经达到7.5亿元。又如，苏州市盛泽镇渔业村，该村先后建起营业商铺1000余间，配套仓库、厂房2000余间，经营性物业11.7万平方米，截至2014年，渔业村集体资产超过2亿元，房屋租赁收入超过4000万元。"资产租赁"经营风险小，能为基层集体提供稳定的长期收益，是目前苏南集体经济较为普遍的经营模式。

2. 农业开发型

农业开发型指的是农户承包的土地经一定途径流转后，对其进行集约化利用。举例来说，太仓东林村耕地不多，且与宅基地交错分布，不利于开展大规模农业生产。从2012年起，该村全体村民搬入新型农民社区，原有宅基地全部复垦为耕地，从而使全村1800亩土地成为格田见方、集中连片的高标准农田。在此基础上，东林村成立了合作农场，开展多种经营，发展生态农业。2013年，该村集体收入高达1748万元。

3. 联合发展型

联合发展型指多个村庄或社区共同出资，组建集体所有制企业，从事经营活动。以昆山为例，2010年3月，昆山淀山湖镇11个行政村共同注资3000万元，发起设立了淀山湖强村联合发展有限公司。第二年，该公司即实现产值2.6亿元，可分配利润1682万元。目前，昆山11个区镇已全部组建强村联合发展公司，总资产达37.36亿元，占当地村级集体经济总量的57.5%。又如，2010年，张家港大新镇联合10个行政村，出资1000万元，成立了新联村镇建设投资有限公司，参与建造标准商务楼宇、沿街门面、农贸市场等商业地产项目。"联合发展型"模式，克服了社区企业规模小、经营范围受限制的弊端，通过发挥规模经济优势，强化了集体企业的竞争力。

4. 企业股份型

企业股份型指的是一些乡村集体在竞争性领域继续持有一定企业股份，并从中获取收益。比如，苏州市梦兰村拥有梦兰集团30%的股份，2013年获得分红2000万元；无锡市长江村拥有新长江集团25%的股份，2013年获得分红超过1亿元；苏州市永联村持有永钢集团25%的股份，2013年所获分红高达1.25亿元；等等。这类乡镇企业大多在改制前由当地集体经济组织掌控。经过改制，集体经济组织一般不再对其拥有控股权，但依然保留了一定数量的股份。

（二）新进期苏南集体经济特点

与20世纪80年代传统的乡镇企业不同，在新时期的苏南农村，无论集体经济采取哪一种实现形式，都普遍进行了制度创新，具有产权清晰、收益稳定、分配合理、民主管理的特征。

1. 新型集体经济建立在明晰的产权制度之上

在传统集体所有制下，个人不能以任何方式拥有企业的资产，这带来了"产权虚置"的问题。与之不同，目前，大多数苏南集体所有制经济都选择了股份合作制的产权实现形式。以苏州为例，该市1498个行政村已成立股份合作社1288家。所谓股份合作制，是一种结合"股份制"与"合作制"优点的新型集体所有制形态。股份合作制是通过清产核资、股权界定等方式，将集体资产以股份形式量化到每一位社员，从而明确了每位社员的权利、利益和责任，避免了"人人有份、又人人不问"的弊端。在股份合作社内部，许多成员既是劳动者又是资产所有者，他们同时获取工资和分红收入。目前，江苏农村的股份合作社主要包括土地股份合作社、社区股份合作社和专业合作社。各类股份合作社在规模、功能、经营领域等方面存在不小的差异，但它们无一例外地既保留了"集体所有"的属性，又在很大程度上避免了"所有权虚置"的问题。

2. 走出了一条收益稳定、风险较小的集体资产经营之路

农村集体经济运营的主要目标是增加集体积累，从而为基础设施、医疗保险、养老保障、居民福利等公共产品提供财力保证。这意味着集体经济不适合，也不应当介入风险性较高、利润波动较大的领域。正因为此，目前，在苏南农村，绝大多数集体经济都已退出了竞争性经营行业，转向了土地、房产等资源的租赁，从而获得相对稳定、持久的收益。

3. 在分配机制上，更加注重向农户倾斜

在20世纪八九十年代，苏南集体经济的收益主要用于当地基础设施以及村行政开支，当地居民并未从中获得直接收入。随着后工业化时代的到来，基础设施已相对完善的苏南更倾向于直接向居民分配集体资产的收益。目前，在苏南，集体经济主要施行的是按股分红和福利分配相结合的分配方式。以苏州为例，苏州市政府专门出台文件，规定乡村股份合作社每年获得的利润，必须按照公积金、公益金、社员分红以3:3:4的比例进行分配。

4. 探索出了一条民主高效的集体经济管理之路

传统的集体所有制由于产权不清晰、权责不明确，村委会领导等少数人往往独占了集体资产的处置权与收益分配权。眼下，由于建立了"股份合作社"，村社集体资产以股份形式量化到每一位社区成员，村民拥有股份，自然更加关心集体资产的运行和处置，从而改变了过去少数人说了算的状况。以苏州天字村股份合作社为例，该社建立了完善的议事、决策、分配制度，确定了年初上缴预算、年中检查、年底结算的财务运行机制，并在社员代表大会上公布集体资产经营情况，接受社员监督、评议。此外，一些市县还积极利用信息化手段，建立了农村集体资金、资产、资源"三资"管理信息平台，加强了对集体"三资"监管，减少了违规和腐败行为的发生。

二　苏南集体经济与民生发展

改革后的苏南集体经济进入了崭新的发展期。以苏州为例，数据显示，该市2012年村级集体经济总收入达到79.5亿元，比上年增长15.2%，村均收入582万元，比上年增长15.7%。全市222个村收入超过千万元，30个村超过3000万元，10个村超过6000万元。在此，须特别指出的是，苏南农村集体经济的迅速发展，带来的绝不仅仅是统计数字的变化，更多的是对本地区的经济社会发展、人民生活水平做出了实实在在的贡献。这主要表现在以下四个方面。

（一）新型苏南集体经济推动了农村公共福利水平的提高

以苏州千灯镇大唐村为例，经过多年发展，大唐村已形成了集体、民营、外资等多种所有制形态共同繁荣的格局，村集体年收入超过4000万元。财力得到保障后，大唐村委会全面加强社区福利建设。对贫困户，大唐村每年给予5000元慰问金；对"五保"对象，每月补贴生活费200～300元，还免费负担水电费；对老年人，每年各项补贴及养老金合计超过1万元，还组织旅游一次；对中小学贫困生，每年提供600～1600元不等的助学金；对考上重点高中、全日制本科、硕士、博士的学生提供5000～50000元奖励。此外，在大唐村，村民看病享有补助，村民医药费自付部分在1000～5000元的，村里按20%报销；5000元以上部分，村里按80%报销。在苏南，像大唐村这样的农村社区绝非个案。在公共财政还难以全面覆盖农村的情况下，发展农村集体经济，无疑是改善农村公共福利的现实选择。

（二）新型苏南集体经济促进了农村土地的集约化利用

土地股份合作社在不改变土地集体所有性质、不改变土地用途的前提下，在自愿基础上，将农户承包土地的经营权（使用权）量化折股，再由当地村庄对土地统一经营或发包租赁，农户凭借股份获取分红收益。这一方面坚持了联产承包责任制的基本原则，另一方面又实现了土地所有权、承包权和经营权的分离，解决了农村土地流转中存在的土地产权不明、流转规模有限、无法兼顾稳定与公平以及分散经营与产业化经营矛盾的问题，为农业机械化、规模化、集约化生产提供了一种有效的土地流转模式。目前，土地股份合作社已成为苏南地区农村土地流转的最常见形式。

以苏州昆山为例，2009年，昆山参与了"万顷良田建设工程"，在花桥镇开展大规模土地整治。当地以镇、村为单位成立了土地股份合作社，农民以承包经营权置换土地股份合作社股权，以农村宅基地使用权置换城镇住房和商业用房的收益权。通过"双置换"，曾经零星分散的小块农田、街头巷尾的闲散土地连成了一片，增加了有效耕地面积，形成了网格状的高标准农田。在置换出宅基地后，当地农民搬入重新规划建设的城镇，住进了现代化的公寓小区，实现了生活方式的转变。通过土地股份合作社这一形式，花桥镇实现了"农民向社区集中、农地向规模集中、工业向园区集中"，从而提升了农业生产力，促进了高效农业的发展。花桥模式在很大程度上反映了土地股份合作制改革的发展方向。

（三）新型苏南集体经济产生了显著的"共同富裕"效应

作为社会主义的本质要求，"共同富裕"既要求较高的绝对收入水平，又要求较小的贫富差距。就前者而言，苏南城镇居民每年可支配收入从2000年的8406元/人增加到2013年的39224元/人，十三年增加了366.6%，远远高出在经济发展水平上与江苏相近的浙江。农村方面，苏南农村居民纯收入从2000年的4693元/人增加到2013年的19107元/人，增加了307.1%。这一增速不仅高于江苏全省和全国，也明显超过了浙江省的水平（范从来、巩师恩，2014）。

就贫富差距而言，众所周知，在中国的整体收入差距中，城乡差距占有很大比重。就此，农村收入水平的提高更有利于缩小贫富差距，实现"共同富裕"目标。根据2014年的统计数据，作为苏南核心区域的苏州、无锡、常州三市，其城乡常住居民人均可支配收入之比分别为1.98、1.87、1.96，这一组数字不仅显著低于全国和江苏全省的水平（分别为2.92、2.30），也明显低于浙江省的城乡收入比（2.085），还低于经常与苏南地区作对比、以发展民营经济为主的浙江省温州市的水平（2.09）。由此可见，苏南地区的城乡收入差距被控制在相对较低的水平，更接近"中间大、两头小"的橄榄形收入结构。

为什么在经济增长的同时，苏南遏制住了贫富差距的扩大？对此，我们有必要分析苏南居民收入的具体构成。表1给出了2014年苏南、江苏全省、浙江及全国城乡居民收入结构情况。

表1 2014年苏南、江苏全省、浙江及全国城乡居民收入结构情况

单位：元/人

地区	农村				城镇			
	苏南	江苏	浙江	全国	苏南	江苏	浙江	全国
可支配收入	20953	14958.9	19373	10488.9	42753	34346.3	40392.7	28843.8
工资性收入	13190	7170.3	11772.5	4152.2	27773	20720.1	23317.3	17936.8
财产净收入	1494	472	542.8	222.1	4829	3373.5	5358.3	2812.1
经营净收入	4058	5031	5236.7	4237.4	4481	4063.5	6379.4	3279
转移净收入	2211	2285.6	1821	1877.2	5670	6189.2	5337.7	4815.9

在表1中，我们不难发现，苏南农村居民的收入水平相对较高，主要体现在"工资性收入"与"财产净收入"两个分项上。与江苏全省、浙江及全国相比，苏南农村的"工资性收入"分别高出了84%、12.04%和217.7%，"财产净收入"分别高出了216.5%、175.2%和572.7%。其实，这两项收入在很大程度上得益于繁荣的新型苏南集体经济，发达的农村集体经济使许多苏南农民成为拿工资的工人，从而提高了当地的工资性收入。更重要的是，随着股份合作制改革的完成，在许多村社，每一位村民都成为股份合作社的产权所有者，有权依据所持股份获得分红，从而提高了苏南农民的财产净收入。

（四）新型苏南集体经济提升了农村治理水平

20世纪90年代初，分税制改革削减了基层政府的财政收入，2001年启动的农村税费制度改革进一步恶化了乡镇政府、村民委员会的财力状况（沈尤佳，2012）。在许多乡村，由于资金入不敷出，农村基础设施破旧不堪。此外，为了支付基础教育经费、行政人员工资等刚性开支，许多村镇被迫向当地居民摊派，严重损害了干群关系，恶化了乡村治理环境。

在苏南，发达的集体经济为许多乡村社区提供了财力支持，以江阴为

例，2014年，江阴农村集体经济仅不动产租金收入就达7.5亿元。这无疑确保了当地公共产品的供给能力。根据政治学理论，公民对政府的认可与支持在相当程度上取决于公共产品的供给。就此，苏南集体经济改善了当地村庄的治理环境。

需要指出的是，随着农村社会阶层的分化，乡村治理不可能再完全由政府或村干部主导，而是需要激发广大村民的参与意识，在多方共同努力下，推动形成和谐、有序、民主的乡村治理格局。然而在现阶段，许多农民对公共事务存在"看客"心态。很明显，只有将村庄的整体利益与村民的个人利益紧密联系起来，才能调动广大村民参与村庄治理的积极性。如前所述，在苏南，大多数农民已经成为股份合作社的社员，有权定期从集体资产中获取分红，这意味着集体资产的运营状况直接影响村民的收入，从而提高了村民与村社事务之间的关联度，提升了村民对村庄治理的参与意识。

三 对江苏集体经济的未来展望

尽管苏南集体所有制经济取得了巨大的成绩，但我们也要清醒地看到，就江苏全省而言，农村集体经济依然有诸如发展后劲存疑、地区差异过大等弱点，完全存在进一步改进提高的空间，展望未来，我们建议江苏集体经济可优先考虑以下几个改革方向。

（一）进一步推动集体经济"政企分开"

股份合作制的集体经济模式，告别了产权不清的状态，但在管理体制上，江苏（甚至包括苏南）的大多数农村集体经济并没有彻底摆脱"政企不分"的弊端。在现实中，有相当数量的村级股份合作社在人员、财务等方面与村民委员会并未分开，其生产经营受到村委会干部的很大影响，甚至完全受控于村长本人。这为乡村干部利用公共权力谋取非法私利打开了方便之门。近年来，一些村官的违法犯罪案件大多与其挪用、挥霍集体财产有关。为此，应努力推动村民委员会与股份合作社管理体制的分离，实现人员、账目、财产等方面的脱钩。

（二）探索乡村集体经济"职业经理人"制度

目前，在江苏绝大多数地区，乡村股份合作社的领导均由当地干部担任，并未实现管理人员的专门化、职业化。这不利于当地集体企业的长远健康发展。未来，应积极尝试引进专业化管理人员，探索集体经济"职业经理人"制度，实现集体经济管理人员的自由流动。

（三）推动农村集体经济更加均衡化发展

如前所述，江苏集体经济存在区域发展水平差距过大的问题，特别是苏北的某些村庄，经济发展滞后，村集体收入微薄，村民委员会财力不足，影响了正常职能的履行。未来，可考虑通过强弱村结对帮扶、村企结对帮扶、上级政府部门挂钩帮扶等方式，积极引导、推动薄弱村庄尽快脱贫致富。

（四）积极尝试、探索农民合作金融组织

在苏南等经济基础较好、居民金融意识较强的农村地区，应在政策许可的前提下，积极稳妥地开展农村合作金融探索，为集体经济的长远健康发展提供资金支持。

参考文献

1. 包宗顺：《村级集体经济运作情况分析》，《江苏大学学报》2015年第5期。
2. 范从来、巩师恩：《苏南共同富裕的示范及其推进策略》，《江海学刊》2014年第6期。
3. 沈尤佳：《集体经济式微与农村基层财政赤字》，《当代经济研究》2012年第1期。

B.6
江苏养老产业的新发展及国际经验的借鉴

刘 远*

摘 要： 江苏作为全国最早进入老龄化的省份和全国老龄化程度最高的省份，在养老产业方面取得了长足的发展，但也存在许多难题，亟待解决。为了推动江苏养老产业的新发展，本文通过借鉴美国、日本、瑞典、韩国等国家在养老模式的建立与配套服务上的先进做法和经验，提出了深挖产业内涵和拓展产业外延以创新产业发展模式，着力构建和完善政府、市场、社会多方面参与、分工合作的养老产业发展的新思路，并提出了相应的政策建议。

关键词： 养老产业 家庭养老 社区养老 机构养老

进入21世纪以来，我国已步入老龄化社会，且深度老龄化趋势日益加快，但我国养老产业发展明显滞后，规模较小、层次不高。江苏作为我国人口大省之一，老龄化水平高于全国均值，形势不容乐观。如何发展好江苏省养老产业使人民群众"老有所养、老有所终"，已成为当前不容忽视、刻不容缓的问题。作为养老产业发展走在全国前列的省份，江苏的一系列创新的做法和经验，引起了全国的关注，当前有必要在正确认识江苏省具体省情的

---

* 刘远，江苏省社会科学院世界经济研究所副研究员。

基础上，借鉴国外发达国家相对成熟的经验，进一步促进全省养老产业稳步而快速发展。

一 江苏养老产业的发展现状及存在的问题

随着社会生产力的发展，物质生活水平的提高，医学技术的改进和文化教育水平的提高，人们的生活方式和生育观念发生了改变，以致人口出生率和死亡率都大幅度地下降。我国的人口老龄化是由人们寿命延长、生育高峰和低生育率共同作用的结果。目前出现的老龄化是不可逆转的社会问题，这往往需要几代人共同的努力。一系列社会历史原因，比如："家庭养老"的观念、经济发展不均衡、"计划生育"等，导致很多"留守儿童"、"空巢老人"以及他们的教育、医疗等社会性问题的产生，而养老产业在发展的速度上和规模上还不足以应对这一系列的问题，养老产业的发展需求也越来越高。

1. 江苏老年化水平高于全国平均值，且老龄化程度正加剧发展

江苏是全国最早进入老龄化的省份，也是全国老龄化程度最高的省份。2015年底，全省60周岁以上户籍老年人口达到1648.3万人，占户籍人口的21.36%，比全国高出5个百分点，其中65周岁以上老年人口1115万人，占全省户籍人口的14.45%；80周岁以上老年人口254.96万人，占老年人口总数的15.47%。目前，江苏老年人口呈现基数大、增速快、寿龄高、空巢和失能比例高的特点。预计到2020年，全省60岁以上老年人口将达到1950万人，占总人口的比例将达到25%，到2030年将超过30%。老年人口的持续增长，对江苏省经济社会的发展进程、发展方式必将产生广泛而深远的影响。全省城乡老年人的数量，特别是高龄、失能半失能和空巢独居老年人等养老服务重点对象的持续增加，使养老产业的发展需求更加旺盛、更加多样、更加迫切。与此同时，全省城乡居民收入增长、消费结构升级及养老观念改变，促使养老消费逐渐从生存型、物质型消费向发展型、服务型消费转变。这些都为江苏省"十三五"养老产业的持续健康发展提供了巨大空间。

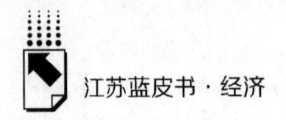

2. 江苏养老产业进程在加速推进，市场化程度不断提高

全省各地在加大各级财政投入的同时，充分调动社会力量的积极性，推动养老服务多元化发展。截至2015年底，全省共有各类养老床位58万张（其中养老机构床位44.5万张），按户籍人口测算，千名老年人拥有养老床位数达到35.2张。全省共建成城乡社区居家养老服务中心1.9万多家，实现城市社区居家养老服务中心基本全覆盖，苏南、苏中、苏北农村社区居家养老服务中心覆盖率分别达到90%、80%和70%，尽管如此，江苏省养老产业仍滞后于养老社会发展的需要，滞后于经济社会发展的速度，如养老产业发展规划尚未明确、市场发育尚不成熟、商业模式模糊不清。养老产业的发展还仅仅停留在基本医疗、集中养老等方面。与国外相比，江苏省对老年人需求的产品开发远远不足，整个养老产业在国民经济中的比重仍然不高。另外，老年用品服务及休闲文化领域发展也滞后，难以带动老年产业发展。随着生活水平的日益提高，老年人闲暇时间充裕，可自由支配收入提高，老年人的精神追求和个人文化发展的需求也越来越高，专门针对老年人休闲娱乐市场的潜力巨大。但是，当前社会把更多的关注点放在了小孩、年轻人身上，而针对老年人文化娱乐和精神享受内容的相对较少。此外，这个行业的企业规模都小，缺乏有影响力的企业，缺少品牌产品，专业水平低。这是导致老年产品的社会接受程度低、市场发展滞后的主要原因之一。

3. 投资主体多元化，积极创办特色养老模式

江苏的学院式养老、虚拟养老、智慧养老、居家养老、娱乐养老等诸多模式的创新实践在全国领先。近年来社会力量投资养老服务的积极性高涨，众多国内外知名企业、服务组织进入养老服务业。截至2015年底，建成省级健康养老服务业集聚区1个，在证交所挂牌的养老服务企业5家，投资建成20亿元以上的养老服务项目5个。据省老龄办主任介绍，近两年，金融、保险、地产、医疗等行业的国资、民营、外资企业纷纷跨界投资江苏老龄产业，特别是许多国资企业在自身转型中，积极布局养老产业，努力探索符合江苏本土发展模式的养老服务创新模式。据不完全统计，仅2016年全国已有80多家企业进军江苏各地养老地产，近40家上市公司进军江苏老龄产业，其中包括南京新百、三胞集团、金陵饭店、凤凰股份等省内有影响力的上市公司。与此同时，一些重点养老项目也如期"落地"。养老产业也是国有企业转型升级的重点方向，江苏苏豪控股集团于2014年就关注养老产业，并即将在南京汤山建成可容纳1万多人的大型医养结合社区，总投资规模达到100亿元。这一养老社区与省中医院进行合作，打造集温泉养生、健康疗养、医疗康复、文化娱乐、家政服务与老年金融贸易于一体的特色化养老服务社区。

4. 积极发挥政府作用，出台一系列养老服务方面政策，但是关于养老产业发展的扶持政策仍有提升空间

省政府颁布了《江苏省老年人权益保障条例》和《江苏省养老服务条例》，出台了《省政府关于加快构建社会养老服务体系的实施意见》《省政府关于加快发展养老服务业完善养老服务体系的实施意见》等一系列法规、政策文件，形成了相互衔接、互为支撑的养老服务法规政策体系。但是对养老产业的发展缺乏必要的政策扶持，产业投资乏力。养老产业的发展目前应该主要是依靠各地方政府投资，尽管地方政府每年对老龄事业的投入有所增加，其中对老龄产业的投入相应有一定程度的增长，但是人口老龄化和老年人需求增长的速度远远快于对养老产业资金投入的增长速度。这就造成了发展养老产业在资金上存在严重缺口。因此，需要政府在加大投资的同时，有关部门制定扶持、配套政策，特别是在财税、金融、地税、信贷等方面给予相应的支持，吸引民间资金投资养老产业，同时引导有为的企业家来投资养老产业，加速发展养老产业。

5. 养老服务能力不断提高，行业规范越来越建全

目前全省全面实施了城乡特困老人供养标准自然增长机制。政府购买养老服务工作有序开展。各类投资主体兴办的、以护理型床位为主的养老机构补助政策逐步统一。养老与医疗卫生融合发展加快推进。所有市、县（市、区）均建成1所以上由政府承办的示范性养老机构。全省所有农村"五保"供养服务机构基本完成了提挡升级改造，免费培训养老护理员3万余名，养老护理员持证上岗率达到80%。同时不断完善各类养老服务机构硬件设施规划建设标准，加强对养老服务设施建设质量的监管，制定了生活照料、康复护理、医疗保健、教育培训和心理关爱等方面的服务标准，开展了示范性养老机构（基地）的评定，养老机构消防安全、食品安全、卫生防疫等方面的监督管理得到加强。

二 发达国家发展养老产业的主要经验

社会人口老龄化问题是世界各国关注的焦点，各国政府也在积极推进养老产业，美国、日本、瑞典、韩国等国家在养老模式的建立与配套服务上都有较为丰富的经验，能为江苏省解决老龄化社会这一难题提供借鉴。目前世界上主要的养老方式有三种：家庭养老、社区养老和机构养老。

1. 居家和社区服务式养老模式

由于欧美等西方发达国家的社会保障制度及家庭成员的独立意识比较强，法律也不规定子女对老人负有赡养的责任和义务，所以相当比例的老人都不采用在家养老的形式，而选择居家和社会化相结合的养老模式，世界主要发达国家的养老模式多以"居家养老"为主。

瑞典目前居家养老率可达90%，国家大力推广"居家养老"，让所有的老人退休后尽可能地继续在自己原来的住宅里安度晚年，这种人性化的做法给老人以安全感。瑞典政府为了使儿女照顾父母更方便，还为老年人提供住宅服务，在普通住宅区内建造老年公寓，或在一般住宅建筑中增建便于老人居住的辅助住宅，凡是领养老金的老人都可以领到住宅津贴。主管老人社会福利事务的部门，会根据老人需要，提供包括个人卫生、安全警报、看护、送饭、陪同散步等在内的全天候服务。日本的养老方式是居家养老和社会养老相结合，传统的居家养老是老人在家养老，由子女提供衣、食、住、行上的照顾。随着社会的发展，年轻人忙于事业，无暇顾及老人，现代居家养老逐渐兴起。其方式是护理人员、小时工等为老人提供上门服务。日本还实施护理保险制度，包括上门护理、上门帮助康复、日托康复等，这在某种程度上形成了以养老设施服务为核心的"银发经济"产业形态。

在具有东方文化底蕴的亚洲国家，老人更希望和子女住在一起，由具有血缘关系的家庭成员照顾自己，这种模式适合不愿意脱离熟悉环境且子女有经济能力、闲暇时间、照顾精力和照顾意愿的老年人。新加坡就规定与父母同住可获津贴，1995年，新加坡国会通过《赡养父母法令》，新加坡成为世界上第一个为"赡养父母"立法的国家。在此法令下，被控未遵守《赡养父母法令》的子女，一旦罪名成立，可被罚款一万新元或判处一年有期徒刑。为了弘扬孝道，新加坡政府出台了不少明显带有倾向性的政策。从2008年4月起，凡年满35岁的单身者购买政府组屋，如果是和父母同住，可享受两万新元的公积金房屋津贴。

韩国因受传统孝道的影响，国民普遍不希望父母在养老机构养老终生。为了促进居家养老模式发展，韩国政府于1992年制定了一系列税收优惠政策，诸如对赡养老人五年以上的三代同居家庭，减少其财产所得税；赡养65岁以上老年人的纳税者，可以减少其个人所得税等。从2000年开始，韩国逐步设立日间护理中心、短期护理中心和家庭护理人员派遣中心等机构，提供各种服务以满足居家养老需求。2008年7月，韩国《老年长期护理保险法》正式实施，其中规定了居家养老的相关服务内容，主要包括上门护理、日常照料和短期护理等，并且还规定，对于身处农村或边远地区等设施缺乏、需要依靠亲友提供护理服务的老年群体，给予现金给付，以鼓励承担家庭护理的有关人员。

2. 全托、半托式的机构养老模式

在国外养老院等全托式的机构养老的比例并不高，目前西方国家有5%~15%的老人采用机构养老，其中北欧有5%~12%的老人，英国有10%的老人，美国有20%的老人。全托式的养老机构虽然能为老人提供专业化的照顾和医疗服务，但容易造成老人情感缺失，而且成本较高，所以送去养老机构实属无奈。

国外还有"半托式"养老机构，白天老人在养老机构生活，晚上回到自己家。美国养老中心主办者可以向政府提出申请部分费用的资助，中心可以接受社会的捐赠等。芬兰在全国建了数百个老人服务和娱乐中心，可以为

65岁以上的居家老人提供日托服务，周一至周五可以用车接送老人，并为老人提供早餐、午餐。

3. 以房养老模式

"以房养老"是西方发达国家常见的一种养老模式，指老人将自己的产权房抵押或者出租出去，以定期取得一定数额养老金或者接受老年公寓服务的一种养老方式。在各国特色不同的以房养老实践中，反向抵押贷款（简称"反向按揭"）最受欢迎，也使用最多。反向按揭最早源于荷兰，其大致是年轻人购买老年人的住房，并允许他们在有生之年仍免费租住该住房，待老年人过世后再收回该住房。反向按揭是一种针对老年人的贷款，一种社会养老保险制度的创新工具。以房养老在美国的养老服务产业里占有重要地位。在美国拥有住房的老人可以申请将住房抵押给银行，由银行根据房子的使用年限估算出房子的剩余价值，同时结合房主的年龄、银行利率、贷款的种类等条件向申请的老人每月定期支付一笔养老金，或一次性给予一笔资金，等到房主去世以后，银行收取房产，同时房子的所有权归银行所有。当然反向按揭适用也有边界，并非所有人的所有房屋都适合反向按揭。

三 江苏加快发展养老产业的对策建议

养老产业是以市场化机制为导向的为老年人提供产品或者劳务来满足老年人衣、食、住、行、用等方面需求业态的统称。它涉及多个行业，主要有生产、经营和服务等领域。早在2013年国务院出台了《关于进一步加快养老服务业发展的意见》，明确提出将养老产业打造为"蓬勃发展的朝阳产业，使之成为调结构、惠民生、促升级的重要力量"。目前我国必须推进养老产业的发展，全面建立符合国情的养老模式体系；大力推行养老服务的规范化和标准化；致力于建设老年宜居环境，为老人提供适宜的居住环境；加大推动养老机构建设，提升机构服务能力；加快建设养老服务人才体系；积极鼓励养老服务产品创新，促进养老产业的迅速发展壮大，有利于社会的和谐。

江苏省养老产业尽管在"十二五"期间取得了长足进展，但是还处于起步阶段，许多业态都有待于从外延上培育与拓展，从内涵上挖掘与深化。我们一方面要借鉴国外发展比较成熟的养老产业发展模式，另一方面更需要在政府的引导下，着力构建和完善政府、市场、社会多方面参与、分工合作的养老产业发展，推进江苏养老产业的快速发展，满足社会的需要。

（一）要提高认识，促进养老产业跨越发展

各级政府要从全局和战略的高度，深刻认识到人口老年化进程的加快给社会经济带来的影响。要深刻认识发展养老产业对推动经济发展和社会进步的重大作用。从而切实增强危机感、紧迫感和使命感。要用创新理念积极应对老龄化社会凸显的矛盾和问题，切实把养老产业发展摆上重要议事日程，采取有效措施，动员和引导全社会共同关心、支持养老产业健康快速发展。

（二）要借鉴国外发达国家老年产业发展的经验，积极推进以居家为基础、社区为依托、机构为补充的多形式养老服务体系

发达国家老年服务产业呈现以老年服务业为主，关联产业伴随老年服务业的发展而发展的特点。随着江苏省老年产业的发展，在为老年人提供日常生活服务的基础上，还需要创造更多丰富多彩的、各具特色的服务项目，使为老年人服务的领域不断增加，而且服务的手段呈现高科技现代化，极大地方便老人生活，提高生活质量。

（三）构建政策支持体系，优化产业发展环境

随着江苏人口老龄化程度的不断提高，社会经济必然会出现新问题、新矛盾。因此，政府要把养老产业纳入民生工程、纳入经济社会发展的规划体系，及时制定相关优惠政策，促进养老产业稳健发展。同时政府应加大公共财政对养老产业投入，推进养老产业走向社会化、产业化、市场化。特别是鼓励民间资本进入养老产业，积极探索民营、股份制、合资、独资等多种形式投资养老产业，使江苏养老服务体系建设和养老服务业发展整体水平走在全国前列。

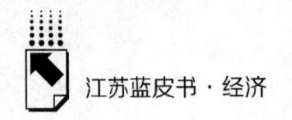

（四）积极研发老龄产品，满足不同层次的消费需求

要深入分析产业特性，延伸拓展养老产业链条。养老产业链涉及医疗、养老、通信、餐饮、旅游、财富管理等多个产业，是一个庞大的产业体系。要做市场调研和市场分析，要在充分了解老龄需求的前提下，根据不同老龄群体的需求来开发商品，特别是要根据老龄人口的多样化需求，提高老年生活用品用具、康复护理辅具、医疗器械、保健用品、保健食品等涉及老年产品的设计、研发水平，加快发展一些附加价值高、技术含量高、技能要求高的老年产品。提高老年产品和服务的科技含量，拓展市场空间。

（五）加强基层医疗人才体系建设，早日实现"医养结合"

要扩大基层医疗工作者队伍，目前对这部分人才留得住、用得好，显得非常重要。要发挥基层医务工作者的积极性，一方面，给予更好的职业发展通道，给基层人员更大的提升空间；另一方面，创新基层卫生人才培养使用机制，加快提升基层医疗卫生队伍素质和业务水平。特别是在一些符合条件的基层医疗机构，可按照《养老机构设立许可办法》规定，申请内设养老机构，面向老人开展集中居住和照料服务。养老机构也可按照规定申请设立医务室、护理站等为老人提供基本医疗服务，并可与周边医疗机构签订合作协议，建立绿色通道，为老年人优先提供巡诊义诊、接诊转诊、康复指导、远程医疗等服务，为老年人提供更好的照料。

（六）加速养老产业人才的培养，推进从业人员的职业化

首先，要在全社会营造一种既尊敬老人，又尊重老年人服务工作者劳动的氛围，使更多高素质的人愿意投身于养老产业，整体提高从业人员的素质。其次，全国养老办专题研究显示，按照从业人员与有需求的老年人数1∶10的比例计算，预计到2020年从业人员扩大为650万人，平均每年增加30多万个就业岗位。因此，要鼓励有条件的高等院校和职业教育机构设立与养老服务相关的医学、管理学、护理学、心理学、社会学以及老年食品

用品开发等专业,培养有知识、懂技术、会管理的老年服务专业人才,推行养老护理员国家职业标准,实行职业资格和技术等级认证制度,持证上岗,逐步实现服务从业人员的职业化、专业化。

参考文献

1. 邓大松:《国外居家养老模式比较及对中国的启示》,《湖北师范大学学报》2015年第2期。
2. 王志成:《美国养老地产的四大模式》,《中国商界》2014年第9期。
3. 宋群:《德国养老护理服务业的发展经验借鉴》,《全球化》2016年第12期。
4. 任小芳、李瑞丽:《江苏老龄产业服务众包模式研究》,《学理论》2013年第36期。
5. 杨文健:《江苏现行养老服务体制机制存在的问题及对策研究》,《学术论坛》2014年第5期。

B.7
江苏外贸稳增长的难点与对策研究

曹晓蕾*

摘　要： 自国际金融危机发生以来，全球贸易遭遇了持续而严重的增长困境。近年来，江苏的进出口贸易持续下降，贸易稳增长的压力逐步加大。全球市场需求萎缩，大宗商品价格急跌；利用外资压力加大，从事加工贸易的外资企业不断减少和转移；贸易保护主义加剧，减少了江苏省部分主要产品出口；本地化采购水平提高，中间产品进口强度下降等内外因素成为江苏省贸易稳增长的难点。为促进外贸稳定增长，我们提出了加快培育新贸易增长点、促进投资带动贸易增长、开拓重点与新兴市场以及优化营商运行环境等对策建议。

关键词： 外贸　稳增长　江苏

自改革开放以来，江苏省一直是中国的外贸大省，无论是进出口总值还是增长速度，在粤、苏、沪、浙、鲁5个沿海省市中，多年来均处于领先地位，并且形成了以苏南地区为主要区域，以加工贸易为主要方式，以外资企业为主力军的贸易发展格局。然而，自国际金融危机发生以来，全球贸易遭遇了持续而严重的增长困境，我国对外贸易仍然没有走出危机阴影。当前，江苏省外贸发展的内外部环境趋紧，下行压力持续增大，内生增长动力仍显不足，外贸形势十分严峻。江苏的进出口贸易下滑程度较大，外贸发展在呈现新变化的同时，稳增长的压力逐步加大。

---

* 曹晓蕾，江苏省社会科学院世界经济研究所副研究员。

一 江苏外贸稳增长压力加大

（一）进口和出口双降

近年来，江苏省进、出口贸易均出现了明显的下滑。2015年，全省进、出口分别为2069.5亿美元和3386.7亿美元，同比分别下降6.7%和0.9%，2016年1~10月，全省累计进出口4154.7亿美元，同比下降8.1%。其中，出口2611.3亿美元，同比下降6.7%；进口1543.4亿美元，同比下降10.2%。可见，江苏省进出口贸易规模总体出现了持续的衰退，进出口持续双降，其中，出口规模不断萎缩，出口降幅进一步扩大，但相比而言，同期的进口下降程度一直高于出口，进口下滑问题突出。

从江苏在全国的位次与占比情况来看，2015年全省进出口下降程度略好于全国水平，占全国比重为13.8%。2016年1~10月，全省出口、进口降幅与全国平均水平大体持平，出口降幅低于全国1个百分点，进口降幅高于全国2.7个百分点，占全国比重为14%，进出口规模继续保持全国第二位。与相近省份相比，2015年，浙江省和广东省出口分别同比增长了2.3%和0.8%，进口同比下降12.5%和10.8%，2016年1~10月，浙江和广东两省的出口分别同比下降了3.9%和0.1%，进口同比下降6.0%和0.1%。可见，浙江与广东两省的出口下降总体较为缓和，同时进口降幅有明显的收窄。与浙江、广东等省相比，江苏省进、出口降幅较大，并且降幅有进一步扩大的趋势，因此，江苏省稳定外贸规模面临严峻挑战。

（二）加工贸易和其他贸易方式跌幅趋深

从贸易方式来看，近两年来，全省一般贸易进、出口比重全面超过加工贸易，成为主导贸易方式。一般贸易保持主导地位，但加工贸易和其他贸易跌幅趋深。2015年，一般贸易进出口2388.3亿美元，占比43.8%；加工贸易进出口 2296.7 亿美元，占比 42.1%。2016 年 1~10 月，一般贸易出口下降 1.3%，占比 48.6%，较上年同期提高 2.7 个百分点，高出加工贸易 4.2 个百分点。加工贸易进出口自 2015 年下半年开始持续下跌，2016 年 1~10 月，加工贸易出口、进口分别下降 8.8%、8%，降幅比上年同期增加 9.8% 和 3.9%，加工贸易单月进口已经连续 20 个月下滑。其他贸易方式，如海关特殊监管区域物流货物进出口、保税监管场所进出境货物、外投设备、海关特殊监管区设备进出口形势也比较严峻，2016 年 1~10 月全省其他贸易方式出口、进口分别下降 25.0% 和 39.6%，降幅比上年同期分别增加 17.9% 和 24.9%。

（三）外资企业和民营企业进出口降幅持续扩大

自国际金融危机发生以来，在外资企业比重大幅下降的同时，内资企业的比重不断增加，尤其民营企业在外贸总体下行压力较大的情况下进出口持续回升，成为稳定全省外贸增长的重要有生力量。然而，从 2015 年以来，民营企业的进出口增长状况也变得不容乐观，与外资企业的状况相似，民营企业连续两年进出口降幅持续快速扩大。2015 年，外资企业出口、进口分别下降 2.3%、5.2%，民营企业出口增长了 0.2%，进口降幅为 8.4%；2016 年 1~10 月，外资企业出口、进口分别下降 5.9%、6.0%，跌幅低于全省平均水平 0.8 个和 4.2 个百分点，但比上年同期高 4.9 个和 1.7 个百分点；2016 年 1~10 月，民营企业出口、进口分别下降 9.9%、22.5%，跌幅比全省平均水平高 3.2 个和 12.3 个百分点，比上年同期跌幅高 7.5 个和 9.8 个百分点。

（四）主要产品和传统市场进出口持续低迷

从产品结构来看，重点行业出口普遍下降，2015 年，机电产品、高新技术产品分别出口 2248.7 亿美元、1306.3 亿美元，增长 1.5%、1.4%，2016 年 1~10 月，机电产品、高新技术产品出口分别下降 11.2% 和 8.3%，降幅均高于全省平均水平。大宗商品进口持续下跌，2015 年，全省重点监测、占比两成的20种大宗资源、原料性商品累计进口下降13.8%，2016年上半年下降15.0%；从市场结构来看，传统市场总体低迷，新兴市场出现涨跌分化。2015年和2016年上半年，占全省出口近六成的四大传统市场分别下降1.5%和5.7%，对"一带一路"沿线国家出口分别下降0.5%和1.9%，低于全省平均0.4个和4.7个百分点。

总的来看，江苏省对外贸易运行方式和发展趋势与国际金融危机发生之前相比，已经发生了较大的变化。从整体数据看，江苏进出口的总量和位次继续保持全国领先。从增长速度来看，与广东、浙江等省比较缓和的进出口下降情况相比，江苏省进出口全面失速，而且下降幅度有进一步扩大的趋势，因此，江苏省稳定对外贸易规模压力较大。从贸易结构来看，江苏省的贸易稳增长的结构性压力不断增加；从贸易方式来看，加工贸易和其他贸易方式的跌幅趋深，其中，与前几年其他贸易方式的蓬勃发展态势不同，其他贸易方式下降明显，高达两位数，至少从目前数据来看，海关特殊监管区进出口等贸易方式已经优势不再；从企业结构来看，前几年在外贸总体下行压力较大的情况下，民营企业进出口持续回升的良好发展势头发生了逆转，与外资企业的状况相似，民营企业连续两年进出口降幅持续快速扩大，甚至其进出口降幅全面超过外资企业，内生增长动力明显不足；从产品结构来看，重点行业如机电产品和高新技术产品，出口普遍下降，并且降幅较大；从市场结构来看，传统市场总体低迷，新兴市场出现涨跌分化。

二 江苏外贸稳增长的难点分析

（一）全球市场需求萎缩，大宗商品价格急跌

自国际金融危机以来，主要国家和地区的经济长时间处于疲弱状态，这将成为全球经济的新常态。主要发达国家中，除美国经济呈现较为明显的复苏态势外，欧盟和日本经济仍然处于停滞甚至衰退状态，而主要新兴经济体

经济增速普遍放缓。世界经济疲软导致了国际需求下降的连锁反应，使江苏省出口增速普遍放缓。以船舶产业为例，国际市场需求减少导致航运市场持续低迷，海运量少、投资回报率低。在危机之前，一条17万吨的散货船每天的租金最高可达20多万美元，而目前只有4000美元左右，受此影响，江苏省船舶出口需求量与价格大幅降低。

对世界经济下行趋势预期的不断确认，导致国际供求关系发生了变化，主要商品的国际市场价格持续走低。与危机发生以前全球主要商品的价格快速增长相比，近年来全球主要商品的市场价格普遍下降。与制成品相比，石油、非燃料初级产品以及农业原材料等大宗商品的价格下降幅度较大。以石油为例，2014年，石油的国际市场价格同比下降7.5%，2015年石油价格持续大幅下降，同比降幅高达31.1%。2015年以来，全省重点监测、占比两成的20种大宗资源、原料性商品进口价格持续全线下跌。总之，市场需求不振以及大宗商品价格急跌成为江苏省贸易总体增长放缓的直接原因。

（二）利用外资压力加大，从事加工贸易的外资企业不断减少和转移

近年来江苏省产业基础、资源承载、资本实力发生了较大变化，与此同时国际市场条件不断调整，受国内要素成本的上升与外需市场的紧缩等因素的影响，利用外资已步入结构转型的加速期，外资结构的变化弱化了对外贸增长的支撑效应。一方面，新增IT产品FDI向以重庆市为代表的中西部地区转移，并且大企业带动配套企业及产业链转移；另一方面，欧美纺织服装等劳动密集型订单对东南亚国家廉价劳动力和宽松的环保政策兴趣不断增长，不断转移到柬埔寨、越南、老挝、缅甸等劳动力相对低廉的国家，进一步加速了订单转移趋势。新引进的加工贸易生产企业大幅减少，影响了对外贸易的增量。根据苏州市统计，2010年，苏州加工贸易企业数量为3890家，到2015年加工贸易进出口额的企业为2972家，6年来减少918家，这在很大程度上影响了对外贸易的增量。

（三）贸易保护主义加剧，减少了全省部分主要产品出口

近年来，我国出口产品在国际市场遭遇贸易摩擦越来越频繁，尤以近年来出口量激增的钢铁和长期深陷争端泥沼的光伏为贸易摩擦重灾区，而这两个领域都是江苏省外贸出口的优势领域，受到影响的程度较深。继欧盟对中国光伏产品展开"双反"调查后，近期美国、土耳其也要求对中国光伏产品进行反倾销调查。在美国公布了对华光伏二轮"双反"的终裁结果之后，按照美国"双反"裁决初定，多家中国光伏企业被征收31%～250%的反倾销税，如此，全省的部分光伏企业将有可能直接失去美国市场。受贸易摩擦影响，江苏省主要钢材企业出口环境也在持续恶化，2016年上半年，沙钢集团已遭遇贸易救济调查7起，永钢集团出口同比下降41.2%。贸易保护主义对江苏省外贸企业影响的加剧已经越来越广泛和深入，减少了光伏、钢材等主要产品的出口。

（四）本地化采购水平提高，中间产品进口强度下降

中间产品贸易与国际分工模式以及全球产业价值链的分布具有密切的关系。根据IMF和世界银行的计算，"中国制造"如今更加名副其实，进口原材料在中国进口产品中所占比例已呈现显著下降趋势，从1993年的60%以上降至目前的不足35%。在外商投资和本土工业发展的推动下，一些产品在中国进入最终装配之前停靠的站点变少了，越来越多的生产过程在中国本土完成。我国获取了这些供应链越来越大的份额，国内产业链不断延伸，逐步形成相对完整的产业集群。目前江苏省已经形成了无锡的光伏产业以及苏州笔记本电脑产业等制造业产业集群。这些集群的出现正在改变全球供应链的分布。以苏州笔记本电脑产业为例，在近三十年的发展中，苏南地区企业的生产能力、学习能力和技术水平不断提高，国内产业链逐步完善，苏州地区98%的笔记本电脑生产料件可在直径70公里的范围内完成配套，由此以来，对国外原材料和中间产品的进口需求也随之降低。国内产业链的不断完

善和升级，本地化采购水平的提高，在当前的一段时间内影响了贸易进口总量扩张。

三 稳定江苏外贸增长的对策建议

（一）促进投资带动贸易增长

实施利用外资"八聚焦八提升"行动计划，引导外资投向战略性新兴产业和先进制造业，着力引进一批贡献大、带动作用强的旗舰型、龙头型优质外资项目，强化外资对外贸的支撑作用，增强外贸发展后劲。聚焦传统优势产业转移和国际产能合作，发挥江苏开放水平高、制造业基础雄厚的优势，鼓励引导省内纺织、化工、水泥、光伏、造船等传统优势产业在境外设立生产加工营销基地。鼓励支持有实力的企业参与境外资源能源项目合作开发。建立"一带一路"产业投资和国际产能合作滚动项目库，推进外贸与产能合作、工程承包相结合，带动原材料和大型成套设备出口，鼓励企业通过境外资源开发加大资源、能源进口，不断增强"走出去"对外贸的带动和促进作用，进一步拓宽外贸发展空间。

（二）加快培育新贸易增长点

一是加快推广市场采购贸易。进一步完善省内专业化大市场的外贸功能，培育一批具有示范效应的内外贸结合专业市场。推进南通叠石桥家纺市场作为首批国家级内外贸结合商品市场试点的建设，推动吴江东方丝绸市场等专业大市场增强外贸功能，争取列入国家第三批试点。二是大力推进中国（苏州）跨境电子商务综合试验区建设，在信息共享、统计监测、打造跨境电商产业链等方面尽快取得突破性进展。推进南京、无锡、连云港、宿迁四个省级试点，推进省级跨境电商产业园和公共海外仓建设。三是积极发展保税贸易。不断扩大苏州工业园区全球维修业务试点范围，争取适用上海自由贸易试验区的部分功能，大力吸引全球维修中心、检测中心、分拨配送中心等功能性机构，发展保税检测维修、保税展示、保税物流贸易。四是做好外贸综合服务体系建设，支持中小微企业加强"一达通"平台的参与和运用，努力扩大出口，加快形成新的外贸增量。

（三）积极开拓重点与新兴市场

充分发挥重点市场对出口的带动作用。指导企业抓住中韩、中澳自贸协定生效、中国—东盟自贸区升级等机遇加大市场开拓，联合国检部门开展中澳、中韩等自贸协定业务培训，引导企业利用自贸区优惠政策拓展商机。帮助企业积极拓展新兴市场。稳步扩大与"一带一路"沿线国家和地区的贸易往来。以经济增长迅速的印度、菲律宾、印度尼西亚等国家为重点对象，加快在六大经济走廊等的沿线布局。在"海上丝绸之路"，侧重在各个枢纽地区布局建设境外经贸合作区，重点推动建立埃塞俄比亚东方工业园、巴基斯坦能源产业园、印度尼西亚新能源产业园、印度太阳能产业园、老挝商贸和文化教育产业园等境外产业园。

（四）优化营商运行环境

积极向上争取外贸发展先行先试的各种机会，同时加快外贸综合服务平台建设，通过简化交易环节、节省交易成本、提供信用保障等，为全省外贸企业提供通关、交易、融资等优质服务，帮助企业减负增效；海关等口岸管理部门加快融入全国通关一体化步伐，强化与监管部门协作，继续推进口岸监管部门"三互"大通关建设，加强省电子口岸建设，完善船舶"单一窗口"项目功能并全面推广应用，加快货物"单一窗口"建设，协调监管部门创新符合外贸新业态发展特点的监管方式，研究出台便利化措施。继续复制推广好上海、广东、天津、福建自贸区贸易通关政策，提高贸易通关便利化水平。

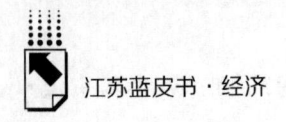

参考文献

1. 田朔等：《汇率变动、中间品进口与企业出口》，《世界经济与政治论坛》2015年第4期。
2. 赫勒尔德·范德林德：《中国出口并未丧失竞争力》，《金融时报》2015年9月10日。
3. 于广洲：《苏州开展加工贸易转型升级试点工作报告》，苏州市商务局，2014年12月8日。
4. 肖恩·唐南：《中国因素导致国际贸易增长放缓》，《金融时报》2014年11月19日。
5. 郑江淮、黄永春、张二震：《价值链上的新兴产业攀升路径：从走向——来自昆山新兴产业与传统产业的比较分析》，《南大商学评论》2013年第24期。
6. 江苏省商务厅：《关于2016年上半年全省进出口情况的通报》2016年7月。
7. 江苏省商务厅：《进出口统计月报》，2015年10月、2015年12月、2016年10月对外贸易数据。
8. 中国商务部：《2016年1~10月进出口简要统计》，http://tjxh.mofcom.gov.cn/article/tongjiziliao/feihuiyuan/201611/20161101701250.shtml，2016-11-11。

B.8
江苏开放型经济发展的内生动力研究

陈思萌*

摘　要： 开放型经济促进了要素间的流动，通过比较优势从开放部门逐渐传导到非开放部门，最终提高开放国的经济效率，实现经济内生发展。从要素上看，江苏具有领先的科技创新、高效的产业集群、有序的政策体系，是江苏进一步发展的基础，在下一阶段，江苏应提高高级要素参与全球资源配置的能力，利用产业集群实现全球价值链的攀升，规范市场秩序，构建区域制度红利。

关键词： 开放经济　内生动力　江苏

改革开放三十多年，江苏充分享受了全球化的红利，经历了世界瞩目的跨越式发展。但随着世界经济和国内环境的深刻变化，建立在人口红利以及优惠政策等基础上的出口导向型开放经济体系并不是长久之计，"世界工厂"的发展模式也带来资源环境等发展弊端，江苏需要率先构建新的开放方式，探索与全球经济相适应的开放型经济新优势，提升整体的开放水平。在全球价值链分工体系的新形势下，开放经济实则是全球要素的分工和整合过程，江苏省的开放型经济如何在融入全球价值链分工体系时获得长期增长，无疑是我们面临的重要课题。如何以开放促优化、拓深度、提效益，力掘经济内生的增长动力，实现开放经济的内生增长，成为亟须探讨的议题。十八届三

---

* 陈思萌，江苏省社会科学院世界经济研究所助理研究员。

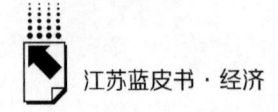

中全会强调了中国"十三五"时期发展的新常态，必须有新理念、新思路和新举措，特别指出必须深化全方位对外开放。在新的形势下，江苏的开放型经济需要有新的转变，张二震、戴翔剖析了发展重点和难点，认为江苏应着力提供制度保障，积极融入全球创新链，高水平"引进来"，大规模"走出去"。

一 开放型经济内生增长模式

（一）比较优势对开放部门产业结构影响的传导机制

全球价值链分工下，一国通过国际贸易和国际投资参与国际分工。国际贸易使本国具有供给优势要素密集型的产品（劳动密集型）需求增加，从而提高生产该商品中密集使用生产要素（劳动力）的价格，降低非密集使用要素（资本）的价格，引起要素供给优势的转化，比较优势发生变迁。按照雷布津斯基定理，如果商品价格保持不变，则一种要素存量的增加不仅会导致密集使用该要素产品以更大的比例增产，而且会导致其他产品产量的减少。于是，该国资本密集型产品产出增加，贸易品部门向资本密集型产业升级；在国际直接投资下，资本实现跨国流动，根据FDI的直接效应，会使本国要素供给优势发生变化，在雷布津斯基定理作用下，本国贸易品部门产业结构升级。

（二）开放部门产业结构变动对非开放部门影响的传导机制

1. 价格传导机制

比较优势的变迁，带动了开放部门资本存量的增加，要素供给优势发生转化，从长期看，要素价格均等化定理发生作用，开放部门与非开放部门资本和劳动力价格趋向一致，即非开放部门资本存量增加，要素丰裕度转化。在雷布津斯基定理作用下，非开放部门资本密集型产品的产量增加，产业结构得以升级。

2. 产业链传导机制

国内产业配套、延长国内产业链等产业关联效应以及国内产业的梯度转移都对非开放部门产生影响。国内配套率越高,产业链的延伸越长,开放部门对非开放部门的波及作用越强,从而对该国产业国际竞争力的影响越大。同时,产业伴随比较优势的变迁逐渐向成本更低、潜在效率更高的内地和农村地区转移,这种转移也加强了非开放部门与开放部门的联系,扩大了开放部门对非开放部门的关联和协作效应。

3. 竞争传导机制

国际贸易和国际直接投资的不断进入,为一国开放部门注入新的活力。那些一直受到政府强力扶持或因技术、资源、垄断等因素而在国内同类企业之间难以形成有效竞争的非开放部门企业,就会受到开放部门外资企业的竞争。在竞争机制作用下,这些企业就会被迫寻求更新的、更有效的技术,提高生产经营效率,以维持和扩大市场份额,结果就是提高了该产业的资源配置效率,促进了产业结构的调整。在竞争机制作用下,开放部门还对非开放部门产生示范效应、人力资本流动效应以及技术外溢效应,从而实现非开放部门比较优势的变迁,促进其产业结构的不断升级。

二 江苏开放经济内生动力分析

全球经济形势变化给江苏带来深刻的影响,全球价值链的分工条件下,国际竞争转变为产品某个环节、任务和功能上的竞争。三十多年的开放经济,江苏取得了显著的成就,制造业得到快速发展并带动各生产要素不断升级。在新的阶段,制造业优势成为发展基础,仍将发挥重要作用,并应借此机遇进一步深化国际分工,在全球产业价值链中获得新的地位。

(一)领先的科技创新

技术、知识等高级要素是区域竞争优势的内生源泉,且以初级要素为基础,在区域经济水平发展到一定水平上大量积累形成,以此规模经济和"干中学"效应能带来动态的内生比较优势。江苏长期以劳动等初级要素融入国际生产,通过技术引进使劳动技术水平和科技运用能力有所提升,企业管理水平和学习能力有所增强。

伴随开放经济的发展,江苏的科技水平进步明显。近年来,江苏省全社会研发投入总量保持全国第一,科技进步贡献率和高新技术产业产值均增长较大,总体进入科技创新活跃期。自2006年以来,江苏省累计承担国家关键核心技术攻关863计划项目、973计划项目、科技支撑计划项目以及国家重大专项项目超过3988项,在生物医药、基因工程、电子信息、环保、装备制造、现代农业等领域均取得了众多关键核心技术突破。知识产权创造方面也颇有成绩,专利及发明专利申请数、授权数均逐年稳步增长。特别是2012年以后,申请数、授权数等指标连续保持全国第一。同时,科技人才队伍建设进一步加强,创新队伍不断扩大,结构得到优化,素质不断提高。"十二五"以来,全省新入选国家千人计划人才261名,至今全省支持创新创业人才逾千名,引进创新团队23个,累计培育了564名科技企业家、13500名中青年高层次人才。江苏在建设有全球影响力的产业科技创新中心的过程中,通过构建创新水平与国际同步、研发活动与国际融合、体制机制与国际接轨的现代产业科技创新体系,使其成为企业主体创新活力充分释放、科技基础设施完善、城市创新功能健全、区域创新协同有序、创新创业活力充分激发的产业科技创新中心,成为重大产业原创性技术成果和战略性新兴产业的重要策源地,高端人才、高成长性企业和高附加值产业的重要集聚地,在全球产业创新格局中跻身先进行列。

(二)高效的产业集群

企业成本优势或效率优势并不局限于单个企业的资源及其利用状况,关联企业聚集产生外部经济能够降低成本,增强企业竞争优势。产业集群内企业的高效竞争与合作关系及其形成的专业化分工的生产协作网络,具有较强的内生优势,是区域经济持续发展的动力。江苏已形成良好的产业集聚区,有不少具有产业特色且集群度较高的开发区,汇聚了上、下游企业。

2015年江苏省开发区实现进出口总额4488亿美元,出口总额2642.0亿美元,为开放经济的发展做出巨大贡献。开发区吸引了大量外资,成为外商投资的密集区，大大促进了外贸出口额的快速增长，也集聚了大量国内外人才。吸引许多留学人员回国创业，通过承接国际制造业转移，引导项目与企业向开发区集中，开发区已逐步成为先进制造业和新兴产业的集聚地。其中国家级高新技术特色产业基地总数达103家，居全国第一，有2家产业基地规模超千亿元，4个产业集群被列为国家创新型产业集群试点。江苏成为战略性新兴产业重要基地。在产业集群的引领下，江苏的战略性新兴产业发展迅速，并逐渐形成了自身发展特点，快速增长的发展态势已经显现。2011年，江苏省新能源、新材料、生物医药、节能环保、软件和服务外包、物联网六大新兴产业共实现产值2.61万亿元，同比增长26.4%，占规模以上工业销售收入24.4%。战略性新兴产业集聚态势也逐步增强，现已形成了生物技术及新医药、节能环保、软件和服务外包、物联网、平板显示等几个比较有代表性的产业集群。

（三）有序的政策体系

有效率的制度和经济组织是刺激经济增长的关键，对建立高效企业组织、扩大企业规模、节省交易成本、刺激技术进步、促进产业结构升级等有重要作用。包括营商水平、法治水平、透明度等的区域制度具有很大的内生性，成为新阶段时期其他地区难以复制的本地区域竞争优势。江苏在经济转型和改革方面已实施了一些举措，行政服务能力和水平得到较大提高。

为全面提升开放型经济发展水平，江苏已出台不少推进政策。这些政策有助于培育以技术、品牌、质量和服务为核心竞争力的新优势，增强出口核心竞争力；充分利用自贸区协定大力开拓国际市场；大力发展软件开发、研发设计、金融后台服务、生物医药研发、动漫创意、物流与供应链管理、人力资源服务等服务外包以提升江苏国际服务外包区域品牌的国际竞争力；坚持进口与扩大内需相结合；围绕制造业转型升级重点扩大生产性服务业利用外资；丰富利用外资方式；鼓励跨国公司在江苏省设立地区总部；推动重点企业"走出去"；培育本土跨国公司；提高开发区发展水平；拓展开发区合作发展模式；构建稳定的与港澳台经贸合作机制；加快发展外向型农业。此外，还有不少政策力图营造更具竞争力的对外开放环境，包括建设国际化城市、推动人才国际化、加大金融支持力度、提高投资贸易便利化水平、强化贸易摩擦应对和风险防范、创新体制机制。这些政策打造了更加透明、更加规范、更加公平和完善的市场经济体制，形成了统一开放、竞争有序的现代市场体系。

三 进一步培育内生新优势的路径

江苏的开放型经济步入新阶段，面临新机遇和新挑战，需要新的发展，加快实现增长动力向内生型转变，主要有以下路径。

（一）提高高级要素参与全球资源配置的能力

江苏制造业的国际化不能只偏重于促进出口和引进外资，而是要更加注重扩大进口和对外投资，要更好地利用国内、国外两个市场和两种资源，着力解决制约国民经济发展的战略性资源不足的问题，更加深入地参与全球产业分工。培育江苏本土跨国企业的国际竞争力，鼓励企业"走出去"深入参与全球资源配置，为省内其他相关企业创造良好的配套参与机会，同时进一步释放和培育高级要素，创造有利于国际服务业转移的优良环境，促进先进知识和技术转化为生产力，带动高级人才多层次创新。对于江苏有比较优势的纺织服装、轻工机械、五金、电子、化工医药等行业，应积极推进境外投资，全力争夺亚、非、拉等发展中国家的市场，形成先入为主的态势，创建品牌，提高顾客忠诚度，以此积累跨国经营和跨文化管理的经验；具有相当规模、有一定出口业绩、有名牌产品的优势企业应该通过购并、合资合作、投资设立等多种方式开展更加广泛的境外投资经营，试水发达国家市场，争取在与跨国巨头的竞争中不断学习，逐步提高自身的实力和国际竞争力。政府鼓励开发国际市场和跨国经营，对具备发展前景好、建立现代企业制度、信用等级较高、开拓国际市场成效显著等条件的企业集团，在授信额度、出口信用保险、境外投资和外汇管理方面，通过简化手续、提高效率等方式给予支持。

（二）利用产业集群实现全球价值链的攀升

对于外向加工业集群，升级的方向是功能升级。对大量从事贴牌生产的产业集群，通过创建自主品牌，可以实现在全球价值链上由附加价值较低的制造环节向附加价值高的品牌运作环节攀升。其具体的升级过程就是从OEM到ODM，再到OBM，向价值链高端迈进关键一步。对于与大企业配套的产业集群，升级的目标是产品升级。通过充分发挥龙头企业在技术进步和创新中的带动作用，提高产品的技术含量，促进产品升级，向价值链高端移动。政府方面，一方面要鼓励和引导龙头企业密切与中小配套企业的联系，促进信息交流和技术扩散；另一方面要加强技术中介和服务中心的建设，构建公共技术的研发平台，从而为大量中小企业提供各种技术服务。对于由大量中小企业形成而又缺乏大型企业的产业集群，升级的目标是通过显著增强共性技术的供给和科技中介服务，促进产品升级。与此同时，要促进龙头大企业的形成和发展，并充分发挥龙头企业对整个产业集群特别是技术进步与创新的带动作用。

（三）规范市场秩序构建区域制度红利

经济体制改革的核心是处理好政府和市场的关系，简政放权就是其中的"牛鼻子"。简政放权，还权于市场，可实现更高效、更公平地配置资源，激发市场活力，并有效压缩权力的寻租空间。但在实际操作中，还存在"放权走样"现象。有些审批项目搞"打包"变通，名义上减少了数量，但实际上审批事项并没有缩减。有些对原有的审批事项采取备案，表面上取消了审批，实际上实行事前备案，甚至叫服务事项，名称改了，操作中的程序和要求却没有变，并未还权于市场；还有的审批事项实行并联审批，仅在某个环节下放，实际操作仍未下放。同时，随着中央审批权力的下放，地方政府成为新的"审批中心"，但还存在衔接不够，缺乏相应的能力保证和审批规范流程，造成服务水平不高，出现"中梗阻"的现象。政府在市场监管、完善服务等方面还有很多工作要做。在新的开放体系下，江苏应着眼于进一

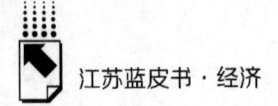

步简政放权以及贸易投资便利化改革,如海关特殊监管区改革,负面清单管理等,用"非禁止即开放"的态度激发市场主体的创造活力,培育企业的增长动力,维护法制公平的市场秩序,实现开放型经济的内生增长。

参考文献

1. 曹明福、李树民:《全球价值链分工的利益来源:比较优势、规模经济和价格倾斜优势》,《中国工业经济》2005年第10期。
2. 张二震、方勇:《要素分工与中国开放战略的选择》,《南开学报》2005年第6期。
3. 杨小凯:《内生与外生比较利益说》,《经济学家》2002年第6期。
4. 刘志彪:《中国贸易量增长与本土产业的升级——基于全球价值链的治理视角》,《学术月刊》2007年第2期。
5. 张幼文:《中国对外经济关系发展的新主题与总战略》,《探索与争鸣》2012年第9期。
6. 金碚:《全球竞争新格局与中国产业发展趋势》,《中国工业经济》2012年第5期。
7. 张二震、戴翔:《"新常态"下江苏开放型经济发展的重点难点及对策》,《群众》2016年第2期。

B.9 人民币深度国际化下江苏企业"走出去"战略研究

张 莉[*]

摘 要： 人民币纳入 SDR 篮子，成为其第三大货币，是人民币国际化、迈入国际储备货币行列的重大里程碑，也为国内企业"走出去"提供了重要机遇。未来 5~10 年，江苏企业要以构建本土企业主导的人民币计价的全球价值链为方向，加快培育参与和引领国际经济合作竞争新优势，促进中国标准、江苏品牌的输出。在具体战略实施上，可以协同利用对发达国家的逆梯位 FDI、对发展中国家的顺梯位 FDI 和以获取自然资源为主的利用型 FDI 形式。同时，政府应提供推动人民币国际化和便利投资的各项服务进行配套支持。

关键词： 国际化 FDI 价值链

一 人民币的深度国际化

当前随着中国经济的快速发展和对外开放程度的提高，人民币国际化进程逐步加快，2016 年 10 月 1 日，纳入人民币的特别提款权（SDR）新货币篮子正式生效。人民币纳入 SDR 篮子，成为其第三大货币，份额超过日元和英镑，意味着人民币国际储备货币地位获得来自 IMF 的明确背书，同时打开了主流央行

---

[*] 张莉，江苏省社会科学院世界经济所助理研究员，博士。

持有人民币资产的一条渠道,可以视为人民币国际化、迈入国际储备货币行列的里程碑,象征意义巨大。具体来说,以"入篮"为标志的人民币国际化深化将为国内企业"走出去"带来以下机遇:一是伴随着人民币在国际货币体系中承担更多的责任,是推进中国从金融大国迈向金融强国的新起点,更是国内倒逼自身金融体系改革和金融市场效率提高的助力器,为国内企业"走出去"提供了更多元和创新的金融服务支持,特别是有助于提高离岸市场发行人民币债券的接受度和规模。二是有利于加强我国与其他国家之间的贸易,通过输出商品、服务带动资本的输出,使目标国家在其对外贸易及吸收投资方面与中国合作增加,为"一带一路"倡议提供了有力支撑。三是通过扩大人民币在国际贸易中结算的范畴,对提高人民币在石油、黄金、铁矿石等大宗商品上的定价权具有重要意义,对相关行业"走出去"降低了市场和汇率风险。

高能货币和高能资本相伴而生,相对应地,本土企业"走出去"是切实有效地推动人民币国际化进程的最重要途径之一:一是本土企业"走出去",参与从资源采购、中间商品分包到最终商品销售的国际生产流通环节,将推动人民币逐步进入全球供应链,为人民币行使国际计价结算职能提供了深层次保障。二是对外投资能改善国际经贸环境,主要是通过资本项目的流出,抵消经常项目下的国际贸易顺差,减少货币升值的压力,维持币值稳定,进而改善对外经贸环境。三是对外投资,尤其是对周边区域内的投资将推动区域经济合作,实现货币合作的重要基础是区域内相近的政治、经济利益和文化背景,较高的经济一体化程度。通过逐步在区域内实现人民币的跨境投资,不再依赖外汇储备,可以实现人民币在区域内作为支付手段和价值储藏手段的货币功能,进而切实推动人民币国际化。"企业走出去+人民币资本输出"必将成为引领人民币国际化深化发展的新主线,给人民币国际化带来新的推动力。

二 江苏企业"走出去"的战略选择

(一)战略目标

"十三五"时期,对外投资战略规划是江苏经济国际化战略的重要组成部分。本研究提出,未来5~10年,以人民币国际化深度发展为契机,江苏企业"走出去"的总体战略应以"十三五"规划为切入点,实现对外投资流出和对外投资流入趋向平衡的着眼点,结合"中国制造2025",以构建本土企业主导的人民币计价的全球价值链为方向,加快培育参与和引领国际经济合作竞争新优势,促进中国标准、江苏品牌的输出,实现从全球价值链的参与者、跟随者到组织者和领导者转变的总体目标。具体可分为三步走。第一步,从2016年年初至2018年年初,有重点地让有条件的企业率先"走出去",出现2~3家世界级的中国前50强跨国公司;第二步,从2018年年中至2019年年末,形成"多条腿"相联合"走出去"的清晰脉络,出现至少一条局部完整的全球产业链;第三步,从2020~2025年或更长时期内,形成各类机构全面"走出去"的战略格局,出现较完善的区域生产配套体系和网络。

(二)战略原则

根据中央十八大精神,以及省十三次党代会和全省"十三五"规划要求,以江苏省现阶段产业特征为基础,以产业升级为要求,以供给侧结构性改革为推动力,以积极参与国家"一带一路"建设为机遇,以国际产能合作和人民币投资为抓手,选择处于行业"龙头"的企业和优质企业重点予以扶持,利用不同国家的禀赋和资源,特别是人民币接受度高的周边地区,遵循由近及远的地缘规律,着力打造一批具有全球战略导向的、立足全球市场和全球资源配置的本土跨国公司,同时,要发挥江苏省本土跨国公司的示范带动作用,带动更多企业实施全球化战略,形成全省跨国公司对外投资的梯队效应和配套能力,逐步实现优势企业和行业在全球产业链上的攀升,最终成为以人民币计价的价值链的发包者和掌握者,实现对外投资地位和经济规模的均衡化,成为全国领先的企业"走出去"省份,为切实推进人民币国际化奠定坚实的使用基础。

(三)企业"走出去"路径选择

根据江苏省企业"走出去"的比较优势和目标,可以根据对外直接投资的国家地区、主体和方式分为以下三种。

1. 对发达国家进行的逆梯位直接投资，扩大人民币在供应链高端的影响力

（1）实施这种跨越式模式的主体选择，既可以是有实力的、大规模的制造业企业，也可以是有较强的研发实力的民营科技企业，尤其是上市公司。"子公司专有优势"也是构建跨国企业全球竞争力的重要源泉，从长期来看，全球价值链可以成为发展中国家建设生产能力的一个重要途径，包括通过技术转播和技能培养，为产业升级开创机会。不过，全球价值链的潜在长期发展收益不是自动获得的，利用低级要素发展经济转向，利用高级要素发展创新经济，才能真正形成创新驱动的经济。这些企业虽然因某些资源或能力的欠缺而不具备绝对意义上的企业专有优势，但共同特点是都有一定的创新能力和较强的吸收能力，特别是高科技产业由于自身的特点和易于跨越式发展的优势，通过探索型FDI，发挥后发优势，可以获取与自身现有能力构成互补的战略性资产，并以此形成或提升其全球竞争力。

（2）对发达国家先进技术和管理经验寻求型直接投资的方式应以并购、合资为主。从加快进入速度、尽快获取短缺资源、减少进入障碍和风险的角度看，应充分利用发达国家科技先进、开放程度高和资本市场发达等特点对其进行此类直接投资。对资金充裕的跨国企业应尽量选择并购方式，在股权安排上，采用合资方式更有利于对合资方的技术和管理经验的学习和利用。当然，如果没有合适的并购对象，也可以考虑独资创建研发机构，利用当地的人才资源，置身于拥有先进技术和管理经验的社会环境中，从事自主先进技术、新生产工艺和新产品的研究和开发。此外，还可以考虑与发达国家的研发机构建立战略联盟，在优势互补、风险共担、利益共享基础上共同从事高新技术的研究与开发，将成果利用到新兴市场国家等第三方市场。

（3）在区位和产业选择上，主要是应该提高江苏以电子信息为主导的高新技术制造业和现代服务业的比重，通过向欧、美、日等发达国家或地区进行直接投资，更有效地获得先进的管理经验和核心技术能力等战略资产。鼓励一些有实力的企业在欧美等科研能力发达、技术和知识资源密集的国家或地区建立研发机构，或与当地高科技企业合作经营，利用发达国家的特定产业和区位优势，学习当地先进生产技术和经营管理理念并实现其回流，促进江苏省内企业的技术水平和国际竞争力的提升，获得技术创新优势。在实践中，要注重与德国的"容克计划"、与俄国的"欧亚经济联盟"等国家战略和项目的对接，提高投资的效率。

2. 对发展中国家进行的顺梯位直接投资，扩大人民币在供应链中下游的影响力

（1）这种渐进式战略的主体选择范围最广泛，是以国际比较优势和差异化分工为基础的，既可以是规模企业，也可以是那些有一定技术水平的民营企业。无论从体制的灵活性还是从企业活力来看，民营企业是市场经济的主体，是江苏省对外直接投资的主力军。转移国内成熟的技术和设备，将相对成熟、有富裕生产能力并能发挥比较优势的"边际产业"推出去，实施"全球品牌战略"，形成江苏省乃至影响全国的出口贸易的产业链条，带动原材料、设备和零部件及劳务出口，推动我国产业结构升级。

（2）对发展中国家边际产业转移型直接投资的方式应以新建、合资为主。许多发展中国家从自身的政治、经济角度考虑，对外国直接投资的股权安排和企业并购等方面，都有种种的限制，对新建合资企业比较欢迎。江苏省企业对许多发展中国家的边际产业转移型直接投资一般都拥有生产技术优势，选择新建投资方式，用机器设备、原材料等实物资源或技术等工业产权作为资本投入，既节约外汇资金，也可以利用当地合资者的营销网络尽快占领市场，还可以利用当地企业加强与当地政府的联系，更好地利用东道国提供的各种优惠政策。对于独立意识较强的发展中国家（如一些东南亚国家），由于对外商投资在本国投资的股权比例有较严格的限制，民众对外国投资者的戒心较强，选择少数股权投资比较合适。随着国际经济形势和国际投资环境的变化，许多国家也进行了放松管制的经济改革，对外资的态度从"排斥、严加限制"到"限制与鼓励"相结合，江苏省企业对发展中国家进行直接投资时，这种转变有利于及时调整股权比例。

（3）在区位选择上，地缘临近、国家自贸区战略合作国家是最优的选择，人民币接受程度高，政治风险也相对较小，现在还包含"一带一路"沿线等亟须实现工业化和对中国的优势产能技术有需求的新兴经济体和广大的发展中国家。优势型的对外直接投资可以按照产业区位比较优势基准或"早半拍"原则，选择最佳的投资区域和投资产业。按照该原则，江苏对外直接投资的最佳地区应该是那些在经济发展程度上与江苏仅仅差"半拍"的国家和地区，东南亚、中亚和东欧部分国家比较符合这一条件，这些国家的工业基础、国民受教育程度和工人的技术水平与江苏相近，但出口产品的资本和技术密集度要略低于江苏。而且江苏企业的运行规模、生产经验和技术比较适合当地的市场条件，投资的重点区域今后首先将是东南亚国家，特别是周边的越南、老挝、柬埔寨和缅甸等东盟新成员国，江苏具有产业区位比较优势。

江苏作为制造业大省，优势富余产能主要集中在加工贸易行业和劳动密集型产业，在机械设备制造、金属制品、冶炼、化工、医药、电子设备制造等产业上具有小规模技术优势。江苏应该充分利用这方面的优势在境外设立生产加工基地，为江苏的产业结构调整提供更大的空间。此外，江苏还拥有大量成熟的实用技术，如家用电器、电子、轻型交通设备的制造技术、小规模生产技术等，这些技术和相应的产品已趋于标准化，并且与其他发展中国家的技术梯度较小，易为它们所接受，这些行业的企业应加快"走出去"步伐。这需要科学制定对外投资产业导向目录，鼓励信息、生物、环保等战略性新兴产业，以及化工、装备制造等规模效应明显的行业的对外投资。要继续发挥江苏企业"走出去"过程中"以点带面"的集群化"走出去"模式的优势，利用好已有的西港经济特区、尼日利亚莱基自贸区、埃塞俄比亚东方工业园境外经贸合作区。

对于江苏一直有优势的国际承包工程，应立足传统的亚洲、非洲和中东市场，深度综合开发，力争提高市场占有率。同时，利用国家"一带一路"建设带来的有利机遇，加大对欧美、大洋洲和拉美市场的开拓力度，争取有所突破；加强对劳务人员培训，提高劳务人员素质，在全球劳务市场并不是非常景气的情况下确保原有市场，力争扩大外派劳务规模。

3. 以获取自然资源和原材料供应为主的利用型直接投资，提高人民币在能源和大宗商品市场定价的影响力

（1）在战略主体选择上，不仅从企业追逐利润的微观经济目标出发，也应从地方乃至国家经济发展的全局来考虑，既可以是沙钢等实力雄厚的钢铁、化工等上游企业，也可以是相关的具有战略地位的国有企业。资源类产业是资本密集型产业，其目标具有战略性，因此此类产业的投资主体应是以经过股份制改造的资源型国控企业和金融业联合形成的专业性大型跨国公司，在组建大型企业和企业集团的过程中一定要以资本为纽带，按照市场经济规律的要求进行，利用自己在资源密集型产业开采和开发方面的比较优势，加大对资源丰富和资源开发加工潜力较大的战略投资。

（2）自然资源寻求型的直接投资应以合资为主。首先，丰富的自然资源主要分布在发展中国家，由于自然资源在国民经济中具有重要的战略地位，对自然资源的开发，各国都有严格的控制；其次，开发自然资源的投资规模一般都比较大，合资有利于投入资源的分担；最后，合资还有利于与东道国建立长期的、相互信任的合作关系，有利于风险的共担、资源的共享，确保长期稳定的海外资源供给。

（3）区位及产业选择。资源寻求型产业包括采矿业、石油加工及炼焦业、木材加工业、渔业、造纸及纸制品等行业，其对外投资的动机是为了弥补国内资源短缺，应该选择相应的资源比较丰富、开采和运输较方便、成本合适的国家或地区，主要是一些发展中国家和地区，目标应放在"一带一路"沿线的中亚和中东国家。例如，根据国际市场能源供应主要国家和地区的区位优势，石油、天然气等能源开采业应该选择以伊朗、沙特阿拉伯为主的中东国家，以俄罗斯、哈萨克斯坦、土库曼斯坦为主的中亚国家和以委内瑞拉为主的南美国家。非洲地区能源资源潜力巨大，勘探成本较低，并且当地油气工业比较落后，也是江苏油气开发企业进行对外投资的较佳地区，如安哥拉、苏丹等国。采矿产业可以选择以下国家或地区：拉美地区如巴西的铁矿资源、智利和秘鲁的铜矿资源较为充裕；澳大利亚矿产资源种类非常丰富，主要以铁矿、铝矿、金矿、铜矿为主；部分非洲国家如南非的钻石、黄金、铂金、铬矿资源，刚果的金刚石，赞比亚的铜、钴资源；东南亚地区的印度尼西亚和越南的锡矿资源较为丰富，以及蒙古具有较为丰裕的铜矿和煤矿资源。江苏林业投资的合作重点地区应选择森林资源极为丰富的俄罗斯和东南亚地区，如菲律宾、印度尼西亚和马来西亚等国家。渔业的对外投资合作应选择东南亚、南太平洋等沿海国家。

江苏应在石油、天然气、铁、铜、铝等重要矿产资源领域加大投资合作，参与国外这些资源的开发与生产，获取资源产品的稳定供应，既拓宽了海外资源开发合作的渠道和领域，又有效促进江苏省相关产业的发展，同时也符合江苏省对外直接投资产业选择的资源保障基准。随着江苏企业国际化进程的加快，应尽快突破目前区位和产业投资过于集中的格局，抓住当前有利的国际战略机遇期，逐步实现多元化和全方位的布局，以及对国家市场、资源和技术的多渠道利用。

4. 差异化的同时并进

对于发展中国家的跨国企业来说，致力于探索型 FDI 是其形成和提升全球竞争力的必要步骤，但如果忽视探索与利用之间的平衡，容易出现不可持续或低端锁定的情况。因此，伴随现在科技创新速度日新月异，每个企业的优劣势都是动态的，因此在上述三条路径，特别是前两条之间，需要"差异化的同时并进"，即作为一种为母国处于"中游"位置的跨国企业所涉及的 FDI 模式，包含两方面的内涵：一是"差异化"，即投向发达国家的 FDI（主要）以探索型学习为目的，而投向欠发达国家的 FDI 以利用型学习为目的；二是"同时并进"，对发达国家的探索型 FDI 和对发达国家中一般子公司及在欠发达国家中的利用型 FDI 并存，二者不存在时间序列上的"先后"关系，这也是在对外投资相对落后国家的企业的后发优势。发达程度高的西欧、美国，不仅拥有具有潜在增值能力的战略性资产，同时还有任何企业无法忽视的庞大市场——这是无论发达国家还是欠发达国家的跨国企业都可以享用的"蛋糕"。同时，以"双模式"来齐头并进地、对应地开拓海外成熟市场和新兴市场，运用引进技术对外投资，实行引进技术的再输出，兼顾探索型和利用型学习的需要。

江苏的跨国企业可以"两条腿走路"——同时向欠发达国家和发达国家进行直接投资，但是对不同投资地或东道国的选择要对应不同的投资动机（如寻求自然资源、市场或效率还是寻求战略性资产），以便在有差别的跨国发展中兼收利用型FDI与探索型FDI的优势。另外，针对某些特定市场总体规模较小、经营风险较大的特点，我们更加建议进一步贯彻大经贸战略，开展多种形式的经济合作。如对非洲市场的开发，应将对非投资、境外加工贸易、资源开发、承包工程、设计咨询、劳务合作及对非援助等结合起来，综合开发非洲市场，充分利用援外资金及合资合作基金来解决该地区的发展问题。

三 新形势下江苏企业"走出去"的政策支持

1. 构建开放型经济新体制

以苏州工业园区列为国家构建开放型经济新体制综合试点试验地区为契机，积极对接国际先进理念和通行规则，实现与国际的全面接轨，构建江苏开放型经济体制。坚持市场化改革方向，有效建立统一开放、竞争有序的现代市场体系。坚持激发市场主体活力，坚持深化涉外投资管理体制改革，有效推进贸易投资便利化。强化财政政策的引导作用，突出政策支持重点，完善和创新支持方式，坚持推进金融制度改革创新，有效提高集聚国内外资源要素、服务实体经济的能力。

2. 提高政府的行政服务能力

深化行政体制改革，加快转变政府职能，改革创新政府管理方式，按照国际化、法治化的要求，积极探索建立与国际高标准投资和贸易规则体系相适应的行政管理体系，推进政府管理由注重事先审批转为注重事中、事后监管。建立一口受理、综合审批和高效运作的服务模式，完善信息网络平台，实现不同部门的协同管理机制。建立知识产权纠纷调解、援助等解决机制。强化境外安全风险评估和安全预警机制，健全安全风险预警机制和突发事件应急处置机制，构建海外利益保护体系，维护我国公民、法人在海外的正当权益。提高行政透明度，完善体现投资者参与、符合国际规则的信息公开机制。

3. 提高对企业的人民币跨境金融支持能力

创新金融支持的模式，一方面，要推动本土银行与国外银行同业在人民币支付清算、资金拆放、报价做市等方面的业务合作，为人民币跨境使用提供更加便利的条件；另一方面，要鼓励多元化的融资渠道，大力推动支持省内商业银行开展金融工具和产品等的业务创新，满足江苏省企业"走出去"个性化融资需求配套的投资银行业的发展，充分发挥投资银行在跨国并购中的专业顾问和媒介作用，积极开展银企联合或战略合作，鼓励企业采取股票上市、发行人民币债券、杠杆收购、海外存托凭证等手段拓宽融资渠道。

参考文献

1. 爱德.M. 格莱汉姆（Edward M. Graham）：《全球性公司与各国政府》，胡江云、赵书博译，北京出版社出版集团，2000。
2. 夏雨、尚文程：《金融危机"后遗症"与中国对外投资的战略选择》，《财经问题研究》2011年第8期。
3. 蒋冠宏、蒋殿春：《中国企业对外直接投资的"出口效应"》，《经济研究》2014年第5期。

B.10
江苏扩大民间投资的难点和对策

陈 涵[*]

摘 要: 2016年以来,江苏民间投资规模持续扩大、投资结构不断优化、投资领域不断拓展。但制约民间投资持续发展的因素长期存在,如投资领域狭窄,部分地区、行业对民间投资存在限制,PPP项目拉动民间投资的作用有限,融资难问题长期存在,民间投资自身存在产业层低、企业家素质不高等问题。要进一步扩大民间投资规模、提高民间投资质效需从以下方面着手:不断拓宽投资领域,着力清除市场壁垒;推进地方金融改革,加快提升民间投资主体的投融资能力;扩大民间投资在产业链高端环节和高新技术产业的份额;促进全省民间投资区域协调发展;有效控制民间资本的投机化倾向;支持民间资本积极参与国有企业改革重组,推出一批民间投资改革试点项目。

关键词: 投资规模 投资绩效 体制改革

激发民间投资活力,已成为实现经济增长预期目标的关键手段,扩大民间投资在经济结构调整转型过程中起着重要作用。2016年以来,在全国民间投资增长乏力的背景下,江苏民间投资持续增长,结构趋优,但也存在系列问题,如政策不协调,落实不到位;民营企业在市场准入、资源配置和政

---

[*] 陈涵,江苏省社会科学院财贸研究所助理研究员。

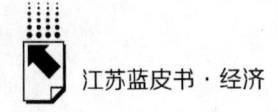

府服务方面难以享受与国有企业同等待遇；融资难、融资贵、缴费负担重；等等。需要不断深化改革，拓宽投资领域，着力清除市场壁垒；加快提升民间投资主体的投融资能力，调整民间投资结构等一系列措施。

一 民间投资发展态势

激活民间投资是当前经济发展一大难题。从数据看，江苏的状况好于全国。2016年1~10月，江苏固定资产投资增速为8%，民间投资增速为8.1%，均高于全国水平。民间投资结构趋优，投资领域不断拓展，投资质态持续提升。

（一）民间投资规模持续扩大，与粤、沪、鲁、浙比较，增速位居前列

2010年以来，江苏民间投资年均增长15.9%。2016年，江苏民间投资继续保持快速增长的良好态势，1~10月，民间投资完成27722亿元，同比增长8.1%，占全社会投资比重为69.5%。

与粤、沪、鲁、浙比较，规模与增速均位居前列。2016年1~9月，江苏民间投资增势好于全国和东部。全国完成民间投资261934亿元，同比增长2.5%，增速同比回落7.9个百分点。其中东部地区完成民间投资117705亿元，同比增长7.1%。江苏完成民间投资24178.9亿元，同比增长8.7%，比全国高6.2个百分点，比东部地区高1.6个百分点，投资总量仅次于山东，占全国的比重达9.2%，占东部地区的比重达20.5%。在粤、苏、沪、鲁、浙五省市中，广东完成13922亿元，同比增长14.8%；山东完成28606亿元，同比增长5.0%；浙江完成11713亿元，同比增长3.0%；上海完成1594亿元，同比增长10.8%，增速同比加快7.3个百分点。

（二）民间投资结构不断优化，投资领域不断拓展

民间投资结构不断优化，三次产业占比明显提升。江苏省发改委统计表

明：2015年，江苏项目民间投资完成26265.4亿元，第一产业完成205.6亿元，第二产业完成18853.1亿元，第三产业完成7206.7亿元。从项目民间投资占项目投资总量的比重来看，由2010年的63.1%提升到69.6%，五年间提升了6.5个百分点，其中第一产业由83.5%提升到88.5%，第二产业由72.8%提升到82.4%，第三产业由43.2%提升到49.3%。从民间投资内部构成看，2015年第一、第二、第三产业分别占总量的0.8%、71.8%、27.4%。

投资领域不断拓展。随着江苏民间投资准入门槛逐步降低，民间资本加快进入基础设施、社会事业、保障性住房、金融服务、国防科技等领域。江苏PPP项目库已有项目388个，总投资7615亿元，是全国首个实现市县全覆盖的省份，民营企业参与的比例高达49%。在交通基础设施领域，江苏通过发行地方政府债券、交通产业基金、企业债券、信托产品、资产证券化等方式吸引民间资本进入，2015年公路、铁路、航道等方面民间投资近600亿元，占比达到31%。在市政公用事业领域，实现对民间资本全部开放。江苏81家城市公共供水企业中29家实行市场化运作，190多座县以上城市污水处理厂中近100座实行市场化运作，115家管道燃气企业中有86家由民间资本控股。民间资本还广泛参与了"海绵"城市、地下综合管廊、轨道交通、公共停车场等市政基础设施项目。在能源领域，江苏50%以上的加油站、45%以上的加气站、60%以上的储油库、70%以上的光伏电站均由民间资本独资或参股建设，燃煤、燃气发电装机中民间资本权益分别达到7%和11%。在民生领域，江苏共有各级各类民办学校3024所，占比达到21.6%。江苏非公立医疗机构总数9402家，占比超过30%。社会力量兴办的养老机构已发展到1403家，床位数达到30.5万张，分别占养老机构总数和床位总数的54.6%、52.6%。江苏建设的56万套公共租赁住房中40%由民营企业投资实施。在文化领域，引导社会资本以多种形式投资文化产业，民间资本创造的文化产业增加值已达全省一半以上。

（三）项目规模日益扩大，质态持续提升

2016年江苏重点组织实施的120个省重大产业项目中，民间投资项目达54个，张家港康德新光学薄膜、常州斯太尔柴油发动机、南通永嘉航母世界等项目投资额均超过70亿元。

民资技术含量日益提升。据省科技厅介绍，近两年来江苏立项建设新型研发机构20家，省拨经费2亿多元，带动地方和建设单位、民间资本25亿元左右。如苏州清华汽车研究院建设两年来，累计投入十多亿元，孵化企业50多家。此外，通过民间投资参与众创空间、科技企业孵化器等创新创业载体建设，截至2015年底，构建207家省级众创空间，其中115家由民间资本投资建设，启点咖啡、创客邦等8家众创空间被纳入国家级科技企业孵化器管理体系。江苏共建有各类企业孵化器567家，其中民间资本投资建设的占1/5，涌现出苏州博济科技创业服务中心、南京鼎业百泰生物科技有限公司等一批知名民营孵化器。

（四）民间投资持续增长的主要原因是良好的盈利预期

2016年以来全国民间投资剧烈下滑，主要原因是近年来经济增速的回落，截至2015年，企业整体盈利呈现大幅度下降或负增长局面，使2016年投资的盈利预期不振。江苏创新型经济发展走在全国前列，供给侧结构性改革已见成效，有效带动了投资、消费增长。2016年2~9月，江苏制造业投资保持较高速度增长，同比增速分别为11.3%、11.8%、12.3%、11.6%、11%、10.5%、10.1%、8.6%，高于全部投资增速，而民间投资占制造业投资80%以上，制造业投资占江苏全部投资近一半。吸引民间资本投资的是更具技术含量和发展前景的新兴制造业，对传统制造业的技术改造也已成为投资主体。

民间投资增长的主要原因是良好的盈利预期。2016年1~8月，规模以上民营工业实现增加值12717.8亿元，占全省规模以上工业的55.5%，同比增长10.2%，增速高于规模以上工业2.3个百分点。其中，私营工业增加值同比增长10.9%。规模以上民营工业实现主营业务收入59287.6亿元，同比增长8.9%；实现利润总额3535.1亿元，同比增长12.1%。民营企业数量和注册资本持续增加。2016年1~8月，工商部门新登记注册私营企业和个体工商户合计78.8万户，同比增长23.1%，其中，新注册私营企业30.4万户，同比增长32.9%，比上年同期增幅高6.2个百分点；新注册个体工商户48.4万户，同比增长17.8%。私营个体经济新增注册资本（金）13784.8亿元，同比增长45.2%，其中，私营企业新增注册资本13165.2亿元，同比增长46.8%；个体工商户新增注册资金619.7亿元，同比增长19.2%。

二 民间投资在规模扩张、结构调整中存在的难点

尽管民间投资保持了持续较快增长的态势，但制约民间投资规模扩大和结构调整的因素长期存在。比如部分法规政策不配套、不协调，落实不到位；民营企业在市场准入、资源配置和政府服务方面难以享受与国有企业同等待遇；融资难、融资贵，缴费负担重等均严重影响民间投资的健康发展。

（一）国家支持的投资领域广泛与企业实际投资分布狭窄存在矛盾

十八届五中全会从行业的具体细则上规范了民间投资的准入和实施办法，但是，现实中民间投资的投资领域仍然十分狭窄。这主要表现在：一是民间投资主要集中于制造业、房地产、批发零售以及餐饮行业、交通运输、仓储邮政等几个部门。二是民间投资在公共领域和基础领域如新闻出版业、烟草制品、电力燃气及水供应、电信业、科研、技术服务和地质勘查业、社会管理、公共服务领域比重还很低。这些年，民间资本虽已进入金融、教育、卫生、交通、水电、旅游、城建等多个领域，但其以制造业和房地产业为主导的局面并没有得到明显改变。

2016年以来，出现了社会投资在制造业萎缩，在房地产扩张的态势。人民银行南京分行的数据显示，制造业贷款呈现净下降态势，2016年7月末人民币制造业贷款余额1.41万亿元，行业占比仅为24.4%，较上年同期、上年末均有所下降。其中，7月全省制造业贷款净下降191亿元，延续了近两年来的疲弱态势。房贷成主角，企业贷款持续疲软，从全社会融资情况看，虽然江苏全社会融资规模增量较大，但大多流向了政府融资平台、基

建类项目和个人房贷。一个重要原因是企业自身贷款需求疲软。中国人民银行南京分行开展的江苏省工业企业家问卷调查显示，多数制造业受产能过剩影响，投资意愿低迷，短期内没有新增投资项目或计划。制造业经营困难和效益下滑，反映在金融上就是贷款占比下降。

（二）某些行业和地区仍存在针对民间资本的"玻璃门""弹簧门""旋转门"

国家为鼓励、支持和促进民间投资持续健康发展，先后提出和颁布实施了"非公36条"、"新36条"及42项实施细则，省级政府和不少市县政府也先后出台了本地区的实施办法，但是现实中的体制性和政策性障碍并没有消除，价格歧视、垄断和行政干预的存在使市场的开放性、竞争公平性和市场运行透明度依然不够，社会反映强烈的"玻璃门"、"弹簧门"和"旋转门"等各种隐性壁垒依然没有消除。民间投资虽已进入金融、教育、卫生、交通、水电、旅游、城建等多个领域，但所占比重不高，国有资本在这些行业中占主要地位。这导致大量民间资金游离在实体经济之外，不少民间资本以民间借贷形式流向房地产、高利贷等领域。

以民间投资进入金融行业为例，江苏银行、南京银行均引入了民间资本，但主要是江苏几个一流的民营企业。江苏民间资本在进入金融业领域过程中还存在很多的制度障碍。隐形障碍依然存在，准入门槛较高，江苏至今还没有一家民营银行。民间资本在进入金融领域的过程中，会遇到两扇门的阻碍。第一扇门是"玻璃门"，现行有关规定对民间资本的投资比例和资产规模设置了较高门槛，很多达不到要求的民间资本只能望而止步；第二扇门是"弹簧门"，与国有银行相比，民营金融机构的税收负担较重，享受政策优惠的门槛较高，隐形管制较多。以民营企业参与较多的小额贷款公司为例，总体上经营限制较多，经营压力普遍较大。

（三）PPP项目困境影响民间投资规模的进一步扩大

2014年以来，江苏共发布三批省级PPP试点项目139个（含退出9个项目），总投资 3157 亿元。省以上试点落地项目吸收社会资本 833 亿元，平均合作年限 20 年，社会资本金内部收益率平均 6.1%。做好 PPP 项目的关键是严格界定政府与市场的边界，无论是央企、国企还是民企，都要一视同仁。调研中发现，社会资本尤其是民间资本真正介入 PPP 项目有许多顾虑。PPP 项目多在基础设施领域，投资规模大，地方政府在筛选社会资本时优先考虑国企或民营上市公司，甚至一些项目方案设计中通过排他性条款自动过滤民企。政府和民营企业之间的相互信任也是影响 PPP 项目推进的关键。政府担心民企违约，政府兜底，因此更倾向选择国企和民营上市公司。民企对政府能否在项目期间兑现承诺也充满担忧，尤其是 PPP 模式的合同期限比较长，往往跨越几届政府，民间资本对政府能不能按合同履约，缺乏信心。

（四）投融资体系不健全，民营中小企业融资难问题长期存在

在投融资体系方面，民营企业以间接融资为主，主要依靠银行贷款，通过直接融资方式的企业只占少数。但 2016 年以来，银行贷款有进一步向政府平台集中的趋势。江苏省内的信用担保体系在进一步完善中，省内各地担保公司的组织机制需规范，部分担保公司的运行成本过高，担保费率居高不下，从而增加了民间投资的成本，中小企业融资难问题长期存在。

（五）民间投资产业层次还较低，投资效益有待提高

近年来，江苏民间投资额的 80% 以上主要投向了制造业和房地产业，而投入高科技行业、民生行业的份额还非常低。江苏民间投资的规模较大、增速较快，但民间投资主要投向了劳动密集型的加工制造业、房地产业以及传统服务行业等，而对知识和技术密集型制造业、新兴服务业和基础产业的投入还相对较少。产业层次不高直接影响投资回报，相对于国有企业、外商及港澳台投资企业来讲，民营企业的投资效益还有待提高。

（六）民营企业治理结构需完善，企业家素质需提高

民营企业实力日益增强，但治理结构需不断完善。一批大型民企通过持

续投资扩张实现了快速崛起，全国民营企业500强中江苏占了91席。但从总体上来看，民营企业经营者的素质、经营管理水平需提高。有的经营者"小富即安"，过度求稳，惧怕风险，缺乏投资冲动和创新精神；有的经营者法律意识淡薄、缺乏诚信、制假售假、劳资关系混乱，严重损害民营企业的整体声誉和发展前景；有的缺乏科学的投资理念，不能抓住良好的投资机会。企业家群体的制度性建设刻不容缓。

三 扩大民间投资规模、提高民间投资质效的对策

"十三五"期间，民营经济发展的环境将进一步宽松。从法律环境来看，2016年11月出台了《中共中央国务院关于完善产权保护制度依法保护产权的意见》，清晰地指明保护产权要以公平为核心，坚持平等依法，对公私财产一视同仁。在市场准入方面，对民间资本开放的领域进一步扩大，2016年10月，民航局印发《关于鼓励社会资本投资建设运营民用机场的意见》，全面放开民用机场建设和运营市场，加大对政府和社会资本合作的政策支持。"十三五"期间，民间投资占江苏全社会投资的比重将保持在70%左右。政策上需要持续推进简政放权、放管结合，为民间投资提供优质高效的服务，解决好民间投资在转型发展中遇到的难题。

1. 不断拓宽投资领域，着力清除市场壁垒

完善"负面清单"制度，解决民间投资的准入问题。要充分借鉴上海自贸区通过施行"负面清单"降低外资和民资的准入门槛的经验，体现简政放权、激活市场的施政理念，为江苏民间投资的发展壮大创设更大的空间和自主权。江苏要加快落实更加开放的产业准入政策，尽快改变各级政府平台主导基础设施和公共服务领域投资的局面，推动民间投资更多地进入可市场化运作的交通基础设施、信息基础设施、清洁能源工程、市政公用事业等领域。消除民间投资进入电力、电信、交通等领域的不合理限制和隐性壁垒，为民间投资打造一个公平、公开、公正的市场环境。同时进一步深化审批制度改革，提高政府服务能力，狠抓民间投资政策的落实。建议加快建立

市场准入"负面清单",进一步放开基础设施等领域准入,在医疗、养老、教育等民生领域出台有效举措,促进公平竞争。充分发挥政府投资"四两拨千斤"的作用,带动民间投资的广泛参与,大力推进PPP模式,吸引民间投资进入基建等领域。

2. 推进地方金融改革,加快提升民间投资主体的投融资能力

继续创新民间投资的金融服务。可以依靠信用体系建立守信联合激励和失信联合惩戒机制,创新相应的金融服务。依靠互联网金融高地的优势,发挥互联网金融服务的创新能力,为民间投资拓宽资金来源。继续加快政府基金、天使基金的建设,为民间投资提供资金支持

一是加大对民间资本进入金融领域的扶持。江苏要把民营银行的发起设立,同民间资本投资入股及控股现有中小型商业银行结合起来,不仅要在争取新设民营银行上实现突破,更要稳步适度放开民营资本对中小商业银行的入股和控股,引导民间资本重组与改造现存的地方城商行、农商行、村镇银行,支持不同类型的市场竞争,以满足不同消费者的借贷需求。二是加快民间金融中介建设,提高民间投资的便利化。通过积极组建项目评估、资信评估,为民间资本提供包括投资方向、资本管理、技术创新、司法诉讼等方面的中介服务。三是落实减税降费、完善企业信用担保体系,解决民企融资难。加快建立完善中小企业信用担保体系,拓宽中小企业融资担保渠道,形成以信用为中心的企业监管模式,加快建立和完善社会征信机制,建立民营企业信用诚信体系,极力减少民营企业融资过程中的信用障碍。四是形成多元融资局面。加快工业企业厂房评估进程,鼓励生产设备抵押,切实增强企业有效资产抵押。政府投资基金要适当增加创业创新项目投资资本的供给,强化对科技型中小企业技术创新资本支持。鼓励民营制造企业积极探索股权融资、项目融资等方式吸纳民间资本参与,积极进入创业板、"新三板"等资本市场融资。

3. 扩大民间投资在产业链高端环节和高新技术产业的份额

江苏仍有相当的民间投资都集中于"三高"(高投入、高排放、高消耗)、"三低"(低成本、低价格、低利润)的产业,投资收益不高,使民间

资本的投资意愿减弱。通过制定优惠政策，设立创新产业发展基金等方式，引导民间资本进入先进制造业和新兴战略产业，进入具有高成长性、高附加值的产业链高端环节，积极主动承接新一轮国际高端产业的转移，以此提升江苏民间投资的整体质量，加快江苏民间投资的转型升级。继续引导优化民间投资结构。继续引导民间投资向信息、环保、健康、旅游、时尚、金融、高端装备制造等产业转移，加快形成以高端制造业和现代服务业为主体的产业结构。遏制民间投资投向产能过剩、污染环境的行业。借助科创平台、特色小镇等新平台，吸引民间投资在高端产业形成产业集聚。继续推进重大项目建设。

4. 加强分类指导，促进全省民间投资的协调发展

苏南要突出抢抓民间投资质量，积极培育一批具备国际竞争能力的大型民营企业集团，强化其辐射和带动作用。苏中要充分发挥其承南启北的桥梁作用，把握全面融入苏南经济发展的良好机遇，鼓励民间投资进一步做大做强。苏北地区要充分发挥劳动力和资源优势，主动承接省内外民间投资转移，集聚投资总量。

5. 强化政府引导，有效控制民间资本的投机化倾向

通过进一步拓宽民间资本的投资领域，引导民间资本投向其他民生实业投资领域，以期分散资本流向。对投机化严重的行业，应该通过政策来调控，如针对目前房地产业过热的现象，政府降低投资者的市场预期，进而对民间资本进入房地产业进行调控。引导更多的民间资本进入实体经济领域。

6. 推出一批民间投资改革试点项目，形成示范带动效应

在城建、教育、卫生、交通、能源等领域，开展民间投资市场准入试点；对民资进入市政公用设施领域，积极开展市场化建设试点，力争总结一批成功典型、推广一批可行经验、突破一批制度瓶颈。提高PPP项目的成功率，形成示范效应，项目发包方要严格遵守"契约精神"，加强履约能力。目前财政部正在加快推进PPP立法、正研究建立上级财政对下级财政的结算扣款机制来保障社会资本合法权益，国家发改委也正加快推进基础设施和公用事业特许经营立法，来为民间投资"保驾护航"。江苏积极与之对接，在先行先试过程中不断完善建设 PPP 项目的做法。

7. 支持民间资本积极参与国有企业改革重组，发展混合所有制经济

发展混合所有制经济是新一轮国企改革的主要思路，鼓励非公有制企业参与国有企业改革，鼓励民资和国资交叉持股、相互融合。推动省、市属国企从一般竞争性领域有序退出，国有资本投资项目要允许非国有资本参股。要突破"控股比例"的思维方式，鼓励发展非公有资本控股的混合所有制企业。国企资产体量大，要进一步整合民间资本，鼓励民营资本组建产业投资基金，参股国有资本投资项目或参与国有企业改制改组，明确该类基金应享受的政策优惠。

参考文献

1. 来佳飞：《理性看待民间投资放缓——对浙江民间投资的走势分析》，《浙江经济》2016 年第 14 期。
2. 梁敏：《地方民间投资去哪儿了——国务院 9 个督查组实地督查》，《决策探索》2016 年第 6 期。
3. 宋晓华：《我省民间投资量质齐升蓬勃发展》，《新华日报》2016 年 5 月 23 日。
4. 刘志彪、张月友、陈柳：《江苏的投资结构怎样更优化》，《新华日报》2016 年 8 月 5 日。
5. 赵伟莉：《PPP，这样赢得社会资本青睐》，《新华日报》2016 年 11 月 28 日。

B.11
国内外互联网平台经济发展经验借鉴

王德华*

摘　要： 互联网平台经济日益成为经济发展的新引擎，目前中美两国处于领先地位。美国通过加强协同创新、知识产权保护、隐私权立法和人才机制等措施，有力推动了互联网平台经济的发展。浙江省、广东省和北京市作为国内互联网平台经济较为发达的地区，与当地政府全方位的支持紧密相关，包括政策指引、促进创新驱动、简政放权等。江苏省在这方面发展相对滞后，需要借鉴相关经验，大力促进互联网平台经济的发展。

关键词： 互联网　平台经济　创新

一　互联网平台经济发展概况

进入21世纪以来，信息技术快速发展，互联网应用大规模普及，根据2016年《互联网趋势》[①]（Internet Trends）报告中的统计数据，全球互联网用户已经达到30亿人，渗透率达到42%。随着互联网在全球范围内普及，越来越多的互联网平台型企业迅速崛起，互联网平台经济模式迅猛发展。互联网平台是平台的一种，而平台是一种现实或虚拟空间，该空间可以导致或

---

* 王德华，江苏省社会科学院财贸研究所助理研究员，经济学博士。
① 《互联网趋势》报告由被誉为"互联网女皇"的凯鹏华盈（KPCB）合伙人玛丽·米克（Mary Meeker）于2016年6月1日公布。

促成双方和多方客户之间的交易。现实的平台主要指超市、购物中心等实体交易场所，而虚拟空间指门户网站、网络游戏等虚拟交易场所。无论是在实体交易场所还是在虚拟交易场所，商家和消费者均可以进行交易和信息交换。平台经济主要是通过收取会员费、技术服务费、交易佣金等费用获取收益，其特征主要有双边市场、外部性、多属行为等。平台经济并不是一种新型的商业模式，但一经与互联网结合，就爆发了巨大的生命力，在给互联网平台企业带来巨大回报的同时，还能通过信息精确匹配、规模效益或定向营销等方式给在互联网平台上交易、交流的双方带来便利和实际利益，从而达成多方共赢。据不完全统计，全球最大的100家企业中，有60家企业的大部分收入来自互联网平台类业务。时至今日，具有高度黏性的互联网平台经济已成为推动经济发展的新引擎。

根据2016年《互联网趋势》报告的统计，按照市值统计的全球互联网20强名单如下：苹果、谷歌、亚马逊、Facebook、腾讯、阿里巴巴、Priceline、Uber、百度、蚂蚁金服、salesforce.com、小米、PayPal、Netflix、雅虎、京东、eBay、Airbnb、雅虎日本、滴滴出行。这20强企业无一例外均是互联网平台企业，其中美国12家、中国7家、日本1家，这也反映当前全球互联网发展的状况，美国占据优势，中国正迎头赶上。这20强企业中，谷歌、百度、雅虎和雅虎日本是搜索类平台，亚马逊、阿里巴巴、京东和eBay是电子商务平台，Facebook和腾讯是社交平台，Priceline、Uber、Netflix、Airbnb和滴滴出行是生活服务类平台，此外还有支付平台蚂蚁金服和PayPal，苹果和小米可以算作手机类平台。根据报告统计，中国互联网用户数达到6.68亿用户，并认为在很多方面，中国已经成为全球互联网领袖。阿里巴巴、腾讯和百度3家公司，占据了中国网民71%的移动互联网使用时长。

在上述的7家中国企业中，腾讯位于广东省，阿里巴巴和蚂蚁金服位于浙江省，小米、京东百度和滴滴出行位于北京市。作为中国第二大经济省份，江苏没有一家上榜世界20强榜单。在2016年中国互联网百强企业中，仅有苏宁云商（排名第10）、途牛公司（排名第30）、同程旅游（排名第31）、焦点科技（排名第41）等7家企业，数量上落后于北京的30家、上海20家、广东的12家和浙江的11家；在互联网业务收入总额上，江苏的这7家企业为689亿元，落后于北京的3410亿元、广东的1611亿元和浙江的995亿元。从上述指标看，江苏的互联网平台经济发展相对滞后，与在国内的经济地位不相称，亟待大力发展。江苏省也出台了措施，大力促进互联网平台经济发展。无论是美国还是国内的北京、广东和浙江，对发展互联网平台经济都有丰富的经验，值得后发的江苏借鉴。

二 美国互联网平台经济发展的经验

作为互联网的发源地和先行者，美国引领了全球互联网的创新与创业浪潮，也因此成为全球互联网的规则制定者，美国的网民、移动互联网用户、宽带用户所占比率都遥遥领先，根据世界银行的统计，美国互联网普及率达到87.4%，智能手机普及率达到60%。根据美国联邦通信委员会的数据统计，2016年全美25M上行和3M下行的宽带（包括固定宽带和移动宽带）普及率近90%，并且在联邦政府的努力下，这一数字在持续提升，带宽在持续提高。在互联网信息技术方面，美国企业包括英特尔、IBM、高通、思科、苹果、微软、甲骨文、谷歌等一批IT巨头控制着全球网络信息产业链的主干，在半导体（集成电路）、通信网络、操作系统、办公系统、数据库、搜索引擎、云计算、大数据技术等关键技术领域占据明显的先发优势。再加上纳斯达克、硅谷等资本市场和风险资本的大力扶持，造就了美国强大坚实的互联网平台经济发展基础。这也从美国互联网企业在全球20强中占到60%看到端倪。

美国成为互联网平台经济发展的大国和强国，既有它先天的优势，也有它政策上的原因。从先天优势看，主要有四个方面的原因。第一，美国是互联网诞生地，是互联网产业发展的先行者，在全球互联网规则制定上掌握话语权。第二，美国发展互联网平台经济具有语言优势，由于二三百年来英、美两国的相继霸权，英语成为世界大多数人的第一语言或第二语言，这为美国的互联网平台企业扩大网络效应提供了良好的基础，美国的很多网站如谷歌、Facebook、雅虎等都成为很多人经常上的网站，从而用户遍及世界各地，庞大的用户数创造了巨大的商业价值。第三，美国中产阶级人数众多，消费能力很强，互联网用户价值较高，这为美国互联网平台企业的收费模式提供了有力支撑，使互联网平台企业具有良好的收入和盈利模式，这对互联网创业和发展都起到了积极作用，互联网平台企业发展后，又能为消费者提供更好的服务，由此形成互联网平台企业发展的良性循环。第四，互联网平台企业作为新兴企业和高技术企业，具有高投资、高收益和高风险性，这需要大量的资金支持，而美国在支持高技术发展方面积累了丰富的经验，形成了成熟的风险投资模式和完善的投资机制，资本市场和风险投资发达，这帮助谷歌、Facebook、Uber等互联网平台企业在很短的时间内取得竞争优势。

美国虽然奉行自由市场的经济体制，但在促进互联网平台企业发展方面绝非无所作为，恰恰相反，联邦政府在其中起到了巨大的促进作用。除了加强互联网基础设施建设以外，联邦政府在创新、知识产权保护、立法和人才方面都有相应的措施。第一，在创新方面，主要是加强政、产、学、研方面的协同创新，并适时发布创新战略加以指导。美国将协同创新视为互联网产业发展的重要基础，通过一系列科技政策，加强全社会对互联网关键技术深入持久的支持，逐步形成了政府、产业界、学术界和各种社会力量相互合作的协同创新体系。第二，美国非常注重知识产权的保护，这种保护对美国互联网产业关键技术的发展起到了明显作用，极大地促进了企业的研发投入，从而使互联网技术不断向前发展。同时，美国也注重开源运动，开源运动吸引了众多人才的加入，进一步释放出强大的创新活力。第三，美国注重通过立法促进和规范互联网产业的发展，如严格的专利保护、互联网用户的隐私权等，专利保护激发了企业的技术创新热情，互联网用户隐私权保护则促进了互联网平台消费者的持续增加。第四，美国有完善的人才机制，在硅谷乃至美国，专精尖的高技能人才能够在企业和院校间自由流动，极大地促进了技术的创新进步。此外，美国政府、企业、科研机构等利用资金和环境优势，采取人才掐尖战略，广泛吸纳国外IT的高精尖人才。此外，美国政府在互联网产业的关键技术和核心环节还适当进行干预，防止技术外流，以保持美国在互联网产业方面的综合竞争力。

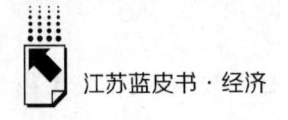

三 国内互联网平台经济发展的经验

国内互联网平台经济发展较好的地区包括浙江、广东和北京，这三个地方在促进互联网平台经济发展上各有其特点，下面一一介绍。

1. 浙江省

浙江是互联网大省，2015 年，浙江全省网民规模达到 3596 万人，同比增长 4%，互联网普及率 65.3%，半数以上网民每天上网超过 3 小时，在全国各省、市、区排名中，浙江省网民规模位居第六；户均移动互联网接入流量达到 531.5M，位居全国第一；全省电子商务交易额突破 3 万亿元，继续位居全国首位，全国有 80% 的网络零售、70% 的跨境电商出口，还有 60% 的企业之间的电商交易都是依托浙江的电商平台来完成的。在这片互联网创业创新的热土上，滋养培育了以阿里巴巴为代表的一大批互联网平台企业。

浙江省电子商务平台发展有如此成就，与浙江各级政府的政策支持、行政服务密不可分。"十二五"期间，为促进电子商务产业快速发展，浙江省财政先后落实支持电子商务发展专项资金 1.34 亿元。鼓励电子商务走进农村、带动区域产业和地方特色发展，设立试点、树立典范，有序建设电子商务产业园区，用多种财政支持手段推进电子商务产业蓬勃发展，实现市场规模持续扩大。同时启动了"电子商务进社区""电子商务服务体系""跨境电子商务"等试点城市创建工程，使电子商务应用不断普及深化。至 2015 年底，浙江还建成了覆盖全省的电商公共服务平台及 50 多个市县电子商务公共服务中心。在规范电子商务平台发展方面，2016 年 3 月浙江省政府办公厅出台《关于进一步优化市场消费环境的意见》，明确要推进网络经济和主要电商平台规范发展，督促电商平台和经营主体落实违法行为报告等法定义务，完善网络商品和服务的质量担保、损害赔偿、风险监控等制度，强调要加强管理部门与平台经营者的协作配合，健全合作监管和失信行为联合惩戒机制，探索跨境消费落地的售后维权保障机制。立规是为电商平台的健康可持续发展保驾护航。

除电子商务平台的蓬勃发展外，互联网支付平台也在浙江大范围内得到普及。自2012年开始，浙江率先在全国开展20个智慧城市示范试点建设，智慧交通、智慧旅游等，让生活更便利，这为互联网支付平台发展提供了契机。目前，蚂蚁金服公布的数据显示：杭州98%的出租车都支持移动支付，超过95%的超市和便利店能使用支付宝付款，杭州的餐饮门店有4万多家，其中有2.2万家可用支付宝埋单。此外，杭州的美容美发、KTV、休闲娱乐等行业也都支持支付宝。可以说，在杭州，只要带着手机，不带一分钱也可以"吃好、喝好、玩遍杭州"，杭州已经成为全球最大的移动支付之城。

以阿里巴巴和蚂蚁金服为代表的互联网平台企业发展的成功，与浙江各级政府持续推进创新驱动，简政放权，不断释放互联网平台经济发展的活力紧密相关。浙江各级政府争当"店小二"，优化制度供给与服务方式，让产业链、资金链、创新链和服务链"无缝对接"，让创业创新的门槛更低、成本最小、环境更优。同时，2016年7月，浙江出台了"人才新政25条"，着力打造人才创业生态最优省份。众多人才、企业、资本到浙江创新发展、聚焦发展，电子商务、互联网金融、智慧物流、云计算与大数据等新业态快速发展，形成浙江互联网平台经济发展的特色优势。

2. 广东省

根据2016年2月发布的《2015广东省"互联网+"现状及发展大数据分析报告》，广东省电子商务表现抢眼，2015年广东省电子商务交易额约3.36万亿元，其中网络零售交易额7668.6亿元，增长39.5%，相当于全省社会消费品零售总额的24.5%。无论是电商交易总额还是网络零售额，广东都稳居全国首位。广东拥有多家电商平台和网店企业。根据2015年最新的广东电商百强企业统计数据，腾讯为百强之首，顺丰其次，第三为唯品会。截至2015年底，广东共有18家互联网平台运营商，网上交易额超过50亿元。

电子商务与传统产业相结合，催生出以跨境电商、农村电商等为主题的经济新业态，并渐成燎原之势。2015年，广东跨境电子商务进出口额167.3

亿元，已成为全球、全国跨境电子商务产业重要聚集地，且已形成较为完整的跨境电子商务业务链条，特别是在第三方平台、物流、支付、代运营服务、外贸综合服务等重要环节，涌现出一批如出口易、卓志供应链等优质企业代表。在农村电商方面，据相关数据统计，2015年广东有"淘宝村"159个，"淘宝镇"22个，在淘宝平台上的农产品卖家9.5万家，为全国第一，农产品电子商务交易额超百亿元。全省各县（区）具有网上农产品交易功能网站172个，涌现出华南农产品交易网、广东农产品交易网等功能各异的农村电商平台。

这些成绩的获得，不仅与对接、落实好国家相关宏观政策相关，更与广东省各级政府多措并举，持续推动电商发展是分不开的。包括加强政策指导，加大宣传力度、大力营造线下活动和平台的硬环境，加强农村电商服务体系建设等，这些都有力地促进了广东电子商务的发展。

加强政策指导。自2015年至今广东省印发了《广东省电子商务中长期发展规划纲要（2015～2025年）》《广东省促进农村电子商务实施方案》《广东省商务厅关于印发〈2015年广东省电子商务工作要点〉的通知》《广东省商务厅关于加快跨境电子商务发展的通知》等文件。这些文件对促进电子商务发展的工作措施、工作重点等做出了明确要求，为各地市开展电子商务提供了指引。此外，《广东省商务厅关于印发广东省跨境电子商务园区规划建设意见的通知》进一步明确了跨境电子商务园区的功能定位、规范广东省跨境电子商务园区建设工作，为国内首个对跨境电商园区做出规范指导的政策性文件。

加大宣传力度，大力营造线下活动和平台的硬环境。2012年开始连续举办"广货网上行"活动，以"派红包"为主要促销方式。在其持续推动下，广货交易规模持续增长，"触电"企业显著增加、网络消费群体进一步扩大，电子商务发展的热情在广东省各地市不断扩大蔓延。省商务部门积极组织相关活动，如在"2015广东21世纪海上丝绸之路国际博览会"设立"跨境电商物流展区"，优化21世纪海上丝绸之路跨境电商平台（海丝网），开发"跨境商城"，开设广东省自贸区窗口等。

加强农村电商服务体系建设。广东省是特色农产品产销大省，近年来加快农村电子商务支撑服务体系建设，积极培育农村电子商务市场需求，为广东省农产品电子商务的发展奠定了坚实基础。如深圳、湛江等地加快本地大宗农产品电子商务交易平台的建设，将地方分散经营的农产品养殖农户与全国各地的农产品大宗交易经销商连接起来，不断丰富平台功能，建立基于农产品加工商与直接面向消费者的B2C电商零售交易板块，成功地打破了传统大宗农产品流通与发展的瓶颈，给产地经济带来了机遇。

3. 北京市

北京市依据技术、人才和首都区位优势，吸引了优秀互联网平台企业聚集，在数量上和质量上都领先于其他省市。根据商务部公布的2015~2016年电子商务示范企业评选结果，北京有19家企业上榜，涵盖网络零售类、电商服务、综合类、跨境电商类、生活服务、创新等诸多种类，企业数量和涵盖范围全国居首。阿里巴巴将天猫总部搬进北京，为北京平台经济发展注入生机。阿里巴巴旗下UC浏览器、高德地图阿里影业、阿里健康、微博、优酷视频总部也都设在北京，目前阿里巴巴已经有1/3的业务在北京，近一万名员工在北京工作。

除自身的特殊优势外，北京市政府主动加快产业转型升级步伐，在减重量的同时，提高发展质量，大力发展高精尖产业发展，促进平台经济及与平台经济相关的产业健康发展。北京市通过合理布局平台经济产业链，对平台经济重点投资，及为平台企业创新和拓展市场创造良好的市场环境等，助推北京市互联网平台经济的发展。

合理布局平台经济产业链。北京市经信委还在打造"对位+错位"的京津冀产业协同发展的新局面，打造分工合理的产业链，积极布局高精尖产业。北京经济技术开发区已经逐步建成电商聚集新区，吸引到200家电商企业、上千家电商服务企业，京东、酒仙网等知名电商已经正式进入。

平台型企业成为投资重点领域，尤其是电子商务平台关注度最高。2015年共发生并购案例37件，涉及金额约342亿元。共发生股权融资案例219件，涉及金额约240.61亿元。电子商务融资案例、融资规模均居前列，电

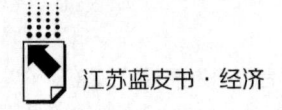

子商务获得投资案例共 25 起,平均每笔投资金额约 1.68 亿元人民币,其中 17 家 O2O 类型电商成功融资。

企业创新不断,为北京平台经济高速增长奠定了扎实基础。2015 年 1~8 月,北京市登记软件著作权 3.3 万项,同比增长 41.1%。关键技术的突破,有助于平台和服务创新,增强企业竞争力。创新成果的不断增加,进一步巩固了北京作为科技创新中心的定位。

平台型企业积极拓展市场。用友公司看好平台经济发展前景,积极转型,宣布从产品型企业转型到平台型企业,还将公司更名为"用友网络科技股份有限公司"。腾讯公司与北京银行签下全面战略合作协议,双方将围绕京医通项目,将医疗业务嫁接到微信平台。百度公司先后进军互联网证券市场、车联网、网络安全市场。乐视公司除了进军电视终端,还宣布进入手机、汽车领域,发布"平台+内容+终端+应用"的乐视移动战略。神州泰岳公司与印度 Reliance 公司合作,筹划建设和运营社交平台、多媒体软件平台。启明星辰和绿盟科技加大网络安全平台投资力度。

四 江苏互联网平台经济发展的建议

江苏是制造业大省,服务业发展相对滞后,大力发展平台经济,对于做强做大现代服务业,推动产业持续创新和经济转型升级,加快构建现代产业体系,促进江苏经济发展迈上新台阶,具有重要意义。

一是要支持新兴领域的互联网平台经济发展。面向江苏建设"一中心"和"一基地"的需求,各地方要瞄准高端产业与支柱产业,打造互联网交易与服务平台,加速对产业上下游环节和企业的整合,打造产业链条。面向新兴信息服务发展需求,推动电商平台、社交网络平台、生活服务平台等的发展,推动各高端服务领域与互联网技术的融合创新,推动建立多层次、多元化的互联网平台服务体系。培育和扶持农村互联网平台发展,为农业发展提供高效的科技、金融、采购和销售等服务,提升农业信息化、现代化水平。

二要完善平台型企业扶持政策。互联网平台型企业是平台经济的主体，决定着平台经济的发展活力与发展前景。需要加大政策扶持力度，设计有针对性的平台型企业扶持政策，探索促进平台型企业的最佳发展路线。围绕重点领域培育发展一批信誉好、实力强的互联网平台企业，择优确定重点企业予以扶持。针对互联网平台经济特点和平台型企业发展规律，设计有效的平台型企业扶持政策，比如设立专项基金、拓宽融资渠道等。建立和完善创新资金投入与退出机制，通过科学、完善的资金投入与退出机制，为互联网平台经济发展创造宽松的环境。

三是优化配套发展环境。平台经济是在现代信息技术迅速发展、互联网应用日益普及的背景下发展起来的。其发展需要强有力的信息技术服务支持，还需要第三方支付、信用、物流、检测、认证等配套服务体系的支持。为此，需要优化配套环境，以保障互联网平台经济持续快速发展。要加强信息基础设施建设力度，加快宽带和无线网络在城乡的普及，加快云计算、物联网、大数据等新技术的发展及其在互联网平台经济中的应用。培育和引进一批与互联网平台经济发展相配套的第三方支付、物流、信用、检测、认证等服务机构，提升配套服务能力，形成便捷高效的第三方服务体系。

四要加强规范引导和管理监督。制定、出台专门的互联网平台经济管理规定，对平台经济生态系统中的平台运营商和平台交易、交流双方的职责和权益进行明确规定，规范平台运营，并制定具体可操作的惩罚措施，严厉打击平台上的不法行为，更好地保护平台参与者的权益。组织开展对平台经济反垄断和间接侵权问题的研究，明晰垄断和间接侵权的构成要件以及各侵权行为主体应承担的民事法律责任，并将其纳入管理规定。积极引导各平台间的差异化发展，避免无序、低水平的竞争，推进平台经济发展水平提升。

参考文献

1. 李凌：《平台经济发展与政府管制模式变革》，《经济学家》2015年第7期。

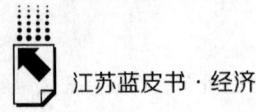

2. 李允尧、刘海运、黄少坚:《平台经济理论研究动态》,《经济学动态》2013年第7期。
3. 刘奕:《推动平台经济研究服务决策与实践——"互联网时代平台经济崛起"学术研讨会会议综述》,《财贸经济》2015年第11期。
4. 史健勇:《优化产业结构的新经济形态——平台经济的微观运营机制研究》,《上海经济研究》2013年第8期。
5. 徐晋、张祥建:《平台经济学初探》,《中国工业经济》2006年第5期。

B.12 江苏互联网金融发展的问题和对策

丁敏雯[*]

摘 要： 作为经济大省和互联网大省的江苏，近几年来互联网金融发展迅速，但也显现了超速发展中的制度缺失和风险增加，实事求是地直面存在的问题，力求在风险防范、技术进步、制度创新、人才培养和环境改善等方面，理顺和明晰对策思路，加快江苏互联网金融融入互联网大平台经济体系，有效推动江苏产业结构的转型升级。

关键词： 互联网 金融 江苏

江苏作为我国的互联网大省，近几年来一直在推进互联网、云计算、大数据、物联网等与现代制造业结合，促进电子商务、工业互联网和互联网金融发展。互联网金融发展迅速，特别是P2P发展的规模和速度都位居全国前列，但也显现了超速发展中的制度缺失和风险增加。显然，互联网金融发展的问题和解决对策，是一个值得关注的重要课题。

一 江苏互联网金融发展现状导致的四大问题

近几年来，江苏互联网金融的发展在总体规模、各种业态和经营管理上，都取得了显著成就。进一步的发展需要分析研究现实状况所产生的问题导向，实事求是地直面存在的问题。

---

[*] 丁敏雯，江苏省社会科学院财贸研究所副研究员。

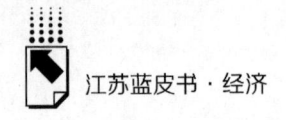

（一）网贷平台发展迅猛但停业和问题企业较多

在我国互联网金融的各种形态中，P2P规模和速度扩展最快，情况最为复杂，问题也最多。江苏也不例外。2013年以来，江苏P2P网贷平台出现各种问题的平台83家，2015年江苏新发生停止经营、提现困难和失联跑路等情况的问题平台55家，较2014年17家上升223.53%。截至2016年12月底问题平台率36.56%，占比超1/3，其中苏南最多（中国经济网深圳1月19日讯）。

2015年江苏省P2P网贷成交额为359.84亿元，较2014年增长124.23%；日均成交额0.99亿元，网贷利率14.12%，网贷期限6.33个月，网贷贷款余额185.65亿元，在全国居北京、广东、上海、浙江之后的第五位（《2015年江苏省P2P网贷行业大数据报告》，中国经济网2016年1月19日）。到2016年二季度，江苏省网贷成交量环比增长84.26%、同比增长153%，但网贷平台数量趋减，主要网贷平台经营平稳，没有出现往年二季度成交量下降情况。成交额前三名平台为苏宁理财、开鑫贷和365易贷。到2016年二季度，全国累计停业及问题平台数量为515家，江苏省219家（开鑫互联网金融战略研究院发布的《二季度江苏省网贷行业经营发展报告》）。

这些说明，江苏P2P网贷行业在高速发展中出现的问题，必须高度重视。

（二）互联网金融的发展与江苏互联网的技术水平和市场需求不相称

江苏信息化水平、互联网基础设施水平和电子、信息技术力量都在全国具有明显的优势，江苏产业发展、金融发展和社会发展对互联网金融存在巨大的需求。江苏互联网基础资源雄厚，光纤线路总长度达到205.4万公里，位列全国第一，信息化发展指数居全国第二。互联网宽带接入端口总数达到3198万个，互联网省际出口带宽达到8453G，移动电话基站数达到24.5万个，都位列全国第二位。互联网覆盖率达到了53.8%，网站有36万多家。江苏互联网需求旺盛，《江苏省互联网发展状况报告（2014年）》显示，截至2014年12月底，江苏省网民规模达到4274万人，互联网普及率达到53.8%，高出全国5.9个百分点。其中，移动互联网规模达到3740万人，占比为87.5%，比全国平均水平高出1.7个百分点。至2015年9月移动互联网用户达到6663.78万户。在网民中，30.6%的网民学历在大专以上，高于全国平均水平9.2个百分点。CNNIC发布的《中国互联网络发展状况统计调查》显示，截至2014年12月底，江苏省网络购物使用率为59.3%，网民网上支付使用率达到52.1%，网民旅行预订使用率为35.2%。这些数据表明江苏省网民网上活跃度高、潜力大。

但是，江苏互联网金融的发展与这些技术优势和潜在需求的要求极不适应。除P2P网贷行业，江苏其他互联网金融形式虽然都有不同程度的发展，代表性企业有互联网支付的易付宝和双乾网络、股权众筹融资的苏宁众筹和南京网信金融集团旗下的投融资平台、互联网信托的紫金信托、互联网保险的泰康保险江苏分公司等，但在全国的市场地位一般，业态结构的确不够均衡协调。在全国互联网金融行业组织的年度报告和传媒中，除提及开鑫贷、开鑫金服、苏宁众筹等几家外，江苏其他业态和企业的情况较少见（见《中国互联网金融发展报告》2014年、2015年、2016年）。

（三）互联网金融的地区分布很不平衡，各业态缺少有全国影响力的龙头大企业

江苏互联网金融存在的另一个问题，就是地区发展差异大，极不均衡。互联网金融发展与经济发展存在的明显梯度差异一样，也存在苏南、苏中、苏北很不平衡的地区差异。

另外，各业态缺少有全国影响力的龙头大企业。知名度和影响力较大的有易付宝、开鑫贷、紫金财富、紫金信托等，但在最近出炉的全国网贷评级报告中，仅开鑫贷进入全国前十，进入中国大事记的江苏事件和企业也比较少。

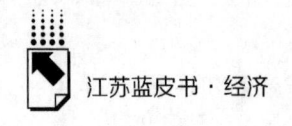

（四）对互联网金融的认知和创新滞后

江苏统计部门、行业组织和研究机构，对互联网金融的关注和研究不够。目前，除P2P和网贷平台的一些企业案例外，对江苏互联网金融在萌芽阶段（1997~2005年）、起步阶段（2006~2011年）、快速发展阶段（2012~2014年）和规范发展阶段（2015年至今）的总体发展规模速度、业态结构缺少统计资料和趋势分析，尚难以对包括七种互联网金融形式的总体发展状况和存在的问题，做出准确判断。

江苏在互联网金融发展理念、互联网应用技术、互联网人才培育、互联网金融风险防范和行业监管等方面的创新，与北京、广东、上海和浙江比较，尚存在明显差距。

解决以上四大问题，是江苏互联网金融进一步发展面临的严峻挑战。

二 解决江苏互联网金融存在问题的对策思路

解决江苏互联网金融存在的问题，首先需要理顺和明晰对策思路，力求在风险防范、技术进步、制度创新、人才培养和环境改善等方面，厘清思路、优化取向和形成特色。

（一）尽快使整治措施落地落实、从试错探索转向纠错规范的健康发展

2016年5月江苏省政府办公厅印发了《江苏省互联网金融风险专项整治工作实施方案》，要求互联网金融机构与传统机构同等监管对待，对第三方存管提出严格要求并且在年底进行验收。同时落实2016年10月人民银行等十七个部门联合开展的互联网金融风险专项整治要求。江苏整治方案已经落地，但措施尚需尽快落实。这既是现实紧迫任务，也是事关全局和长远的战略举措。

发展P2P模式的初心和理想目标是，利用互联网手段做到信息透明，让投资者和借贷者以市场化的方式达成最合理、最高效的资源配对；以市场化

的方式,建立投融资直接信用体系;形成共享经济时代的闲置资源再分配。应该说,P2P模式是互联网新经济值得鼓励和推广的社会投融资方式。但是,传统金融体制对广大中小企业和民营企业的服务缺失、流动性过剩、存款脱媒和监管缺位,成为P2P平台野蛮增长的原动力。网络借贷要解决民间借贷老大难问题本身风险很大,遭遇传统金融体制的阻抗也很强,在萌芽阶段和起步阶段采取试错的改革路径和容错的态度,可以理解,也是一种智慧。

P2P平台在快速发展阶段由于三个环节上的缺失,即没能解决信息不透明和不对称问题、对社会信用体系的透支滥用和没有建立有意义的风险定价体系,"野蛮生长"带来"风险陡增"。这时厉行纠错的整顿治理,非常及时必要。介于我国国情和江苏省情,我们认为江苏厉行整顿治理,应容忍适度的风险,分类监管,细化制度(参见《中国互联网金融发展报告(2016)》)。目的是尽快由试错、容错探索转向纠错规范的健康发展。

(二)发挥江苏电子信息技术、互联网基础设施和云计算大数据的比较优势,加快培育互联网金融大数据体系、信用体系和风控体系三个核心能力

互联网金融的生命力在于互联网的技术进步,互联网金融发展的核心动力是技术进步与产业融合。马云提出,基于大数据的数据体系、信用体系和风控体系,是发展互联网金融的必要条件,也是互联网金融的核心能力。数据的关键在于它的丰富度、广度和厚度即大数据体系,没有数据体系,互联网金融是无本之木。建立基于大数据的信用体系的目的是,在尽可能短的时间里支持80%的、没有得到传统金融体系支持的中小企业和消费者。基于大数据的风控体系不是基于IT的风控体系,而是减少风险的重要条件。

江苏省发展云计算和大数据较早并取得一批重要成果。2010年4月"戴尔—海安"云计算服务中心签约落户海安软件科技园,是长三角地区第一家云计算服务中心。同年,仪征经济开发区签约移动云计算项目,镇江经济开发区诞生国内物联网领域最大的云计算平台,无锡新区与曙光信息共建的"中国物联网云计算中心"正式启用。此后两年又有一批云计算创新平

台相继在苏州、南京和江阴落户。2012年12月东南大学—IBM云计算联合研究中心签约落户江宁开发区无线谷，这是IBM在中国设立的唯一一家云计算研究中心，该研究中心将在云计算核心技术研究、科技成果转化和产业化、云计算领域人才培养、国际交流合作等多个方面开展工作，加快确立作为世界通信网络核心技术输出高地的国际地位。2015年8月总投资约46亿元的斐讯靖江大数据产业园项目落户靖江经济技术开发区，将建设应用研发中心、大数据中心、结算中心、仓储物流中心及其他配套设施。同年9月中国·扬州云计算中心正式启用，项目总投资14亿元，完全建成后将成为长江经济带重要的大数据中心（见《江苏互联网金融创新发展报告2015》，江苏省互联网金融协会网站，发布时间：2015年12月24日）。因此江苏应充分发挥信息化，互联网基础设施，电子、信息技术的比较优势，尽快使以上云计算和大数据项目投产，加快培育江苏互联网金融大数据体系、信用体系和风控体系三个核心能力。

（三）适应对互联网的旺盛需求，加快人才引进和培养

江苏互联网需求旺盛，网上交易活跃度高，30.6%的网民学历在大专以上，江苏省网络购物使用率为59.3%，网民网上支付使用率达到52.1%，网民旅行预订使用率为35.2%。但是，互联网金融各种业态都反映，人才短缺。特别是既掌握互联网技术又熟悉金融业务的复合型人才短缺，企业高管人才短缺。江苏高校云集而毕业生就业不易，应招收一批优秀毕业生培训。同时应注意短缺人才的引进和对在职职工的再培训，建立政、产、学、研联动培养互联网金融人才的试点。

（四）融入大平台经济，加快互联网技术进步与产业融合的步伐，促进以高端制造业为代表的实体经济的发展

2015年4月8日江苏省政府发出《关于加快互联网平台经济发展的指导意见》（以下简称《意见》），成为我国第一个就落实"互联网＋"行动计划制定专项指导意见的省份。《意见》提出运用新一代信息技术发展新型

经济形态平台经济，以及推动产业持续创新、经济转型升级和构建现代产业体系的基本原则、目标重点和政策措施。

江苏互联网金融要加快融入这个大平台经济体系，促进现代服务业和现代制造业的发展，特别应以促进高端设备制造业和新兴战略产业为重点。这也是互联网金融服务实体经济的重点。大平台经济与高端制造业的融合，将有效推动江苏产业结构的转型升级。

三 解决江苏互联网金融存在问题的对策措施

（一）建立和完善P2P平台风险防范制度机制的举措

对P2P平台的监管应实施疏堵结合的思路。首先，明确P2P平台的信息中介性质，做好投融资两端的充分信息披露，一切投资标的不明的投资、一切资金来源不明的融资都应界定为违规行为予以整治。其次，完善信息共享制度，通过行业协会做好行业内的信息共享，开放央行征信系统查询权限并最终将违约信息录入征信系统供所有金融机构查询使用。再次，实行严密的神秘访客制度、公众监督举报机制和严厉的惩戒制度。此外，需要严控增信，平台不能提供任何形式的显性或隐性担保，不能由平台为客户提供第三方增信或担保，鼓励融资者通过抵押、质押和第三方担保等形式，自主完成增信。最后，规范定价，建立类似银行间市场拆借利率和基准贷款利率的基准定价机制，允许各类平台在基准定价的基础上公开透明地公布每日的投融资参考利率，实际成交价格允许投融资双方以平台撮合的形式达成。

同时，配合这些功能性的完善，明确监管机构的职能分工，健全网络借贷运行的制度机制，使P2P平台成为真正有效的新业态、新模式。

（二）优化政策环境，规范管理

（1）完善财税政策，建议省创新驱动的鼓励扶持政策中，增加促进互联网和互联网金融技术创新，特别是促进江苏云计算和大数据的技术创新项目。建议江苏关注数字货币、区块链和金融科技的动向。

（2）江苏已形成多个软件园、互联网产业园区和重点市县，互联网产业集聚已初步形成，建议采取发展配套产业、促进集聚效应和跨界发展的政策措施。

（3）建议江苏考虑建立促进互联网金融培育龙头企业、打造互联网金融知名品牌的专项政策，以尽快突破江苏互联网金融发展的这一软肋。

（4）大力推进江苏互联网金融企业与银行的协同战略。

（5）加快立法，规范管理。特别要加强支持消费维权、风险教育、防范道德风险等。

（三）总结推广成功转型案例经验，形成示范放大效应

以开鑫贷为例。开鑫贷是江苏省首家互联网金融平台，2012年成立以来已发展成为全国互联网金融的标杆企业。2016年10月开鑫贷宣布升级为"开鑫金服"，包括以P2P网贷平台为主的开鑫贷和以金融资产交易、企业理财为主的开金网。依托互联网金融思维，跳出原有P2P网贷范畴，着重在小微金融和金融资产交易领域拓展新空间，推出互联网金融资产交易、私募基金、公募基金等多种金融产品。开鑫贷也是国务院办公厅发布对互联网金融进行穿透式监管之后，全国首家正式宣布转型的互联网金融公司。开鑫金服在无锡成立开金互联网金融资产交易中心，推进力争实现金融资产交易的互联网化，为中小企业提供债权服务、拓展企业直接融资渠道、降低成本。8月试运行以来，推出的定向融资产品和收益权产品受到市场关注，已有40家会员，成交额达10亿元。在最近出炉的全国网贷评级报告中，开鑫贷进入全国前十。2016年10月金票通平台累计成交额成功突破百亿元，距其上线还不到2年时间，距其突破50亿元成交额仅四个月。优异的交易额显示了它运营中的实力和规范，"专业、安全"是持续发展的关键。票据市场已成为企业融资和银行提高资产流动性、规避风险的重要途径。这一传统金融行业被金票通平台以互联网金融模式重新搭建，拓展票据业务，扩大票据业务参与者，利好广大群众。在监管逐渐成

熟的互联网金融行业环境下，金票通将继续坚持合规合法的运营底线，坚守信息中介地位，为票据行业提供更细致、便捷、安心的信息服务（见《新华日报》2016年11月16日）。

（四）借鉴发达国家经验，坚持金融体制持续的深化改革

无论是20世纪90年代出现并迅速发展的互联网金融，还是目前金融大数据风险管理，美、英等发达国家始终走在世界前沿。学习借鉴它们的经验，对构建符合中国国情的监管体系都会大有裨益。

发达国家发展互联网金融也出现过对传统金融特别是银行业的冲击，没有出现"野蛮生长""风险陡增"，这是因为得益于比较完善的法律和制度体系。以美国P2P的治理监管为例。在P2P网络借贷的放贷环节，平台向借贷人发放贷款，将债权以收益权凭证出售给贷款人，美国证券交易委员会依据《证券法》，认定这样行为属证券交易，对P2P平台进行监管，要求其登记注册、定期披露信息。各州证券交易机构实施地域准入监管。联邦贸易委员会根据《联邦贸易委员会公正债务催收法案》，监管P2P平台和第三方催收机构的不公正甚至欺诈行为。联邦存款保险公司根据《金融服务现代化法案》，负责监管P2P平台及其合作银行，保护投资人和金融消费者的个人信息安全。消费者金融保护局，根据《多德－弗兰克法案》监管P2P平台网络借贷市场，受理金融消费者投诉保护其权益（参见《中国互联网金融发展报告（2013）》。这些比较完备配套的法律和监管机构职能，互联网的低门槛、自动化理财咨询/规划平台涌现，吸引到大量用户运行有序。同时发达国家以互联网为主要服务渠道，以自动、智能的算法降低服务成本，注重个性化和定制化面向长尾市场，方案清晰、信息透明用户有完全的知情权和选择权，操作简单、费用低廉、资金门槛低的大量移动用户可利用碎片化时间和碎片化资金理财等。

我国金融法律体系的健全和完善，需要一个过程。应加快传统金融体制的深化改革，加快完善央行、银监会、证券会、保监会和工商局的互联网金融监管的法规、条例和政策。

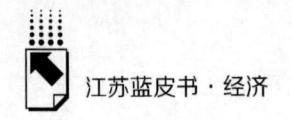

参考文献

1. 《关于促进互联网金融健康发展的指导意见》（银发〔2015〕221号）。
2. 《中国互联网金融发展报告》（2014、2015、2016），中国社会科学出版社。
3. 《江苏互联网金融创新发展报告（2015）》，江苏省互联网金融协会，2015-12-24。
4. 《互联网金融想变革要打好信息革命、金融革命、法律革命三大战役》，互联网金融俱乐部2015-06-03。
5. 廖理：《互联网金融的基本格局》，未央网，互联网金融俱乐部2015-05-09。
6. 马云：《互联网金融公司必须具备三个核心能力》，互联网金融2016-11-20。
7. 方溪源：《中国P2P平台的罪与罚》，原创，麦肯锡公司2016-04-08。
8. 余晓光：《美国互联网金融之P2P深度研究》，金融读书2015-04-04。

B.13
江苏"互联网+"企业的发展与支持政策研究

肖 平*

摘　要： "互联网+"，互联网与各领域的融合发展，已成为不可阻挡的时代潮流，对经济社会的发展产生了战略性和全局性的影响。本文描述了江苏"互联网+"企业的发展情况，针对江苏现阶段经济趋势和"互联网+"企业发展的主要特征，结合"互联网+"的颠覆性、制造与互联网融合、线上线下融合等趋势，着重分析江苏对"互联网+"企业发展的现有支持政策，并提出应提高现有政策的实施效率、以未来视角优化现有政策等相关建议。

关键词： "互联网+"　企业　互联网平台　工业　标准化

"互联网+"是把互联网的创新成果与经济社会各领域深度融合，推动技术进步、效率提升和组织变革，提升实体经济创新力和生产力，形成更广泛的以互联网为基础设施和创新要素的经济社会发展新形态。在全球新一轮科技革命和产业变革中，互联网与各领域的融合发展具有广阔前景和无限潜力，已成为不可阻挡的时代潮流，正对各国经济社会发展产生着战略性和全局性的影响。江苏于2016年3月发布《省政府关于加快推进"互联网+"行动的实施

---

* 肖平，江苏省社会科学院财贸研究所助理研究员。

意见》，从"互联网+"创业创新、"互联网+"先进制造等14个细分层面为2020年前江苏"互联网+"企业的发展指明目标方向，同时为其发展提供了强有力的保障措施。

一 江苏"互联网+"企业发展情况

江苏于2016年初发布了2015年江苏互联网企业"十大风云企业"和"十大新锐企业"，其中，"十大风云企业"主要分布在电子商务、旅游、健康等行业，企业较大，行业相对集中。"十大新锐企业"主要分布在电子商务、互联网金融、教育、旅游以及"互联网+文化"、"互联网+健康"和移动云平台等七大类，分布较广泛，"互联网+"在向各个细分领域延伸。从互联网企业的融资项目分布领域看，资金向电子商务、企业互联网化、"互联网+医疗健康"、"互联网+汽车交通"、"互联网+金融"五个领域集中。

截至2015年12月，江苏共有互联网企业2033家，增值电信总收入达514亿元，同比增长46.8%。增值电信业务收入300万元以上的企业达373家。

截至2015年底，江苏共有市场主体开办的网站145992家。网站开办主体为企业的达到140695家，比例达到96.37%；

2015年，全省网络交易平台交易规模持续增长，总交易额达到4939.45亿元，其中B2B平台交易规模达3645.59亿元，B2C平台交易额达到1290.05亿元，团购平台交易额达2.86亿元，C2C平台及其他交易额仅0.95亿元。其中据不完全统计，江苏省电子商务企业的移动端交易额占到整体交易额的44.76%。

互联网技术是"互联网+"的发展根基，云计算、云服务平台也是江苏近年来大力发展的产业，已在行业内形成了一定的发展优势。无锡华云数据是国内领先的综合性云计算服务提供企业，依托全线覆盖的云服务产品组合、领先的云化支撑运营能力和创新的云CDN等先进技术，致力于成为中国最大的独立云计算服务提供商和一站式云化合作平台。南京云创大数据专业从事云计算技术研发及产品销售，拥有完善的大数据产品线和解决方案，并在众多行业被成功应用。江苏广和慧云构建了云服务生态系统，成功打造了国内最大的 iService 分布云网络平台，并采用流量分成模式面向终端客户提供信息消费服务。

表1　2015年江苏省互联网十大风云企业

企业名称	类别	地区
苏宁云商集团股份有限公司（苏宁易购）	电子商务	南京
南京途牛科技有限公司（途牛旅游）	"互联网+旅游"	南京
焦点科技股份有限公司（中国制造网）	电子商务	南京
江苏仕德伟网络科技股份有限公司（提供"互联网+服务"）	电子商务	苏州
同程网络科技股份有限公司（同程旅游）	"互联网+旅游"	苏州
八爪鱼在线旅游发展有限公司（B2B旅游平台）	"互联网+旅游"	苏州
江苏三六五网络股份有限公司（三六五网）	电子商务	南京
南京零号线电子商务有限公司（区域O2O服务）	电子商务	南京
南京矽汇信息技术有限公司（育儿网）	"互联网+健康"	南京
常州买东西网络科技有限公司（淘常州）	电子商务	常州

注：十大风云企业是以互联网作为创新要素和工具，在某一领域（如金融、消费、管理或制造等）已经深度影响人们的生活、生产方式和管理方式，具有一定知名度和影响力的企业。

表2　2015年江苏省互联网十大新锐企业

企业名称	类别	地区
苏州清睿教育科技股份有限公司（口语100网络学习空间）	"互联网+教育"	苏州
江苏蜂云供应链管理有限公司（我要订货网）	电子商务	南京
江苏易乐网络科技有限公司（游戏研发）	"互联网+文化"	镇江
科升无线（苏州）股份有限公司（流量云）	移动互联平台	苏州
江苏千米网络科技有限公司（千米网）	电子商务	南京
江苏银承网络科技股份有限公司（同城票据网）	"互联网+金融"	南京
久康云健康科技股份有限公司（久康网）	"互联网+健康"	南京
江苏马上游科技股份有限公司（马上游）	"互联网+旅游"	镇江
无锡华云数据技术服务有限公司（华云数据）	云平台	无锡
无锡路大在线科技有限公司（Eput.com）（高品质图片分享与售卖平台）	"互联网+文化"	无锡

注：十大新锐企业是以"互联网+"为形态，以核心团队创始人为标识的，具有高成长性的企业。

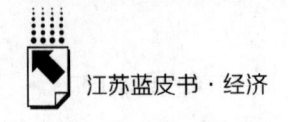

二 江苏"互联网+"企业的主要发展特征

（一）大型B2B行业平台发展较好

江苏的B2B市场依然是由少数大型的B2B平台所主导，像远东买卖宝专注于电线电缆和电工电气行业，江苏在不少行业的垂直电子商务平台发展态势良好。2015年，江苏省B2B平台共29家，较上年减少7家，其中，B2B平台交易规模占全省网络平台交易总额的73.8%，处于平稳发展态势，医疗器械与冶金钢材等行业B2B平台交易活跃，增长幅度明显。

但总体看，全省工业企业虽然在网上询报价、网上采购销售意向沟通方面比例较高，达到50%，但在最终网上采购率仅为17.9%，网上销售率仅为14.3%，只有18.1%的企业实现了产业链之间的信息交互和共享。

（二）"互联网+"服务企业增加

随着"互联网+"行动的不断推进，制造业与互联网融合的不断加深，生产生活的各个方面纷纷"互联网+"，"互联网+政府"、"互联网+传统行业"，越来越多的传统企业"互联网+"需求不断提升，使连通两端提供"互联网+"服务的企业不断增加。第三方服务涉及的领域有大数据、云系统、电商平台、O2O服务商、业务流程改造重组、客户关系管理、3D远程打印等。苏州开眼数据提供互联网营销优化服务平台，江苏国立网络提供船舶供需电子化交易服务，云顶科技为LNG产业打造基于物联网和大数据技术的服务平台。

（三）"互联网+"平台跨界融合

除了顺应近期发展热点：O2O线上线下融合的平台发展趋势，各类电商平台纷纷主动进入O2O发展模式，注重线下体验店的建设，江苏的互联网平台不再止于提供产品，各类服务纷纷在平台上线。因为业务和发展的需要，江苏诸多大型互联网平台，如 B2B 行业电商平台、B2C 电商平台、互联网旅游、农场电商平台等各类平台纷纷与互联网金融服务机构合作，或争取获得互联网金融牌照，推出供应链金融、支付分期、旅游信用、保险等金融服务。

（四）区域性平台机构向更大范围拓展

常州买东西是专注于为本地消费者提供一站式生活、购物、消费、服务的区域网上商城，通过集中区域内的特色产业、服务及商品，形成"虚拟"城市综合体，带动商贸流通业转型升级，开创全新的区域型电商新模式。作为"互联网＋"传统企业整体解决方案提供商，江苏仕德伟网络科技的服务对象原本集中在苏州地区，经过布局，其 13 家子公司遍布全省，相关业务覆盖率在全省处于前三位。江苏国立网络旗下的长江电商是泰州的一家企业，为沿江城市的中小企业和长江流域的船舶供需提供电子化交易服务，包括实时免费提供市场大宗散货行、交易保证金服务、电子合同签约服务等，在区域内拥有很高知名度。区域性服务企业都从区域渐渐地走向更大的范围。

（五）"互联网＋"企业区域性集中

无论从年度收入前十的互联网企业看，还是从江苏"双十大"互联网企业看，企业所在区域相对集中，年度收入前十的互联网企业全部集中在南京、苏州和无锡，根据 2015 年江苏互联网业界融资报告显示，2014 年江苏互联网领域公开融资 154 例，融资总额 490 亿元，获得融资的企业同样集中在苏南，南京和苏州最多，分别为 78 例、49 例。南京的融资项目和融资额均居全省首位，14 个项目融资额超过 1 亿元。

三 "互联网＋"的发展趋势

"互联网＋"的颠覆性效应。"互联网＋"首先是互联网，网是一个大的平台，是各类资源的一种互联方式，是一种全面改变生产生活方式的思维方式，也就是要解决在互联网的模式下，生产什么、谁来生产、怎么生产、在哪里生产、何时生产这些问题，而这些问题在互联网条件下将由消费者和生产者更直观地通过交互共同决定，五个方面互联交通，消费者和生产者共同决定生产什么最终产品，生产环节被拆分成更小的部分互联起来，谁来生产、怎么生产、在哪里生产、何时生产将不再如以往一般的固定，工厂虚拟化得以实现。

制造业与互联网有效融合。制造业与互联网的融合将是江苏"互联网+"的最重要抓手，江苏的制造业优势非常明显，是传统的制造业大省，连续6年江苏工业增加值总量保持全国第一。2016年1~8月，全省规模以上工业实现增加值22928.3亿元，同比增长7.9%，高于全国平均增速（6.0%）1.9个百分点。1~7月，实现利润5396.8亿元，同比增长11.3%，占全国同期比重15.3%，利润总额连续20个月位居全国第一。而江苏大型企业数字化装备联网率为40.4%，仅高出全国平均水平2.9个百分点；然而全省只有44.1%的企业实现数字化工艺设计，关键生产工序数控化率仅为27.8%。制造业与互联网的有效融合将全面提升江苏经济发展的动力，实现产业升级，实现制造大省向制造强省的转变。

线上线下如何更好地融合？一是基于电商成本高企，曾经红极一时、销售额实现400%的增长的"电商黑马"——佛山品一照明的梁荣华在采访中粗略地估算电商成本："人工11%、天猫扣点5.5%、推广成本15%、快递12%、售后2%、财务成本2%、水电房租2%"，毛利至少需要达到50%的企业才能生存下去；二是线上消费越发无法替代线下体验式消费，O2O服务模式已是互联网企业发展选择的重点，包括线上交易到线下消费体验、线下营销到线上交易、线下营销到线上交易再到线下消费体验、线上交易或营销到线下消费体验再到线上消费体验等多种形式，互联网企业纷纷布局全国，建设线下体验店，部分企业追求贯穿全产业链，更好地把控行业发展，但这也带来企业资产变重的问题，互联网企业愈发庞大，垄断或更加明显，同时增加企业发展风险。

四　江苏支持"互联网＋"企业发展的政策分析

（一）现有政策分析

江苏对"互联网＋"企业如何发展有比较明确的思路，系列的文件基本指出了"互联网＋"企业重点的发展方向，并提出了关于资金、人才、环境等多方面的政策措施，但总的来看，主要思路为：一是如何做大做强现有的企业，二是互联网平台是发展建设的重点，三是基本按现有的互联网发展轨迹和思路安排下一步的发展。这一主要思路符合互联网的发展趋势，整个互联网行业面临整合，如何成为领先者也是江苏"互联网＋"发展亟待解决的问题，以及下一步发展的重点。

《省政府关于印发江苏省企业互联网化提升计划的通知》（苏政发〔2016〕10号）提出"到'十三五'末，规模以上企业研发设计、生产管理、营销服务等关键环节互联网应用覆盖率达到60%，关键管控软件普及率达到65%，重点管控系统集成覆盖率达到45%；大中型企业互联网应用及关键管控软件应用实现全覆盖，重点管控系统集成覆盖率达到65%。建成100个面向重点行业有影响力的互联网化服务平台。2016年，规模以上企业互联网应用覆盖率和关键管控软件应用普及率均达到50%，重点管控系统集成覆盖率达到25%；大中型企业互联网应用覆盖率和关键管控软件应用普及率均达到65%，重点管控系统集成覆盖率达到35%。创建30个重点互联网化服务平台。"

《省政府关于加快推进"互联网＋"行动的实施意见》（苏政发〔2016〕46号）提出："到2020年，建设国内一流、特色鲜明的众创空间和新型创业创新服务平台100家以上，国家和省级小企业创业基地、大学生创业园、留学人员创业园等重点创业载体150家以上，省级以上高新区、经济开发区实现众创空间等创业创新载体全覆盖。

"到2020年，两化融合发展水平总指数达到98。规模以上企业运用互联网开展研发设计、生产管理、营销服务等的比例达到60%以上，建成1000个智能车间（工厂），大中型企业主要生产工序基本实现智能生产。

"建成一批智能农业示范基地，实现全省规模设施智能农业面积占比达20%以上；加快农业信息服务网络化平台建设，实现对农业市场主体信息服务100%全覆盖。加快农业行政管理业务系统建设，基本实现行政管理100%网络化。

"形成在全国有影响力的互联网金融集聚区，打造一批在全国有影响力的互联网金融品牌，培育一批知名互联网金融企业、互联网金融设备供应和软件研发骨干企业。

"全省大中型企业电子商务应用实现全覆盖，规模以上企业应用电子商务比例达80%，形成一批在全国具有较高知名度和影响力的电子商务综合性平台和龙头企业。"

《省政府关于加快互联网平台经济发展的指导意见》（苏政发〔2015〕40号）提出"通过3~5年努力，打造一批具有国际或区域影响力的平台型交易中心，培育一批特色鲜明、竞争力强的平台经济品牌企业，形成一批分工明确、协同发展的平台经济产业链，建设一批功能完备、配套完善的平台经济集聚区。"

（二）优化现有政策建议

1. 增加政策与企业的互通性，提高扶持政策实施效率

在笔者对互联网企业的调研座谈中，诸多"互联网+"企业表示对于江苏的各项政策并不完全了解，对是否有政府引导资金，有哪些政策可以帮助自己，如何申请政府引导资金并不清楚。江苏省发改委、经信委、科技厅诸多部门的一些项目申请、扶持政策等，对企业来说更是知之较少。同时，有些优惠政策的申请条件设置相对繁杂，不少企业形成固有观念，即政府的资金申请难度非常大。这就造成虽然政府在方方面面及各种不同层次上已制定了多项发展或扶持计划，但政策并没有真正在企业得到应用。切实提高实施扶持政策的总体效率，首先，需要增加政策的集中度，在同一个平台汇集国家、省市及各部门的政策信息，增加政策分类、查询的智能化程度，企业更便捷地获知自己可以享受的优惠政策与服务；其次，在制定扶持政策时更加注重贴近企业需求；最后，设置企业申请享受扶持政策的平台，企业可以直观地看到政府出台的各种扶持政策，并统一在一个平台进行申请反馈，相关部门、机构更加及时地掌握申请情况，审核落实。

2. 展开"互联网＋"信息的专项统计

互联网经济发展如何，"互联网＋"企业发展情况如何，哪些企业是"互联网＋"相关企业，在行业里发展地位怎么样，江苏的"互联网＋"与浙江的差距在哪里，互联网金融风险到底有多高……目前在研究中、在政策制定过程中，这些都还处于一个比较模糊的状态，处于需要用相关指标来佐证进行分析的阶段，下一阶段，需要研究制定相关的专项统计，设置统计指标，增加政府、研究部门对相关行业的了解。

3. 以未来视角推进"互联网＋"发展

在现有的政策体系中，支持"互联网＋"主要表现在将现有的业态发展壮大，将传统的生产方式现代化，跟上现有互联网化的水平。但"互联网＋"最重要的是互联网对整个经济社会发展方式的转变，对生产生活方式的改造，更新分工、生产模式。工业互联网是以互联网思维改造江苏制造业，是江苏尝试突破现有发展格局，占据发展优势地位的抓手。

工业互联网发展存在的主要障碍如下。

一是标准难以统一。发展工业互联网的目的是实现工业生产全流程、产品全周期的扁平化和数据链的打通，目前工业不同层级、不同环节的信息系统间，软硬件接口、协议、数据结构纷繁复杂，多种标准并存应用，难以实现数据的互联互通。

二是创新要素分布不均。高端人才积聚在不同的行业，比如高端软件人才较多地集中在互联网和IT企业，工业企业的高端专业人才引进难度大，哪怕小型的互联网企业想招取高端的软件人才、金融人才也相当困难。

三是企业对数据安全有顾虑。公共互联网的特性和长期存在的诸多网络风险与工业生产对安全性、稳定性、可靠性的严格要求不符合，与工业控制风险相叠加，加大了问题的复杂性。更有企业担心生产机密泄露、知识产权保护等问题。

(1) 选择一个行业，试点推进

选择某一优势行业试点推进工业互联网，推行工厂虚拟化。工厂虚拟化是指生产活动不局限于一个实体的工厂内进行，而是将生产环节细化、模块化，不同的生产步骤由工业互联网上不同的其他伙伴企业完成，整张网上各个企业按生产需求组合完成最终产品。同时虚拟的工厂生产什么，由生产者和消费者互动决定，网络整合生产材料以及生产功能以外的资源，将供应商、消费者、营销与销售、生产和创意、工程设计师、客户需求信息、客户服务各种资源组合起来，共同完成生产任务。

江苏应以一个行业开始推进，选取优势行业、适应工业互联的某一制造行业，通过整合相关产业链上、下游的中小企业，由发展较好的企业或者在技术研究上有优势的企业牵头，搭建互联平台，在知识产权有效保护的基础上，将创意、客户需求、制造工艺诸多资源要素与原材料、中间产品等实体生产资料构建到一张网里，探索构建虚拟工厂生产最终产品。

推动中小企业制造资源与行业互联网平台全面对接，实现制造能力的在线发布、协同和交易，积极发展面向制造环节的分享经济，打破企业界限，共享技术、设备和服务，提升中小企业快速响应和柔性高效的供给能力。

(2) 在试点实践中探索工业互联网标准化

工业互联网要实现技术创新、互联互通、系统安全和产业提升均离不开标准化的引领。美国工业互联网联盟 IIC 由 GE 联合 AT&T、思科、IBM 和英特尔于 2014 年 3 月发起，积极推进与国际标准化组织的协作，目前已关联 20 多个标准化组织，以加快工业互联网标准研制和全球标准化协作。

德国于 2013 年 12 月发布《工业 4.0 标准化路线图》，提出有待标准化的 12 个重点领域，包括体系架构、用例、概念、安全等交叉领域、流程描述、仪器仪表和控制功能、技术和组织流程、数字化工厂等。2015 年 4 月发布《工业 4.0 实施战略》，将需要制定的标准数量进一步聚焦到网络通信标准、信息数据标准、价值链标准、企业分层标准等。

国际标准化组织 ISO 中的 TC184 和 ISO/IEC JTC1 两个技术委员会推进工业互联网标准化。TC184 为工业自动化领域的核心标准化组织，也在积极跟进工业互联网的标准化需求，制定服务机器人模块化、人机协同安全等标准等。2014 年，ISO/IEC JTC1/SWG3 规划特别工作组成立了智能机器专题组，计划从虚拟个人助理、智能顾问和先进的全球工业系统三个领域开展标准化预研。

我国的工业互联网标准化还处于刚刚起步阶段，标准组织大多采取由上而下的设计方法，将工作重点放在了路线战略、参考架构、需求用例、测试床等方面，依据情况再开展其他具体的标准化工作，标准化仍然面临长期的探索研究过程。江苏要在这方面寻求突破，就需要在试点实践中不断摸索，努力在这一轮"互联网+"改变生产模式的过程中掌握主动权和发言权。

（3）继续加强行业 B2B 平台建设等其他"互联网+"的发展保障

除继续在优势行业培育发展行业 B2B 平台，壮大现有行业 B2B 平台外，要尤其重视行业平台与推行工业互联网相融合，为生产制造、资源的自由流动搭建一个统一的工业互联平台。此外，除继续推行现有各项资金、人才等政策措施外，要特别注重知识产权与企业机密的保护，为"互联网+"改造整个制造体系扫除障碍。提升江苏"互联网+"氛围，扩大类似互联网创新创业大赛、"互联网+"大学生创新创业大赛、"江苏智造"创新大赛的各类"互联网+"大赛的影响力，为"互联网+"提供智力支持、创意支持，营造"互联网+"氛围等。

B.14 江苏科技服务业的新进展、新问题和新对策

顾丽敏*

摘　要： 科技服务业是江苏实施"双创"战略，推动经济转型升级的重要抓手。当前江苏科技服务业发展重点为：围绕创新链拓展延伸科技服务内容；加强技术应用，提高科技服务创新能力；整合高端要素，完善科技服务业体系。为此建议：优化供给主体结构，形成政府—市场协同推进的科技服务链；围绕创新链布局科技服务链，提高科技服务供求均衡能力；加强科技服务创新，构建业态丰富的科技服务体系；整合高端创新资源，加强科技服务载体建设；完善政策制度，改善科技服务业发展环境。

关键词： 科技　服务业　创新　整合资源

创新驱动一直是江苏经济发展的抓手，也是推动江苏经济转型升级的关键举措。江苏省十三次党代会把创新摆在了发展全局的首要位置，并把科技创新作为"集聚高端要素、发展高端产业，形成以创新为引领的经济体系和发展方式"的核心手段。科技服务业作为创新活动分工细化的产物，围绕科技成果产业化的全过程，提供从基础研究到产品推广的全方位多层次的

---

* 顾丽敏，江苏省社会科学院区域现代化研究院副研究员。

专业化服务，是科技创新体系的重要环节和现代服务业的重要组成部分，在科技进步与产业升级之间起到了桥梁作用，是推动江苏经济向中高端水平迈进不可或缺的一环。

一 科技服务业是江苏经济转型升级的重要抓手

（一）科技服务业是科技进步和科技成果转化的助推器，有助于提高创新发展效率

科技服务业作为创新主体之一，联结了官、产、学、研、金等多元创新主体，一方面把知识和技术转化为现实生产力，另一方面又为其他产业发展提供科技支撑，能够提高科技成果转化和产业化比例，加速技术转移和扩散，拓展产业发展领域，提高创新效率。

（二）科技服务业是现代服务业的高端组成部分，有助于提高经济服务化水平

科技服务业运用现代科技知识和手段向第一、第二产业提供智力服务，具有人力资本和知识资本密集、附加值高、产业辐射带动作用强等特点。从美国发展经验看，近10多年来，科技服务业是第三产业中增长最快的部分，年均增长达5%，远高于GDP增速。在信息技术和网络技术支持下，科技服务能够改变服务部门的交易方式、降低交易成本，优化科技创新流程，促进服务创新，包括服务产品、理念、流程、模式等一系列的创新。科技服务业成为优化江苏服务业产业结构，提高服务业高端化水平的重要内容。

（三）科技服务业是促进江苏集聚全球创新资源的重要环节，有助于提升经济开放发展层次

当前，创新各环节的专业化分工更加细致，创新活动的形态、模式、参与主体越来越表现出全球化的特点，具体表现为创新资源配置的全球化、创

新活动的全球化、创业活动的全球化和创新服务的全球化。创新活动的这种演变趋势，迫切要求江苏整合本地和全球创新资源，积极融入全球创新体系，形成创新资源有序流动的机制。与制造业不同，知识、技术密集的科技服务业对要素成本的敏感度较低，且本身也是全球价值链的高端环节和高附加值部分。从服务贸易结构来看，江苏贸易以传统服务业为主，而科技服务贸易既为制造业转型升级整合创新资源，又促进技术、资本、产业要素在全球范围内的优化配置。

（四）科技服务业是创新链上下游各种要素资源汇聚沟通的桥梁和纽带，有助于创新资源的汇聚和专业化、集成化利用

随着科技服务的专业化和市场化推进，科技服务链条的不断完善，服务需求的日益多元化，科技服务业的专业化和集成化并存的趋势越来越明显。一方面，科技服务不断深化专业化分工，采取第三方服务方式成为趋势；另一方面，在以互联网为代表的技术支撑下，科技服务的时空距离被大大缩短，一站式集成化服务成为新的发展业态。

二 江苏科技服务业发展的新进展和面临的新问题

近年来，江苏科技服务业保持了良好的发展态势，产业规模快速扩张，连续多年保持了10%~20%的增长率。2015年，全省科技服务业总收入达到5013.88亿元，同比增长11%以上；2016年上半年，全省科技服务业总收入达到2846.94亿元，同比增长15.2%，这一增速领先高新技术产业产值8个百分点，也高于规模以上服务业营业收入增速3个百分点。随着创新在全省发展战略中的引领作用进一步明确，科技服务业发展空间更加广阔。

（一）江苏科技服务业发展的新进展

一是规模化、市场化发展水平提升，骨干服务机构发挥主力军作用。2016年上半年全省规模以上科技服务机构共4649家，规模以上企业收入达

2103.9亿元，占总收入的73.9%，半年平均收入达4525万元/家，相当于2015年全年的64.1%。规模以上企业从业人员总数达67.06万人，占科技服务业从业人员总数的57.4%。其中企业性质的规模以上科技服务机构达到4517家，占规模以上企业机构总数的97.2%，收入2020.9亿元，占比为96.1%；事业性质的规模以上科技服务机构132家，占总数的2.8%，收入83.08亿元，占比为3.9%。以江苏省产业技术研究院为首的新型研究院在引领产业发展和服务企业创新等方面发挥了积极作用。

二是多元化载体建设特色彰显，科技服务资源集聚能力加强。目前，全省共有6家高新区纳入国家科技服务业区域试点，试点建设众创集聚区33家，分别以众创空间集聚以及创业企业或创业人员集聚为特色。苏州自主创新广场、常州科教城、国家知识产权局专利审查协作江苏中心等综合和专业科技服务业集聚区建设分别围绕区域产业创新形成主题特色，集聚了大批相关优质科技服务资源。省级科技服务示范区的人才、创新资源集聚效应显著，2016年上半年新增服务机构、服务人员在上年基础上分别增长达10.6%和44.8%。苏大天宫、XLab、创客联盟等一批新型孵化载体迅速壮大，科技公共技术服务平台服务成效显现。载体建设为科技服务机构之间形成相互关联、空间聚集的社会网络创造了平台，创新资源集聚提高了创新效率。

三是专业化科技服务业态不断涌现，科技服务环节逐步完善。江苏科技服务业形成了以研发设计为主，涵盖研发设计、科技创业、科技咨询、成果转移转化、知识产权服务和科技金融等的科技服务体系，"互联网＋科技服务"发展较快，远程孵化器、资源集成机构、电商模式技术信息服务平台等新兴业态不断涌现。其中，研发设计类机构数量占全省机构数的43.8%，全年收入占全省科技服务总收入的70.7%。在生物医药等领域，出现了如药明康德专注于"新药研发＋增值服务"的新型机构；在软件外包和集成电路设计等领域，形成了"设计＋测试＋集成＋产业化应用＋融资"等服务新模式；在科技金融方面，形成一批科技银行、科技小贷公司、科技保险公司等科技金融机构，推出了"科技之星""科贷通""金科通"等60多种科技金融服务产品；大学科技园等新型研发机构、新型研究院有500多家。

四是制度化环境不断优化，为科技服务发展提供支撑和保障。江苏早在2006年就出台了《江苏省加强知识产权保护和管理工作实施意见》，随后《江苏省技术先进型服务企业认定管理办法（试行）》《江苏省科技服务社会"校企联盟"行动实施方案》等一系列科技服务相关政策相继出台。自2014年国务院发布《关于加快科技服务业发展的若干意见》后，江苏制定了以《快科技服务业发展的实施方案》为统领的一系列政策措施，内容覆盖载体建设、科技信用、科技金融等各方面，为科技服务业发展营造了良好的制度环境。此外，通过深入推进苏南国家自主创新示范区建设、开展国家科技体制综合改革试点工作，苏州在改革科技创新评价体制、探索政府资金的有效支持方式方面，做了很多积极尝试。

（二）江苏科技服务业发展面临的新问题

在全面创新、构建创新生态系统的要求下，江苏科技服务业在继续扩大产业规模、培育领军企业的基础上，需要进一步认识宏观政策环境和产业发展趋势的新变化，在服务对象、服务能力、业态创新和要素支撑等方面实现新突破。

一是服务对象方面，偏重新兴产业使传统产业改造升级及需求市场开拓受到局限。科技服务业服务于创新活动，而创新活动不仅发生于新兴产业，也发生在传统产业的改造升级。江苏作为制造业大省，存量的传统产业体量巨大，2014年全省劳动密集型产业产值占工业的21.5%，纺织、化工、金属制品等产业仍在产业体系中具有较重要的位置，且有较为稳定的市场需求。这些企业在工艺、技术、设备、管理提升方面产生大量需求，部分代工企业面临创建品牌需求。这些产业大量以中小企业形式存在，对科技服务的需求仍未得到应有的重视。

二是服务能力方面，创新链和服务链的协同程度不高难以解决科技与产业"两张皮"现象。一条完整的创新链包括理论研究、应用研究、工程开发、制造和市场营销等过程。而创新链各环节之间的链接通常是创新活动的薄弱环节。尽管江苏科技服务业发展很快,但对创新环节的链接能力不足。一方面,全省科研院所积累了大量的科研成果,企业对科技创新产业化的需求旺盛,但科技服务业沟通衔接能力有限,造成对本地高校院所的创新资源挖潜不足,创新思想向创新技术转化、创新技术向创新产品转化能力不足;另一方面,对创新活动存在"孤岛化""碎片化"现象缺少整合能力,专业化、高端化、集成化服务能力仍有较大缺口。如当前的科技服务主要是以孵化器、中介服务为主,服务链上游研发环节和下游的产业环节支撑不足。

三是业态创新方面,科技服务业态创新能力不足,高级业态发展滞后。随着双创战略的推进,科技创新需求的多样化要求科技服务链条不断延伸、细分、创新。从总体看,科技服务业研发与技术相关的创新活动参与度较低,产品与服务的创新不够丰富,目前科技服务存在"四多四少"的问题:低端机构多,中高端机构少,尤其是能够提供全程服务的科技服务机构更少;中小型机构多,大型龙头机构少;常规服务多,高科技含量服务少,如孵化器重载体属性,轻孵化功能;同质竞争多,特色化、差异化服务少,如3D打印公共技术服务平台,仅南京市就有3~4家。一些机构缺乏清晰的业务定位和核心竞争力,难以满足创新的多元化需求。低水平的"牵线式"的中介方式仍占主导地位。

四是发展要素方面,市场化程度仍需提升,体制机制有待进一步优化。从市场主体看,由于历史和体制原因,加之科技服务部分环节具有公益性,相当一部分科技服务机构从属于政府部门、高校和科研院所,形成了以非法人单位、事业单位和企业主体并存的局面。尽管江苏非企业科技服务机构占总数的比重不到10%,但部分机构长期依靠行政化运行和财政拨款等方式生存,自身造血功能不足,而民营机构规模总体偏小。从运行机制看,不少公共资源具有较强的排他性,一些公共技术服务平台成为少数大企业专用平台,难以实现有效共享。从制度供给看,部分资金计划、人才计划诱导式行政干预方式容易造成科技服务机构的投机性行为,影响制度执行效果。人才培养机制、流动机制不健全,激励机制不到位导致专业化、复合型人才缺乏,影响了科技服务业的发展后劲。

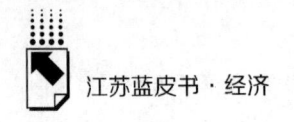

三 现阶段江苏科技服务业发展新重点

产业发展在不同时期具有不同的重点。根据当前创新创业的要求和科技服务业自身发展的特点，现阶段发展重点在于丰富服务内容、加强服务创新、完善服务体系。

（一）围绕创新链拓展延伸科技服务内容

科技服务业从科技创新活动中逐渐分化，具有显著的需求导向特征。从服务内容看，江苏发展科技服务应当围绕创新链上下游延伸拓展，着重围绕创新链衔接薄弱环节，加快形成服务于创新链全程的科技服务链，发挥各种创新要素的聚合效应。创新链主要存在三大断裂环节，一是研究成果环节，二是商品化环节，三是扩散环节。围绕创新链布局科技服务链，要着力加强科教资源转化成创新资源，提高创新环节的衔接效率，加强创新资源整合能力；围绕创新活动的分工细化和创新形态的演变，推动科技服务向创新链的上下游环节延伸；丰富科技服务内容，提升科技服务能力以满足创新主体的多元化、专业化需求，提高科技服务与创新链的协同性。

（二）加强技术应用，提高科技服务创新能力

科技服务业产生于创新活动的专业化分工，具有知识密集型的特点。从全球范围看，科技服务业尽管已有上百年的发展历史，但在以新一代信息技术、新能源、新材料、生物技术等为代表的新技术革命的渗透下进入快速发展期，新技术在科技服务业的应用是其核心竞争力所在。欧美等国家投入服务业研发的费用占总研发费用的比重在过去10年中不断上升，可见，科技服务业作为其中的高端环节，不仅是创新活动的推动者，也是创新活动的主体、新技术的应用者。科技服务业的发展要以科技为主导、以技术为驱动、以知识为支撑，以其技术底蕴与创新活动形成更好的协同效应，对推动经济的转型升级，在未来全球新技术、新产业竞争中占据有利地位。

（三）整合高端要素，完善科技服务业体系

科技服务业体系庞杂，江苏科技服务业实现了重点突破、培育特色的发展战略，为科技服务业向成体系的发展、综合提升奠定了基础。随着创新战略的实施，创新主体的多样性、创新活动的复杂性和创新体系的网络化程度不断提升，迫切需要形成多元化、专业化和集成化的科技服务予以支撑。创新作为一项系统工程，对人才、信息、金融、公共平台、高端咨询等高端要素产生大量专业化、精细化、集成化需求。尤其随着技术更新速度加快，行业技术预测、技术路线选择等高端科技咨询服务也越来越迫切。需要进一步完善科技服务体系，充分发挥黏合剂的作用，提高各类高端要素整合能力。

四 江苏科技服务业发展的新对策

立足科技创新资源富集、科技服务业发展潜力富足的优势，江苏应坚持以满足科技创新需求和提升产业创新能力为导向，聚焦科技研发、成果转化、推广扩散三大服务环节，充分发挥市场在资源配置中的决定性作用，加快政府职能转变和简政放权，大力发展研究开发、技术转移、创业孵化、知识产权、科技金融、检验检测认证等专业科技服务和综合科技服务，不断创新科技服务模式，延展科技服务链条，促进科技服务业专业化、网络化、国际化发展。

（一）优化供给主体结构，形成政府—市场协同推进的科技服务链

双创战略的实施对科技服务的需求不断提升，原有的以政府资金和政策驱动为主的科技服务体系已不能满足发展需求，转而向技术创新和商业模式创新转型来提升服务能力。根据一项全国性调查，科技服务链中80%左右的中后端机构业务来自市场，而前端机构业务依赖于"政府下达任务"的比例较高。由此，需要根据服务链各环节特征，明确政府职能，发挥市场作用，建立政府引导和市场主导协同推进的科技服务业发展模式。第一，放宽

市场准入条件吸引社会资本进入科技服务领域,包括引导社会资本参与非公益科技服务机构所有制改革,鼓励有实力的民营创新型企业参与孵化器建设运营、参股投资基金等科技服务领域。第二,鼓励制造部门剥离科技服务环节,培育专业化科技服务企业。许多企业形成了"大而全""小而全"的发展模式,内设的研发中心、检验检测平台等部门的独立运行,有助于提高服务的专业化能力和资源利用效率。第三,深化科技体制和人才体制改革,鼓励科技人员创办科技服务机构。第四,扶持有实力的科技服务机构做大做强,打造标杆性企业品牌。在知识产权、检验检测、科技金融等优势领域,培育若干重点企业,形成有一定区域影响力的品牌。

(二)围绕创新链布局科技服务链,提高科技服务供求均衡能力

科技服务以创新为中心,科技服务链的布局也应围绕创新链的特征而布局。科技创新在不同的环节、不同阶段对科技服务的需求存在巨大差异,目前,完备的科技服务链尚未形成。应针对不同阶段的创新需求,以社会化投资、专业化服务、市场化运营,加强科技创新与科技服务供求均衡。可以考虑:第一,在发展定位上,面向产业创新需求培育科技服务链条。结合江苏建设产业创新中心的目标定位,江苏科技服务业既要提高本土创新资源的转化能力,又要主动搜寻获取世界科技前沿领域的关键核心技术,强化科技创新的产业化。第二,在空间布局上,围绕重点产业领域和关键技术布局一批重大公共技术服务平台。科技服务的最终目标是促进产业发展。围绕产业空间布局,按照错位竞争、资源共享的原则,配套建设相关重大公共技术服务平台。第三,在创新阶段上,围绕不同创新环节形成特色科技服务包。如在创新萌发阶段,服务包以公共资金服务、基础研究融资服务、公共科研平台服务、高端科技人才服务和知识产权服务为主;在创新开发阶段,以科技评估服务、信息咨询服务、战略咨询服务、技术转移服务、条件平台服务、科技金融服务为主;在创新商业化阶段,以检验检测和第三方验证服务、创投服务、市场推介和宣传服务为主;在创新扩散阶段,以专业营销服务、信用/声誉评级服务为主。

（三）加强科技服务创新，构建业态丰富的科技服务体系

随着创新活动专业化的深入和创新模式的变化，创新主体对科技服务的需求越来越多元化。创新型经济的发展不断创新了科技服务方式，丰富了科技服务的内涵，信息技术、大数据、云计算等技术的发展也为科技服务创新提供了技术支持。江苏在保持科技服务特色优势的基础上，应积极应用新技术，加强服务内容和服务模式创新。第一，继续壮大发展研发设计、科技金融等特色产业，丰富发展内涵。科技金融方面，建立创投风险补偿机制。第二，应用"互联网+"技术，催生新型科技服务业态。如线上、线下相结合的服务模式，即科技服务机构将一部分通用型服务模块化并在线上提供服务，深度个性化服务则在线下解决，满足不同类型客户群体需要。

（四）整合高端创新资源，加强科技服务载体建设

尽管互联网技术在一定程度上消减了科技服务的时空限制，但大多数科技服务业的生产和消费仍具有密不可分性、不能实物化、不可储存性等特点，因而围绕创新活动的空间集聚特征更为显著。产业集群带来的专业化分工、外部经济、知识外溢等优势对知识密集的科技服务业更加明显，是科技服务业专业化分工和集成化发展的有效载体。江苏科技服务业主要采取集群式发展，需要从以下几个方面加以提升。第一，发挥大企业资金技术优势，建设特色鲜明的开放式科技服务业集聚区。如先声百家汇，开创了依托制药企业、境内外科研机构、全球投资基金，共同孵化培育创新创业企业的创新模式。第二，推动科技服务业产业集群转型升级，实现科技服务由集聚走向集成。培育专业化、集成化科技服务机构和模式，引导形成"集成商+专业机构"服务模式。前端由集成商为企业提供集成化的服务资源，后期通过集成商的推荐帮助，企业与专业的科技服务机构分别对接，得到全方位服务。第三，坚持开放式发展，高水平地整合国际、国内资源。鼓励科技服务资源开放式发展，打破集群内、集群间、区域间的流动壁垒，促进人才、科技等创新资源的跨区域流动，促进资源整合与协同创新，提高区域创新能力。

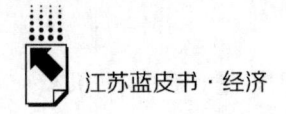

（五）完善政策制度，改善科技服务业发展环境

江苏科技服务业在发展速度、发展规模和发展形态上明显落后于发达国家水平，对比北京、上海、深圳等城市发展水平，具有较大的发展空间。市场需求是产业发展的根本动力，而政策体系是产业发展的外在动力。为此建议：第一，加强财税支持。充分发挥省级中小企业创新资金、科技成果转化资金、服务业发展引导资金等财政性资金的引导作用，对科技服务机构予以支持。全面落实科技服务税收优惠政策，探索实行企业购买科技服务支出纳入研发费用。第二，引导银行信贷、创业投资、资本市场等加大对科技服务机构的投入，支持科技服务机构上市融资和再融资以及到全国中小企业股份转让系统挂牌。第三，在引导需求上，建议采用电子化创新券，进一步扩大适用外延，降低面额，使创新券能够在不同规模、不同类型的科技服务机构中使用，真正起到引导、释放科技服务需求的作用。

参考文献

1. 蔺雷、吴家喜：《科技中介服务论》，清华大学出版社，2014。
2. 沈瑾秋：《江苏省科技服务业发展现状及对策建议》，《江苏科技信息》2016年第2期。
3. 蒋伏心、华冬芳、刘利平：《论我国科技服务业的体制改革与机制创新》，《现代经济探讨》2015年第9期。
4. 战炤磊：《江苏科技服务业发展的问题与对策》，载自《2016年江苏经济发展蓝皮书（经济卷）》，江苏人民出版社，2016。
5. 祁明、赵雪兰：《中国科技服务业新型发展模式研究》，《科技管理研究》2012年第9期。
6. 陈和、周柠、刘靖瑜：《科技服务业发展与产业升级研究》，《经济研究导刊》2012年第4期。
7. 江苏省科技厅2014年、2015年、2016年上半年科技服务业情况分析报告。

B.15
江苏县域经济绿色发展的问题与对策

战炤磊*

摘　要： 绿色发展是新时期县域经济转型升级的根本路径。江苏在推动县域经济绿色发展方面取得了一系列探索成就，但在理念认知和支撑能力等方面存在诸多不足。在新的历史时期，江苏应通过顶层设计、政策扶持、机制创新来全面提升县域经济绿色发展的能力与绩效，从而为"两聚一高"战略目标的实现提供强力支撑。

关键词： 县域经济　绿色发展　生态文明

县域经济是一种以县级行政区划为地理空间的行政区域经济，它以县城为中心、以乡镇为纽带、以农村为腹地，是国民经济的基本单元。我国全面建成小康社会的重点和难点都在县域，大力发展县域经济是高水平建成全面小康社会的根本路径。随着我国经济步入新常态，绿色发展成为实现增速换挡、结构升级、动力转换等目标任务的根本路径，特别是党的十八届五中全会将"绿色"列入指导未来发展的五大理念，绿色发展也成为新时期县域经济转型升级的根本道路。江苏是我国县域经济最为发达的省份之一，经过多轮行政区划调整，现有县和县级市42个，其中有20个左右长期处于全国百强县之列，而且昆山、江阴、张家港、常熟、太仓、宜兴长期位列前十。江苏在推动县域经济绿色发展方面已经达成了战略共识，并且在实践探索中

---

* 战炤磊，江苏省社会科学院《江海学刊》杂志社副研究员，管理学博士。

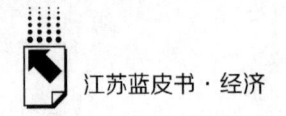

取得了一系列成就，当然，也存在诸多不足。在新的历史时期，必须通过顶层设计、政策扶持、机制创新来全面提升县域经济绿色发展的能力与绩效，从而为"两聚一高"战略目标的实现提供强有力的支撑。

一 江苏县域经济绿色发展的探索实践

江苏县域经济发展水平相对较高，并且在转型升级过程中较早确立了绿色发展理念，许多县市都明确提出了绿色发展战略。在江苏入选2016年"全国科学发展百强县市"的20个县市中，相当一部分都在绿色发展和生态文明建设方面取得了标志性成效。例如，连续多年位居全国百强县之首的昆山，早在2010年就荣获联合国人居奖，2016年又被住房和城乡建设部评为首批"国家生态园林城市"。此外，许多县市在绿色环保方面得到了国家层面的认可，例如，海门、扬中、句容等是"国家环保模范城市"，海门、句容等是"国家级生态示范区"，宜兴、如皋、高邮等被评为国家全域旅游示范区，如东被评为"绿色能源示范县"。此外，江苏一些欠发达县市也在绿色发展和生态文明建设方面积极探索，例如，地处苏北的泗阳县、盱眙县被评为"省级生态县"。

从产业发展层面来看，江苏县域经济在绿色发展道路上的探索集中体现在三个方面。

一是以绿色生态为导向大力发展现代农业。县域经济是城市经济与农村经济的交汇点，广大农村构成了县域经济的广阔腹地，农业在多数县域经济中仍然占据举足轻重的地位。2015年，江苏有24个县市农业占地区生产总值的比重超过10%，有11个县市农业占比超过15%，其中灌云县农业占比高达19.9%，即便在昆山、江阴等经济发展水平较高的工业县市，农业占比也在1%左右。为此，无论是工业比重较高的发达县市，还是农业比重较高的欠发达县市，均注重通过发展绿色生态的现代农业来实现绿色发展。例如，昆山作为江苏经济发展水平最高的县市，虽然农业占比仅为0.9%，但是仍然依靠龙头企业大力推进农业标准化生产，积极创建"全国绿色食品

（稻麦）原料基地""国家农产品质量安全市"，截至2015年全市无公害农产品、绿色食品、有机产品认证总数达386个；农业占比最高、人均地区生产总值最低的灌云也注重发展现代生态农业，2015年新增高标准农田10万亩，新增高效农业面积5万亩，其中设施农业面积2万亩。

二是依靠转变发展方式和结构优化升级推动工业的节能减排。虽然我国总体上已经进入工业化后期，但是不同县域的工业经济发展水平存在巨大差异，相当部分县市的工业化进程尚未完成。2015年，江苏有11个县市第二产业占比超过50%，其中在全国百强县中排名前十位的6个县市第二产业占比均超过50%，昆山和江阴第二产业占比分别高达55.1%和55%，与此形成鲜明对比的是涟水、金湖、射阳第二产业占比不到40%，其中射阳仅为36.2%。然而，在这种发展阶段和发展水平存在巨大差异的工业化进程中，通过转方式、调结构来实现节能减排和绿色发展却成为所有县市的共同目标。例如，2015年，江阴清洁能源消费量占能源消费总量的比重为17.9%，万元地区生产总值能耗下降5.6%；昆山每万元工业产值能耗0.0375吨标准煤，下降7.4%；太仓单位地区生产总值能源消耗比上年下降4.6%，淘汰落后产能企业77家；射阳一般工业固体废物综合利用率100%；丹阳工业废水排放达标率100%，工业废水重复利用率82.2%，工业固体废物综合利用率99.9%；新沂单位GDP能耗为0.77吨标准煤/万元，同比下降4.9%；宝应万元地区生产总值综合能耗下降3.5%；溧阳规模以上工业万元产值能耗为0.3345吨标准煤/万元，同比下降2.3%；如东规模以上工业万元生产总值能耗同比下降11.8%；海门单位GDP能耗下降3.6%。

三是依托环保产业和环境治理加强生态文明建设。县域经济广阔的腹地为其提供了良好的生态资源，而这种生态资源优势要转化为生态文明优势，则有赖于环保相关产业的发展。为此，多数县市均注重加强环境保护与污染治理，为绿色发展保驾护航。例如，2015年，昆山实施生态文明建设和环境改善工程769项，实施大气污染防治重点项目276个，环境空气质量达标天数占比为71.5%，PM2.5浓度比上年下降7.8%；江阴建成区绿地率达到

36.3%，城市污水处理率达到91.0%，城市生活垃圾无害化处理率达到92.5%；丹阳建成区绿化覆盖率达38%，全年二级以上空气质量天数达266天，城镇污水集中处理率88.2%，生活垃圾无害化处理率100%；新沂城镇污水达标处理率87.0%，村庄环境整治达标率100%，城市绿化覆盖率达41.8%；洪泽绿化覆盖率达40.91%，空气良好天数达标率85%；海门环境空气质量指数达到良好以上的天数为261天，建成区绿化覆盖率达41.5%。

二 江苏县域经济绿色发展的突出问题

江苏在推动县域经济绿色发展方面取得了一系列显著成就，多数县市都在绿色发展方面打造自己的名片，为高水平全面建成小康社会奠定了良好的绿色基调，然而，我们也必须看到，江苏在县域经济绿色发展方面还存在诸多问题，其中需要特别关注以下两个方面的问题。

一是对于绿色发展理念的认知存在一定偏差。虽然各县市均充分认识到了绿色发展的必要性和紧迫性，并且对于绿色发展的良好效应充满期待，但是，对于绿色发展的科学内涵和实现路径存在一定的认识误区。例如，将绿色发展简单地理解为节能减排和生态保护，并且在实践中僵化执行绿色低碳原则，以节能减排为由放缓工业化进程，以生态保护为由规避发展责任。实际上，绿色发展是一种以人与自然的和谐为价值取向的发展，其目标仍然是发展，只是过程和结果需要体现绿色，即用绿色的方式实现绿色的目标。同时，过于强调供给侧的绿色生产，而忽视需求侧的绿色消费，供求脱节使绿色产品的价值根本无法得到市场的认可；过于强调政府在绿色发展方面的主导作用，而忽视市场在绿色资源配置中的决定性作用，使绿色企业、绿色产业只能在政府的呵护下生存，难以形成自我累积循环成长的能力；过于强调外在的政绩工程，而忽视内在的效用体验，广大民众对于绿色发展缺乏充分的获得感，相应地参与度也会大大降低；过于强调产业与经济的绿色发展，而忽视社会、文化、日常生活的绿色发展。这些认知偏差对于江苏县域经济绿色发展造成了严重制约。

二是对于县域经济绿色发展的支撑能力较弱。虽然江苏县域经济总体发展水平较高，能够为绿色发展提供较好的物质支撑，但是，由于纵向的体制分割和横向的区域差异，江苏县域经济对于绿色发展的产业支撑能力、技术支撑能力、资本支撑能力都有待提升。

（1）从产业的视角来看，现代农业、高新技术产业和现代服务业与绿色发展理念相契合，但是这三类产业往往并非县域经济的强项。例如，在农业机械化方面，2015年江苏省平均每公顷农作物播种面积对应的农业机械动力为623万千瓦，仅有18个县市的这项指标高于全省平均水平，这意味相当部分县市在依靠现代农业实现绿色发展过程中会面临一定制约；在高新技术产业方面，2015年江苏省高新技术产业产值占规模以上工业总产值比重达40.1%，仅有昆山（57.4%）、江阴（42%）、启东（46.5%）、海安（47.6%）、如皋（44.78%）、如东（43.0%）、海门（47.1%）等少数县市的此项指标高于全省平均水平，其他多数县市此项指标低于全省平均水平，包括一些公认的发达县市，如太仓（35.2%）、常熟（38.4%）、宜兴（39%）等；在服务业方面，2015年江苏省第三产业占比为48.6%，除仪征（49%）外，其他县市第三产业占比均低于全省平均水平。

（2）从技术的视角来看，绿色发展离不开相应的技术支撑，而由于大量科技创新资源集聚在大中城市，县市自身的技术供给能力非常有限。2015年，江苏省42个县市合计专利申请量和授权量分别为149353件和84622件，占全省的比重分别为34.87%和33.81%；江苏省每万人拥有专利申请量和授权量分别为53.70件和31.38件，而这两项指标超过全省平均水平的县市数量分别为11个和9个。

（3）从资本的视角来看，绿色发展需要以大量的物质资本投资作为基础，从直接或间接反映物质资本丰裕程度的固定资产投资、居民可支配收入、居民存款、财政收入、外商直接投资等指标来看，县市总体上也处于劣势。2015年，江苏省42个县市固定资产投资、一般预算收入、居民存款、外商直接投资的合计数量分别为17647.68亿元、2747.8亿元、

16639.62亿元、85.25亿美元，占全省的比重分别为38.44%、34.23%、41.02%、35.12%；江苏省居民人均可支配收入为29539元，仅有8个县市此项指标超过全省平均水平。

三 江苏县域经济绿色发展的对策建议

（一）强化顶层设计，科学厘定绿色发展的思路框架

绿色发展是一种全新的发展理念和模式，涉及经济社会方方面面的绿色化改造，要在县域层面落地生根，离不开高屋建瓴的顶层设计。特别是要将绿色的基因根植于县域经济领域，必须彻底扬弃粗放型的传统经济发展方式，使绿色生产、绿色流通、绿色消费成为县域经济的主色调，而要实现这一系列根本性的转变，必须在区域发展规划层面做出科学的顶层设计，明确科学的框架体系和总体思路。

第一，各县市要强化绿色发展理念，将县域经济绿色发展纳入区域发展的总体规划，对绿色发展的战略定位、目标节点和基本思路做出总体谋划，从上位法的层面为县域经济绿色发展的必要性和合理性提供制度依据。第二，各县市要结合自身实际，尽快制定县域经济绿色发展的规划纲要，确定符合自身比较优势的差异化的战略定位，制定既合乎规律又兼顾实际的科学合理的目标体系，围绕绿色发展的关键任务和重点领域提出总体的政策思路，明确绿色发展的责任主体与保障措施。第三，根据绿色发展的综合性要求，围绕县域经济绿色发展的目标定位和现实诉求，适当优化调整社会、文化、科技、教育、卫生、城建、人口等领域的发展规划，使多领域发展规划在绿色发展道路上实现良性协调与精准配合，为县域经济绿色发展提供体系严整的规划支撑。第四，充分考虑绿色发展的长期性与多变性，县域经济绿色发展的相关规划一方面要保持相对稳定性，相关规划目标和思路要对县域经济的长期发展发挥指导作用，不能根据官员任期和领导思路变化而随意调整；另一方面要保持灵活性和动态性，即根据不断变化的内外环境，对相关

规划文件及时做出优化调整，不能让陈旧规划束缚绿色发展的前进道路。同时，充分考虑绿色发展的前瞻性与可行性，所确定的相关规划目标既要适度超前，对县域经济的未来发展有一定的引领作用，又要合乎实际，确保所描绘的绿色蓝图经过各方的积极努力能够变为现实。

（二）完善政策体系，全面突破绿色发展的要素瓶颈

绿色发展从思想理念到客观实践的转换过程，需要一系列的要素投入，既包括人才、资本、土地等有形要素的投入，也包括科技、信息等无形要素的投入。相对于城市经济而言，县域经济拥有广阔的农村腹地，在获取土地和生态资源方面有一定的优势，而在获取人才、资本、科技、信息等资源要素方面却明显处于劣势，即便是一些经济发达的县市，能够用于绿色发展的高端要素也相对有限。因此，必须准确把握相关要素的形成和流动规律，从财政、税收、金融、科技、教育、人才等方面完善相关政策体系，提高相关高端要素的收益预期，吸引更多高端要素向县域流动、向绿色领域集聚。

首先，外源引进与内部培养相结合，突破县域经济绿色发展的人才资源瓶颈。将绿色发展理念和绿色发展能力植入社会教育体系，提高社会人力资源总体的绿色素养，使绿色发展成为人们共同的价值取向，并不断增强绿色生产、绿色消费的能力。健全各种人才引进政策，加大对高端人才的引进力度，可以考虑以绿色发展为导向的高端人才引进计划。考虑到人才资源本身向中心城市集聚的内在要求，而且县市往往难以提供良好的人才发展平台，对于优秀人才的吸引力不强，因此，应在县市层面重点探索人才资源的功能性使用机制，即不求所有，但求所用，与部分绿色发展领域的优秀人才签订长期的战略服务协议，鼓励优秀人才通过承担委托项目、专题调研、弹性工作制等为县市绿色发展提供智力支撑。

其次，财政投入与社会资本相结合，拓宽多元化融资渠道，突破县域经济绿色发展的资金瓶颈。县域经济绿色发展会产生巨大的正向外溢效应，特别是其中一些涉及环境治理和生态保护领域的重大项目，往往会因其公共品属性导致市场失灵，这确实揭示了政府财政投入的合理性，但是，县域经济

绿色发展涉及整个经济社会系统的全面转型升级，政府有限的财力往往难以满足绿色发展对于资金的巨大需求。同时，县域经济绿色发展并不意味只能产生无法通过市场化渠道估值的社会效益，除极少数的纯公益性基础设施项目外，相当部分的绿色发展项目同样能够产生稳定的收益，而且绿色化改造将为许多传统企业和产业带来更多的长期收益，特别是随着绿色理念的深入人心和相关法律的不断完善，绿色标准将成为产品和服务进入市场的门槛性要求，绿色化的价值也将更加充分地得到市场的认可和体现，因此，各类社会资本积极参与绿色发展也将是一种双赢的选择。为此，一方面，要明确政府在绿色发展中的责任和作用边界，在继续加大财政投入的基础上，优化财政资金的使用效率，使其在弥补市场失灵和"筑巢引凤"方面发挥更好的托底作用和引领作用；另一方面，要围绕财政补贴、税收优惠、金融服务、平台载体、绿色保险、社会信用、退出渠道等方面制定完善的激励约束政策，提升绿色标准在适用各类优惠扶持政策过程中的权重，对于违背绿色发展原则的项目实施一票否决，引导各类社会资本流向符合县域经济绿色发展战略的产业领域和建设项目。

最后，自主创新与模仿引进相结合，提升绿色发展技术成果的数量和层次，突破县域经济绿色发展的技术瓶颈。用技术替代有形要素投入，减少不可再生能源消耗，是绿色发展的内在要求，而且以绿色集约的生产函数取代粗放的生产函数本身就是一种技术进步。县域经济绿色发展既需要大量共性技术，更需要大量绿色技术，而多数县市并不是区域的科教资源集聚中心，在绿色技术自主供给方面存在一定的瓶颈制约。因此，对于广大县市而言，既要强化自主创新，努力在共性产业技术和绿色技术方面取得具有自主知识产权的重要成果，自我累积绿色发展的技术优势，又要注重模仿引进，借助外源性的技术成果解决绿色发展中的技术难题。虽然多数县市自主创新能力相对较弱，但是若就此而舍弃自主创新，完全依靠技术模仿和引进，必将陷入长久的技术贫困，也难以实现可持续的绿色发展。因而，广大县市仍然应坚持走自主创新道路，加大研发投入，紧扣自身的绿色发展需求，搭建合作创新平台、整合内外创新资源，不断提升绿色技术创新能力和绩效，即便短期内难以在原始创新领域取得重要成果，而不得不依靠技术引进，也应加强对引进技术的消化吸收及再创新，使外来技术与本地区的特色产业和资源有机融合，形成本地化的绿色技术。同时，广大县市在绿色技术创新过程中，应奉行自主知识产权战略，即虽然要求助于外部创新资源，但是应坚持以我为主，掌握在合作创新过程中的话语权，注重对于知识产权的控制，避免沦为绿色技术创新的伴读书童；虽然要在相当程度上依靠引进技术，但是在技术引进过程中应强调知识产权的让渡，并且依靠定制研发和绿色资源实现绿色技术的本地化，避免沦为绿色技术的试验场。

（三）依托特色资源，积极探索绿色发展的多元模式

县域经济是最具能动性和创造性的行政区域经济，也是差异性最大的行政区域经济，并且在实践中涌现出了多种多样的发展模式，而这些特征也必定会投射到绿色发展领域，从而使县域经济在绿色发展进程中呈现多元化的模式。因此，各县市在绿色发展进程中不能简单地照搬或模仿其他地区的经验，而是必须立足自身特色资源和比较优势，因地制宜地探索特色化的绿色发展模式。概括而言，县域经济在绿色发展过程中可以选择的典型模式有如下三种：一是生态资源导向型发展模式，即依托本地区自然环境优良、生态资源丰富的优势，加强对生态资源的统筹整合与集约开发，大力发展生态农业、生态旅游等新型业态，并运用在产业发展中形成的经济收益和现代管理模式回馈生态环境，从而实现经济与生态的良性互动。此类模式对于区域的生态资源禀赋有较高的要求，适合生态条件良好但工业化进程较慢的县市，对于一些欠发达县市实现跨越式发展有较强的推动作用。二是绿色技术驱动型发展模式，即依托本地区良好的生态资源优势和科教资源优势，打造区域性的绿色技术研发中心，建设绿色技术和绿色商业模式的高地，主要依靠绿色技术实现长期可持续的绿色发展。此类模式要求生态资源与科教资源有良好的匹配性，适合生态宜居且交通便利的县市，科教中心城市周边的生态良好的县市可以重点考虑此种模式。三是绿色产业支撑型发展模式，即通过大力发展绿色环保的新兴产业，对传统产业进行绿色化改造，形成绿色化的现

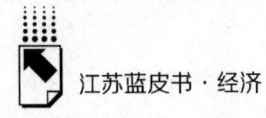

代产业体系，支撑整个县域经济的绿色发展。此类模式要求县市有良好的产业基础，既可以是发达的高新技术产业和战略性新兴产业，也可以是发达的传统产业，前者能够为新兴产业的形成和传统产业的改造提供技术和产品支撑，后者能够为传统产业的绿色改造奠定基础，关键是绿色产业要有相当的规模体量和较强的联系效应，能够拉动整个区域经济的增长，无论是农业大县（市）还是工业大县（市）都可以借鉴此类模式。

B.16
江苏实体零售企业发展面临的挑战与应对策略

曹小春*

摘　要： 近年来，江苏实体零售企业面临商业地产租金暴涨、其他费用税金高企、网上销售冲击、商业规划不科学、经营管理问题较多等挑战。为应对这些挑战，必须营造线上线下企业公平竞争的环境、合理进行商业布局、推动O2O经营模式发展、引导实体企业强化供应链管理、促进实体企业提高服务质量。

关键词： 实体企业　零售　网络购物　O2O

实体零售企业是商品流通的重要载体，也是促进生产、引导消费的重要手段，还是提供积累、保障就业的重要途径。但近年来，在网上销售迅速发展的同时，实体零售企业大多经营艰难，有的濒临倒闭甚至已经倒闭。据联商网统计，2016年上半年，全国主要零售企业共有39家店铺关闭，其中百货、购物中心13家，超市26家。江苏是一个实体零售比较发达的省份，关注其实体零售企业的现状及未来如何发展，对本省乃至全国的商品流通发展具有重要意义。

---

* 曹小春，江苏省社会科学院《学海》编辑部研究员。

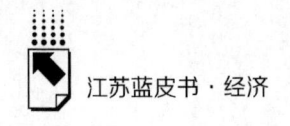

一 江苏实体零售企业近年来经营概况

（一）营业设施和从业人员数发展趋势不一

在2013~2015年，江苏限额以上实体零售法人企业数和产业活动单位数的发展与以前不同，2013年仍然保持增长，但2014年出现较大幅度的下降，到2015年则又出现回升。营业面积的变化与机构数量的变化不一致，保持持续增加。从业人员数在2013年还是继续缓慢增长，但2014年以后则是逐年下降，2014年、2015年分别下降2.8%、3.5%（见表1）。

表1 2013~2015年江苏限额以上实体零售企业设施、人员状况

年份	法人企业数（个）	产业活动单位数（个）	营业面积数（平方米）	从业人员数（个）
2013	8616	18576	23612994	592252
2014	8031	18276	24666577	575947
2015	8058	18400	24717815	555936

（二）购销存继续增长，但速度逐渐放缓

与城乡居民收支、社会消费品零售总额、限上零售企业销售额发展趋势相同，若干年来，江苏限上实体零售企业的购销存数量保持每年均有上升，即使是在营业设施和经济效益出现负增长的2014年也是如此。2014年购进额比2013年增长6.8%，2015年又比2014年增长2.5%；2014年销售额比2013增长8.7%，2015年比2014年增长3.9%；2015年储存额比2013年增长2.6%（见表2）。

表2 2013~2015年江苏限额以上实体零售企业购销存状况

单位：亿元

年份	购进额	销售额	储存额
2013	8410.26	9497.72	772.12
2014	8978.94	10322.78	794.99
2015	9200.23	10727.76	792.38

（三）经济效益罕见地出现下滑，但有企稳迹象

在 2013~2015 年，虽然江苏限上实体零售企业所有者权益和主营业务利润都是继续保持增长的势头，但营业利润、利润总额、净利润都在 2014 年出现了非常罕见的下降现象，而且下降幅度比较大，分别达到 13.3%、15.8% 和 19.5%，好在 2015 年又都有所回升。亏损企业数和亏损总额则先升再降（见表3）。随着实体零售企业销售增速的回落，以及利润的减少甚至负增长，实体店的倒闭现象较为严重。2016 年上半年，全省仅大型零售企业倒闭的就有南京八佰伴、沃尔玛无锡青石路店、永旺苏州美思佰乐东环店。全国著名电器企业苏宁公司于 2015 年置换或关闭各类店面 217 家。超市业态中国内领先的华润苏果超市也有部分已经关闭。至于微型的实体店铺，关门歇业的不计其数，地段好的门面房或大卖场柜台的经营者像走马灯一样地换，而地段差的小店铺则可能在一个经营者走后常年封门或封台。

表3　2013~2015 年江苏限额以上实体零售企业财务状况

单位：万元

年份	2013	2014	2015
所有者权益	11974272	13252168	15421875
主营业务利润	9472929.1	9737920	9782857.1
营业利润	3031689	2628125	2800882
利润总额	2654487	2234682	2796434
净利润	2160122	1739684.8	2246846.4
亏损企业数	1235	1508	1504
亏损总额	515884.9	831306.6	772892.4

二　江苏实体零售企业未来发展面临的挑战

江苏实体零售企业未来的发展，面临若干重大挑战。这些挑战包括房租快速上升、人工成本及其他税费高企、网上商店冲击、商业布局不佳、经营管理水平不高。

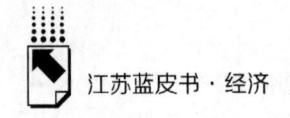

（一）商业地产租金暴涨

随着房地产市场的火爆，商业地产租金也节节攀升。比如，苏宁从2000年开始搞连锁经营，初期租金占销售额的比重为1.5%，而现在租金占销售额的比重达到5%，提高了2倍多。一些门店在租赁期满后，如果由于房东要求提高房租而不能续租，将不得不寻找另外的店址，从而承受由于迁移、装修、暂时停业等额外支出和销售减少的风险；而如果接受房东的高房租要求，则可能使大部分利润被房租所侵吞，"零售业成为房地产业的服务业"。房租快速上升，也迫使许多大型百货企业放弃购销业务，成为"大房东"或"二房东"，通过与供应商联营或直接出租店内摊位的方式经营获利，这种方式导致形象严重受损，影响企业整体较长远的发展。毫不夸张地说，房租高这个难题得不到解决，很多实体零售企业很难继续存在。

（二）其他费用税金高企

近年来劳动力的短缺和新劳动法的实施，推高了实体零售企业的用工成本。在2013~2015年，江苏实体零售企业在从业人数继续下滑的同时，企业应付职工薪酬持续增加，2013年为2391156万元，2014年为2442918万元，2015年为2454028万元，2014年和2015年分别增长了2.2%和0.5%。除人工成本外，其他费用也有所增加。2013年，销售费用、管理费用、财务费用三者总和为7317352.2万元，2014年升至7969958.5万元，比前一年增长了8.9%，导致当年营业利润大幅下降。营业外支出2013年为605003.6万元，2014年为815414.7，比前一年增长了34.8%，又使利润总额2014年比2013年下降19.5%。2014年应交所得税在利润总额大幅减少的同时，反而有所增加，2014年应交增值税也高于2013年。

（三）网上销售冲击

依托网民数量高速增长、智能手机快速普及以及互联网持续渗透、电商的支付方式和退换货制度等的不断完善，网上销售相对于实体店铺销售的天然优势在近几年中得到了充分发挥,其金额迅速扩大,在整个零售额中的比例也有较大提高。2015年,江苏网上零售额为4200亿元,同比增长超过45%,相当于全省社会商品零售总额的16%;2016年上半年,江苏累计实现网络销售约2100亿元,同比增长36%,占全省社会商品零售额的比重达到15.1%。可见这些年来网上购物对实体店销售的冲击非常大,而且没有减弱的趋势。随着网上购物的快速发展,其发展瓶颈也有所呈现,一些电商意识到必须全渠道流通,线上线下结合,所以其中的一些正在大力发展线下业务,而这将在未来对原有实体商店产生更大的冲击。

(四)商业规划不科学

一些城市中部分地区商业设施相对不足,而中心区的商业设施往往非常集中。南京新街口商圈核心区,其面积不到0.3平方公里,却集中了1600余户大小商家、近700家商店、30多家1万平方米以上的大中型商业企业。如此多的实体零售企业聚集在一起,势必会产生激烈的竞争,在产品服务差异化很难有效实施的情况下这种竞争更多地表现在价格和促销方面,这势必减少企业利润。商业设施的过度集中,再加上其他设施如金融机构、咨询公司、法律事务所、会计事务所和大公司总部等的聚集,也使这个地区的交通非常拥堵,停车难、停车费贵问题十分严重,这必然大大降低人们前来购物的积极性,使每家商店所分摊到的商品购买力有限。此外,南京西部的奥体板块的商业设施现在比较缺乏,而且没有大面积的商业设施的预留用地,使如此高端的消费群体聚集的地区的人们进入实体商店购买的欲望难以得到实现。

(五)经营管理问题较多

我们不能因为具有零售经营管理世界先进水平的欧美在华零售企业也有部分经营困难甚至倒闭,就认为现在国内的实体零售企业在经营管理方面一般都已经没有多少提升空间了。事实上,许多实体零售企业在这方面的问题重重。例如,没有错位经营的意识,对网络销售有明显优势的商品不注意回避,产生了与电商的直接竞争;只认定中老年人是实体店的潜在顾客,忽视了年轻的消费群体来实体店亲身体验商品和商店氛围的需求；在经济形势快速变化的情况下缺乏安全感，根本没有做百年老店的想法，抱着"捞到一个是一个"的心态，对商品胡乱报价，失去了消费者的信任；有的实体店销售假冒伪劣商品，而当消费者要求退换货的时候，又百般刁难，使消费者寒心。实体商店的面对面销售方式，理应使消费者获得更好的服务，但现在一些商店的营业员要么能力不够，也不愿回答顾客的询问；要么过分热情，强力推销，让顾客感觉不好意思不购买；或者，对顾客极度不放心，顾客一进店门就紧盯住顾客，让顾客自尊心受到伤害。

三 江苏实体零售企业应对未来发展挑战的策略

（一）营造线上线下企业公平竞争的环境

健全完善各部门、各行业、各地区协同和线上与线下一体的市场监管体系，严厉打击侵犯知识产权、商业欺诈、不正当竞争、销售伪劣商品等违法违规行为。利用企业信用信息共享平台，建立覆盖实体零售企业和网上商店的信用信息采集、共享与使用机制，并且对相关信息通过企业信用信息公示系统和一些官方的主流媒体向全社会公布，激励守信企业，惩处失信企业。促进建立企业信用系统，通过企业自律、行业自律和政府监督，最大限度地确保线上企业经营合乎法律、合乎道德。尽快推出一系列举措，加强网购商品监管，公布具体实施方案，进一步明确网购退换货范围和标准；督促电子商务平台企业严格对网络经营者的资格审查，完善经营者进入和退出机制。还要建立促进线上线下企业公平竞争的税收环境，如落实好总分支机构汇总缴纳企业所得税、增值税的相关规定，减轻实体零售企业税收负担，加强对网上商店的税收征管。

（二）合理进行商业布局

依据各地区人口规模、购买力水平和人们的消费习惯，本着统筹协调发展本地区市政、交通、生态和商业设施的原则，在本地区总体城乡规划和土地利用规划的框架下,通过对大型商业网点建设的听证论证,科学制订本地区的商业网点发展规划。鼓励商业资本进行合理转移,如从苏南、苏中地区向苏北地区转移,由大城市向小城镇延伸;一些超级市场、购物中心、百货店有序退出市场饱和度较高的城市核心商圈,进入市场前景好的非核心商业区。支持根据当地实际情况制定新建社区的商业设施配套要求,利用公有闲置物业或以回购廉租方式保障老旧社区基本商业业态用房需求,促进知名连锁企业进入社区设立便利店和社区超市,方便消费者购物和获得增值服务。

(三)推动 O2O 经营模式发展

建立社会化、市场化的数据应用机制,鼓励电子商务平台向实体零售企业有条件地开放数据资源,同时引导实体零售企业逐步提高应用网络新技术的能力,充分发挥线下物流、服务、体验方面的优势以及线上商流、资金流、信息流方面的优势,实现线上线下渠道的对接和消费者在网上购物与实体店购物的快速切换。鼓励企业自建官方 B2C 商城、App 商城,进驻电子商务平台、移动商务平台等,与微信、支付宝等平台开展支付合作,实现"全渠道"流通,以满足顾客购物、娱乐和社交的综合体验需求。

(四)引导实体企业强化供应链管理

促进企业改变千店一面、千店同品现象,不断调整和优化商品品类,注重经营需要消费者亲身体验等的网络销售不具有明显优势的商品,注重经营适应中高端消费群体需求的商品。鼓励实体零售企业构建与供应商信息共享、利益均摊、风险共担的新型零供关系,提高供应链管控能力和资源整合、运营协同能力。特别要鼓励实体零售企业积极发展自有品牌,与生产企业实行深度联营或对其产品买断经营,确保优质货源充足、货源具有独特性、价格合理等;改变近一段时间以来常见的引厂进店、出租柜台等做法,提高自营比重,以便加强管理和控制,重获消费者信任。

(五)促进实体企业提高服务质量

鼓励实体零售企业利用互联网以及企业内的车流数据采集系统、POS 系

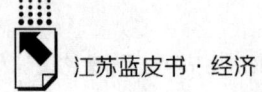

统、MIS系统、会员制、WiFi所获得的数据对顾客消费行为进行大数据技术分析，及时、高效地掌握消费者的消费需求及其变化情况，据此进行精准服务和个性化服务，使消费者获得更好的消费体验。发展集实物购物、休闲、娱乐、饮食、儿童教育等于一体的大型综合体，拓展增值服务，使传统单一的销售场所向社交体验、家庭消费、时尚消费、文化消费中心等转变。促进企业强化诚信意识，规范服务流程，提高服务技能，为消费者提供贴心的服务，使商店成为消费者乐于驻足光顾和消费的场所。

改革开放与创新篇

Reform, Opening up and Innovation

B.17
供给侧结构性改革背景下重构江苏经济竞争优势研究

吕永刚*

摘　要： 经济新常态下，江苏经济传统优势弱化，传统"强政府"优化负面效应凸显，传统开发区体制优势显著减弱，传统开放型经济优势面临挑战，传统后发优势逐步丧失。新形势下，江苏需要深入推进供给侧结构性改革，把握改革重点，重构江苏经济竞争新优势。

关键词： 供给侧　改革　新常态　竞争优势

---

* 吕永刚，江苏省社会科学院经济研究所副研究员。

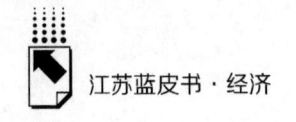

一 经济新常态下江苏传统竞争优势步入深度调整期

进入经济新常态以来,支撑江苏传统高速增长的动力结构开始发生重大改变。相应地,江苏经济传统竞争优势开始深度调整,部分传统竞争优势开始弱化,新兴竞争优势不断生长,呈现以下四个显著特点。

(一)传统"强政府"优势负面效应凸显

江苏传统产业发展具有很强的"行政干预"色彩,其优点是在市场体系发育不全、本土企业家资源供给严重不足的情况下,在一定程度上替代市场和企业家配置资源、组织生产,成为推动产业成长、带动地方经济发展的关键性力量。政府不仅影响产业主体的行为方式、生产要素的配置方式,还影响主导产业的选择、产业集群的培育、产业文化的生成,等等。在特定发展阶段,"强政府"的存在有其历史合理性。但过犹不及,例如,传统产业创新模式存在不可克服的内在缺陷,主要表现为政府主导的产业创新政策存在特定的激励偏向,改变了企业的获利模式,从而异化企业的创新行为,使企业创新由市场导向变为政策标准导向,为创新而创新的现象普遍存在。这种特惠性创新政策,更是异化为一些企业无风险套利的工具,引发劣币驱逐良币现象,恶化市场竞争环境,损害经济发展内生动力,这一问题必须加以解决。考察江苏发展脉络,政府对经济活动特别是创新活动的深度介入成为江苏早期经济发展和创新演化的重要推手。但随着江苏市场主体的完善,特别是各类创新创业主体自主性和协同性增强,市场机制对于经济主体各类行为的决定作用愈发明显。整体而言,江苏市场配置创新资源的决定性作用发挥不足,集中体现在企业创新主体作用尚未充分发挥,与深圳创新4个90%(90%的研发人员、90%的研发机构、90%的科研投入、90%的专利产出都来自企业)差距甚远。因此,为避免从发展推手变为发展障碍,新形势下江苏的政府角色必须重新界定,要勇于自我革新,重塑自身价值,积极打造"强服务、强市场、强治理"的新优势。

（二）传统开发区体制优势显著减弱

开发区经济是江苏经济重要组成部分，构成江苏传统竞争优势的重要来源。"十二五"期间，开发园区中一般贸易出口占出口总量比重达到43.8%，服务贸易进出口总额增长一倍。多年来，江苏依托开发区等载体，营造高效、集聚、低成本、承载力强的发展"小气候""微生态"，通过大规模招引培育制造业企业、项目，积极发展"大进大出"、高耗能的加工制造业，奠定了江苏制造业大省的地位，并形成国内领先、全球有影响的制造业优势集群。进入新常态以来，江苏开发区面临一些突出矛盾，导致传统竞争优势显著减弱，突出表现在社会管理负担繁重、旧体制回归趋向明显。传统开发区的职能主要集中在土地开发、招商引资、企业服务等经济工作方面。随着产城融合的发展，开发区开发面临大量社会公共服务事项，开发区已不再是单纯的经济功能区，管理职能全能化趋势明显，普遍出现向"大而全"旧体制回归趋势。一方面，开发区管理权限部分被上收；另一方面，随着开发区范围的扩大，开发区行政化倾向相当明显。随着开发区经济社会方面承担的事务日渐增多，人员明显增多，机构明显庞大，服务效率降低的弊端会日趋显现。开发区体制出现严重的体制回归，由于承担过多非经济性职责，开发区传统效率优势出现损耗。

（三）传统开放型经济优势面临挑战

经过以开放型经济为核心的第二次转型，江苏经济确立了高外向度的发展格局。当前江苏开放型经济面临不少变数，对创新生态系统建设构成挑战：一是传统开放优势逆转，突出表现为低成本比较优势丧失，引发苏南电子信息企业大规模转移，本来中低端外资转移可腾出转型升级的空间，对地方经济具有正面效应，但新产业接续不足则会增加地区经济压力；二是外资企业的技术溢出效应式微，本来"国际代工型"模式就存在技术溢出效益不高的问题，在外资"独资化"和本土企业与外资企业在中高端领域正面竞争的情况下，对外资企业的过多依赖进一步增加了自主创新的难度；三是在全球贸易保护主义盛行、"一带一路"战略实施等新形势下,江苏原有吸引外资的优势在逐步弱化,实际利用外资自2003～2014年保持了十二年的全国第一,但2013年以来,江苏利用外资呈下降态势,并在2015年被广东超越。2016年上半年,江苏实际利用外资又超过广东,重回全国第一。但是江苏利用外资企稳回升的基础还不牢固。造成这一局面的诸多原因中,广东拥有自贸区等重大开放平台的新优势不容忽视,江苏在新一轮开放中的领先地位受到挑战。

(四)传统后发优势逐步丧失

作为后发经济体,江苏产业大致遵循了产业成长的一般规律,先后经历产业结构高级化、产业分工逐步深化、产业价值链逐步向上攀升的过程。由于传统产业特别是传统制造业的技术路线已经成熟,在西方跨国公司牢牢掌控产业链控制权和价值分配权的情况下,江苏产业发展的基本策略是集聚、组织生产要素,尽快做大规模、尽快实现"量的扩张"。在此过程中,本土产业成长并没有构建完整产业生态系统的内在需求,而以获得低成本竞争优势、推动产业集聚、实现"规模经济"和"范围经济"为主要诉求,因此,无法发展一套适应产业分工不断分化、细化,特别是促进新兴产业成长的生态系统。例如,一些行业长期陷于低水平同质化竞争,导致企业盈利率很低,其根源在于产业分工不足,特别是制造业服务化水平,企业业务没有实现从利润微薄的加工制造环节向研发设计、品牌、集成服务等利润丰厚的领域延伸。因此随着江苏物质基础和经济实力的不断增强,必须加快由追赶者向赶超者的转变,这要求江苏改变过去创新生态系统演化中技术依赖策略,通过大量的研发投入增强自主研发能力,建立自己的技术标准并把它推向主导技术轨道,进而避免路径锁定风险。

二 以供给侧结构性改革重构江苏经济竞争优势的对策建议

传统竞争优势衰减的直接后果是传统供给能力的下降,进而导致传统经济增长动力的衰减。供给侧结构性改革顺应各地新旧竞争优势转换、新旧动力结构调整的阶段性特点，着力从供给侧改善供给条件，提升供给质量，打造基于新供给的竞争新优势，进而重构地区经济增长动力。因此，面临新常态下传统竞争优势的衰减，江苏必须通过深化供给侧结构性改革，重构经济竞争优势，为经济转型升级提供强有力的动力支撑。

（一）以精准识别引导精准施策，着力提高供给体系质量和效率

江苏在落实中央供给侧结构性改革总体部署时，需要坚持问题导向，立足省情找准改革发力点，以精准识别引导精准施策，着力提高供给体系质量和效率，塑造新常态下江苏发展新优势。第一，针对供需错配现象，顺应我国特别是江苏省消费结构升级的新变化，以发展新经济、构建产业新体系为导向，以形成高品质供给为目标，塑造江苏制造与江苏服务标准、质量、品牌、信誉"四位一体"的品质新优势。第二，针对供给抑制现象，重力破解引发供给约束、供给抑制的体制根源和社会原因，加快改革攻坚，构建市场有序竞争、要素有效配置的发展环境，激发各类供给主体的内生活力。第三，针对低端和无效供给现象，重点推进过剩型传统制造业去产能，下决心消除僵尸企业消耗资源造成的浪费，促进资源要素的更优配置，为转型升级腾出更大空间。第四，针对供需衔接不畅现象，通过"互联网＋"等技术手段，进一步提高物流体系效率，有效破解市场壁垒和区位劣势等难题，畅通供给渠道，提高供给效率。同时，江苏需要进一步巩固提升区域创新能力在全国的领先优势，以供给侧结构性改革增强创新动能，以创新驱动新成就，构建全国领先的供给侧结构性改革发展新优势。

（二）以提高全要素生产率为着力点，着力塑造引领型发展优势

供给侧结构性改革是提升区域全要素生产率的关键途径。就江苏而言，一方面，传统要素驱动仍有提升空间，例如，通过优化人口结构、提高人口素质创造人口红利，通过优化投资结构、消除投资壁垒提高投资效率，通过

严格土地管理和资源管理，提高土地和资源利用效率，等等；另一方面，科技创新将成为江苏扩张生产可能性边界、提高全要素生产率的主要途径。在科技创新环节，江苏既要以"一中心、一基地"建设为引领，主攻以新科技为支撑的新产业、新经济，也要注重消除科技创新中的"孤岛现象"，打通产、学、研、用"中梗阻"，使科技成果更快转化为现实生产力；既要发挥好科研机构、大众型企业和科研骨干力量关键作用，打造创新高地，也要鼓励大众创业、万众创新释放发展活力；既要支持南京、苏州等科技力量雄厚的大城市发挥创新的"领头雁"和重要基地作用，其他地区也要分层跟进，以雁行式格局有序展开，形成释放创新活力、形成创新驱动的纵深阵容。

（三）培育壮大各类产业生态圈，塑造区域创新生态系统优势

创新生态系统的本质是追求卓越，主要由科技人才、富有成效的研发中心、风险资本产业、政治经济社会环境、基础研究项目等构成。江苏推进创新生态系统，既要精心打造各类创新生态子系统，也要统筹发挥政府、市场、社会的作用，加快完善政府、市场和社会多元主体积极参与、相互配合、协调一致的创新治理体系，以良好的创新治理体系、公平的市场环境、完善的创新功能型平台等，吸引和集聚创新资源，提升创新效率，推进江苏创新型省份建设。第一，厚植多元主体自主创新能力，围绕夯实本土创新基础、助推创新创业大量涌现，着力提升企业、高等院校、科研院所等主体自主创新水平。第二，畅通创新主体内部联系网络，围绕密切系统内部各主体交流、引导创新要素不断集聚，有针对性地消除阻碍创新主体内部交流的各类障碍。第三，拓展创新生态系统外部网络，围绕推进系统内外部创新资源协调联动、提升系统整体创新效能，全面提升系统内外部协同创新水平。第四，提升系统创新资源配置效率，围绕改善创新资源配置方式、减少创新资源错配，打造运作顺畅、富有效能的区域创新资源配置格局。第五，锻造创新创业文化区域特质，营造敢为人先、包容多元、宽容失败的创新文化氛围，倡导创新创业基因植入江苏区域文化。

（四）创新开发区体制机制，重构江苏开发区领先优势

在江苏现有产业生态体系中，开发区是最重要的核心枢纽和价值载体，为江苏经济始终走在全国前列发挥了不可替代的关键作用。新形势下，江苏一方面要由过去的靠"三拼"（拼资源、拼优惠、拼政策）转为靠"新三比"，即比政府职能的转换、比社会发展主体和市场主体的活力、比符合国际惯例的商务环境。在政府职能转换上，就是要怎样做到"小机关，大服务"，既有精简统一效能之利，又无人员机构臃肿之弊，在社会发展主体和市场主体的活力上，就是要为企业创造一个公平的竞争环境、健全的法治环境和亲商、安商、富商的人文环境。另一方面要丰富拓展开发区功能价值，推动开发区由传统工业区向产城融合的新城区、配置资源的大平台、涵养产业的生态圈转变。当前的重点是强化产业战略与空间布局的协同意识，依托重点园区促进产业活动向园区集中、城市功能向园区拓展，推动产业聚合与城镇发展的有机融合，构建要素匹配、功能齐备、服务完善的"产业—城市"空间复合体。目前，苏南5市8个高新区及苏州工业园区承担建设"苏南国家自主创新示范区"的国家战略责任，苏州工业园区同时还承担开展开放创新综合示范、打造中国开放创新样本的国家使命。江苏各类国家级开发区、高新区代表国家参与国际经济合作与竞争，是中国更深层地融入全球产业分工体系的基本单元。国家战略在江苏重点开发区落地，不仅带来政策、资源、项目、投资集聚，也将营造出独特的发展环境，大大丰富江苏开发区新战略机遇期的内涵。为此，江苏开发区应加强与国家战略对接，争取改革先行先试，不断积累发展新动能、新优势，努力成为构建开放型经济新体制的排头兵，推进创新驱动发展新模式的示范样本，在改革试验、开放创新中再探新路。

（五）聚力增强产业优质供给能力，塑造江苏产业升级新优势

针对传统产业供给存在的低端供给过剩、高端供给不足等问题，通过供给侧机构性改革着力打造现代产业新体系。一要突出先导性和支柱性，聚焦

细分行业和领域，集聚发展具有比较优势的战略性新兴产业，培育壮大数字经济、创意经济、分享经济、新金融等新产业。二要发挥江苏制造业基础优势，着力培育"互联网+"制造业新优势，围绕江苏制造业转型升级的现实需求，面向生产制造全过程、全产业链、产品全生命周期，同步推进制造业强省和网络强省建设，培育制造业与互联网融合新模式，构建开放有序、富有竞争力的"互联网+"制造业生态体系，充分释放互联网与制造业融合发展的叠加效应、聚合效应、倍增效应。三要积极培育发展专业服务业，策应江苏打造高水平现代产业体系的发展需求，精心培育支撑产业细化、产业深化、产业高级化所必需的专业服务生态系统。四要加强全产业链布局，深化产业上下游分工协作，积极推进产业融合发展，重点推进制造与服务融合共生发展，推进制造业企业通过创新生产组织形式、运营管理方式和商业模式，延伸服务链条，实现竞争力的提高和价值增值。

（六）拓展对外发展空间，塑造江苏开放型经济新优势

开放是江苏发展的鲜明特色，在新形势下需要创新思路办法，更好地发挥比较优势，再造新的优势。按照江苏省委十三次党代会的部署，未来江苏要更加主动地融入国家对外开放大战略，积极用好国家外交成果，深入实施经济国际化战略，全面提升开放水平。深入实施开放型经济领域的供给侧结构性改革，围绕推进区域内外部创新资源协调联动、增强区域整体创新效能，全面提升系统内外部协同创新水平。一要对内优化区域开放布局。全面协同推进苏南、苏中和苏北的对外开放，形成区域间的优势互补、分工协作以及均衡协调的区域开放格局。二要对外构筑开放新平台。积极服务长江经济带战略，支持资金、技术、信息、人才等创新要素跨区域流动，进一步提升江苏创新合作空间；融入全球化创新，服务"一带一路"等国家战略，加强与国外高水平研究机构的合作交流，积极参与国际间的科技创新合作，主动融入全球创新网络。三要加快构建对外开放新体制，积极借鉴复制自由贸易区改革经验，健全同国际贸易投资规则相适应的体制机制，塑造开放性经济制度新优势。

B.18 开发区转型升级创新发展与体制机制改革研究

王 维[*]

摘 要： 江苏是我国开发区兴办时间早、发展速度快、经济实力强的省份之一，在全省经济社会发展全局中具有重要地位。当前，开发区面临的国际国内形势和肩负的历史使命都发生了深刻变化，多年来潜在的各种问题在新形势下也日益凸显，迫切需要实现人才、技术、产业等要素的提档升级和发展动能的转换。应积极构建集成创新与自主创新有机统一、协同并进的创新体系；加快营造有利于保障高端要素收益的市场环境；夯实有利于高端产业关联配套的产业基础；加快搭建开发区高新技术孵化服务平台，建成开发区中核心高端技术的培育机制；打造有利于高端人才释放活力的品质城市。积极打造具有全球影响力的产业科技创新中心和具有国际竞争力的先进制造业基地。

关键词： 开发区 转型升级 体制改革

江苏是我国开发区兴办时间早、发展速度快、经济实力强的省份之一，经过30多年的发展，开发区作为先进制造业聚集区和区域经济增长极，已

---

[*] 王维，江苏省社会科学院世界经济研究所副所长，研究员。

经成为江苏省经济发展的强大引擎、对外开放的重要载体和体制机制改革创新的试验区，是深入实施经济国际化战略的主阵地，在全省经济社会发展全局中具有重要地位。当前，开发区面临的国际、国内形势和肩负的历史使命都发生了深刻变化，开发区建设发展遇到了一定的困难，有来自自身发展方面的问题，也有体制机制上的问题，这些将成为江苏未来经济发展的瓶颈。开发区在转型升级创新发展的过程中迫切需要实现人才、技术、产业等要素的提档升级和发展动能的转换，从人力资源的成本优势转为发挥人才的智力和综合素质优势，从跟随性的技术模仿转为开发具有开创性和前瞻性、拥有自主知识产权的关键核心技术，从处于产业链和价值链低端的加工环节转为在产业链中占据主导地位、附加值高、引领性强的产业，通过高端要素的集聚形成开发区发展的新优势。

一 江苏开发区的发展现状和问题

截至2015年，江苏省共拥有省级以上开发区131家，其中国家级开发区达到44家（经济技术开发区26家、高新区15家、旅游度假区2家、保税港区1家），开发区数量、规模及发展质量位居全国前列。然而近年来，随着世界经济的深度调整和国内经济进入新常态，作为江苏开放型经济发展的主阵地，开发区的发展动能有所弱化。2014年，全省开发区工业总产值113945.03亿元，同比下降6.57%，实际利用外资220.22亿美元，占全省比重下降3.3个百分点。2015年，全省分别有84家、73家开发区的进出口和实际利用外资下降。这一方面是国内外经济环境变化的表现，另一方面体现了江苏开发区转型升级、摆脱低端锁定、促进要素资源和产业迈向高端水平的紧迫性和重要性。目前，全省开发区都面临如何借助自身的政策优势和有利条件，保持其可持续发展的问题，与此同时，多年来潜在的各种问题在新形势下也日益凸显。开发区唯有在转型升级创新发展上取得突破，才能真正实现"二次创业"。当前，江苏开发区亟待解决的主要问题体现在以下几点。

第一，传统的要素优势弱化，开发区作为吸引高端要素的载体集聚能力还不强,创新尚未成为发展的新动能。

长期以来促进开发区发展的传统要素比较优势已经发生改变,劳动力、土地、环境、资源等各类要素成本进入集中上升期,招商引资优惠政策不可持续,开发区内和区外的政策差异逐步缩小。同时也要看到,江苏人力资源、资金、科技、基础设施等方面的优势持续增强,但旧的发展思路和路径依赖仍然存在。苏南开发区开发强度已经很高,腾笼换鸟步伐较慢,新的比较优势还没有与高端要素和高端产业充分对接,以创新激发的新动能尚未成为引领经济发展的主引擎。根据科技部发布的《国家重点园区创新监测报告2014》中的数据来看(见表1),省内集聚高端要素综合实力最强的苏州工业园区与北京中关村、上海张江相比,还存在较大差距;与深圳、武汉、成都等高新区相比,优势也不明显。南京、无锡等高新区集聚高端要素的能力还不强。

表1 部分国家级高新区高端要素和创新指标比较

高新区	当年认定的高新技术企业(家)	研发机构数(家)	创新服务机构数(家)	科技企业孵化器和加速器内在孵企业数(家)	高新技术产业总收入(万元)	高技术服务从业人员(人)	留学归国人员(人)	拥有重要知识产权数量(件)
北京中关村	2576	633	248	4187	34414477	852683	19763	163783
上海张江	1018	209	77	3148	22316199	175269	9633	40736
杭州	46	490	23	396	6432525	98907	1763	34066
武汉	191	777	66	1157	19681213	71784	2516	32398
长沙	101	444	69	1289	3195074	18830	1435	14242
成都	89	314	199	908	21761027	58302	8901	31608
西安	123	296	45	1804	11534759	85945	3069	34722
广州	108	178	77	566	16282248	163135	2028	28137
深圳	54	137	16	1030	31481904	116567	1905	74516
苏州工业园	131	559	78	547	19570527	41027	4545	23706
南京	37	263	10	817	20146150	22469	603	15458
无锡	45	121	14	1315	12761649	9667	3978	16857
苏州	64	618	10	1047	15291278	6717	481	9907

第二，开发区产业总体还处于价值链低端，同质化竞争、产业集而不群现象突出。

不少园区建设都按照一个模式和发展路径，热衷于追求规模和数量，没有形成园区自身的特色和比较优势，园区与园区之间的产业差异性和互补性较小，主导产业不突出，产业布局趋同，在高端产业领域继续走同质化竞争的道路，出现"千区一面"的现象，从而引发同质化的恶性竞争，也导致了产能过剩。很多园区只是形成了企业集中，但产业关联度不高，产业链不完善，使资源分散，资源要素利用效率不高，没有集中力量形成产业发展的集群效应。江苏省开发区产业总体上还处于全球产业链和价值链的低端，向中高端迈进的步伐还需加速。

第三，开发区体制机制还不适应集聚高端要素的发展需要，基层改革创新动力不足。

江苏丰富的科教资源还没有与开发区产业发展有效对接，要素市场发育程度还不高，服务于人才、技术、专利、产权交易的信息平台和中介机构还较少，促进技术创新和成果转化的投融资体制还不健全，激发创新活力的利益分配和激励机制还不完善。开发区原来以招商引资为主的经济管理职能逐步扩展到更多的社会管理领域，承担的事务日渐增多，工作注意力分散，服务效率有所下降，开发区原有的精简高效的管理体制优势逐渐弱化。近些年来，江苏缺乏源自基层的、有分量的大胆探索和改革创新，部分开发区对外贸外资的重视程度比以前有所下降，存在不求有功但求无过的思想。开发区干事创业的氛围需要进一步营造，容错纠错的机制还有待建立和完善。

第四，功能定位不够明确，"政区合一"模式管理效率不高。

开发区管委会虽然拥有省（市）级经济行政管理权限，但法律地位不明确，导致上级政府和部门可能对其进行不恰当的干预。开发区作为特殊经济区域所应有的管理权限的范围模糊，在实际运作中存在较多困难，矛盾较为突出。难以得到上级政府足够的职能授权，在实际工作中的部分事项必须向上呈报，从而影响工作效率。同时，为了对上级部门的干预进行应对，开发区必然成立相关机构，并配备工作人员，进一步导致管理机构的膨胀。

第五，社会管理负担繁重，出现向"大而全"旧体制回归趋势。

受到外部管理体制改革滞后的影响，开发区新型管理体制受限。同时，区域空间规模扩张、人口增加、公共事务增多，开发区承担的社会管理职能变多，机构和人员随之增多，原先高效的管理架构开始逐步向传统体制回归。目前，开发区的经济开发职能仍然占据主导，社会管理职能相对较弱，与区内城镇化发展对社会管理产生的需求不相匹配，导致某些安全事故频发。开发区的部门纵向管理更为集中，市场化程度低，使园区的行政效能下降。繁重的社会管理职能使开发区难以集中于区域开发和经济发展，高效的管理架构面临日益膨胀的压力，开发区管理体制有向一般行政区体制回归的迹象。

二 江苏开发区转型升级发展与体制机制改革的总体思路

以开发区转型升级发展为目标，以加速高端要素集聚为核心，紧抓供给侧结构性改革重大机遇，积极构建集成创新与自主创新有机统一、协同并进的创新体系，营造"以集聚促整合、以整合推集聚"的全球创新资源整合良性循环；加快营造有利于保障高端要素收益的市场环境，大幅度促进知识、技术、信息等高级要素的创造、扩散以及应用，实现高级要素的自我创新；培育技术研发、产品设计、市场渠道开拓、品牌运营等所需的高级要素，增加传统产业的高级要素比重，夯实有利于高端产业关联配套的产业基础；加快搭建开发区高新技术孵化服务平台，建成开发区核心高端技术的培育机制；完善基础设施配套，优化人居环境，加快发展社会事业，完善公共服务体系，打造有利于高端人才释放活力的品质城市。努力争夺全球价值链话语权，全面提升江苏制造的国际地位，积极打造具有全球影响力的产业科技创新中心和具有国际竞争力的先进制造业基地。

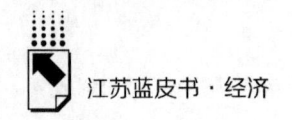

三 江苏开发区转型升级发展与体制机制改革的路径与具体措施

（一）根据开发区发展定位及发展阶段的需要加快体制机制创新，精准定位，走差异化、特色化、绿色化发展之路

推进开发区建设需要由政府主导转向政府引导、市场主导转变，以特色化、差异化发展为导向，结合开发区现有发展基础和优势，精准定位，打造各具特色、错位竞争的开发区发展格局。第一，以产城融合为重点的开发区，积极探索产业和城镇融合发展新路子，以产兴城、以城带产、产城融合，重视环境保护和资源集约利用，提高开发区发展品质，大力发展生产空间集约高效、生产过程绿色低碳的生产性服务业、新兴产业等，鼓励发展循环经济。第二，以特殊功能区为重点的开发区，围绕产业集聚大力开展专项招商，重点做好政策完善和服务流程提速，积极争取优惠政策及政策先行先试，引发和拓展新商机。第三，以高端产业发展为重点的开发区，结合既有产业优势，以《江苏省优先发展的高新技术产品参考目录》为指导，积极推动生物技术与新医药、新材料、新能源与高效节能、现代交通、光机电一体化、环境与资源利用等领域产业培育和发展，加快形成与现有产业良性互动、共同提升的新格局，提高产业核心竞争力。第四，以特色产业发展为重点的开发区，因地制宜地确定发展重点，充分发挥当地特色产业优势，加快传统技术改造升级，提升开发区产业层次和水平，夯实高端要素集聚基础，重点加快关联性企业集聚发展。第五，大力开展生态型园区建设，深入推进全省开发区生态化建设和改造，加大环境整治的投入，构建绿色产业链和资源循环利用链，支持和推动生态工业示范园区开展节能环保国际合作。第六，积极引导苏北开发区发展，坚持走高起点、高定位之路。完善南北产业发展联动机制，推进跨区域资源整合，采取"一区多园""联动开发"的方式，提升南北共建园区建设水平，推动共建园区形成产业特色。

（二）明确政策引导方向，提高价值链定位

第一，以产业向价值链中高端攀升为核心，打造3~5个具有国际市场占有率的知名品牌产品，以终端产品为强势依托，吸引、汇聚全球创新资源为我服务。引进和购买专利技术，集成组合起来产生新的功能，赋予终端产品更高的附加值，从而赢得更多产业链中的话语权。牢牢抓住"互联网+"、智能产品、大数据、云计算等产业发展前沿及热点，积极适应消费需求和市场环境变化，培育新兴增长点。第二，鼓励开发区内企业重点抓好主导技术、关键技术、基础技术和成套技术设备的引进，加强对引进技术等的消化吸收。充分利用江苏工业和信息产业投资基金、新兴产业基金等专项产业投资基金，引导资本向重点建设领域流动，充分发挥财政专项资金的杠杆和撬动作用。第三，在积极引进先进专利技术的同时，要围绕专利进行后期学习培训和消化吸收，在高起点上进行再创新，实现自主创新能力的提升和跨越式的发展。大力支持企业的自主创新行为，积极发挥政府资金的引导作用，综合运用财政贴息、税收优惠、政府采购、资金参股等多种方式，进一步健全政府资金对科技创新主体的扶持模式，提高资金使用效率。第四，加快产学研合作发展速度，提升发展质量，鼓励企业、高校、科研院所围绕应用技术、行业关键技术等领域开展合作。积极为相关企业牵线搭头，形成一批开放共享、资源整合能力强的技术创新服务平台，建立健全技术研发及科技成果转化机制，帮助企业共同攻克行业前沿技术，共担风险。

（三）加快开发区经济管理体制改革，加速科技领域制度创新和政策配套，提升园区转型发展动力

第一，从重引进到重持续，持续加大对掌握关键技术、拥有自主知识产权或高端管理水平的海内外领军人才、高层次管理和技术人才的引进支持力度，积极解决高端人才、团队在创新中遇到的各种问题，做好高层次创新人才所需配套政策，完善和落实医疗、子女教育等相关人才引进制度，重点支

持海外高层次人才（团队）和外国专家享受关于居留与出入境、落户与国籍变更、税收和股权奖励等各项特殊政策。第二，拓宽科技创新人才的流动渠道，建立"不唯学历、不唯职称、不唯资历、不唯身份"的公平公正的人才评价和激励机制，强化专业化人才培养。建立人才流动的市场机制，完善科研人才双向流动制度，允许科研人员在职或离岗创业。注重物质激励，使人才的能力、贡献与报酬相匹配，建立以人才资本价值实现为导向的分配激励机制。第三，加快检验检测、研发测试、工程设计等技术服务领域企业引进，强化创新服务配套。加快风险投资公司、科技小贷公司、科技担保公司、股权投资基金等科技金融机构发展，积极畅通其与高端人才、团队、企业等的沟通渠道，搭建交流合作平台，强化对接，有效降低创新过程中的高风险及资金短缺问题，共担风险。第四，以投资者满意为中心，加强软环境的塑造。加快建设与现代制造业相配套、与城市化进程相协调的现代生活服务体系，营造良好的文化和生活氛围。加快开发区社会事业发展，加强环保、教育、医疗、文化等功能建设，建成宜业宜居的新城区。第五，深化开发区管理体制机制改革，提升公共服务能力。创新管理模式，由管委会主导向管委会协调、公司运作、委托管理等多方面探索，推动开发区投资主体多元化，增强发展活力。制定开发区企业服务标准，规范企业服务标准化流程，整合区内外资源，构建更为完善的公共服务体系，使开发区成为服务企业的集成商。

（四）合理设置社会管理体制机制，促进社会管理职能和经济职能协同发展

作为城市新区，开发区的社会事务日益繁重，但同时，其首要任务仍然是优化开发建设，从主导开发逐步向引导开发转变，引导企业更多地参与和承担开发区的开发功能。第一，经济发达地区在完成了政府主导、政府和企业共同开发的道路后，受资源环境限制，按照传统模式进行经济开发的空间已极为有限，逐步退出开发，将职能重心向宏观调控偏移应当成为开发区的主要方向。作为上级政府的派出机构，开发区通过统筹调控开发区建设和发

展，并将打造促进产业转型和增强经济竞争力的公共政策和服务环境作为重要任务。第二，突破政府垄断，逐步建立多元化参与的公共服务机制，通过服务外包将政府做不好、做不了、不能做、不该做的公共服务打包给企业或非政府、非企业的"第三类部门"供应。第三，在市场经济体制已经逐步走向完善的当今中国，可以尝试将教育、医疗、卫生、养老等公共事务，通过吸引鼓励私人资本参与或与政府合作等方式，建立新型的公共服务体系，在减轻政府负担的同时，弥补政府财力和服务能力之不足，形成互补。

（五）畅通高端要素流动渠道，开展全方位国际合作

第一，积极借鉴和复制自贸区经验，深化外商投资管理体制改革，推行负面清单管理制度，鼓励和引导更多的境外创新资本进入江苏省创新创业领域。鼓励境外资本对国内高成长性科技企业通过并购、技术入股等方式进行投资。根据2015年3月新修订的《外商投资产业指导目录》，进一步放宽境外创新资本投资领域，鼓励外商投资节能环保、新能源、药物研发等高新技术领域。鼓励和支持跨国公司在江苏省设立研发中心、研发机构、实验室、企业研究院等，实现引资、引智、引技相结合。第二，根据国家科技计划对外开放的管理办法，扩大省科技合作计划支持范围，支持外资企业、研发机构参与承担各级科技计划项目，积极开展高附加值的原创性技术研发活动，推动实施外籍科学家参与承担国家科技计划项目实施的试点。推动有条件的企业与麻省理工学院等国际知名高校以及劳伦斯伯克利国家实验室等境外知名研究机构建立研发合作关系，在若干优势领域形成一批具有鲜明特色的世界级科学研究中心。第三，积极响应"一带一路"国家发展战略，加快优势产业"走出去"步伐，合理利用国内和国外两个市场、两种资源。加快国际科技资源的整合利用，紧跟国际产业技术发展前沿，积极寻求与世界一流科技园区、研发机构等的交流合作空间，尝试通过共享经济、悬赏外包等模式促进国际创新创业者与本地产业的开放式创新合作。

B.19 民生共享理念下江苏开放型经济创新与发展研究

李洁[*]

摘　要： 江苏在开放型经济发展中正面临一些典型的开放型经济向更高层次发展的瓶颈制约因素，而这些制约因素与江苏民生问题息息相关。开放型经济要在"新常态"下谋求新发展，就必须以民生共享为理念，不断创新和深化改革开放，拓展新空间、新领域，同时在纵深推进中增创体制机制优势。本文在讨论江苏发展新型开放型经济急需解决的突出矛盾和问题的基础上，提出开放与创新是实现"富民"目标的重要路径，认为要把对内开放上升为当前江苏开放型经济发展的主要任务，以对外开放推动和促进对内开放，才可能实现民生改善与提升。之后，文章明确了江苏通过扩大对外开放推动和促进对内开放的现实路径并有针对性地给出八条建议举措。

关键词： 民生共享　经济创新　江苏

一　民生共享理念下江苏开放型经济谋求新发展

李强书记的《聚力创新、聚焦富民，高水平全面建成小康社会》（2016

---

[*] 李洁，江苏省社会科学院世界经济所副研究员。

年11月省第十三次党代会）报告为江苏"十三五"发展目标定下基调，即践行"创新、协调、绿色、开放、共享"的发展理念，高水平全面建成小康社会，努力建设经济强、百姓富、环境美、社会文明程度高的新江苏。今后五年江苏要着力解决"强而不富"的尴尬局面或者说是发展掣肘。

江苏在开放型经济发展中正面临一些典型的开放型经济向更高层次发展的瓶颈性制约因素，而这些制约因素与江苏民生问题息息相关。民生问题涉及就业、住房、消费、养老、教育、医疗、生态等各个领域，既是经济发展成果的直接体现，也决定了劳动者素质和作用的发挥。马克思主义认为，活劳动是价值的源泉，经济增长归根到底是由劳动者的素质和作用决定的，推动经济发展必须激发劳动者的主动性和积极性。

江苏开放型经济要在"新常态"下谋求新发展，就必须以民生共享为理念，不断创新和深化改革开放，拓展新空间、新领域，同时在纵深推进中增创体制机制优势。由此可见，"创新与开放"是"动力"、是手段，"富民"是"焦点"、是最终目的。开放与创新是实现"富民"目标的重要路径。

二 江苏发展新型开放型经济亟须解决的突出矛盾和问题

当前发展开放型经济会涉及的民生问题主要包括以下几个方面。

（一）行政区与经济区地方矛盾

行政区经济功能过强与经济区域一体化程度不高，造成商品、资本、劳务、技术等各类生产要素流动性不足，无法实现最优资源配置的矛盾。这种地方保护主义建立起的内部贸易壁垒与全球化发展格格不入，不但阻碍了劳动力、技术、资源等生产要素的自由跨界流动，还割裂了国内市场，增加了内企的融资、生产及商业成本，恶化了整个商业环境，不利于企业健康成长壮大及通过市场竞争培育国际竞争力。同时，还增加了居民消费成本，降低了消费水平。此外对某些地区、部门、行业、企业的过度

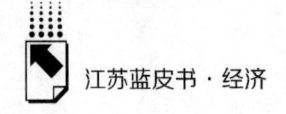

保护，人为拉大了收入差距，导致资本、技术、资源和收益的分配有失公平与正义。

（二）行业壁垒与市场化矛盾

过度设置行业门槛和所有制歧视妨碍了市场化的推进，削弱了市场竞争，成为解放生产力的阻碍因素。过度保护国有企业，维持不涉及国家安全方面的国有企业的行业垄断不利于形成有效的市场竞争，特别是不利于发展一直处于弱势的私有经济，使民间生产活力与创造活力长期受到压制。民间投资渠道不畅，一方面直接导致资本闲置与缺乏投资并存的局面，不能有效发挥资本的作用；另一方面使居民失去了靠投资收益来增加收入的可能性选择渠道，减缓了居民收入增长步伐。此外，国际经验表明，私有经济特别是中小企业既是保障就业的稳定器，也是技术创新的主力军。挤占和阻碍私有部门的发展空间也意味着削弱创新活力，阻碍了向创新驱动型发展模式的经济转型步伐。

这些问题与矛盾是目前江苏开放型经济向更深层次发展的主要制约因素，需要从根本上加以切实解决。

三　如何围绕民生改善提升开放型经济水平

在"新常态"下开放型经济发展中，推进对内开放成为重要内容。"十三五"时期必须加快实现对内与对外开放的并轨，其目的在于：一是让商品、资本、劳务、技术等要素可以较自由跨界流动，且流动性持续增强，最终趋于完全无限制；二是有能力在全球范围内配置优化资源，不断提高全员劳动生产率，提升国际竞争力；三是深入参与国际分工，并能够对某些产品、产业起到一定的主导性作用；四是通过与国际接轨，倒逼国内落后体制机制，通过改革与创新，不断协调政府职能和市场机制，实现政府基本按照市场经济的机制和规则进行管理活动；五是使全省社会民众可以通过更多的途径参与和分享经济社会发展，激发劳动者的主动性和积极性，充分发挥劳动者的创新作用，凝聚创新驱动力。

（一）把对内开放上升为当前江苏开放型经济发展的主要任务

对内开放的实质就是以民生改善和提升为价值取向，让民众直接分享经济发展的成果，同时彻底地解开对生产力的束缚，激发劳动者的主动性和积极性。长期忽视对内开放以及地方政府盲目追求本地 GDP 增长，造成了今天国内存在较为浓厚的地方保护和市场割据的不利局面，即使是开放度水平较高的江苏也不例外。对内开放相对于对外开放的滞后使本土产业和企业，特别是民营经济难以有效配置国内资源和要素，难以有效整合国内市场，遏制了企业创新积极性，阻碍了本土企业国际竞争力的提升，最终制约了开放型经济的深层次发展。所以说，开放是对内和对外两个方向上的开放，对内开放就是以民生改善和提升为价值取向的、以民为本的观念的体现和实施，以民生改善和提升为价值取向的深层次开放型经济发展必将将对内开放放在非常重要的地位。

因此，开放型经济发展不但要继续坚持对外开放，更要重视对内开放；要把对内开放放到与对外开放同等，甚至更重要的地位上，让对内开放成为当前江苏开放型经济发展的主要任务。江苏的开放型经济发展必须包含对内开放和对外开放两个方面的内容，必须致力于持续提高商品、资本、劳务、技术等要素在省内、国内乃至与国际进行跨界流动的自由度；必须致力于不断提高本地居民劳动技能，培养并形成内生性技术和知识创新能力。

（二）以对外开放推动和促进对内开放，实现民生改善与提升

在进一步对外开放条件下加快对内开放是化解江苏经济社会主要矛盾的有效途径。当前，江苏经济社会发展面临稳增长与调结构、促转型与保就业、行政体制与资源合理配置、扩内需与低收入、稳外需与提效益五大矛盾，根源在于经济内生动力不足、经济效率不高，行政垄断尚未打破，经济增长过度依赖出口和政府投资拉动，通过对外开放促进加快对内开放有着重要的现实意义和紧迫性。

十八届三中全会提出到2020年在全面深化改革重要领域和关键环节取得决定性成果，意味着江苏在未来5~6年里，需要加快步伐通过更高层次的对外开放推动和促进对内开放，实现经济社会发展的双轮驱动。新一轮深化改革的中心内容既涉及对内开放，让市场真正起到决定性作用，让政府发挥有效作用；又涉及对外开放，构建开放型经济新体制，实现更高层次的对外开放。外部的影响无疑会进一步影响和推动我国的内部转型，这是一个互动的过程。对内开放和对外开放之间存在对立统一的关系，扩大对内开放是对外开放的前提和基础，国内统一市场的规模和一体化程度决定了对外开放的效益和对外吸引力。

通过进一步对外开放促进对内开放也是适应国际国内环境变化的迫切要求。从国际环境看，全球化的发展趋势可以定义为"三个驱动"，即开放驱动、市场驱动和创新驱动。我国既处于大有作为的战略机遇期，又处于全球重大政治军事经济矛盾和风险凸显期、全球银行和货币危机高发期、内部矛盾和外部动荡叠加的风险期。当前，全球贸易投资规则发生变局：一是推动跨大西洋贸易与投资伙伴协议（TTIP）等多边贸易投资协议的推进；二是推动双边投资协定2012年范本（BIT2012）、服务贸易协定（TISA）；三是制定"竞争中性"等国际新规则；四是推动全球再平衡调整。受国际贸易与投资低迷的影响，近期新兴经济体整体经济增长仍将相对比较缓慢，而未来五年美欧经济将有所回暖。从国内环境看，我国面对全球经济出现的新一轮调整及时推进经济结构转型，着力增强长期发展潜力。在经济运行的体制机制、区域布局、对外开放战略提升等方面都提出了新的要求。从省内环境看，入世以来江苏对外开放的制度红利和产业转移驱动力已释放完毕，通过提升对外开放水平促进对内开放、加快转型升级的要求日益迫切。

四　江苏通过扩大对外开放推动和促进对内开放的现实路径

围绕建设国际化城市、培育国际化企业、集聚国际化人才的开放目标，以提升对外开放水平为动力，以扩大对内开放为重点，全面推进深化改革措施落实。

（一）以构建开放型经济新体制为动力，推动形成对内开放新机制

经济发展动力上，注重放宽投资准入，加快简政放权，梳理权力清单，形成消费、投资、出口协调推动经济发展的格局。经济制度上，积极推动混合所有制发展，形成公有经济、外资经济、民营经济共同繁荣的新局面。发展方式上，促进资源高效配置，大力推动新型工业化、城镇化和信息化融合发展。管理方式上，以审批制度改革为突破口，强化政府的监管、引导和制衡机制。推动模式上，支持实体经济与虚拟经济互动促进、制造业与服务业互为支撑、产业与资本互相融合。

（二）以深度融入国际经济体系为目标，形成市场起决定作用的发展环境

明确政府与市场的边界，完善宏观调控功能，更多地运用法律、规制和政策对市场进行间接管理，将由政府主导的经济结构向社会和个人主导的社会经济结构转变。积极承接上海自贸区辐射，接轨国际贸易投资新规则。完善法律制度，规范市场发展秩序；加快信息化步伐，加速健全完善全社会信用体系。

（三）以拓展对外、对内开放理念为引领，构建创新型经济增长新模式

抢抓全球价值链重组升级和新的产业技术革命酝酿发展机遇，全方位参与全球价值链构建，大幅提升"走出去"水平，加快由简单跟随型发展转变为主动整合资源，以转变对外开放方式带动经济结构转变，加强技术改造与创新，形成自有知识产权，提升核心竞争力。

五 通过扩大对外开放推动和促进对内开放的建议举措

主要有以下八条建议举措。

（1）呼应国家"一带一路"倡议，着力打造苏州、连云港等节点城市，以外促内发展试验区。建议深入研究各地市在对外开放和对内开放中区位优势、产业优势和贸易投资优势，支持苏州等地按照自由贸易区规则要求，及早谋划对外开放新战略，落实全面深化改革各项措施，争取在以外促内方面先行先试，使苏南等地成为江苏在更高水平上扩大对外开放、促进对内开放的先行区。

（2）全面深化各项改革，适时推进江苏自贸区建设。结合苏南自主创新示范区建设进程，加快推进苏南地区金融、教育、文化、医疗服务业对外开放，创新外资审批制度体制，探索"负面清单+准入前国民待遇"管理模式，适时推动申报自贸区。加快加工贸易转型升级试点，积极推进"三个一"试点。

（3）明确一体化发展方向，形成内外互动融合发展的整体格局。加快推进内外贸一体化建设，打破行政区划，实现产业合理科学布局。落实长江经济带战略，构建江苏与中西部相互支撑、良性互动的新棋局。深化与长三角地区省市紧密合作和优势互补，发挥沿海开发战略在推进对外开放促进对内开放中的要素整合作用。

（4）创新对外投融资方式，支持江苏混合所有制加快发展。充分利用香港、新加坡等海外资本市场和海外融资工业及衍生品，承担起引入包括国际直接、间接债权股权发展企业混合所有制的国家政策改革先行者任务。引入非国有资本，提高国有企业生产效率与投资创新动力，向民营资本和外资开放基础产业、基础设施、社会公共服务及经营服务领域。

（5）加快产业调整和培育步伐，构筑江苏经济增长新优势。以省产业技术研究院建设为平台，促进企业、高校和科研机构在产业链、创新链等战略层面有机融合。通过支持龙头企业发展有效开展资源整合配置，引导产业向价值链两端延伸。推动海门叠石桥国际家纺城市场采购贸易方式试点，加快培育战略性新兴产业，积极引进现代服务业外资。

（6）鼓励创新开放模式，拓展经济国际化发展新空间。探索建立江苏投资、制造、销售、服务、合作的开放新模式，转型发展"江苏创造"商品和服务结构；构建"江苏合作"的共享体系。探索建立市场驱动、资源驱动、成本驱动、效率驱动的"走出去"发展模式。

（7）完善开放发展平台，提高资源要素配置效率。引入并扶持平台经济，健全完善国际经贸合作平台，强化知识产权保护和信用体系建设，打造国际化人才引进培育平台。

（8）强化组织领导，形成对外、对内开放的制度保障。研究通过进一步对外开放促进对内开放的目标、思路和任务举措，实施"以外促内，内外融合"开放工程，为江苏全面深化改革和两个率先实践提供发展动力。

六 强调机制体制创新，以新型开放促进民生改善与提升

需要特别提出的是，在当前改革开放的关键期与攻坚期，我们必须突破既有路径，以创新促开放，积极探索江苏开放型经济新发展模式，特别要勇于进行机制体制创新，不断发掘与拓宽就业领域、投融资渠道及市场空间，让民众在更大范围里主动参与到改革开放中来，更直接地分享改革开放所带来的红利，以实现民生改善与提升的目标，同时也进一步强化改革开放的内生动力。主要思路如下。

（一）给市场主体公平竞争的机会，进一步解放生产力

企业是市场的主体，企业家是推动经济增长的核心动力，能拥有一批具有较强创新力的企业是实现江苏经济稳定持续增长的关键。必须尊重企业的主体地位，不能把企业作为政府的附庸和实现政绩的工具。负面清单制度是行政审批制度的新形式和改革突破口。2013年党的十八届三中全会通过的《中共中央关于全面深化改革若干重大问题的决定》就明确提出："实行统一的市场准入制度，在制定负面清单基础上，各类市场主体可依法平等进入清单之外领域。"自此，负面清单制度进入公众视野、政治视野和学术视

野，备受瞩目。尤其是上海自贸区针对外商投资先行先试的"负面清单＋准入前国民待遇"制度，催生了行政审批制度的颠覆性变革，值得江苏省学习其经验并积极推广。

上海自贸区负面清单制度积累了先行先试的若干可复制可推广经验，表现出前瞻性、双向指导性和待遇公平性等特征，并具有规范政府行政行为、界定行政审批边界、倒逼政府简化行政审批职能等作用。上海自贸区负面清单列明了上海自贸区内对外商投资项目和设立外商投资企业采取的与国民待遇等不符的准入措施。对外商投资准入特别管理措施（负面清单）之外的领域，按照内外资一致的原则，将外商投资项目由"核准制"改为"备案制"，但国务院规定对国内投资项目保留核准的除外。自贸区推行"负面清单＋准入前国民待遇"制度，即不论什么所有制企业，准入前享受的待遇，都一视同仁。负面清单列举的内容是对外国投资者的限制，但清单之外，外国投资者与中国市场主体具有同等的法律主体地位、投资准入制度，对国内外的市场主体在自贸区内采取了相同一致的市场标准，投资主体在自贸区范围内负面清单以外的领域享有十分自由和广泛的权利。因此，上海自贸区给了市场主体一个平等竞争的机会。

2014年底，苏州工业园综合保税区开展调整相关税收规定促进贸易多元化试点，同意苏州工业园综合保税区现有规划面积内划出专门区域作为贸易功能区，开展贸易、物流和流通性简单加工等业务，保税货物进入贸易功能区予以保税，允许非保税货物进入贸易功能区运作，其实际离境后予以退税，区内符合条件的企业可给予增值税一般纳税人资格。这标志着苏州孜孜以求的贸易多元化试点政策正式落地，也使苏州对接上海自贸区，政策功能更趋完善。今后要在更多的地区开展类似试点，通过不断的制度创新推进市场机制健全与完善。

（二）重视民营企业发展，使其成为创新与开放的源泉

企业是组织生产要素的主体，提高要素组织化程度的关键是大力培育本土企业，特别是民营跨国公司。只有主体强了，才能有效推动技术创新，突

破在国际分工中长期固化在低技术、低附加值环节，提升国际竞争能力和在国际分工体系中的地位。

随着中国经济的发展和"走出去"战略的实施，中国对外直接投资规模在过去十年间实现了跨越性的增长。进入2016年，中国对外投资额已超过利用外资额，成为资本净输出国。高增长背后是中国海外投资增长势能的不断释放，是"走出去"政策不断加码、企业全球化提速的必然结果。安永公司8月发布的投资分析报告显示：2016年对外直接投资流量将过1700亿美元，再创历史新高；电信行业在"一带一路"沿线发展中国家具有巨大发展潜力，航空制造业或将成为继高铁与核电之后中国高端制造"走出去"的"新名片"。

"一带一路"大多沿线国家尚处在工业化初期阶段，不少国家的经济高度依赖能源、矿产等资源型行业；在"一带一路"建设中，我国将在沿线国家发展能源在外、资源在外、市场在外的"三头在外"的产业，进而带动产品、设备和劳务输出。而江苏省有能力向这些国家提供各种机械、运输设备及其他产品等，处于产业链的相对高点。这不仅会有效实现江苏产能的向外投放，也将降低本地企业整合利用国内外资源的成本，是一件两全其美的好事情。

江苏省民营企业已成为对外投资的主力军，并且日趋活跃。相对于国有企业，民营企业因为经营体制灵活，投资领域更为多元化，同时也较少受到东道国相对严苛的政治审查；而且全省企业还可以充分借助柬埔寨等国的工业园区平台降低和解决信息不对称和融资困难等阻力。省专项扶持民营企业"走出去"政策出台是释放"过剩"产能和优化要素配置的激励信号。随着全省专项扶持政策的实施，今后民营企业将在全球化方面大展宏图。

参考文献

1. 李洁：《以民生改善与提高为开放型经济发展重要价值取向研究课题报告》，江

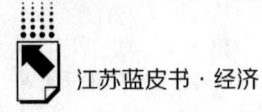

苏省国际金融学会2016年度课题。
2. Kenichi Ohno. Learning to Industrialize: From Given Growth to Policy-aided Value Greation, *Taylor & Francis*, 2013.
3. 侯为民:《习近平民生思想的三个维度》,前线网,2015年2月9日。
4. 北京市统计局外向型经济外经统计课题研究组:《关于建立外向型经济统计指标体系的研究》,《统计研究》1992年第4期。
5. 周长城、谢颖:《经济社会发展综合评价指标体系研究》,《社会科学研究》2008年第1期。
6. 刘晓玲:《开放型经济发展质量与效益评价指标体系的构建》,《对外经贸》2013年第9期。
7. 赵玉敏:《国际投资体系中的准入前国民待遇——从日韩投资国民待遇看国际投资规则的发展趋势》,《国际贸易》2012年第3期。

B.20
江苏制造业的"供给侧"问题及出路

黎 峰[*]

摘 要： 产能过剩较为突出、企业生产成本高企和产品供需结构矛盾明显是江苏制造业面临的主要问题。解决思路在于加大供给侧结构性改革力度，以先进标准和品牌建设为中心，重点发展智能制造，加快发展服务型制造，努力打造国内领先、有国际影响力的制造业强省。

关键词： 制造业 供给侧 改革 江苏

供给侧结构性改革是今后一段时期中国宏观经济调整的重要任务，涉及国民经济和社会发展各个领域。制造业是支撑经济平稳发展的主要力量，是经济结构调整的主要战场，是实施创新驱动战略的主要领域。"打造具有国际竞争力的先进制造业基地"是"十三五"时期江苏经济发展的重点所在，同时也是推进供给侧结构性改革的主要内容。

一 供给侧结构性改革的目标与重点

2008年全球金融危机以来，中国经济增长持续走低，与此同时全要素生产率下滑、产能过剩、成本高企等问题日益严峻。2015年底开始，中央明确提出进行"供给侧结构性改革"，强调从提高供给质量出发，用

---

[*] 黎峰，江苏省社会科学院世界经济研究所副研究员。

改革的办法推进结构调整，矫正要素配置扭曲，扩大有效供给，提高供给结构对需求变化的适应性和灵活性，提高全要素生产率，更好地满足广大人民群众的需要，促进经济社会持续健康发展。而供给侧结构性改革的重点，则在于"三去一降一补"，即去产能、去库存、去杠杆、降成本、补短板。

供给侧结构性改革的提出，意味着中国宏观经济调整的方向将由各种手段刺激需求（包括投资需求、消费需求和出口需求）转变为优化供给结构（包括产业结构、产品结构、要素结构及其空间配置结构），以有效供给拉动需求、提高生产效率，从而实现国民经济持续健康发展。显然，作为有形产品的生产部门，制造部门的供给侧调整将成为中国供给侧结构性改革的重中之重。

二 江苏制造业的"供给侧"问题

经过改革开放以来30多年的发展，江苏制造业已经形成较强的供给能力。20世纪80年代，乡镇企业异军突起，较好地满足了短缺经济时代的市场需求，推动经济实现"由农到工"的转型。20世纪90年代中期开始加大承接国际产业转移力度，较好地适应了国际市场的需求，推动经济实现"由内到外"的转型。进入21世纪，特别是全球金融危机爆发以后，率先提出并实施创新驱动核心战略，着力推动制造"由大到强"的第三次转型。江苏制造业的不断发展和转型，成为推动经济持续健康发展的重要动力。

然而，基于我国供给侧结构性改革的目标和要求，江苏制造业也不可避免地存在"供给侧"问题，具体如下。

（一）产能过剩较为突出

在现行分税制体系下，地方政府为扩大税源、增进创收，必然偏好规模大的税源型产业及项目，缺乏区域分工，同时又都设定超过两位数的年均发展速度,结果必然是产业趋同。此外,更多以加工组装环节嵌入全球价值链,决定了江苏的产品需求很大程度上依赖于国际市场,而发达国家受全球金融危机冲击严重、国际需求市场疲软的影响,大量的制成品及其上游中间品的产能过剩必然更加突出。

当前,在国家确定的5个产能严重过剩行业中,江苏除电解铝仅有1家年产10万吨的徐州大屯铝业公司(央企)外,钢铁、水泥、平板玻璃和船舶4个行业均不同程度地存在产能过剩问题。其中生铁、粗钢的产能利用率分别为77%和76.3%,水泥熟料、水泥粉磨产能利用率分别为87%和68%,平板玻璃企业产能利用率77%左右,船舶行业的产能利用率也不到80%,均明显低于国际上公认的产能利用合理水平。

(二)企业生产成本高企

随着中国经济持续快速增长和人们收入水平的不断提升,生产要素价格亦随之飙升,特别是人工成本(劳动报酬)上升较快,物流成本、融资成本和交易成本也居高不下。据统计,2005~2014年这10年间我国城镇单位就业人员平均工资年增长11.96%,同期制造业城镇单位就业人员平均工资年增长12.42%,均大大高于同期GDP年均增长率。更为重要的是,由于"刘易斯拐点"已经到来,我国的劳动报酬和人工成本仍将处于上升期。

生产要素价格的上涨导致企业生产成本高企,挤压了企业的利润空间。以制造部门的成本费用利润率[①]来直接反映成本上升对企业利润的影响,如表1所示,近年来在生产要素成本上涨的影响下,江苏大多数制造部门的成本费用利润率呈现下降趋势,尤其以交通运输设备制造、化学工业、造纸和纸制品、装备制造等重化工部门更为突出。

---

① 成本费用利润率是企业一定时期内的利润总额与成本、费用总额的比率,表明每付出一元成本费用可获得多少利润,体现了成本投入所带来的经营成果。该项指标越高,利润就越大,所反映的企业经济效益就越好。

表1 江苏制造部门成本费用利润率水平

单位：%

行业	2011年(1)	2012年(2)	2013年(3)	2014年(4)	(4)-(1)
农副食品加工业	6.75	6.97	7.28	6.44	-0.31
食品制造业	8.00	7.82	8.73	8.10	0.10
酒、饮料和精制茶制造业	19.19	22.52	19.60	18.00	-1.19
纺织业	5.58	5.53	5.27	5.27	-0.31
纺织服装、服饰业	7.43	7.34	7.17	7.78	0.35
皮革、毛皮、羽毛及其制品和制鞋业	5.40	5.57	5.65	6.01	0.61
木材加工和木、竹、藤、棕、草制品业	8.85	9.53	8.59	8.18	-0.67
家具制造业	4.99	4.37	4.21	5.03	0.04
造纸和纸制品业	7.22	6.15	5.81	5.58	-1.64
印刷和记录媒介复制业	9.69	7.97	8.10	8.60	-1.09
文教、工美、体育和娱乐用品制造业	5.75	6.42	7.23	7.02	1.27
石油加工、炼焦和核燃料加工业	2.45	2.00	4.06	2.86	0.41
化学原料和化学制品制造业	8.76	6.50	6.39	6.25	-2.51
医药制造业	10.75	12.02	11.29	11.70	0.95
化学纤维制造业	6.32	4.18	3.28	3.39	-2.93
橡胶和塑料制品业	6.61	6.41	6.62	6.43	-0.18
非金属矿物制品业	8.09	6.87	6.94	6.82	-1.27
黑色金属冶炼和压延加工业	5.14	3.06	3.46	3.79	-1.35
有色金属冶炼和压延加工业	4.69	4.69	3.83	3.84	-0.85
金属制品业	7.06	6.72	6.65	6.52	-0.54
通用设备制造业	8.80	7.78	7.32	7.43	-1.37
专用设备制造业	9.19	8.22	7.77	7.80	-1.39
汽车制造业	9.06	9.26	9.75	9.97	0.91
铁路、船舶、航空航天和其他运输设备制造业	12.13	9.41	7.80	8.76	-3.37
电气机械和器材制造业	7.14	6.94	6.74	6.89	-0.25
计算机、通信和其他电子设备制造业	4.61	4.48	5.15	5.33	0.72
仪器仪表制造业	10.14	8.77	9.26	9.42	-0.72
其他制造业	5.85	6.60	6.31	5.97	0.12
废弃资源综合利用业	2.34	2.47	2.40	3.25	0.91
金属制品、机械和设备修理业	3.93	4.72	7.30	6.34	2.41

资料来源：《江苏统计年鉴》（2011年、2012年、2013年、2014年）。

（三）高品质产品供需失衡

20世纪90年代以来，江苏更多地以加工组装的低端环节嵌入全球价值链分工，在品牌价值至上的奢侈品部门如箱包、电子产品等，主要依赖进口中间品和关键零部件加工出口制成品，然而由于品牌及销售渠道的缺失，只能进行贴牌生产，而跨国公司的差别定价行为往往使国外售价明显低于中国大陆，因而会出现诸多国内消费者"海淘"和"海外扫货"行为。

此外，在江苏自有品牌相对较多的轻工部门如纺织服装、家电部门，由于长期以来实行价格竞争而非质量竞争，企业往往忽略产品的标准建设和质量提升。随着人们消费层次和品位的不断升级，江苏制造业越来越难以满足消费者对高品质产品的需求，因而会出现大量抢购韩国的面膜和化妆品，日本的马桶盖和电饭锅，新西兰或澳大利亚奶粉等，皆是因为这些产品的品质和功能大大优于或（和）价格低于中国同类产品。

综上所述，江苏制造业的"供给侧"问题集中表现为产能过剩较为突出、企业生产成本高企及产品供需结构矛盾明显等方面，其共同原因在于更多从事中低端生产，过于依赖劳动、资源等低端要素，产品品质不高，而以上问题的症结则在于产品品牌及标准的缺失。

三 解决江苏制造业"供给侧"问题的思路及重点

制造业是江苏经济发展的基础和传统优势所在，按照中央供给侧结构性改革的目标与重点，面对江苏制造业的"供给侧"问题，应坚持把建设具有国际竞争力的先进制造业基地作为江苏制造业推进供给侧结构性改革的重要举措，加快推动经济增长由要素驱动向创新驱动转变，努力占据全球价值链的中高端。而先进制造业基地首先应该体现在拥有一批先进技术标准及自主知识产权的品牌和产品，在此基础上充分发挥制造优势、信息化优势和人才优势，不断推动制造技术、组织方式及运营模式的更新，从而低成本、高效率地满足国内外市场需求，通过国内外资源整合和价值链运营获取高额的分工收益。

因而，解决江苏制造业"供给侧"问题的思路在于加大供给侧结构性改革力度，以先进标准和品牌建设为中心，重点发展智能制造，加快发展服务型制造，扩大国内外资源整合，不断提升江苏制造的技术标准和产品质量，努力建成国内领先、有国际影响力的制造强省。

首先，以提升企业创新能力、加强标准及品牌建设为中心，大力推动技术创新。为此，应持续推进大众创业、万众创新，加快建设以企业为主体、以市场为导向、产学研用相结合的技术创新体系，引导和支持创新资源向企业集聚，推动企业增强自主创新能力。大力弘扬精益求精的"工匠精神"，重塑传统特色品牌，做强现有知名品牌，培育自主创新品牌，引导企业围绕提升技术标准和产品质量不断加大研发投入，突破关键核心技术，加速科技成果转化，打造更多具有国际影响力的江苏知名自主品牌和制造精品。积极鼓励协同设计、定制个性化生产等新方式推动产品创新，实现先进制造业基地与产业科技创新中心建设的协调并进。

其次，以生产制造的数字化、网络化、智能化为方向，促进企业制造装备升级。为此，应进一步明确江苏智能制造发展重点，建立智能制造标准体系，制定数控化机械产品创新升级的总体规划和推广计划。依托大数据、物联网等新一代信息技术，深化信息化、网络化技术集成应用，确定"互联网+"升级改造路线，加快应用数控技术和装备对优势传统产业进行自动化智能化技术改造，推动传统制造业向高端化、品牌化转变。扶持龙头企业发展，建立智能制造产业集群。

再次，以发展众包设计、协同创新、电子商务、融合服务等为重点，加快推进生产型制造向服务型制造转型。为此，应充分发挥江苏制造业的规模优势，引导和支持制造企业延伸服务链条，拓展在线监控诊断、远程故障诊断及维护、工控系统安全监控、系统运行维护、网上支付结算等新业务及产品后市场服务，逐步向研发设计、物流营销、品牌推广、系统集成等上下游延伸，培育一批制造业服务化示范企业。增加服务要素在制造投入产出中的比重，大力推动发展生产性服务业，鼓励发展通过个性化定制服务、全生命周期管理、网络精准营销和在线支持服务等制造业服务化的新业态、新模式。

最后，以"一带一路"、长江经济带、沿海开发、"走出去"等国家战略为契机，积极扩大国内外产业资源整合。为此，应进一步优化引资结构，引导外资投向新一代信息技术、高端装备、新材料、生物医药等高端制造领域，鼓励境外企业和科研机构在江苏设立地区总部和研发中心、营销中心、采购中心、物流中心等功能性机构。鼓励有实力的江苏制造企业在境外开展并购和股权投资、创业投资，建立研发中心、实验基地和全球营销及服务体系，建立全球产业链体系。同时，积极扩大对内开放合作，引导和鼓励江苏制造企业将加工制造环节向内陆地区转移，在中西部地区建立原料供应基地和加工生产基地。支持江苏制造企业与北京、上海、广东等沿海地区优势企业开展研发合作，建立产业创新联盟。

四 解决江苏制造业"供给侧"问题的政府角色

无论是促进技术创新、发展智能制造、服务型制造转型、提升本地配套，还是扩大资源整合，解决江苏制造业"供给侧"问题更多地依靠的是企业行为，政府的角色应该着重于组织协调、重点引导、市场健全、行为监管和体制完善等方面。

（一）建立完善与万众创新相适应的科技创新体制

鼓励企业及普通民众的专利注册和品牌创建行为，对具有自主知识产权和具有重大创新意义的新产品，给予一定规模的创新奖励和政府采购支持。

鼓励高校和科研院所向中小企业和普通民众开放基本的研究实验设施，同时鼓励各类科技服务平台建立跨地区的服务机制，从而最大限度地使中小企业和普通民众切实能够利用公共科技资源。

降低创新创业产品的市场进入门槛，取消工业消费品目录等标准限制，全面实施负面清单管理方式，为技术创新产品提供公平的市场竞争环境。

健全知识产权信用管理制度，将符合条件的侵权假冒案件信息纳入全省公共信用信息服务平台，强化对侵犯知识产权等失信行为的惩戒。支持组建产业知识产权联盟，加强制造业重点领域关键核心技术的知识产权储备，鼓励和支持专利高端运营和跨国知识产权许可。

（二）加快形成智能制造健康快速发展的联动机制

从战略高度和产业发展趋势出发，尽快研究制定江苏智能制造发展规划，明确智能制造的技术路线、发展重点和产业布局，强化智能制造发展规划与城市规划、土地利用规划、园区发展规划的有机衔接。对属于智能制造产业缺链型重大项目，在符合国家有关土地使用标准的前提下，适当放宽进入园区条件，并视情况采取"一企一策"的优惠政策。

探索设立江苏省智能制造产业基金，按照"政府引导，市场运作"的原则，鼓励和支持社会资本进入智能制造创业投资领域。对工业企业技术改造的重大项目优先给予信贷支持，开设融资"绿色通道"，推动金融机构简化贷款审批流程、缩短审批时间，并在贷款额度、期限及利率等方面予以倾斜。大力发展融资租赁，支持企业通过融资租赁购买设备进行智能化、信息化改造。

（三）健全完善生产性服务业发展的服务体系

完善生产性服务业领域社会组织管理体制，推进社会组织社会化、行业协会市场化改革。加大政府向社会组织转移职能、资金支持和人才队伍建设等培育扶持力度，向社会组织开放更多的公共资源和领域，促进发挥社会组织在行业自律、服务、协调和监督等方面的作用。

拓宽生产性服务业企业发展融资渠道，鼓励企业通过上市融资、发行债券、项目融资、股权置换以及资产重组等多种方式筹措资金，积极利用知识产权质押、应收账款质押、仓单质押、信用保险保单增信、股权质押、商业保理等方式进行融资。对于服务营业收入及上缴税金达到一定比例的生产性服务企业和服务型制造企业，适当给予财政奖励和税收返还优惠。对认定为高新技术企业的科技服务企业，给予适当的税收优惠。

（四）加快构建对外投资服务的促进机制

由省级政府出面，与国家开发银行、中国进出口银行等国有政策性银行，中国银行等国有商业银行，以及中国出口信用保险公司等政策性保险机构构建战略合作关系，推动其为江苏对外投资企业提供更大力度、更加灵活的融资增信服务。鼓励江苏国信等融资性担保公司、再担保机构为境外投资项目提供融资担保服务，设立以政策性融资担保公司牵头、企银担多方联动的企业对外投资担保资金。

建立对外投资项目信息库，加强对重点国家和地区市场环境、投资环境的分析研究，通过政府网站、报刊等渠道，提供有关国家和地区的法律法规、税收政策、市场状况和企业资信等投资信息。

（五）不断完善人才培育与激励机制

建设创新型大学，在自主招生、经费使用等方面开展落实办学自主权的制度创新。推进部分普通本科高校向应用技术型高校转型，转变职业教育的方向和重点，向计算机开发、电子技术、系统工程、工业软件设计、机械制造、企业管理等领域倾斜。开展校企联合招生、联合培养试点，拓展校企合作育人途径。

加大科研人员股权激励力度，鼓励各类企业通过股权、期权、分红等方式，调动科研人员创新积极性。提高科研人员成果转化收益比例，完善科技成果、知识产权归属和利益分享机制，提高骨干团队、主要发明人受益比例。充分调动退休企业家、研发人员、工程师等专业人员的内在积极性，鼓励其以全职、兼职或志愿者的形式参与到事业性服务机构、公私合作组织或非政府组织开展的各类服务活动中来。

鼓励先进制造领域、重大项目工程人才政策的创新和先行先试。完善科研人员在企业与事业单位流动的社保转移接续政策，促进人才双向自由流动。建立人才国际化政策体系，在海外人才落户、住房安排、社会保障、子女入学、配偶安置、重大科技项目承担、参与国家标准制定等方面优先予以支持。

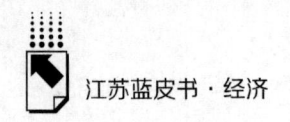

参考文献

1. 黎峰:《提升江苏制造业国际竞争力》,《新华日报》(理论版)2016年8月2日。
2. 黎峰:《如何更好实现江苏经济结构调整》,《新华日报》(理论版)2016年11月1日。
3. 黎峰:《江苏"十三五"经济结构调整的思考》,《江南论坛》2016年第3期。
4. 黎峰:《江苏打造具有国际竞争力先进制造业基地的思考》,《江南论坛》2016年第6期。

B.21
扩大开放优势,提升江苏创新的国际化水平

李思慧[*]

摘　要:	整合利用全球创新资源,是拓展创新要素供给、优化创新要素结构、提高全要素生产率的重要路径,是提升江苏省区域创新能力、建设创新型省份和科技强省的关键支撑。江苏整合全球创新资源应以产业迈向中高端为目标,从单纯的技术创新转向以自主品牌为依托的集成创新;积极打造创新型产业链和产业集群,营造"以集聚促整合、以整合推集聚"的全球创新资源整合良性循环;引导企业基于市场需求、要素需求和创新需求灵活运用各种集成创新模式;构建集成创新与自主创新的有机统一的创新体系。最终实现企业从创新资源的被整合者到整合者的飞跃,全面提升江苏在全球产业链、创新链和价值链中的地位。
关键词:	国际化　集成创新　集聚

在经济全球化的时代,开放是科技创新的内在要求,尤其在进入互联网时代后,创新活动的全球化、开放式的特点日益突出。近年来,发达国家正逐步将研发环节向世界新兴经济体和发展中国家转移,这为发展中国

---

[*] 李思慧,江苏社会科学院世界经济研究所助理研究员。

家加快科技创新和技术进步创造了难得机遇。江苏经过多年的开放发展，科教资源优势、产业优势、市场优势、政策优势等已经凸显，具备了在更高层次上整合全球创新资源的基础和条件，但同时也面临原创知识、先进技术、高端人才、研发组织等各类创新要素引进总量不足、作用发挥不显著、政策支持体系不完善等问题。充分利用和扩大开放优势，提升江苏创新国际化水平，是拓展创新要素供给、优化创新要素结构、提高全要素生产率的重要路径，是提升江苏省区域创新能力、建设创新型省份和科技强省的关键支撑。

一 扩大开放优势，提升江苏创新国际化水平的背景

（一）创新成为促进经济增长的主要驱动力

金融危机之后，世界经济在深度调整中曲折复苏，各国都在努力激发新的增长动能，创新就成为世界主要国家抢占未来发展制高点的核心战略。全球研发活动在经历金融危机的冲击后于2011年前后开始复苏，2015年，全球创新1000强企业的研发支出同比增幅超过5%，创下自2012年以来的最大增幅。美国奥巴马总统任期内连续三次推出国家创新战略，并以工业互联网为抓手，大力发展先进制造业，力求在革命性技术上率先取得新的突破。德国连续颁布三次高新技术战略，又制定了工业4.0计划，利用信息物理融合系统推动制造业向智能化转型。日本、韩国以及俄罗斯、巴西、印度等新兴经济体国家也都在积极部署出台国家创新发展战略或规划。在新一轮科技革命和产业变革的重大机遇前，哪个国家创新投入力度更大、创新要素集聚更多、要素配置效率更高，它就能牢牢地把握发展的战略主动权，使经济更快复苏，并在国际经济再平衡中赢得先发优势。

（二）全球创新格局的变革有利于创新资源的全球整合

随着经济全球化、技术进步加速、产品生命周期缩短等多种因素的

影响，技术、人才、知识产权等创新要素的跨国流动日益频繁，规模和水平不断提高，深刻改变了国家和企业的技术创新模式。创新活动不再局限于独立的内部研发，而是在全球范围内，运用现代科技等手段整合外部创新资源。创新组织模式向全球化和专业化方向发展，开放与合作创新日益普遍，企业研发外包渐成趋势，专业研发服务部门不断扩大，创新全球化和网络化趋势已经形成。科技工作者、企业家和创业人员在全球范围内寻找研究、投资和创业机会的趋势不断增强，人才流动逐步由"单向"向"双向"转变，越来越多的人才从发达国家向发展中国家回流。由欧美发达国家主导的全球创新格局发生重大变化，跨国公司在全球布局创新资源的步伐在加快，一些研发和创新活动逐渐向新兴经济体国家转移，呈现由"在新兴经济体国家制造"向"在新兴经济体国家创新"的发展趋势，传统上在发达国家研发、在发展中国家加工的国际生产格局正在改变。

（三）我国更加注重吸引和整合全球创新资源

党的十八大以来，以习近平同志为核心的党中央高度重视科技创新，对实施创新驱动发展战略做出一系列重大决策部署。党的十八届五中全会把创新发展作为五大发展理念之首，强调创新是引领发展的第一动力，要求充分发挥科技创新在全面创新中的引领作用。2016年5月发布的《国家创新驱动发展战略纲要》中提出，要坚持以全球视野谋划和推动创新，最大限度地用好全球创新资源，全面提升我国在全球创新格局中的地位，力争成为若干重要领域的引领者和重要规则制定的参与者。7月，国务院印发的《"十三五"国家科技创新规划》提出，要拓展创新发展空间，统筹国内、国际两个大局，促进创新资源集聚和高效流动；以打造区域创新高地为重点带动提升区域创新发展整体水平，深度融入和布局全球创新网络，全方位提升科技创新的国际化水平。当前，我国吸引和整合全球创新资源的基础和条件日益完备，创新的全球化有利于我国以多种方式利用海外高端要素，在开放创新中提升科技水平和创新能力。

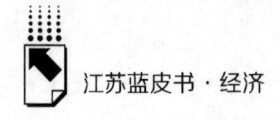

二 江苏扩大开放优势，提升创新国际化水平的基础条件

随着经济全球化和国际分工的深入，创新资源要素总是向能够实现最优化配置的产业和区域流动，发达国家正是遵循这条规律，逐步将生产和研发环节向发展中国家转移，国际间资本、人才交流与合作不断加强，资本、人才、技术等要素跨国流动日趋加速，这为发展中国家和地区加快科技创新和技术进步创造了难得机遇。从资源要素引进方式看，过去的招商引资，更多的是引进资金，引进产业项目，而今土地、劳动力、资源要素成本低的传统优势已经明显弱化。经过多年的发展，江苏省的经济优势、开放优势、产业优势、市场优势、政策优势逐步凸显，已成为全国经济、科技最发达的地区之一，科教和开放创新优势明显，具备了在较高平台上开展国际科技合作、整合全球创新资源的基础和条件。

（一）开放经济的基础和优势

20世纪90年代以来，江苏充分发挥区位优势及低生产成本优势，大力实施对外开放战略，承接发达国家和地区跨国公司的投资和产业转移，逐步积累了开放经济优势，已成为全国改革创新和对外开放的先导区，为开展广泛的技术合作和技术转移提供了良好的基础。2015年，全省进口总额2069.5亿美元，占全国的12.3%。2015年全省实际利用外资242.75亿美元，占全国的19.2%，居全国第二位，其中战略性新兴产业、高新技术产业利用外资占比均超过46%。2015年全省从业人员中港澳台和外籍等境外人员占比进一步提升。

（二）开放创新的基础和优势

"十二五"以来，江苏省深入实施创新驱动发展战略，加大科技创新领域对外开放，主动融入全球创新网络，因此开放创新环境持续优化，创新国际化水平有力提升，整合和配置全球创新资源能力不断增强，人才、资本、技术、知识等创新要素加快集聚。2015年，江苏区域创新能力连续7年位居全国首位，发明专利授权量居全国第一，全社会研发投入1788亿元，研发投入强度达2.55%，科技进步对经济增长贡献率达到60%。2014年全省研究与试验发展（R&D）经费内部支出中境外资金占比为0.61%。2015年，全省高新技术产品进口总额达907.6亿美元，占全省进口总额的43.9%。2015年，全省技术引进合同金额达33亿美元，位居全国第三。2015年，全省引进境外专家超过10.2万人次，引进境外专家总人次继续位列全国第二。截至2015年底，全省外资研发机构（研发中心）超过2000家。开放创新载体建设持续推进。2015年10月，国务院批复同意苏州工业园区开展开放创新综合试验建设，通过完善国际化、开放型创新体系，加快集聚全球高端创新要素、服务要素和人才要素，提高国际创新竞争力。

（三）产业发展的基础和优势

多年来，江苏通过引进、利用境外资本、人才及技术等要素资源，推动产业发展和转型升级，区域产业基础和优势明显。2015年，全省三次产业增加值比例调整为5.7∶45.7∶48.6，实现产业结构"三二一"标志性转变；全年实现高新技术产业产值6.1万亿元，占规模以上工业总产值比重达40.5%；生物医药、新材料、高端装备制造等战略性新兴产业销售收入4.5万亿元，占规模以上工业总产值比重达29.4%。先进制造水平稳步提升，全省制造业结构呈现高级化趋势，计算机、通信和其他电子设备、电气机械及器材、通用及专用设备、汽车及零部件、生物医药等先进制造业占比较高，集成电路、碳纤维、节能环保、海洋工程装备、工业机器人等行业成长势头强劲，对推动江苏制造增长的贡献日益增强。区域产业发展和差异化布局逐步显现，南京未来网络产业、无锡物联网产业、常州智能装备产业、苏州纳米产业、镇江战略新材料产业、泰州生物医药产业等已经形成了先发引领优势，已跻身于国际产业分工体系。

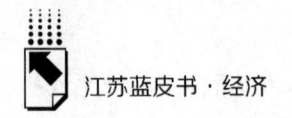

（四）对外经济和科技合作的基础和优势

近年来，江苏省先后与以色列、芬兰、荷兰、加拿大等70多个重点国家和地区建立了科技合作关系，在拓展国际科技合作渠道、开展实质性深度合作上取得了一系列新基础和优势。同时，根据全省产业发展的技术需求和企业创新特点不断优化合作模式，加强与美国麻省理工学院（MIT）、美国加州大学洛杉矶分校（UCLA）、美国康奈尔大学、加拿大西安大略大学、英国医学研究理事会（MRC）、芬兰国家技术中心（VTT）、以色列威兹曼科学院，以及美国GE公司、IBM公司等一批国际著名大学以及跨国公司等形成紧密合作伙伴关系。依托2008年启动的全省跨国技术转移大会，开展国际科技合作和跨国技术转移，推进全省主导产业技术需求与海外科技资源对接，促成更多全球先进技术到江苏省转化并实现产业化，使海外科技创新资源真正成为全省产业创新的重要技术源和项目源。

（五）开放创新的政策环境及优势

近年来，江苏省通过加大财政资金支持、落实税收优惠政策、加强知识产权保护等措施，营造有利于全球创新要素集聚的政策环境。在财政政策方面，首先通过实施国家和省国际科技合作计划，对境内企业与外资企业合作开发的创新项目予以支持；其次是加大全球高端创新人才（团队）引进，早在1999年，为积极引进海外高层次留学人员，省政府就印发了《江苏省引进海外高层次留学人员的若干规定》，重点引进国际化创新所需的高端人才，2007年江苏省面向海内外引进高层次创新创业人才，2008年启动"江苏科技创新创业双千人才工程"，实施"海外科学家江苏发展计划""海外高层次人才创业计划"；最后是加大对外资企业研发机构的支持，从2004年起，江苏省就一直把鼓励外资研发机构在江苏发展作为开放性利用全球创新资源的一项重要举措，鼓励外资研发机构落户江苏，引导外资企业建设研发中心、技术检测中心等机构，采取省、市联动的方式，通过项目支持、专项资金等形式，加大对外资研发机构建设的支持。在税收政策方面，积极落实

"对外资研发中心进口科技开发用品免征进口关税和进口环节增值税、消费税，继续对内资研发机构和外资研发中心采购国产设备全额退还增值税"的政策，同时根据全省产业技术发展需要，调整国外企业向境内转让技术获取的特许权使用费减征、免征所得税的范围，完善引进技术的税收政策。在加强知识产权保护方面，积极拓展知识产权领域的国际交往，较早地发布了企业知识产权维权指引，并签订了首个中国地方政府与美国国家专利商标局知识产权合作协议。之后，又与韩国签署了开展知识产权保护合作的谅解备忘录，也是韩国知识产权局在世界范围内首次与外国地方政府签订相关协议。

三 扩大开放优势，提升江苏创新国际化水平的总体思路和主要路径

江苏整合全球创新资源应以产业迈向中高端为目标，跳出只注重单项技术创新、重研发轻应用的路径依赖，积极打造大型企业集团，培育有国际市场占有率的系列品牌终端产品，从而对全球创新资源形成强大的吸引力。增强企业集成创新的能力，将世界领先水平的系列专利技术嵌入以江苏为主体的品牌产品之中，实现企业从创新资源的被整合者到整合者的飞跃。同时，加快引进消化吸收与再创新的速度，实现集成创新与自主创新的有机统一，全面提升江苏在全球产业链、创新链和价值链的地位。

第一，从单纯的技术创新转向以自主品牌产品为依托的集成创新并重。通过组建和引进大型企业集团，打造3~5个具有国际市场占有率的知名品牌产品，以终端产品为强势依托，形成产业链主导力量，吸引汇聚全球创新资源为江苏服务。

第二，以创新产业链和产业集群整合全球资源。加快江苏产业创新基地建设步伐，逐步形成"以环节带动链条、以链条带动关联企业、以关联企业带动特色集群"的连锁效应，让全球创新资源有需求、有市场、有收益，营造"以集聚促整合、以整合推集聚"的全球创新资源整合良性循环。

第三，引导企业灵活运用各种集成创新模式整合全球创新资源。企业整合全球创新资源可以根据自身需要和特点，选择适合的集成创新模式。以终端产品为依托，直接购买国内外现有的技术专利等资源，嵌入其产品之中；吸引国外人才、资金到本土企业进行研发创新；以创新外包的方式，向国内外创新团队提出创新需求，进行发包采购；等等。

第四，将集成创新与自主创新有机统一，构建完整的创新体系。在积极引进先进专利技术的同时，要围绕专利进行后期学习培训和消化吸收，积极探索先进技术的原理和特性，通过构建产学研平台，与技术领先企业结成研发联盟，控制核心技术主导权，并在高起点上进行再创新，实现自主创新能力的提升和跨越式的发展。

四　扩大开放优势，提升江苏创新国际化水平的政策措施

（一）以优势品牌整合全球创新资源的国际化创新政策措施

以品牌建设为抓手，鼓励企业通过创建自主品牌、收购国内外企业和品牌等方式提高国内外品牌影响力，对具有发展优势、发展潜力、集成创新能力强的企业品牌进行重点培育，集中力量打造3~5个具有行业引领力和创新资源集聚能力的名牌企业。一方面，完善地区发展配套，加快对知名终端产品企业的引进力度，做到特事特议。对符合相关要求，在地区产业集聚、产业链完善等方面具有重要贡献及示范作用的引进企业，在土地、税收、补贴等方面给予大力支持。另一方面，充分发挥苏南自主创新示范区的示范引领和聚集辐射作用，实施苏南示范区战略性新兴产业集群创新引领工程，加快供给侧结构性改革步伐，做大做强现有知名品牌，加快基于核心技术的品牌开发和产品升级，大力弘扬精益求精的"工匠精神"，积极由需求拉动向质量驱动转变，推动企业从成本竞争优势向品牌竞争优势转变。加快产业链垂直整合，积极探索支持企业做大做强的有效路径，激发企业品牌建设的主

动性和创造性。鼓励龙头企业按照总部经济模式，实现跨区域、跨国并购和联合重组，培育一大批在全球具有话语权、影响力的领军企业，提升苏南示范区在全球产业链和创新链中的地位和话语权，为建设具有全球影响力的产业科技创新中心奠定坚实基础。将品牌建设与地区企业和产业发展紧密结合，将重点发展的南京软件、苏州纳米材料、无锡物联网、泰州生物医药等列入品牌发展计划，加快地区产业实力提升和品牌塑造，积极发掘和培育成长性较好的新兴领域品牌。

（二）构建加速整合全球创新资源的国际化创新政策体系

深化外商投资管理体制改革，推行负面清单管理制度，鼓励和引导更多的境外创新资本进入江苏省创新创业领域。鼓励境外资本对国内的高成长性科技企业通过并购、技术入股等方式进行投资；根据2015年3月新修订的《外商投资产业指导目录》，进一步放宽境外创新资本投资领域，鼓励外商投资节能环保、新能源、药物研发等高新技术领域；鼓励和支持跨国公司在江苏省设立研发中心、研发机构、实验室、企业研究院等，实现引资、引智、引技相结合。

根据国家科技计划对外开放的管理办法，扩大省科技合作计划支持范围，鼓励和引导企业开展高附加值原创性研发活动。推动有条件的企业与麻省理工学院、剑桥大学、牛津大学等国际知名高校，以及劳伦斯伯克利国家实验室、斯坦福杰贝里先进材料实验室、以色列威兹曼科学院等境外知名研究机构建立研发合作关系，在若干优势领域形成一批具有鲜明特色的世界级科学研究中心。进一步吸引支持跨国公司在江苏省设立研发中心，鼓励其升级成为参与母公司核心技术研发的大区域研发中心和开放式创新平台。鼓励外资研发机构通过人才交流、研发联动等方式加强与本土研发机构的交流合作，支持外资研发机构参与江苏省研发公共服务平台建设，共建实验室和人才培养基地，联合开展产业链核心技术攻关。积极为相关企业牵线搭桥，形成一批开放共享、资源整合能力强的技术创新服务平台，建立健全技术研发及科技成果转化机制，帮助企业共同攻克行业前沿技术，共担风险。

完善政府扶持的长效激励机制，积极发挥政府资金的引导作用，综合运用财政贴息、税收优惠、政府采购、资金参股等多种方式，完善企业研发费用计核方法，调整目录管理方式，扩大研发费用加计扣除优惠政策适用范围。完善高新技术企业认定办法，进一步健全政府资金对科技创新主体，尤其是创新型中小企业扶持模式，重点鼓励中小企业加大研发投入力度，提高资金的使用效率。引导和鼓励本地企业建立和壮大研发中心，加大企业创新投入，大力引进和培育创新型企业及跨国公司研发职能部门。鼓励优势产业、骨干企业加大创新资源整合力度，提高企业研发层次。

（三）扩大开放优势，提升江苏创新国际化水平的政策保障体系

在当前江苏技术发展相对成熟的阶段，政府应当负责重大产业技术政策的决策与统筹协调，积极营造地区创新生态。在基础性研究、竞争前应用技术研究、共性技术开发等方面积极发挥作用。加大对高校、研究院所基础性研究方面的投入，加快产学研合作发展速度，提升发展质量，鼓励企业、高校、科研院所围绕竞争前应用技术、行业关键技术等领域开展合作，积极参与大型国际科技合作计划。发挥政府引导资金作用，探索通过股权投资、人才引进及产业化载体相结合的国际技术转移新模式，推动国际重大技术成果在江苏省转化和产业化。

制定专项政策引进前沿性、原创性人才及人才团队，进一步集聚以人才为核心的高端创新资源，加强创新资源与本地创新体系的匹配度。加强人才政策法规体系顶层设计，制定"特定区域、特殊政策、特殊机制、特事特办"的方针，结合科技创新发展的重点领域和重点产业的人才需求，会聚一批具有国际视野、具有高度专业知识和技能的高层次人才。完善高层次创新人才所需配套政策，落实医疗、社会保障、子女教育、居住等相关人才引进制度，重点支持海外高层次人才（团队）和外国专家享受关于居留与出入境、落户与国籍变更、配偶安置、子女就学、医疗、住房、税收和股权奖励等各项特殊政策。进一步加强重点实验室、工程技术中心以及科技创新孵化器等人才载体建设，为各种创新人才提供更优质的科技创新服务和舒适的

创新活动空间，增强人才的吸引、集聚能力。

建立严格的知识产权保护制度，加强对外资企业和研发机构创新和知识产权的保护。实施知识产权战略行动计划，提高知识产权的创造、运用、保护和管理能力。引导支持市场主体创造和运用知识产权，以知识产权利益分享机制为纽带，促进创新成果知识产权化。充分发挥知识产权司法保护的主导作用，增强全民知识产权保护意识，强化知识产权制度对创新的基本保障作用。完善知识产权保护的预警和维权机制，以新兴产业为重点，定期发布相关技术领域的知识产权发展态势报告，对知识产权侵权隐患以及可能发生知识产权争端的事件提出预警，及时有效地控制和组织应对。健全维权援助机制，帮助市场主体依法应对知识产权侵权纠纷，鼓励引导企业、行业和地区之间建立知识产权维权联盟，推动市场主体特别是中小企业依法联合维权。

（四）构建整合全球创新资源与自主创新能力提升相协调的国际化创新政策体系

以集成创新为特色发展之路，尽快研究出台《江苏省鼓励引进消化吸收与再创新实施办法》，根据江苏省产业和技术发展需要，鼓励企业引进符合产业技术政策的专利技术、专有技术和先进管理技术，进一步优化技术引进的质量和结构。研究调整外国企业向境内转让技术获取的特许权使用费减征、免征所得税的范围，研究完善引进技术过程中的费用分摊、加速折旧等税收政策，建立消化吸收再创新专项资金和企业资金匹配制度，引导企业增加消化吸收投入。建立多层次的项目风险共担机制，帮助企业开发具有自主知识产权的高新技术装备和产品，促进其推广消化吸收创新成果，鼓励产学研合作组建科技平台承担重要技术引进消化吸收再创新的任务。

以消化吸收引进技术、形成自主再创新能力为目标，实施优先使用引进消化吸收与再创新产品和自主创新产品的采购政策，将本地科技企业生产的创新产品纳入政府采购范围，建立健全符合国际规则的支持采购创新产品和

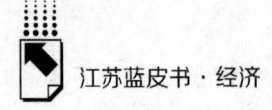

服务的政策体系，落实和完善政府采购促进中小企业创新发展的相关措施，加大创新产品和服务的采购力度。鼓励采用首购、订购等非招标采购方式，对政府购买服务等方式予以支持，促进创新产品的研发和规模化应用。不断完善使用首台（套）重大技术装备鼓励政策，健全研制、使用单位在产品创新、增值服务和示范应用等环节的激励和约束机制。

B.22
江苏战略性新兴产业的商业模式创新研究

王树华*

摘　要： 战略性新兴产业的商业模式创新与技术创新同等重要。2009年以来，江苏把战略性新兴产业放在突出位置，推动战略性新兴产业规模不断扩大，并迅速跃居全国首位。但是，江苏当前的商业模式并不能完全适应战略性新兴产业发展，体现在"核心技术能力不强""技术创新与市场需求结合不够紧密""新兴产业配套体系比较薄弱""企业对后端推广应用重视不够""产品定价不能完全反映产品内在价值"五个方面。针对以上问题，必须致力于推动江苏战略性新兴产业商业模式从"聚焦型"向"一体化型"商业模式转变。

关键词： 新兴产业　商业模式　创新

熊彼特早在1939年就指出，"价格和产出的竞争并不重要，重要的是来自新商业、新技术、新供应源和新的商业模式的竞争"。管理学大师彼得·德鲁克也认为，"当今企业之间的竞争，并不是产品之间的竞争，而是商业模式之间的竞争"。对于战略性新兴产业的发展更是如此。在技术和市场都存在较大不确定性的情况下，战略性新兴产业的商业模式创新与技术创新同等重要。

---

* 王树华，江苏省社会科学院区域现代化研究院副研究员。

针对江苏战略性新兴产业现有商业模式出现的不适应战略性新兴产业发展的若干问题，需要在明晰商业模式创新路径的基础上，提出有针对性的政策措施。

一 商业模式创新与技术创新同等重要

企业保持长期竞争优势的关键，在于持续不断地推进创新。企业创新包括技术创新、组织创新、文化创新、商业模式创新等多个方面。其中，技术创新是人类财富之源，是企业持续发展的强大动力。一个企业竞争力的强弱在很大程度上取决于其技术创新能力的强弱。但是，企业要想实现从技术创新到产业创新的关键性跨越，进而在销售市场上取得爆发性的增长，就不能仅仅依靠技术创新，还需要借助商业模式创新的强势推动。这对于总体处于成长期、市场需求尚需进一步培育的江苏战略性新兴产业更是如此。根据《江苏省战略性新兴产业重大工程实施方案》（苏政办发〔2014〕100号）提出的战略性新兴产业发展总体要求，江苏战略性新兴产业发展面临"掌握一批关键技术"、"推进一批示范应用"、"培育一批领军企业"和"建设一批产业园区"等多项发展任务。其中，"推进一批示范应用"、"培育一批领军企业"和"建设一批产业园区"三项任务就与商业模式创新存在较大关联。由此笔者认为，战略性新兴产业的发展必须建立在技术创新和商业模式创新相结合的基础上，重点任务是解决商业模式创新和技术创新的匹配性问题。

当前，以互联网、大数据、物联网、云计算等为基础性特征的新一轮科技革命和产业革命正在孕育兴起，新技术替代旧技术、智能型技术替代劳动密集型技术趋势明显。在新一轮科技革命浪潮中，江苏战略性新兴产业发展虽然在时间上和西方发达国家处于同一起跑线，但与发达国家相比，江苏战略性新兴产业的技术基础总体还比较薄弱。很多战略性新兴产业的关键核心技术仍然掌握在发达国家手中，"引进→消化→吸收"的二次创新仍然是江苏战略性新兴产业技术创新的主流形式。鉴于多数技术创新无法在短时期内取得突破性进展，推动江苏战略性新兴产业的商业模式创新以强化战略性新兴产业的市场竞争力，就显得尤为重要。

二 江苏当前的商业模式不能完全适应战略性新兴产业发展

2008年全球金融危机爆发以后,江苏及时抓住全球技术产业竞争格局变革的机遇,前瞻性地把战略性新兴产业作为经济结构战略性调整的重点方向,通过《江苏省新兴产业倍增计划》(苏政发〔2010〕97号)、《江苏省"十二五"培育和发展战略性新兴产业规划》(苏政发〔2011〕186号)、"十大战略性新兴产业推进方案"以及《江苏省战略性新兴产业重大工程实施方案》(苏政办发〔2014〕100号)等一系列规划、方案的实施,推动了江苏战略性新兴产业发展规模不断扩大。截至2015年底,江苏省十大战略性新兴产业销售收入达到4.5万亿元,位居全国首位。其中,新材料、节能环保、医药、软件、新能源、海洋工程装备等产业规模居全国第一,新一代信息技术产业规模居全国第二,节能环保产业占全国比重达25%,光伏产业占全国比重近50%,海洋工程装备产业占全国市场份额超过30%。

在战略性新兴产业规模快速发展的同时,江苏战略性新兴产业的商业模式创新也取得了一定进展。政府部门高度重视以政策激励新兴产业商业模式创新,在节能、生物、信息等领域催生出大量新型商业模式。比如,在节能环保领域,江苏于2011年出台了《江苏省合同能源管理财政奖励资金管理暂行办法》(苏财规〔2011〕34号),对实施节能效益分享型合同能源管理项目的节能服务公司进行财政专项奖励。但是,从总体上来看,江苏当前的商业模式尚不能完全适应战略性新兴产业的发展,可以从商业模式的"关键资源""价值主张""商业网络""运营管理""盈利模式"五个基本构成要素进行具体分析。

(一)关键资源:核心技术能力不强

目前,江苏战略性新兴产业的快速发展更多地体现在制造环节产值规模的增长,而关键核心技术却依然显著落后于发达经济体。基础性研发投入不足是导致江苏核心技术能力不强的主要原因。据统计，江苏2015年R&D活动经费为1801亿元，占GDP的比重为2.57%，与发达经济体平均3%的水平相比差距并不大。但是基础研究占研发投入的比重明显低于发达经济体水平。据统计，2015年江苏基础研究占研发投入的比重为23.1%，虽高于全国平均水平，但仍比发达国家平均水平低约2个百分点。

总体来看，江苏战略性新兴产业在一些技术相对比较成熟的领域，科技成果产业化程度相对较高。而在一些前沿技术领域，虽然在个别环节有所突破，但关键技术、核心制造设备和上下游产品尚未取得整体突破，导致"高端产业、低端环节"的矛盾突出。比如：在光伏领域，核心技术创新相对滞后，美国、日本、德国等一些实验室已经研发出光转换率40%以上的光电池，而江苏技术领先企业实验室转换效率仅为24.4%。江苏已建有多个地面光伏电站，但有一半左右的光伏组件衰减5%~10%，其中有约30%的组件功率衰减超过10%。在化工新材料领域，仍以通用、中低端产品为主，大多数高端产品无论在装置规模、技术水平，还是在产品性能、生产成本等方面都难以与国外产品相抗衡；聚碳酸酯基本被德国拜耳、日本帝人、日本三菱等跨国公司垄断。在生物医药领域，江苏生物医药产业的基础研究水平与发达国家的差距大约在5年，产业化差距在15年以上。昆山在小核酸创新技术及应用方面虽然处在与世界同步的水平，但截至2015年12月仍然处于临床试验阶段，距离大规模生产上市尚需较长一段时间。在电子信息领域，江苏省集成电路操作系统等领域的核心技术仍未有大的突破，终端的高端芯片仍需要从跨国公司引进。在物联网领域，无锡物联网技术只是在个别环节上取得突破，还没有形成具有一定规模的完整产业链。

（二）价值主张：技术创新与市场需求结合不够紧密

技术创新、基础设施和服务体系不完善，江苏战略性新兴产业的产品和服务价格往往比较高，导致消费市场的认同度低。因此，潜在的市场需求要转化为现实的需求，需要克服消费观念、技术瓶颈、生产成本、配套设施等一系列障碍，将会是一个漫长曲折的过程。不仅在江苏如此，在全国范围也是一个普遍现象。比如，在新能源汽车的技术路线选择上，我国当前有一定优势的技术方向就是电动汽车。然而，这一技术的市场化受到快速充电系统和充电站的建设规模等因素的制约，短期内市场需求很难有突破性增长。与此同时，纯电动汽车的续航里程与传统汽车相比仍无竞争优势，需要在大容量电池研发、快速充电技术等方面实现突破。在云计算领域，云服务技术不够成熟，多种路线和标准并存，没有形成稳定的产业链，除个别企业外，没有形成大规模商业链，客户对其认识不足，仅靠云计算企业引导客户需求无法带动整个行业的迅速发展。

（三）商业网络：新兴产业配套体系比较薄弱

基础设施、配套服务体系的完善是推动商业模式创新的必要条件。与发达经济体相比，江苏战略性新兴产业依然缺乏比较完备的配套服务体系，缺乏大量的专业生产性服务企业、研发与实验中心、产品设计中心、风险投资公司、猎头公司、市场调研公司、咨询公司、评估公司等，导致以战略性新兴产业的基础设施、上下游关联企业、产品配套、要素市场整合等为主要组成部分的商业网络服务体系依然比较薄弱。

（四）运营管理：企业对后端推广应用重视不够

全球金融危机以来，中央和各级地方政府陆续出台了战略性新兴产业的相关扶持政策，各地发展战略性新兴产业的热情持续高涨。和全国其他地区一样，江苏战略性新兴产业也在这一时期得到了快速发展。但是，战略性新兴产业并未真正走出创新与高水平发展的新路子，而是习惯于通过招商引资、政策比拼的传统思维推动战略性新兴产业规模在短时期内急剧扩大。由于江苏战略性新兴产业主要集中于低附加值的制造环节，而对于技术风险和市场风险较高的前端研发环节以及后端推广应用环节重视不够，由此造成江苏一些战略性新兴企业在制造领域的过度投资和重复建设，从而诱发光伏、风电、船舶制造等产业出现新的产能过剩。

（五）盈利模式：产品定价不能完全反映产品内在价值

一般认为，新兴产业的发展壮大需要保证创新者在进行巨额研发投入、承担巨大风险后，可以通过较高的产品定价来获得相应的补偿。但是和国内其他省市一样，江苏在对战略性新兴产业相关产品进行定价时，较少考虑这一点，更多的只是核算了产品的原材料、人工等直接成本，而对前期研发投入的成本核算考虑不足。这对于那些由政府定价的战略性新兴产品（比如新能源、生物医药等）而言，更是一个普遍现象。以生物医药行业为例，迫于社会医疗成本不断上涨的压力，世界上大多数国家对药品的定价限制趋于严格，使拥有新药专利的公司依靠高定价获利的空间受到严重挤压，在我国这种现象也非常明显。即使是对于那些产品由市场定价的战略性新兴产业，因其目标客户大多是处于强势市场地位的大型企业，导致为数众多的战略性新兴企业在产品定价时缺乏足够话语权。这一现象在节能环保、智能电网、海洋工程装备等产业比较突出。

三 江苏战略性新兴产业商业模式创新的路径选择

（一）商业模式创新的三种类型

结合有关学者的研究①，从价值链的角度分析，商业模式创新大致可以划分为三种类型："聚焦型商业模式"、"一体化型商业模式"和"核心型商业模式"。在产业成长初期，企业大多采用聚焦型商业模式；在产业高速成长期，逐渐演化为一体化型商业模式占主导；在进入产业成熟期后，企业主要采用核心型商业模式。

1. 聚焦型商业模式

聚焦型商业模式是指企业将自身的经营业务聚焦在原有产业价值链的某

---

① 曾楚红、朱仁宏、李孔岳：《基于价值链理论的商业模式分类及其演化规律》，《财经科学》2008年第6期。

一个或几个价值创造环节（见图1中的B环节），或者是企业通过价值链创新在原有的产业价值链上增加了一个或几个新的价值创造环节并将自身聚焦于此（见图2中的D环节）。

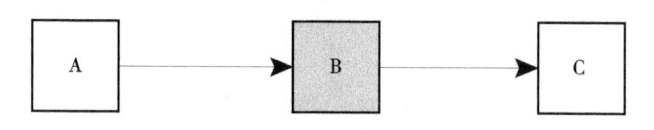

图1　聚焦型商业模式（a）

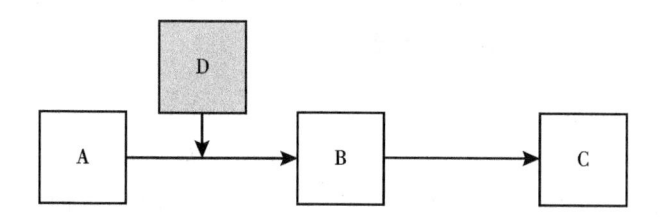

图2　聚焦型商业模式（b）

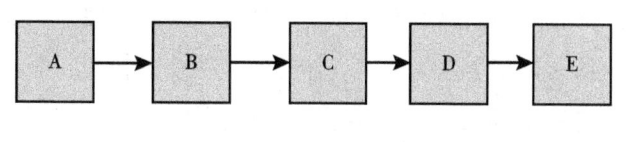

2. 一体化型商业模式

一体化型商业模式是指企业从事的经营业务覆盖了整条产业价值链的各个环节（见图3）。与聚焦型商业模式相比，这种商业模式潜在利润较大，但面临的竞争也更激烈。

图3　一体化型商业模式

3. 核心型商业模式

核心型商业模式是指企业在数条产业价值链构成的价值网络中聚焦于一个价值创造环节（见图4中的C环节），采用这种商业模式的企业在整个价值网络中居于核心地位，且进入壁垒较高，能够比较容易地从其上游或下游价值环节侵占和获取它们创造的价值，因此这种商业模式的潜在利润最大，往往被成熟期的产业所采用。

图4 核心型商业模式

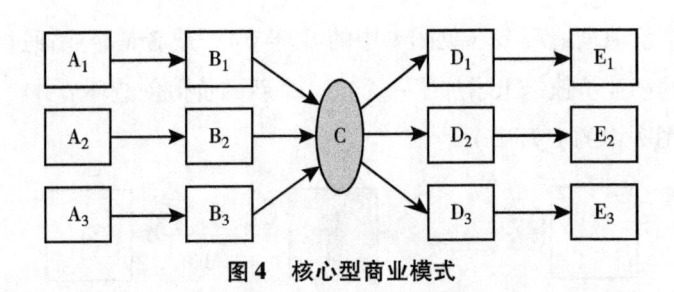

（二）从"聚焦型"向"一体化型"商业模式转变是江苏战略性新兴产业商业模式创新的必然选择

当前江苏战略性新兴产业总体处于成长期，因技术储备不够，特别是关键核心技术缺乏，大多数企业是进入壁垒相对较低的制造环节，对前端研发环节和后端销售环节的投资则相对偏少。由此可以判定，当前江苏战略性新兴产业的商业模式总体属于聚焦型，且主要聚焦在产业价值链的制造环节。大多数企业都将业务重点放在制造环节上，势必导致制造环节产能过剩，进而导致制造环节所创造的利润被逐渐摊薄。比较典型的案例是江苏的光伏产业。在产业发展之初，政府大力补贴生产环节，通过大量出口做大产业规模。但是随着国际金融危机的深入影响导致欧美市场需求急剧下滑，江苏光伏产品积压、价格骤降，光伏产业经历了产能过剩的市场洗礼。

为增强江苏战略性新兴产业竞争力、实现可持续发展，必须推动江苏战略性新兴企业从聚焦型商业模式向一体化型商业模式转变，即在保持现有制造环节规模优势的基础上，着力推动企业经营业务向上、下游环节（研发和市场）延伸。只有在战略性新兴产业由成长期进入成熟期以后，核心型商业模式才逐步占据主导地位。

四 加快培育"一体化型"商业模式的对策建议

（一）明确政策介入企业商业模式创新的关键环节和重点领域

从支持江苏战略性新兴产业由聚焦型商业模式向一体化型商业模式转型

的角度出发，产业政策支持的重点至少应该包括核心技术研发和品牌建设两个方面。在核心技术研发支持方面，要避免以企业产能规模、所有制特征等非技术和效率标准制定优惠政策的倾向，使优惠政策集聚在技术研发环节。在经济一体化和创新全球化的背景下，"技术专利化、专利标准化、标准国际化"已成为产业技术竞争的重要特征。为此，要站在专利和标准竞争的战略高度，鼓励和支持创新能力强的大型企业在掌握核心技术的基础上联合起来，积极参与国内国际标准制定工作，将拥有自主知识产权的技术标准推向国际，从而提升江苏战略性新兴企业的竞争力和话语权。

在品牌建设支持方面，要进一步完善知识产权保护政策法规，加大知识产权侵权、违法的打击力度，营造战略性新兴产业发展良好的知识产权环境；加强质量诚信体系建设，引导和激励广大企业加快标准创新、技术创新、管理创新，同时加大质量失信行为的惩戒力度；建立科学、规范、权威的品牌评价体系，规范品牌价值评价和发布活动，指导企业有效提升品牌价值。

（二）鼓励和引导企业向产业价值链两端延伸

为了破解战略性新兴产业发展陷入"高端产业、低端环节"的困境，要积极实施产业链发展工程，以龙头企业和主导产品为核心，积极推进资金、人才等各种要素资源向优势企业和优势产品集聚，着力推动江苏战略性新兴产业链向研发和市场两端延伸，加快在江苏形成一批产业特色鲜明、产业链比较完善、辐射带动作用强的战略性新兴产业集群。一是推进官产学研深度合作。支持重点企业建立企业技术中心，推进企业与高校、科研院所联合开展重大技术项目攻关及促进技术成果产业化，鼓励和支持国外研发机构来江苏设立研发中心。二是推进人才培养。充分利用江苏科教资源丰富的优势，强化教育对战略性新兴产业的人才支撑。围绕重点领域和关键环节，大力培养和引进科技领军人才、拔尖人才和创新创业团队。积极营造"鼓励创新、宽容失败"的创新氛围，形成尊重创新愿望、发挥创新才能、包容创新失败、肯定创新成果的创新文化氛围。三是开拓终端应用市场。充分利用政府采购支持国内自主品牌，尽快完善政府采购制度和法规，尤其是要加快研究政府采购优先购买和必须购买的战略性新兴产品目录。积极引导节能、环保的新型消费理念，加大对战略性新兴产品市场的培育和支持力度，通过购买价格补贴、消费贷款贴息等方式，降低企业和居民购买战略性新兴产品成本，刺激战略性新兴产品的消费需求。

（三）加大财政资金和金融资本对商业模式创新的支持力度

在战略性新兴产业的培育期，政府的财政支持十分重要。要引导政府财政专项资金支持范围从技术创新向商业模式创新拓展，增补现行战略性新兴产业发展重点领域指南、重点产品和服务指导目录中有关商业模式创新的条目内容，重点支持由产业联盟、上下游企业及金融机构共同承担开发建设的创新类项目。要进一步加大政府采购对商业模式创新的支持力度，进一步完善政府采购招投标的有关制度安排。采取多元化政府采购机制和模式，明确将信息服务、节能环保、新能源等新兴领域的新型服务模式纳入政府采购目录清单。要健全新兴领域技术创新和商业模式创新的标准准入机制，建立灵活多样的新兴服务采购支付模式。

金融资本是保持战略性新兴产业长久竞争力的主体力量。推进江苏战略性新兴产业的商业化可持续发展，需要"绿色信贷"的巨大推动。要引导金融机构贷款向战略性新兴产业商业模式创新倾斜。建立绿色信贷通道，构建包括财政出资和社会资金投入在内的多层次担保体系。积极拓宽资金来源，引导风险投资投向企业商业模式创新。不断创新金融产品，借鉴国内外比较成熟的信贷制度设计，建立和完善针对企业新型商业模式推广试验期内的抵押担保贷款机制。

（四）持续出台鼓励重点领域商业模式创新的专项政策和实施方案

充分借鉴美国、欧盟、日本、国际能源署等主要发达经济体和国际机构在推进新能源、节能环保、信息服务等新兴领域商业模式创新时采用的专项行动计划和实施方案，着力出台一些更具体、有针对性和可操作性更强的鼓励重点领域商业模式创新的专项政策和实施方案。具体来说，在节能环保领域，要进一步加大宣传、增强公众节能意识、完善有关政策法规，加强对专业技能人才的培养，规范行业准入门槛，拓宽融资渠道，完善信贷评价机制，加快建立健全节能效果评价和利益分配机制。在云计算、新能源汽车、新能源等领域，研究出台促进商业模式创新的行动计划和实施方案，在资金扶持、人才供给、市场风险补偿、配套基础设施建设、体制机制方面给予特殊支持。在生物技术和新医药领域，研究设立鼓励生物医药研发合同外包创业投资专项资金，引导境外投资机构、银行、保险、信托、民间资本等进入生物医药研发合同外包的创业投资领域。

参考文献

1. 原磊：《国外商业模式理论研究评介》，《外国经济与管理》2007 年第 10 期。
2. 曾楚红、朱仁宏、李孔岳：《基于价值链理论的商业模式分类及其演化规律》，《财经科学》2008 年第 6 期。
3. 万钢：《发展中国特色风险投资　培育战略性新兴产业》，《科技日报》2010 年 7 月 23 日。
4. 赵刚：《战略性新兴产业要重点关注商业模式创新》，《中国科技财富》2010 年第 23 期。
5. 李长云：《创新商业模式的机理与实现路径》，《中国软科学》2012 年第 4 期。
6. 李志强、赵卫军：《企业技术创新与商业模式创新的协同研究》，《中国软科学》2012 年第 10 期。
7. 魏炜、朱武祥、林桂平：《基于利益相关者交易结构的商业模式理论》，《管理世界》2012 年第 12 期。
8. 陈昭锋：《国外政府促进战略性新兴产业发展商业模式的创新》，《南通大学学报》2013 年第 6 期。
9. 王洪：《创新商业模式促进我国战略性新兴产业发展的对策》，《经济论坛》2013 年第 10 期。
10. 姜江：《促进新兴产业商业模式创新》，《宏观经济管理》2014 年第 8 期。

B.23
江苏推广复制自贸区经验的对策研究

周睿*

摘　要：本报告在总结当前自贸区试点经验的基础上，概括了自贸区可复制、可推广的经验，并提出了江苏复制推广自贸区经验的对策。研究认为江苏要认真落实国务院复制推广自贸区经验的要求，密切跟踪自贸区试点进展，继续推进江苏自贸区申报，并将复制推广自贸区经验与江苏经济转型升级对接。

关键词：自贸区　复制　推广　江苏

一　自贸区试点的内容

目前，我国已经建立了上海、广东、天津、福建、湖北、四川、重庆、河南等11个自贸区，尽管各个自贸区在政策的试点中各有侧重，但就整体来说，自贸区试点的内容基本囊括在国务院为上海自贸区单独发布的两份方案中。

国务院于2013年9月在《中国（上海）自由贸易试验区总体方案》中提出了试点的主要任务和措施，分别是：①加快政府职能转变，主要包括政府管理由注重事先审批转变为注重事中、事后监管，建立一口受理、综合审批和高效运作的服务模式，建立行业信息跟踪、监管和归集的综合性评估机

---

* 周睿，江苏省社会科学院区域现代化研究院副研究员。

制和集中统一的市场监管综合执法体系等。②扩大投资开放领域，主要是扩大服务业开放、探索建立负面清单管理模式、对境外投资管理实施备案制。③推进贸易发展方式转变，一方面要推动贸易转型升级，主要包括深化国际贸易结算中心试点，支持试验区内企业发展离岸业务，探索设立国际大宗商品交易和资源配置平台，扩大完善期货保税交割试点，建设对外文化贸易基地，允许各类融资租赁公司开展境内外租赁服务，鼓励设立第三方检验鉴定机构，试点境内外高技术、高附加值维修业务；另一方面是提升国际航运服务能级，强化海港和空港的联动作用，发展航运运价指数衍生品交易业务，先行先试外贸进出口集装箱在国内沿海港口和上海港之间的沿海捎带业务等。④深化金融领域的开放创新，主要包括金融制度创新和增强金融服务功能，特别强调试验区金融改革创新与上海国际金融中心建设的联动机制。⑤完善法制领域的制度保障，可以停止实施有关行政法规和国务院文件的部分规定，暂时调整"外资三法"规定的有关行政审批，建立与试点要求相适应的试验区管理制度。⑥营造相应的监管和税收制度环境，一是创新监管服务模式，强调"一线放开，二线安全高效管住"，强化监管协作；二是探索与试验区相配套的税收政策，以及适应境外股权投资和离岸业务发展的税收政策，主要用以促进投资和贸易。

2015年4月，国务院印发了《进一步深化上海自贸区改革开放方案》，在此方案中，安排上海自贸区进一步深化改革开放的主要任务和措施一共25条，包括五个方面，其中，有关政府职能转变的任务和措施一共12条，主要有完善负面清单管理模式、加强社会信用体系应用、加强信息共享和服务平台应用、健全综合执法体系、健全社会力量参与市场监督制度、完善企业年度报告公示和经营异常名录制度、健全国家安全审查和反垄断审查协助工作机制、推动产业预警制度创新、推动信息公开制度创新、推动公平竞争制度创新、推动权益保护制度创新、深化科技创新体制机制改革等。有关深化与扩大开放相适应的投资管理制度创新的任务和措施有4条，分别是进一步扩大服务业和制造业领域开放、推进外商投资和境外投资管理制度改革、深化商事登记制度改革、完善企业准入"单一窗口"制度。有关推进贸易监管制度创新的任务和措施有5条，分别是深化"一线放开，二线安全高效管住"贸易便利化改革，推进国际贸易"单一窗口"建设，推进货物状态分类监管试点，推动贸易转型升级，完善具有国际竞争力的航运发展制度和运作模式。有关深入推进金融制度创新的任务和措施有1条，只强调了要加强金融创新开放力度，加强与上海国际金融中心建设的联动。有关加强法制和政策保障的任务和措施有3条，分别是健全法制保障体系，探索适应企业国际化发展需要的创新人才服务体系和国际人才流动通行制度，完善促进投资和贸易的税收政策。

通过比较国务院颁布的这两份方案可以看到，第一，试点的内容主要涉及加快政府职能转变等六个领域，其中加快政府职能转变是试点的首要内容；第二，相比较第一份方案，第二份方案由于出台的时间较晚，对于试点内容的阐述更加详细。

二 推广复制的自贸区经验

早在上海自贸区设立之初，国家就明确了自贸区的一个重要使命，即试点出可以复制推广的经验，为全国的全面深化改革和扩大开放做出贡献。包括上海在内的多个自贸区在过去三年里，试点出了多项可复制可推广的经验。国务院分别在2014年发布了《关于推广中国（上海）自由贸易试验区可复制改革试点经验的通知》和2015年发布了《关于做好自由贸易试验区新一批改革试点经验复制推广工作的通知》（详见表1）。

表1 国务院发布的自贸区可复制、可推广的试点经验

复制推广范围	试点领域	中国（上海）自由贸易试验区可复制改革试点经验	自由贸易试验区新一批改革试点经验
全国	投资管理领域	外商投资广告企业项目备案制、涉税事项网上审批备案、税务登记号码网上自动赋码、网上自主办税、纳税信用管理的网上信用评级、组织机构代码实时赋码、企业标准备案管理制度创新、取消生产许可证委托加工备案、企业设立实行"单一窗口"等	"负面清单以外领域外商投资企业设立及变更审批改革""税控发票领用网上申请""企业简易注销"

续表

复制推广范围	试点领域	中国(上海)自由贸易试验区可复制改革试点经验	自由贸易试验区新一批改革试点经验
全国	贸易便利化领域	全球维修产业检验检疫监管、中转货物产地来源证管理、检验检疫通关无纸化、第三方检验结果采信、出入境生物材料制品风险管理等	依托电子口岸公共平台建设国际贸易单一窗口，推进单一窗口免费申报机制、国际海关经认证的经营者(AEO)互认制度、出境加工监管、企业协调员制度、原产地签证管理改革创新、国际航行船舶检疫监管新模式、免除低风险动植物检疫证书清单制度
全国	金融领域	个人其他经常项下人民币结算业务、外商投资企业外汇资本金意愿结汇、银行办理大宗商品衍生品柜台交易涉及的结售汇业务、直接投资项下外汇登记及变更登记下放银行办理等	
全国	服务业开放领域	允许融资租赁公司兼营与主营业务有关的商业保理业务、允许设立外商投资资信调查公司、允许设立股份制外资投资性公司、融资租赁公司设立子公司不设最低注册资本限制、允许内外资企业从事游戏游艺设备生产和销售等	
全国	事中、事后监管措施	社会信用体系、信息共享和综合执法制度、企业年度报告公示和经营异常名录制度、社会力量参与市场监督制度，以及各部门的专业监管制度	引入中介机构开展保税核查、核销和企业稽查、海关企业进出口信用信息公示制度
海关特殊监管区	海关监管制度创新	期货保税交割海关监管制度、境内外维修海关监管制度、融资租赁海关监管制度等措施	入境维修产品监管新模式，一次备案、多次使用，委内加工监管，仓储货物按状态分类监管，大宗商品现货保税交易，保税展示交易货物分线监管，预检验和登记核销管理模式，海关特殊监管区域间保税货物流转监管模式
海关特殊监管区	检验检疫制度创新	进口货物预检验、分线监督管理制度、动植物及其产品检疫审批负面清单管理等措施	

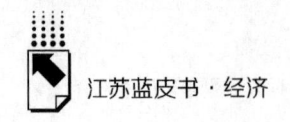

三 江苏复制推广自贸区经验的情况

2013年底,上海自贸区成立后,江苏省充分意识到上海自贸区经验在新一轮改革开放中的重要意义。2013年11月8日,江苏省召开了抢抓上海自贸区建设机遇、推进新一轮改革开放的会议,在会议上,时任江苏省省委书记罗志军同志指出:要积极呼应对接上海自由贸易试验区建设,加快构建更高水平的开放型经济体系,打造江苏开放型经济升级版,努力在新一轮改革开放中走在前列。

2014年5月,江苏省委、省政府主要领导在苏州召开现场会,苏州在苏州工业园和昆山深化两岸产业合作试验区等5个综合保税区(保税港区)先行先试上海自贸区的建设经验,重点试行以"负面清单"管理模式为特征的投资便利化改革,以海关特殊监管区"一线放开,二线安全高效管住"为特点的贸易便利化改革,以人民币跨境业务开展为标志的金融体制改革,以企业征信体系建设为主要抓手的综合监管改革。随后,江苏省人民政府对《关于支持苏州学习对接中国(上海)自由贸易试验区发展、深化制度创新的请示》进行了批复,在批复中要求省各有关部门和单位按照职能分工,加强指导,主动服务,积极支持苏州开展学习对接上海自贸区发展、深化制度创新等方面的工作,重点要在四个方面加大创新力度。

(1)投资便利化。探索实行准入前国民待遇和负面清单管理模式,在现行法律框架内,加快推行外商投资项目审批,逐步实行以备案制为主的境外投资管理模式。全面推行"先照后证",除法律法规、国务院规定确需实行前置审批外,由工商行政管理部门先行核发营业执照。精简企业设立登记流程,建立"一口受理、一口办理"并联审批平台,实行电子营业执照和全程电子化登记管理。

(2)贸易便利化。加快苏沪两地通关一体化进程,推动上海自贸区"先进区,后报关""保税展示交易"等监管服务创新模式在苏州移植和复制。加强口岸部门协作互助,简化海关特殊监管区域货物通关流程和手续,推广"一次申报、一次查验、一次放行",推动检验检疫"虚拟口岸直通放行"模式,努力实现通报、通检、通放。推行通关作业无纸化模式。

(3) 金融改革创新。学习借鉴上海自贸区金融创新成功经验,推进苏州工业园区中新金融合作,落实昆山深化两岸产业合作试验区金融改革先行先试政策。支持开展跨境人民币创新业务,全面开展跨国公司外汇资金集中运营管理业务,探索外商投资企业外汇资本金、外汇意愿结汇等方面的改革。支持中资金融机构在海关特殊监管区设立分支或机构升级、外资银行设立子行、外资保险公司及中介机构设立分支、金融租赁公司设立子公司等。

(4) 监管体制改革。推行行政审批制度改革,依法实行行政审批目录优化管理,做到"目录之外无审批"。探索建立市场监管综合执法体制,在质量技术、食品药品、知识产权、工商税务等领域实现高效监管,鼓励有条件的社会力量特别是行业协会和中介机构参与市场监督。健全完善企业、个人诚信体系,探索建立综合执法体制、"一口受理"行政服务机制和事中、事后监管体系。

2014年7月,江苏省委、省人民政府出台了《关于深化开放型经济体制改革的若干意见》。该意见提出主动对接上海自贸区建设。要在创新体制机制上下功夫,示范引领,以点带面,整体统筹推进。支持苏州、连云港、无锡等地先行复制,率先推广,构筑更高的对外开放新平台,以制度创新赢得开放新优势,打造开放型经济"升级版"和推动制造业转型升级,为全省乃至全国进一步深化改革积累新经验。

2014年12月,南京市出台了《关于对接上海自贸区加快南京综合保税区发展的若干意见》,提出了十三条举措,分别是:便捷外资审批、简化工商登记、扩大境外投资、推进联合执法、创新外汇管理、拓展金融服务、优化保税监管、探索"单一窗口"、统筹土地利用、扩大财税扶持等。

目前,江苏在对接上海自贸区的做法,概括起来主要有以下几点:①外商投资审批事项"清单式管理、快速化审批",注重外资后道管理,让外资真正享受国民待遇;②海关启动了8项通关便利化措施,即智能卡口验放、批次进出、集中申报、集中汇总纳税、境内外维修、简化报关单随附单证、

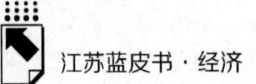

统一备案清单、区内自行运输以及先进区后报关等；③负面清单管理，苏州工业园区探索将负面清单管理模式与注册登记制度改革相结合，南京实施"负面清单＋特别鼓励清单"管理模式。此外，还对人民币跨境业务、企业征信体系建设等经验进行复制。

从江苏对接上海自贸区的情况来看，具有以下几个特点：第一，反应速度快，上海自贸区刚建立不久，江苏就将对接上海自贸区建设提上重要的工作日程；第二，对接工作扎实，围绕国务院复制推广自贸区经验的文件精神，结合江苏发展的实际，不断地推进自贸区试点经验的复制推广；第三，创新意识强，在复制推广自贸区经验的同时，在落实中进行创新，使自贸区的经验和做法更加适合江苏。

四 江苏复制推广自贸区经验的策略

通过回顾自贸区试点的任务和措施以及复制推广的试点经验，可以看出当前自贸区的试点工作仍然任重而道远，对于江苏来说，一方面需要创造性地复制推广自贸区经验，做复制推广自贸区经验的排头兵；另一方面也需要继续申报江苏自贸区，增加政策试点的灵活性。基于此，江苏复制推广自贸区经验的策略如下。

（一）认真落实国务院所复制推广自贸区经验，在落实中体现江苏创新

在国务院《关于印发中国（上海）自由贸易试验区总体方案的通知》中，明确要求要建设具有国际水准的投资贸易便利、监管高效便捷、法制环境规范的自由贸易试验区，使之成为推进改革和提高开放型经济水平的"试验田"，形成可复制、可推广的经验，发挥示范带动、服务全国的积极作用，促进各地区共同发展。从开始建立自贸区到现在短短的三年多时间，已经试点出多条可以供全国复制和推广的政策措施，江苏应当按照国务院文件要求积极推广和复制自贸区经验。不过，在这个推广和复制自贸区经验的

过程中，江苏应该立足发展的实际，结合江苏多年来发展开放型经济的经验，创造性地推广和复制自贸区经验，使自贸区经验的推广复制更加高效，为全国推广复制自贸区经验率先垂范。

（二）密切跟踪自贸区政策试点进展，为未来推广复制做好准备

从国务院印发《中国（上海）自由贸易试验区总体方案》、《进一步深化上海自贸区改革开放方案》以及推广复制自贸区试点经验的两个通知来看，当前可以推广复制的试点经验较两个方案要试点的任务和措施还有很大的差距，甚至从某种程度上来说，自贸区先行先试的工作才刚刚开始。江苏要率先实现自贸区经验的复制和推广，就得密切跟踪自贸区政策试点进展，通过政府、民间渠道和相关部委、自贸区所设省市的相关部门加强沟通，保证信息畅通。在此基础上，将当前自贸区在试点的政策措施按照实施效果进行分类，对于其中试点效果好且可能在全国推广复制的经验要加以研究，结合江苏发展的实际情况，提前部署安排。

（三）继续积极推进江苏自贸区的申报，为全面深化改革发展贡献江苏智慧

建立江苏自贸区一方面可以按照江苏经济发展的实际情况，安排先行先试，尽快解决发展中的问题，促进江苏经济健康发展；另一方面可以为全国其他地区的发展提供江苏经验。近年来，江苏申报自贸区采取了三个方案：以苏州5个保税区（港区）为核心申报江苏苏州自贸区、以连云港保税港区为核心申报江苏连云港自贸区，以苏州、无锡、南京等苏南的保税区（港区）等一起申报江苏自贸区，基本上是仿制了上海自贸区的设立思路，和上海自贸区存在高度的相似，并没有凸显江苏故事。从最近党中央和国务院又审批了辽宁、浙江、河南、湖北、重庆、四川、陕西等七个自贸区来看，设立自贸区的目的更加倾向于某一发展领域，譬如浙江舟山自由贸易港区要求推动大宗商品贸易自由化，河南省要求落实中央关于加快建设贯通南北、连接东西的现代立体交通体系和现代物流体系，湖北省则主要落实中央

关于中西部地区有序承接产业转移、建设一批战略性新兴产业和高技术产业基地的要求，因此，江苏申报新的自贸区要注意突出江苏优势和国家战略的对接，譬如在苏南国家自主创新示范区的基础上申报江苏自贸区。

（四）围绕自贸区建设的核心目的，将复制推广自贸区经验纳入经济转型升级的大局之中

建立自贸区是深入贯彻党中央十八大精神，在新形势下推进改革开放的重大举措，有利于加快政府职能转变、积极探索管理模式创新、促进贸易和投资便利化，为全面深化改革和扩大开放探索新途径、积累新经验，也就是说，建立自贸区就是建立一个全面深化改革和扩大开放的政策"实验室"，进行政策的创新，以解决当前经济中存在的深层次问题，促进经济转型升级。因此，在复制推广自贸区经验的过程中，要将对经济转型升级贡献大的经验优先研究，优先落实，对经济转型升级贡献一般的经验正常研究落实。

B.24
江苏借鉴国际经验集聚高端要素的政策研究

杜宇玮*

摘　要： 高端要素集聚是实现创新驱动发展的基础条件。美国奥克兰郡作为曾经的著名汽车产业城，近些年来通过多方面的政策措施，促成了大量全球优质资本、一大批高端人才和丰富的创新知识等高端生产要素的空间集聚，从而实现了产业转型升级和经济快速增长。借鉴其转型发展经验，江苏可以通过完善空间集聚的基础设施体系、营造优质的人才集聚环境、构建创新驱动的现代产业体系等相关政策来集聚全球高端要素。

关键词： 高端要素　要素集聚　江苏

在现代经济中，人才、技术、知识等高端要素的集聚与溢出已成为决定经济增长的重要变量。从区域发展角度来看，高端要素集聚是实现区域创新的重要基础，是实现区域发展从要素驱动向创新驱动的重要支撑力量。自全球金融危机以来，随着土地、劳动力等生产要素成本的不断上升，江苏传统制造业优势正日渐削弱。深入实施创新驱动战略，在开放经济条件下集聚和利用全球高端要素尤其是创新要素发展本土创新型经济，从而带动经济转型升级，已是江苏获取"第二波全球化红利"、成功跨越"中等收入陷阱"和

---

* 杜宇玮，江苏省社会科学院区域现代化研究院副研究员，经济学博士。

实现经济持续健康发展的必由之路。发达国家或地区在集聚高端要素，如促进创新资金向企业集聚、吸引创新创业人才、引进先进技术、吸收创新知识等方面取得了显著成效，积累了丰富经验，对江苏集聚高端要素、提升自主创新能力具有重大借鉴和启发意义。本文将选取美国奥克兰郡为典型国际样板，介绍其集聚高端要素的成效和经验；然后结合江苏实际，提出江苏借鉴国际经验促进高端要素集聚的政策建议。

一 区域集聚高端要素的国际样板：美国奥克兰郡的增长奇迹

位于密歇根州底特律都市圈的奥克兰郡（Oakland County），地处美国北部五大湖地区，是著名的汽车产业城，是全美及全世界的汽车研发中心。全美国1/3的汽车产品都来自奥克兰郡，戴姆勒－克莱斯勒、通用、福特、里尔公司（Lear Corporation）和 Arvin Meritor 等全球知名的汽车整车和零部件企业都落户该郡。2008年以来，它们积极发展医药产业，推动医疗主街建设。目前该郡拥有世界一流的卫生机构、生物实验室和医疗器械生产企业5000多家，已经成为健康保健和生命科学产业的全球创新中心，也是美国最具活力的新技术产业研发前沿阵地。密歇根是359家医疗设备企业的总部，医疗设备制造业位居全美第八，而美国最大的两个健康系统和密歇根州最大的4个健康系统都位于奥克兰郡。另外，奥克兰郡正在大力实施"新兴产业战略"（Emerging Sectors），该战略将先进电子和控制系统、先进材料和化学、航空航天学、汽车、可替代能源和发电、通信和信息技术、电影和数字媒体、机器人和自动化、国防和国土安全、医疗主街十大产业列为未来发展的重点。高新技术产业已经日益成为支撑奥克兰郡经济增长的新动力。

实际上，奥克兰郡作为曾经的世界汽车制造业中心，随着全球制造中心的转移和市场需求的变化，其以大规模流水线生产方式为主的传统汽车工业已逐渐失去竞争优势。然而，面临制造业外迁和衰退的冲击，奥克兰郡近年来抢抓机遇、逆势发展，走出了一条集聚高端要素的成功之路，顺利地实现了产业转型升级，经济持续保持了年均两位数的增长，成为区域经济发展不可或缺的重要增长极，乃至在全球经济中扮演了重要角色。从发展阶段看，奥克兰郡早已步入后工业化时代，但是依然能够持续保持两位数的高速增长，这大大突破了人们对发展阶段和发展速度的原有认识。我们发现，奥克兰郡经济增长奇迹的奥秘在于优质资本、高端人才、创新知识等高端生产要素的空间集聚。奥克兰郡通过集聚高端要素促进经济转型的成功经验，可以给进入后工业化阶段的"制造大省"——江苏在新常态下的城市和区域转型发展以及建设全球先进制造业基地提供一定的借鉴和启示。

二 奥克兰郡集聚高端要素的成效及经验

（一）大量全球优质资本集聚

奥克兰郡是著名的汽车产业城，汇聚了戴姆勒-克莱斯勒、通用、福特等全球知名的汽车企业；同时也是外资的重要集聚地，是密歇根州的国际业务集中地，集聚了来自39个国家的1050多家公司。约50家的全球100强企业在此投资兴业，是菲亚特-克莱斯勒、博格华纳、博泽、美驰和法雷奥等著名跨国公司的北美总部所在地。此外，来自日本、德国、加拿大等的66家全球顶级OEM零部件供应商，以及上海汽车集团股份有限公司等60多家中国企业也都在这里设有基地。在密歇根州的诸多OEM汽车零部件供应商中，超过70%的都坐落在此。2014年，来自外资企业（来自于总部在美国之外的公司）的投资为1.71亿美元；2015年增加了一倍，达3.57亿美元，占全部私营商务投资（8.35亿美元）的42.8%。

奥克兰郡之所以能吸引全球优质资本进入，与其便利的交通设施、积极的招商引资和优质的企业服务是分不开的。一是在基础设施方面，奥克兰郡不仅拥有美国最繁忙的国际行政机场——奥克兰郡国际机场（OCIA）和北美地区最繁忙的边界线，同时还拥有通往美国其他城市、墨西哥和加拿大的发达高速公路。奥克兰郡发达的基础设施网络为国际商务的开展提供了极为便利的条件，并由此成为北美出口中心，吸引了一大批跨国公司在此建立区域总部乃至世界总部。二是在招商引资方面，奥克兰郡政府不遗余力，在其官网上详细地列出允诺给予外来投资者的优惠政策，且不轻易改变。郡政府从事项目招引的专业雇员有81人，他们常常出席全美乃至全球各种重要商务场合，积极推介本郡的区位优势、产业优势和各类优惠政策。三是在创业服务方面，对工程服务、专业服务不收劳务税，还有工业加工免税额，只需几个工作日便可组建新企业。郡政府与密歇根州的其他政府资源如密歇根经济发展公司、底特律商会等也具有良好的合作关系。为了让中国投资者有"共同语言"，奥克兰郡甚至率先在全美开设小学阶段中文课程。四是在商务服务方面，"一站式采购商务中心"（The One Stop Shop Business Center）是最全面的小企业扶持机构。其为营利性商业企业和高新技术企业提供可行性研究、市场规划、筹资融资以及获取经营权等方面咨询，还通过私人商业顾问为新企业、现有小企业和技术公司提供咨询、研究和宣传推广服务。商务中心还帮助有盈利潜力的小企业，规划成功通道进入新兴市场，多元化获取资本。五是在金融服务方面，奥克兰商业金融公司（BFC）设立SBA504贷款项目，为企业提供长期、低息的固定资产融资；奥克兰郡经济发展公司（EDC）则为有资格认证的制造企业和非营利组织的固定资产发行免税债券。

（二）一大批高端人才集聚

在奥克兰郡的从业人员中，60%从事服务业特别是高工资的专业与商务服务业，从事医疗和生命科学行业工作的则有10万人之多。奥克兰郡技术人才云集，拥有89000名工程师，技术工人数量名列全美第三，企业研发人才的密度是全国平均水平的两倍。44%的奥克兰居民拥有至少一个学士学位，超过美国平均水平（30%），在密歇根州排名第二。2015年，奥克兰郡被公认为劳动力发展的领导者，并得到每年1500万美元联邦基金的资助。

奥克兰郡之所以能吸引大量高端人才集聚，至少有两个方面的原因。一方面，源于其自身具有优越的教育资源和特殊的培训体系。第一，发展多层次的教育。奥克兰郡不仅拥有顶尖的基础教育（K-12）学校，而且还拥有奥克兰大学等 30 多所大学、学院及技术学校，其中包括 17 所具有学位授予权的学院和大学，在校生超过 10 万人，另外还拥有 485 个艺术、文化和人文科学研究机构。此外，密歇根东南部的大学每年还可以授予 12000 个科学与工程学位或证书。第二，注重职业技能的提升。比如，设立专门应对卫生保健、工程和信息技术等方面高端需求的猎头顾问培训体系；建立为青年人提供保健医师实习机会的"圣·约瑟夫慈善健康系统"；经常组织奥克兰郡的中学和社区学院的学生、教师、顾问和社团发起人与制造企业开展联谊活动，加强职业交流；等等。第三，对人力资本的资金扶持。奥克兰郡设有面向计算机辅助设计、焊接和机器人操作等行业的工人技能升级的"密歇根技术交易训练基金"（STTF），联合奥克兰郡社区学院为培训软件开发和天然气工作职业导向的项目基金等多种类别的专项基金，用以支持当地职业人才的发展。

另一方面，还与其高质量的生活环境有关。在美国，居住的郊区化使郊区成为大量中产阶级、工程师及其他高端人才的理想聚居地。奥克兰郡自然环境优越，拥有超过 89000 英亩的公共用地、370 英里的铁路、1400 多个湖泊（地处美国五大湖），拥有 72 个公共或私有高尔夫球场以及 32 个独立的商业区，生活舒适便利，曾被 *MONEY* 杂志评为最宜居城市。另外，在美国，居住的郊区化使郊区成为有资质认证的中产阶级文书工作者以及处于高新技术产业核心地位工程师的住所，高新技术产业的大量集聚也使奥克兰郡成为工程师的理想聚居地。

（三）丰富的创新知识集聚

奥克兰郡的技术研发实力雄厚，拥有密歇根州 1/3 的研发机构，技术工人数量名列全美第三；企业研发人才的密度是全美平均水平的两倍，每年有超过 3800 项专利申请和约 170 亿美元的研发费用，华盛顿区外的第一家美国专利局就在这里。研发领域几乎涵盖了当今世界所有的前沿技术，包括交通运输、先进电气与控制、航空、替代能源、信息技术等。技术和知识等创新要素的集聚使奥克兰郡从制造型经济顺利转型为知识型经济，吸引了一大批跨国公司在此建立区域总部乃至世界总部。目前，奥克兰郡已成为全美及全世界的汽车研发中心、全球卫生保健与生命科学创新中心，同时也是美国最具活力的新技术产业研发前沿阵地。

奥克兰郡的创新知识集聚首先离不开其良好的工业制造业基础。包括奥克兰郡在内的大底特律地区，曾是世界汽车制造业的中心，传统的汽车工业是奥克兰郡的基础，但随着经济全球化带来的产业转移和生产自动化程度的提高，传统的制造业面临越来越多的挑战，底特律市的衰落破产就是一个典型案例。而奥克兰郡则走出了一条新路，依托良好的汽车工业基础，着力发展汽车研发、新材料开发生产等附加值高的产业。在目前全郡24000家企业中，与汽车相关的企业，已由过去的一半下降为1700家。企业数量减少了，但作为全球汽车研发中心的地位更为牢固，全美国1/3的汽车产品都来自奥克兰郡，戴姆勒－克莱斯勒、通用、福特等全球知名的汽车整车和零部件企业都落户该郡，世界汽车轻量化材料排名前十的公司全部在奥克兰郡，世界排名前100的汽车零部件供应商，60%的总部设在奥克兰郡。

奥克兰郡"新兴产业战略"的实施不仅促使现有企业加强创新，还吸引了一大批创新型企业前来投资，特别是健康医疗产业企业、机构和实验室。奥克兰郡技术知识创新要素的集聚主要依托于"自动化走廊"、"医疗主街"和"科技248"三大载体。面向汽车工业打造的"自动化走廊"，汇聚了近1000家处于领先地位的高科技公司，是全美最大的工程技术就业中心；其通过项目咨询和商务服务，帮助密歇根东南部的技术导向型企业创建与成长。"自动化走廊"成员企业可享有的资源包括国防产业咨询、国际商务服务，最新制造装备和软件培训，制造业课程在线培训，产品、服务和技术的商业化流程（7C）指导，等等。"医疗主街"是医疗研发、教育和商业化的全球创新中心，通过与卫生系统、大学、政府和商业团体的联系，帮助卫生保健与生命科学产业充分发挥增长潜力。"科技248"则是由2000多家技术企业组成的一个创新网络，旨在鼓励科技企业之间的合作与创新，并通过联合当地高中、技术学院和大学培养技术工人，成为奥克兰郡的技术发源地和底特律地区的技术人才来源地。这些创新载体建设，为加快高端要素资源集聚提供了重要平台。

三 借鉴国际经验促进江苏集聚高端要素的政策建议

（一）集聚优质资本：完善空间集聚的基础设施体系

1. 加强通勤设施建设，降低商务物流成本

新形势下江苏要提高引资水平，基础设施建设要先行。按照"优结构、提效益、均空间"的要求，重点推进综合交通、水利、能源、信息"四大网络工程"，加快推进基础设施普及化、网络化和现代化。一方面，构建便捷化、一体化和高效化的基础设施体系，积极为产业的空间集聚和转移转型创造条件。一是要积极谋划布局省际、区际高铁、城际轨道网络和重点交通枢纽建设，优化区域高速公路布局，打造都市圈交通网，充分发挥轨道交通对都市圈及区域城镇体系发展的引导和控制作用。二是要大力发展通用航空，合理布局通用机场，实现航线网络覆盖全球各大区域的主要国家和城市，连通国内省会城市和重点交通枢纽，同时深化机场群与综合交通运输体系的融合。另一方面，建立健全功能化、社会化和现代化的城市公共服务体系，为大众创新创业提供安全、舒适、便捷的社会和人文环境。着力构建布局合理、全民共享的公用基础设施，加快形成配置公平、发展均衡的公共服务体系，建成网络发达、设施完备、优质高效的公共服务、社会安全、社会保障和社会福利体系，为江苏经济社会发展提供有力的基础保障。

2. 积极优化营商环境，提供优质企业服务

集聚优质资本，一个重要条件就是要在全社会营造尊商、敬商、亲商、爱商的氛围，让创造财富者得到更多的社会尊重。政府及其部门要开展大范围的"暖企"行动，善于与企业家交朋友，及时了解跟踪企业需求，帮助企业排忧解难。江苏新一轮招商引资也需立足营商环境的优化，其关键就在

于政府这只"有形的手"该怎么伸、伸多长。具体需要把握几点：一是注重引进和建设一批对产业链延伸具有引导带动作用的龙头型、旗舰型项目，加大对创新资源的吸引力。二是深化行政执法体制改革，明确职责权力边界，真正做到权力不越位、监管不缺位和执法不错位。简政放权，减少甚至免去项目审批环节，加强事后监管，提高企业投资效率。三是切实减轻企业负担，加快推进财税体制改革，全面盘点和清查企业的各项税收和收费，坚决砍掉不合理费用，让企业纳明白税、缴明白费，从商务咨询、财政、税收、融资等方面加大对中小科技创新企业的扶持力度。四是要提升全社会诚信水平，通过社会信用信息共享平台建设、强化守信激励和失信惩戒机制等，提高社会的诚信度。要高度重视知识产权保护工作，让每一个创新都能得到尊重，得到法律的保护。

（二）集聚高端人才：营造优质的人才集聚环境

1. 根据产业发展需求，构建完备的人力资源培育体系

推动江苏经济向中高端迈进，必须拥有一批掌握国际先进技术、能够应对国际竞争的，以科技型企业家和高端研发人员为骨干的高层次创新创业人才。江苏应该立足丰富的教育资源基础，推进人力资源结构和产业结构调整的良性互动，建立"创新人才+创新项目+创新平台+创新政策+创新文化"的"五位一体"创新发展体系。具体包括：一是发挥各层次教育力量的优势，强化全民终身教育，提高居民素质，为企业发展提供更多的优质劳动力。二是围绕重点产业和科技优先发展领域，大力培养和引进科技领军人才、拔尖人才和创新创业团队，以及具有战略眼光的高素质管理人才和企业急需的高技能人才，不断完善职业培训体系，强化人才服务体系建设。三是加强人力资源开发投入，提升职业经理人、高层管理人员、专业服务顾问、技术创新者、高级技工等各类高端人才的供给能力和集聚水平。四是设立人才发展基金，支持本省主导产业、战略性新兴产业及重点技术创新领域发展所需各类高级职业人才的选拔和培养。五是实施紧缺人才引进培育工程，同时通过人才的继续教育和职业教育，盘活现有人才存量，实现人才队伍从数

量扩张向质量提升的转变，并注重人才队伍规模的整体扩大。

2. 以新型城镇化为抓手，营造高质量的工作生活环境

要使高端人才汇聚江苏，需要全面改善人才发展的工作环境、社会环境、生活环境和制度环境。除了加快研发机构建设之外，还需要完善薪酬、教育、居住、休闲等方面的制度，为高端人才提供更为贴心、更为便捷的服务。一是加快推动创新创业型城市建设。江苏要抓住被列为全国新型城镇化试点省份的契机，加强城市基础设施和公共服务建设，培育一批具有国际化设施、国际水平的城市管理、符合国际惯例的商业环境的"宜居、宜业、宜行"中小城市。同时，借助于信息技术实现城市品质的提升，与信息化相互融合创造出一批基础设施智能化、社会服务智能化、生产机构智能化的智慧型城市。二是致力于打造高端人才发展平台。加快国家重点实验室、工程技术研究中心、企业技术中心、院士工作站、博士后工作站等研发机构建设，打造吸引和集聚全球领军人才和团队的平台，使高端人才引得进、留得住、用得好、出成果。三是积极完善人才发展制度体系。营造宽松自由的人际学术环境，建立一套有效的知识产权保护制度以及与国际接轨的具有竞争力的薪酬制度。同时健全人才服务"直通车"渠道，切实解决居住、出入境、医疗、购房、子女入学等实际问题，努力营造各类人才引得进、留得住、创大业的发展环境。

（三）集聚创新知识：构建创新驱动的现代产业体系

1. 瞄准价值链高端，推动产业结构调整

创新型经济、服务型经济已成为现代城市产业结构调整的重点。但是，经济结构的服务化并不意味着要抛弃工业制造业，而是新兴产业发展与传统产业提升并举。具体来说，就要在积极发展战略性新兴产业和现代服务业的同时，以信息化和工业化深度融合和生产性服务业发展带动传统产业升级，促进劳动生产率提高，构建起以高新技术产业为主导、以服务经济为主体、以先进制造业为支撑、以现代农业为基础的现代产业体系。其关键在于摆脱传统产业发展模式的路径依赖，确立起价值链和创新链思维。一是要瞄准全球产业技术前沿，围绕战略性新兴产业的共性技术、关键技术和前瞻性技术加强科技攻关。着力发展先进制造业，重点发展新一代信息技术、高档数控机床和机器人、海洋工程装备及高技术船舶、先进轨道交通装备、节能与新能源汽车、电力装备、新材料、生物医药及高性能医疗器械、农业机械装备等战略性新兴产业领域，做大做强"江苏制造"。二是坚持走新型工业化道路，实施"突破关键环节、提升价值链"的战略。大力发展面向制造业的工业设计、第三方物流、节能环保、互联网金融、电子商务、管理咨询等生产性服务业，促进制造业服务化，通过技术创新、产品创新、市场创新、管理创新和商业模式创新，加快江苏产业实现由价值链中低端向中高端攀升。三是要扎根传统制造业基础，顺应"互联网+"的发展趋势，以智能制造为突破口，加速推进信息化和工业化深度融合。着力推动钢铁、汽车、船舶、纺织、石化、有色等基础制造业的技术更新换代和改造升级，促使其由传统加工制造向价值链和产业链的高端延伸。

2. 加强创新主体培育和载体建设，推动创新集群特色发展

江苏应当通过加强完善创新体制机制和创新载体建设，营造良好的自主创新环境。一是强化企业创新的主体地位。利用市场的供求和竞争规律，用利益诱导、资源约束和市场约束下的"需求引致的创新"机制来引导和激励企业加强技术研发能力建设，推动创新政策、创新资源、创业人才向企业集聚，培育拥有核心技术、自主知识产权和自主品牌的创新型企业。二是加强产学研用协同创新。要围绕推进大学和科研院所改革，支持骨干企业与科研机构、高等院校组建技术研发平台和产业技术创新战略联盟，形成资源互补、价值整合、开放创新和规模经济效应，推动更多的科研成果在江苏产业化。三是加快构建多元化的创新服务平台。江苏应当积极充分运用"互联网+"，推动信息化与工业化融合，搭建共性技术平台、产学研合作平台、技术市场推介平台、投融资平台、品牌推广平台、信息共享平台、标准化检测公共服务平台等创新服务平台。四是发挥苏南自主创新示范区的载体平台功能。抓住用好苏南国家自主创新示范区建设和创新型省份试点的政策机遇，发挥好省产业技术研究院这块科技体制改革"试验田"的作用，积极培育高新技术企业，激发创新创业活力。五是培育具有国际竞争力的创新集群。根据不同地区产业基础和特色，打造一批设施先进、创新能力强、海内外知名的本土企业研发中心、品牌研发机构和标准化技术组织，促进技术、信息、知识等创新要素的集聚共享，推动地方产业集群向创新集群转变。六是要合理充分发挥政府的作用。完善企业自主创新的财政、税收和金融支持政策，健全科技创新服务体系，切实加大知识产权保护力度，推动政府从主导科技创新资源配置向注重市场监管、平台建设、政策普惠转变，致力于营造优质高效的创新环境，建设国内乃至国际一流的创新创业基地。

B.25
多措并举消除江苏民营企业家重重顾虑

陈清华[*]

摘 要: 目前,江苏省民营经济虽受多重因素影响,仍在 GDP 中占有重要地位。由于"创新能力不强和信心不足、参政议政不积极、法律监管缺漏和道德监督不力、'接班人'对国内发展环境不满意"等,不少民营企业家出现了一些负面情绪,亟须采取提质转型升级,提振发展信心等多项措施,积极探索"新常态"下民营企业家队伍成长规律,努力建设一支思想政治强、行业代表性强、参政议政能力强、社会信誉好的民营企业家队伍,从而有效推动全省非公有制经济转型升级,为建设"强富美高"新江苏做出新贡献。

关键词: 民营 企业家 转型升级 江苏

一 现状:民营企业家面临五大顾虑

近年来,在省委、省政府的正确领导下,江苏省非公有制经济呈现蓬勃发展、量质齐升的良好态势,已经成为推动经济发展的重要力量、扩大就业的重要渠道、百姓致富的活力源泉。全省 2015 年民营经济实现增加值 38564 亿元,同比增长 8.9%,占 GDP 比重 55%,增长 0.5 个百分点。全省工商部门 2015 年末登记的新增私营企业 39.4 万户,总数达 182.2 万户;个

---

[*] 陈清华,江苏省社会科学院图书馆馆长、研究员、博士生导师。

体户新增63.7万户,总数达387.2万户。全省规模以上非公有制企业实现产值13.5万亿元,同比增长7.6%。规模以上私营工业企业实现利润同比增长13.6%,高于规模以上工业企业利润平均增幅3.2个百分点,拉升规模以上工业利润增速5.2个百分点等。《2015中国民营500强企业榜单》显示,在中国民营500强企业排行榜中,江苏有91家企业入选,总数列全国各省(区、市)第2位。其中,以营业收入总额排名前3位的企业分别是苏宁控股集团、江苏沙钢集团和恒力集团。2016年上半年,江苏省民营企业以习近平系列重要讲话特别是视察江苏重要讲话精神为指导,转型升级,奋发有为,民营经济运行呈现总体平稳、稳中有进、结构向好的态势。

近期,笔者带着博士生分别赴南京、苏州、泰州和连云港4个省辖市,通过当面访谈发现,多数民营企业家思想积极健康,有转型升级、扩大再生产的意愿,但是也有少数民营企业家缺乏信念、信心,缺少职业认同感、成就感,表现出强烈的顾虑情绪。

1. 生存顾虑:如何走出经营困境?

在访谈多名民营企业家后发现,不少民营企业目前之所以遭遇困境,从内因来说:一方面,是企业家自身修为不够,创新能力不强;另一方面,是企业家对进一步深化改革、宏观经济形势和企业创新发展的信心不足。

江苏某集团一名高层领导说:"不少曾经挺立改革开放最前沿的民营企业家随着年龄增长,贪图安逸、沉溺享乐,甚至刚愎自用、骄傲自满。再加上企业规划短视、人才短缺和经营成本上升等原因,导致企业经营不佳,企业家逐渐丧失了领军人物应有的胸怀、魄力,以及技术创新和管理创新的勇气、能力。"

"当前不少行业能释放的业态'红利'不断减少,甚至已经形成了产业'空洞'。不少民营企业正面临治理结构不合理、规划与运营能力落后、行业产能过剩、销售下降、融资难、用工贵、税费重、还贷压力大、资金链断裂和人力资源短缺等危机。"南京某技术有限公司一位高层领导还说,"我们民营企业家身处市场经济前沿,对宏观经济下行压力感受很深。特别是2014年以来,加速增强的下行压力已经把我们压得喘不过气来。我们盼望党委、政府通过改革给民营企业减压。"

2. 身份顾虑：如何与国有企业老总平起平坐？

通过当面访谈发现，江苏省大多数民营企业家拥护党的路线、方针、政策，坚定地跟着共产党走中国特色社会主义道路。但也有不少民营企业家对进一步深化改革的信心不足，看不清未来发展趋势和方向，害怕自己资产得不到保护，想方设法将资产转移到境外，将子女和爱人移民到国外。这种现象的存在很大一部分原因是他们认为党和政府对国有企业和民营企业采用了两种"政策"，给予了两种"待遇"。不少民营企业家认为，他们没有与国有企业老总同等的机会去和官员"结盟"，担心自己企业不仅没有机会与国有企业共同"瓜分"社会资源，还可能随时被国有企业"吞并"。

江苏某医药股份有限公司一位高层领导坦言，"我们民营企业家虽然已经成为加快经济、社会和城镇化等全方位社会发展的主力军。但是由于体制原因和思维惯性，在不少人眼里，我们似乎天生就比国有企业老总'矮一头'"。

3. 安全顾虑：如何避免"被迫犯罪"？

在当面访谈中发现，江苏省大多数民营企业家是遵纪守法的，但是也有少数企业家法律意识淡漠，自恃披着人大代表或政协委员的"外衣"，参与了多种形式的违法犯罪活动。更令人担忧的是，不少民营企业家主观上是想遵纪守法的，但是一旦遇到矛盾和纠纷，也会不小心就掉入"被迫犯罪"的"陷阱"。

再者，据有关专业部门问卷调查发现，当民营企业与政府权力部门发生纠纷时，74.8%的企业家会选择找当地党政领导或上级主管部门去协调解决，很少有人会通过提请仲裁或进行法律诉讼去解决问题。

4. 道德顾虑：如何走出"形象困境"？

通过当面访谈发现，江苏省大多数民营企业家是注重个人修为、有回报社会责任心的，但是也有部分民营企业家道德品质低劣、社会责任意识淡薄等。部分民营企业家认为，经营企业就是纯粹为了自己赚钱，那些对用户身心健康负责和为国家、社会做贡献的"鬼话"都是说给别人听的。极少数民营企业家甚至整天沉迷于灯红酒绿、抽喝嫖赌等，在社会上造成了不好的影响。

南京某科技股份有限公司一位高层说："一部分民营企业家之所以尽可能把自己'包装'成官员或学者，就是不想被别人看成是'财大气粗'的'土豪'，而陷入道德'形象困境'。"有些想积极担当的民营企业家表示，越是在经济困难时，他们越需要社会各界理解和支持。但是社会上不少人总是认为每个民营企业家都是有"原罪"的，这让他们无法获得社会尊重。

5. 交班顾虑：如何说服子女回国承业？

过去不少民营企业家将子女送到国外留学，现在他们又希望子女回国就业。有关专业部门通过问卷调查发现，56.8%的民营企业家希望在国外留学的子女能回国继承家业。但在国外留学的"创二代"和其他"新生代"职业经理人不"领情"，不愿意子（女）承父（母）业，情愿留在国外。这让不少民营企业家感到"后继无人"和进一步扩大再生产的动力不足。

连云港市某投资集团一位高层领导在谈及子承父业时，声泪俱下地说："我这辈子最大的失误是让孩子从小在优越的物质环境与交际中长大，受的是西方高等教育。到头来对中国的空气、饮水和食品等不适应、不满意，置家业传承于不顾，留在国外过自己的快活日子。"

二 原因：创新不强、政商不清和监管不力

据有关专业部门统计，我国中小民营企业平均寿命为3年左右，主要原因是民营企业家"注重眼前得失，缺乏长远视野；私欲阻塞视听，有悖科学管理；盲目自信自负，无视挑战机遇"等。江苏省不少民营企业家身上或多或少地存在如上"毛病"外，再加上如下因素交织，导致目前顾虑不堪。

原因一：创新能力不强和信心不足。

江苏省不少"40后""50后""60后""70后"民营企业家随着年龄增加和财富增长，再加上对现代管理模式改变太快的不适应和对"互联网

+"颠覆性变革的"畏惧",深切地感到自己"老了",从而失去了创新的勇气和斗志,转为"守摊子""过日子",甚至贪图享受、沉于声色。不少"80后""90后"民营企业家虽然敢于创新,想另辟蹊径在父辈"功劳簿"上再"杀"出一番新天地。但苦于创新投入太大、见效太慢,加之"三期叠加"和宏观经济下行,不敢甚至不愿在创新研发上有"大手笔"投入。再者由于知识产权保护不力,自己企业辛辛苦苦取得的创新成果一夜之间就会被同行"学"走。到头来会出现首创者被"逆淘汰"的现象。因此,江苏省不少民营企业创新动力不强、创新投入不足、创新成果不多。此外,江苏省不少民营企业家跳不出自我"藩篱",不能用国际、国内政治、经济发展的宏观视野去俯瞰和把握经济周期和"价值潮汐"规律,进而感到转型困难、创新乏力、信心不足、前途渺茫。

原因二:参政议政不积极和政商关系不清。

有关专业部门通过问卷调查发现,令不少民营企业目前陷入困境的原因排在前4位的依次是劳动力成本上升(80.2%)、市场竞争压力加大(61.5%)、税费负担过重(60.1%)和融资难、融资贵(57.3%)。这除了受宏观经济下行的影响,更多的是由于政府职能转变不到位。而政府职能转变不到位,又会导致政商关系不清,让民营企业家对参政议政不感兴趣或过度"功利化"。

通过当面访谈发现,江苏省少数民营企业家参政议政热情不高、能力不强、动机"不纯"。有部分民营企业家认为,"在商言商,不要过多参政议政",有不少民营企业家从未撰写过提案、议案、建议、社情民意或作过大会发言等。有不少民营企业家认为,人大代表或政协委员"外衣",一方面,是"特别通行证",既能提高个人声望,又能得到更多的与官员接触的机会,从而为企业发展谋取更多的资源;另一方面,是"护身符",从中可以得到政治"庇护"等。但是这些民营企业家同时又认为不能与官员关系搞得太"热",否则既会耽误时间,又影响企业发展。

原因三:法律监管缺漏和道德监督不力。

江苏省不少民营企业家法律意识薄弱、道德水准不高、容易受不正之风或功利主义影响，从内因来说，是自我学习不够、修为不足。江苏省民营企业家一小部分是20世纪80、90年代从机关"下海"或原来国有企业老总转制而来，大部分是由合伙人、个体工商户甚至农民成长而来。他们中不少人没有机会受过高等教育。在企业迅速做大、资金迅速垒加、地位迅速提升、自我迅速膨胀的情况下，不少民营企业家是"2＋5""白加黑"地"连轴转"，整天忙于工作。哪有时间学习？哪有心思听修为？从外因来说，是法律监管缺漏和道德监督不力。负有管理民营企业职能的工商联等部门，由于工作面范围宽、自身干部少和资金紧等原因，既不能面面俱到地组织多如"牛毛"的民营企业家去学习，又没有手段去对民营企业家进行法律监管和道德监督，以至于在法律和道德问题上，全凭民营企业家的个人自觉。

原因四："接班人"对国内发展环境不满意。

1980年后出生被父母当作家族企业"接班人"的"创二代"以及其他"新生代"职业经理人的共同特征是有留学背景、视野开阔、精力充沛、实习经验丰富、对自己职业认同感强和对企业文化有较高认识等。但是大多数"新生代"准民营企业家对中国国内的经济发展环境满意度不高、对政府信心不足、对中国传统文化认同感不强和对企业转型升级有畏难情绪等，尤其是对中国的空气质量、饮水卫生和食品安全顾虑重重。他们普遍认为，在中国创业、生活幸福指数太低、获得感太少。

三 对策：转变政府职能，改善发展环境

面对国内外经济环境不确定性、不稳定性持续上升的严峻形势，我们要切实增强大局意识、责任意识，采取扎实有效的措施，探索"新常态"下民营企业家队伍成长规律，努力建设一支思想政治强、行业代表性强、参政议政能力强、社会信誉好的民营企业家队伍，从而有效推动全省非公有制经济转型升级，为建设"强富美高"新江苏做出新贡献。

对策一：提质转型升级，提振发展信心。

一方面，创新理念，实现提质转型升级。建议经信委和工商联等部门要

引导民营企业家践行创新理念，打造"江苏制造"名片；夯实质量基础，增强江苏产品竞争力；严管质量安全，保障人民质量福祉。要引导民营企业家以供给侧结构性改革促进企业转型升级，强化新技术、新产业、新模式、新要素支撑发展新经济；要突出创新与开放"双轮驱动"，融入全球产业分工；要注重高端要素集聚与高端产业发展"相辅相成"，形成若干强辐射力、强带动力、高附加值的制造业集群；要推动实体经济与互联网"融合催生"，全面推进技术创新、产品创新、业态创新和商业模式创新；要实现企业追求与政府支持"同频共振"，创造更好的有"江苏特色"的产业生态系统等。亨通集团董事局某主席介绍说："集团正以'中国制造2025'和'一带一路'倡议等实施为契机，围绕宽带中国、智慧城市、大数据云计算、智能电网、新能源和新材料等新兴产业，实施创新升级，加快国际化步伐，实现企业持续、稳健发展。"这是一个值得宣传推广的民营企业典型。另一方面，提振信心，以新状态实现新发展。信心比黄金更重要。习近平近日再次强调，要毫不动摇地鼓励、支持、引导非公有制经济健康发展。这是给江苏省广大民营企业家吃的"定心丸"。建议相关部门要加大宣传力度，及时准确地传递党和政府的信心、决心、政策和措施；要稳政策、稳导向、稳舆论，更好地激发民营经济活力；要大幅放宽电力、电信、交通和市政公用等领域市场准入，鼓励民营企业扩大投资、参与国有企业改革等；要让民营企业家勇担当、善作为，在推进供给侧结构性改革中实现"凤凰涅槃"，为"迈上新台阶，建设新江苏"创造新业绩。

对策二：加强教育引导，提高参政议政能力

泰州市某集团一位高层领导坦言，"要提高我们民营企业家参政议政能力，就必须对我们政治上给予信任、政策上给予公平、法律上给予保护、舆论上给予支持"。笔者建议：一方面，要对民营企业家加强思想教育、政治引导，以提升他们的参政议政能力，增强他们对中国特色社会主义的信念、对党和政府的信任、对企业发展的信心；另一方面，要大力宣传民营企业家中涌现出来的先进典型，营造有利于非公有制经济健康发展和民营企业家积极参政议政、健康成长的良好社会氛围。

对策三：采取扎实措施，转变政府职能。

苏州市工商联某主席说："政府是社会的'守夜人'。民营企业家希望政府以问题为导向，通过全面深化改革，将政府管理体系打造成廉洁高效、统一协调、财税体制完备、融资体系可控、公共服务便利和发展环境公平的体系。"笔者建议：一是要深化行政审批制度改革。要迫使政府把"有形"的"闲不住的手"收起来、把"伸得过长的手"缩回去；要深入实施"5张清单、1个平台、7项改革举措"，最大限度地减少下放审批事项、简化审批程序、缩短审批时限；要扫除"利益羁绊"，用政府权力的"减法"换取市场与民间活力的"加法"，将江苏打造成审批事项最少、办事效率最高、投资环境最优的省份。二是要深化政府机构改革。要出台《推进领导干部能上能下暂行办法》和《深化人才发展体制机制改革的实施意见》，切实解决好不担当、不尽责、不作为、不在状态、工作平平、政绩寥寥干部"下"的问题和党政机关宜商人才"走"的问题。要完善依法行政制度体系，市场能有效调节的要还给市场、企业能自主决策的要还给企业、社会组织能承担的要委托给社会组织、购买服务能解决的要向社会购买、事业单位能转为企业或社会组织的要加快转制、基层管理更方便有效的要下放给基层，对保留的审批管理事项推行在线服务和网上办理等。三是要深化财税体制改革。要统筹推进预算改革、税制改革、事权和支出责任划分改革，加快建立健全现代财政制度；要深入推进"营改增"改革，逐步提高直接税在税收收入中的比重；要加强对税收优惠特别是区域性税收优惠政策的规范管理，优化完善促进区域协调发展的财税政策等。四是要健全政府服务平台。要加快建设省级政务综合服务平台，形成"一办三中心"政务服务格局；要加强智慧政务建设，打造"线上线下一体、五级互联贯通"的政务服务平台；要深化公共资源交易领域市场化改革，有序整合建立统一规范的公共资源交易平台体系等。

对策四：加强监管监督，提升守法诚信水平。

苏州纳米城一位高层领导说："守法诚信是民营企业家立身治企之本。"笔者建议：一是经信委和工商联等部门要联合各有关单位，立足民营企业发展实际，制订一套能有效推进企业健康发展的社会责任标准体系；二是党委、政府要建立基础性引导机制，树立社会责任企业家榜样，通过给予社会责任标杆企业税收优惠、优先采购权等方式，支持和鼓励民营企业家积极承担社会责任；三是完善民营企业建立自我约束社会责任管理机制，建立企业履行社会责任目标体系，定期发布民营企业社会责任报告，有效促进企业自我发展与社会共同发展的协调统一；四是鼓励相关社会组织建立第三方机构评价机制，收集民营企业经营管理行为，征求社会公众意见，定期评价企业社会责任表现，引导民营企业家依法经营、依法治企、依法维权，构建健康和谐的政商关系。

对策五：实行"量身定制"，改善"新生代"发展环境。

"80后""90后""新生代"民营企业家是江苏省民营企业实现可持续发展的中流砥柱，承担着推动全省民营经济转型升级的重任。连云港市东海硅微粉有限公司一位高层领导说："'新生代'民营企业家的培养不但是民营企业的家事、私事，而且是关系到江苏经济社会发展的大事要事。"笔者建议：一是调整阻碍民营经济发展的各项政策，营造"新生代"民营企业家参与公平竞争的社会环境；二是扩大政治参与，拓展"新生代"民营企业家参政权和议政权；三是积极搭建政企对话交流平台，拉近"新生代"民营企业家和政府之间距离；四是举办"量身定制"的民营青年管理人才培训班，增强"新生代"民营企业家教育培训效果等。

城乡经济发展篇

Urban and Rural Economic Development

B.26 江苏居民消费需求的新特点、新变化

李 慧*

摘 要： 2016年以来，江苏居民消费需求出现了一些新的特点、新的变化，文章在总结2016年以来江苏促进消费的政策措施基础上，分析了江苏居民消费需求发生的新特点、新变化，以及当前扩大江苏居民消费需要关注的几个问题，并进一步提出提高居民消费需求的政策建议。

关键词： 居民消费　网络消费　江苏

拉动经济增长的"三驾马车"中，最有潜力的就是消费。目前江苏居

---

* 李慧，江苏省社会科学院经济研究所助理研究员。

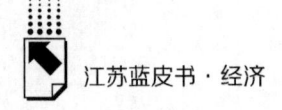

民消费需求出现了一些新特点、新变化,如何顺应消费升级的新趋势,创新产品和服务供给,不仅有助于维持经济持续稳定增长,也是经济转型升级的重要推动力。

一 2016年以来江苏促进消费的政策措施

(一)推进六大重点消费工程,加快培育形成新供给新动力

2016年5月16日,省政府常务会议审议了《关于积极发挥新消费引领作用加快培育形成新供给新动力的实施意见》。会议指出,培育新消费、扩大新供给,是适应经济发展新常态、把握消费升级大趋势做出的重要决策。当前,江苏省消费已进入消费需求持续增长、消费结构加快升级、消费拉动经济作用明显增强的重要阶段。要从战略和全局的高度,充分认清这项工作的重要意义,切实以消费升级引领产业升级,以制度创新、技术创新、产品创新增加新供给。

会议要求,聚焦重点消费领域,组织实施智慧信息、健康养老、教育文化、旅游休闲、绿色生态、农村新兴消费六大重点消费工程,加快培育新的消费增长点。大力推进大众创业、万众创新,培育形成一批新技术、新产业、新业态、新模式,努力增加优质产品和服务有效供给,满足消费者不断升级的多样化消费需求。着力强化政策保障,加快建设统一开放、竞争有序的市场体系,在财税、投资、土地、金融、人才等方面加大政策支持力度,积极营造有利于消费升级和产业升级协同发展的政策环境。

(二)制定政策,加快推进旅游消费

2015年底,江苏省人民政府办公厅发布了《江苏省乡村旅游发展三年行动计划(2016~2018年)》,提出到2018年,培育形成10个省级乡村旅游创新发展示范县(市、区)、20个省级乡村旅游集聚区、120个省级特色景观旅游名镇(村)、30个五星级乡村旅游区、1000个星级乡村旅游区、20个

乡村旅游创客基地,全省乡村旅游项目年投资额达到500亿元。计划还提出了优化乡村旅游发展空间布局、创新乡村旅游发展模式、推进乡村旅游品牌建设、提升乡村旅游公共服务水平、打造特色乡村旅游产品、完善乡村旅游营销体系、实施乡村旅游标准化管理、加强乡村旅游人才培养八项主要任务。

2016年9月27日,省政府常务会议审议了《关于推进旅游业供给侧结构性改革促进旅游投资和消费的意见》(以下简称《意见》),强调要紧紧围绕建设旅游强省目标,加快推进旅游业供给侧结构性改革,更大力度地推进"旅游+"融合发展、加强旅游品牌打造、强化旅游公共服务、规范旅游市场秩序,积极构建大旅游格局,营造合力兴旅的良好环境。11月7日,江苏省政府正式出台了《意见》。《意见》提出,到2020年,全省旅游业总收入达到16000亿元,年均增长13%左右;全省旅游投资额达到2700亿元,年均增长10%左右,"十三五"期间累计完成旅游投资超过1万亿元;游客人均逗留天数超过3天,每人次平均消费达到1700元,城乡居民人均年出游率达到4.5次。

(三)发放体育消费券,促进健康消费

通过消费端直接补贴方式撬动健身消费,是扩大消费规模的重要政策工具。2016年,江苏省结合国家体育总局的"全民健身公共积分"试点工作要求,在省级体彩公益金中安排5000万元专项资金,原则上根据各地常住人数量按比分配额度,面向全省健身群众发放体育消费券。体育消费券采用"一套终端、两类人群、三种形式"的模式,通过"江苏全民健身卡"和"全民健身公共积分卡"两个渠道进行发放。"一套终端"是指使用一套资金结算终端系统。"两类人群"是指面向体育部门评定的"健身达人"和自发到定点场所刷银联卡进行体育消费的健身群众。"三种形式"为向体育部门评定的"健身达人"发放体育消费券2000万元、向自愿办理"江苏全民健身卡"的健身群众发放体育消费券1000万元、向自愿办理"全民健身公共积分卡"的健身群众发放体育消费券2000万元。这是江苏省在全国率先探索实施的一项深化体育改革的重要举措,将在不断满足人民群众日益多样

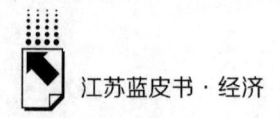

化的体育需求、保障群众身体健康、促进体育消费、培育新的经济增长点等方面发挥重要作用。

二 江苏居民消费需求发生的新特点、新变化

（一）江苏居民网络消费位居全国前列

随着"双十一""双十二""黑色星期五"等网络购物节的兴起，网购早已融入了现代居民的生活中。2016年1~9月，全省限上批零业单位实现网上零售额405.6亿元，同比增长45.8%，占限上零售额的比重升至4%；全省限上住餐业单位通过公共网络实现客房收入、餐费收入分别为5.6亿元和3.8亿元，同比分别增长16.4%和42.2%，明显高于限上平均增速。据国家统计局反馈资料，2016年前三季度，全省网上零售额3049.1亿元，同比增长37.8%，分别比一季度、上半年提高4.6个、0.1个百分点。

根据蚂蚁金服发布的国内首个网络消费指数"新供给——蚂蚁网络消费指数"报告，2016年4月，江苏省网络消费水平指数即居民人均网络消费金额总体情况为136.1，列全国第4位。包括粮油食品饮料、日用品、服装、鞋帽等消费在内的生存型发展网络消费水平指数为64.3，包括书报、通信器材、医疗、教育等消费在内的发展型网络消费水平指数为29.5，包括化妆品、金银珠宝、体育娱乐、生活服务、旅游等在内的享受型网络消费水平指数为65.8。而13个省辖市也各不相同，南京市以151.11列网络消费水平指数全省之首。

与网络销售密切相关的快递行业同步快速发展，江苏省邮政管理局统计数据显示，截至2016年2月，江苏依法取得快递业务经营许可企业达1004家，首次突破1000家大关。其中，跨省经营快递业务企业3家，省内经营快递业务企业960家，经营国际快递业务企业57家。1~9月，全省规模以上快递服务企业业务量累计完成187973.2万件，同比增长26.5%；业务收入累计完成231.7亿元，同比增长19.3%。其中异地快递业务量收完成

143474.4万件和148.7亿元,同比分别增长47.2%和33.2%;国际及港澳台快递业务量收完成3279.6万件和30.8亿元,同比分别增长28.1%和12.9%。

(二)健康消费成为江苏居民关注的重点领域

随着经济发展和生活水平的提高,江苏居民对健康的关注逐步增强。2016年1~9月,江苏全体居民人均医疗保健支出1053元,占全体居民人均消费支出总额的6.5%。其中江苏城镇常住居民人均医疗保健支出1174元,占全体城镇常住居民人均消费支出总额的6.0%,江苏农村常住居民人均医疗保健支出840元,占全体农村常住居民人均消费支出总额的8.2%。

根据淘宝和第一财经商业数据中心发布的中国互联网消费趋势报告,广东、浙江和江苏是三大最爱追逐健康的省份。在健康食品消费方面,江浙份额远超其他省份,经济较发达地区成为健康食品最主要的消费市场;保健食品的消费人群中,江苏也名列前三,最大的消费市场就是广东、浙江和江苏。根据淘宝天猫全国体育消费人数数据分析,广东、江苏、浙江、山东省体育消费近三年持续排名前四,2016年上半年,江苏以14205190人次排名全国第二,与全国GDP排名表现一致。

(三)旅游成为江苏居民消费热点

中国旅游研究院2016年发布的《中国区域旅游发展年度报告(2015~2016)》显示,2015年我国旅游人数总体增长,国内旅游收入排名前五位的省份分别是广东、江苏、浙江、山东和四川,从省际层面看,北京、上海、广东、江苏、浙江5省市排在客源地出游人次的前五名。国家旅游局数据显示,2016年春节期间,全国有11个省份的旅游总收入超过100亿元,江苏以204.2亿元位列第三,从游客人均消费来看,江苏以人均1151.7元遥遥领先于其他省份。2016年第二季度,旅行社国内旅游组织人次排名第一的是江苏,占全国15%;旅行社国内旅游接待人次排名最高的也是江苏,占全国14%。此外中国旅游研究院和携程旅游集团发布的《2016上半年中国出境旅游者报告》显示，江苏苏州以平均6125元位居出境游消费最高的出发城市。为了繁荣"十一"黄金周和黄金秋季旅游市场，江苏旅游局主办了"2016江苏金秋度假旅游季"，突出展现江苏旅游新产品，呈现江苏旅游新风貌。江苏各市也利用一切可以利用的资源，增强江苏旅游产品的有效供给，10月15日举办"太湖美·新城景"2016无锡太湖国际徒步旅行大会；10月20日，泰兴举办第八届中国银杏节，飘香的银杏叶展示了当地特有的形象风采，吸引了热爱美景的游人；连云港花果山景区则把西游文化与歌舞话剧融为一体，活动形式多样；10月15日，"2016中美旅游年·千名美国游客游江南水乡"在苏州隆重举办；中国徐州举办第十届汉文化旅游节，将"旅游+互联网"元素有机地融入其中，获得了良好的社会效果和各界好评；等等。

（四）"互联网+"拓宽消费空间

随着智能手机、平板电脑等移动通信终端用户快速增长，江苏商贸企业把互联网与传统行业进行深度融合，商家充分利用各种电商平台，通过"互联网+"，充分融入现代商业理念和科技元素，努力打造全新的营销模式。春节期间，南京市各大商场"扫一扫有好礼"的标识挂满各类柜台，关注微信公众号，进行各类网站推送，一大批品牌商在春节期间撒下大量品牌红包，利用红包撬开更多"消费入口"，粘住用户，给消费市场带来了新变化。泰州市海陵区"2016迎新购物节"贯穿整个元旦、春节假期，通过整合西坝口、万达商圈资源，突出了"互联、互动、互+"等新特点。常州市的各大商场在春节期间纷纷推出微粉专属福利，"微信摇一摇，新年红包抢起来""下载企业APP，惊喜福袋带回家""微商城线上选购，商场线下送货"，官方微信成为企业新媒体促销的主要渠道之一。

（五）居住类商品消费增长加快

随着商品房销售的快速增长和零售业投资力度的加大，住房消费自

2016年以来也成为江苏居民消费结构变化的重点。2016年1~9月，江苏全体居民人均居住消费支出3832元，比上年同期增长12.8%，总量仅次于食品消费支出，占全体居民人均消费支出总额的23.7%。其中江苏城镇常住居民人均居住支出4677元，比上年同期增长10.5%，占城镇常住居民人均消费支出总额的24.0%；江苏农村常住居民人均居住支出2338元，比上年同期增长19.2%，占农村常住居民人均消费支出总额的22.7%。1~9月，全省限额以上批零业五金电料类、家具类和建筑及装潢材料类分别实现零售额190.7亿元、153.8亿元和434.4亿元，同比分别增长22.3%、18.4%和15.7%，与2016年上半年相比，五金电料类、家具类分别提高1.9个、1.3个百分点。

（六）农村居民消费增长较快

尽管农村人均消费量仍低于城镇居民，但江苏农村居民消费在2016年表现出了较快的增长速度。2016年1~9月，江苏农村常住居民人均生活消费支出10302元，比上年同期增长8.4%，增速比江苏城镇居民高3.4个百分点。其中农村常住居民人均居住支出2338元，比上年同期增长19.2%，增速比江苏城镇居民高8.7个百分点；农村常住居民人均生活用品及服务支出697元，比上年同期增长14.1%，增速比江苏城镇居民高8.7个百分点；农村常住居民人均交通通信支出1676元，比上年同期增长11.7%，增速比江苏城镇居民高11.7个百分点；农村常住居民人均医疗保健支出840元，比上年同期增长7.9%，增速比江苏城镇居民高12.9个百分点。

三 当前扩大江苏居民消费需要关注的几个问题

（一）居民消费的支撑能力仍有待增强

收入是支出的保障，居民消费能力的扩大必须以稳定的收入增长机制和不确定预期的减少为前提。在这方面，江苏省仍然有较大改善和提升的空间。江苏经济发展存在的一个突出问题是，经济的快速增长对居民收入增长的带动作用仍显不足。2014年，按收入法计算的江苏GDP构成中，劳动者报酬占比仅为44%，低于广东（47.7%）、浙江（46.1%）。2015年江苏GDP70116.38亿元，全国排名第二位，而城乡居民人均可支配收入为29538.9元，全国排名第五位，低于上海、北京、浙江和天津。江苏城乡居民人均可支配收入占江苏人均GDP的比重为33.6%，低于上海（48%）、浙江（45.8%）、北京（45.5%）、广东（41.3%）和山东（35.4%）。此外，子女教育、医疗、商品房等未来较大支出的可能性使预期不确定性增加，居民储蓄意愿强于消费。

（二）产品结构升级滞后于消费结构升级

在消费品市场上，大量处于生命周期衰退期、技术含量低、附加值低的消费品供给过剩，同时假冒伪劣现象也很严重。市场上处于成长期的、高技术含量、高附加值、符合居民消费结构升级方向的新产品、新供给较为缺乏，在很大程度上抑制了消费新需求的释放。

（三）服务消费供给不足

一般认为，服务消费是用于人们支付社会提供的各种文化和生活方面的非商品性服务费用，可分为餐饮服务、衣着加工服务、家庭服务、医疗服务、交通通信服务、教育文化娱乐服务、居住服务和其他服务八大类别。随着经济发展和收入水平的提高，休闲旅游、文化娱乐等服务消费逐渐成为消费热点，然而，由于产业创新能力弱，技术储备和高端人才缺乏，新兴产业和现代服务业领域准入限制较多，目前需求较旺的旅游、教育、家政、养老、医疗保健等服务产品却供给能力不足，难以满足居民多层次、多样化的消费需求。

（四）"互联网+"对消费者权益保护提出新要求

随着互联网技术的高速发展，互联网与公民个人生活更加紧密，消费者可以通过网络便捷地购买商品，享受金融服务以及网络软件服务等，但随之而来的侵犯消费者权益的网络犯罪活动也层出不穷。例如网络销售假冒伪劣商品、网络金融诈骗以及网络侵犯计算机信息系统等犯罪行为，给网络消费者的权益带来严重的损害。

四 提高居民消费需求的政策建议

（一）创新产品和服务供给，培育和发展新的消费热点

随着经济发展和生活水平提高，人们对高端服务业、文化创意产品等需求开始上升，但目前这方面的产品供给不足，培育这些新的消费增长源，对消费总量的扩张很重要。按照省政府提出的推进智慧信息、健康养老、教育文化、旅游休闲、绿色生态、农村新兴消费六大重点消费工程的要求，引导消费朝着智能、绿色、健康、安全方向转变，积极培育信息、旅游、文化、健身、培训、养老、家政服务等符合居民多样化需求、提升生活品质的消费热点，促进消费结构优化升级。通过发展电子及通信设备、汽车等先进制造业，提高产品的附加值和技术集成度，满足整个社会"趋高消费"的趋势。积极发展医疗产业，鼓励重点医药企业从药品制造业向营养品、保健品、功能性日化产品等健康产业延伸；发展养老服务产业，全面建成以居家为基础、以社区为依托、以机构为支撑、以信息为辅助的养老服务体系，推动有条件的养老机构和医疗机构向老年健康护理转型；发展健康食品业，引导粮油加工、农副产品向健康食品、保健食品等方向转型。大力促进教育培训、文化创意及相关产业的发展，积极培育居民教育文化消费意愿。进一步落实带薪休假制度，推动旅游、体育等消费健康发展。着重提高农产品的品质，努力发展特色农业特别是有机农业；着重发展新型业态，努力发展休闲农业和乡村旅游。

（二）优化消费环境，加强产品质量监管

让消费者愿意消费、放心消费，必须着眼于提升消费品的质量。要淘汰

落后低端产能，提高健康、环保等技术标准，不断抬升市场准入门槛，加速落后低端产能淘汰。加强知识产权保护，重点打击各类侵犯驰名、著名商标权益的行为，深入查处"傍名牌"行为，加大对知名商品的保护力度，加强售后服务、质量追溯和质量诚信管理。针对互联网消费环境存在的问题，有关部门应加大对互联网消费市场的监管力度，推进线上监管与线下监管相结合，部门间综合监管和区域间联合监管；畅通消费诉求渠道，便捷维权程序，加强消费纠纷快速处理与和解效率，切实降低消费者维权成本。电商企业本身应提高对网络安全的重视程度，通过引进技术人才、提高防范手段等应对网络的外部入侵、攻击。社会媒体应及时公布相关的案例，提醒广大消费者关注网络安全问题。消费者在消费时要选择信誉良好的网站，交易前要仔细阅读交易规则和商品说明，做到科学、理性消费；提高自我保护和维权的意识。

（三）努力提高居民收入和扩大就业，增强居民消费能力

健全居民增收长效机制，调整国民收入分配格局，让所有居民能充分分享江苏经济长期稳定快速发展的成果，努力实现城乡居民收入与 GDP 增长的一致性。扩大城镇中等收入者比重，提高低收入者收入水平。从经济上看，中等收入者群体收入稳定，购买力活跃，可以说是社会的支柱消费群体，对于市场具有巨大的拉动作用，要建立企业职工工资正常增长机制，稳步提高最低工资标准和企业退休人员基本养老金水平，继续推进事业单位实施绩效工资；推进科技成果作价入股、岗位分红权激励等要素分配方式发展。坚持积极的就业政策，多渠道开发就业岗位，解决下岗失业人员的再就业，做好城乡居民最低生活保障、社会救助、优抚安置等工作，保障低收入和困难群体的基本需求。逐步增加农民收入，缩小城乡差距，通过促进农民创业、发展现代农业和合作经济组织、完善农业社会化服务、发展村级集体经济、加大扶贫帮困、推动农村产权制度改革等方式带动农民致富。同时，减少不确定预期，大力保障和改善民生，完善社会保障体系，扩大养老等社会保险覆盖范围，提高统筹层次和保障水平，落实好各项保障措施和救助机制。

（四）推进促进消费需求增长和消费结构升级的制度创新

一是要放宽市场准入。进一步减少对民营资本和外资的准入限制，打破行业垄断，尤其是全面放开民营资本进入教育、医疗卫生、养老、文化等服务消费领域，继续推动垄断性服务行业体制改革。二是健全公开透明的市场规则，建立统一的市场体系。严厉查处经营者通过垄断协议等方式排除、限制竞争的行为，克服不同部门、区域或经济主体之间由于利益不一致而对资源自由流动设置人为障碍。清理并取消各地和各行业中不符合建立全国统一市场要求、阻碍商品自由流通的政策和制度，建立和形成全省统一的贸易体制和商品流通政策。三要加快户籍制度改革，壮大城镇消费群体。加大城镇化建设力度，促进有能力在城镇稳定就业和生活的农业转移人口进城落户，形成大城市和小城镇的良性互动。

参考文献

1. 吴先满：《论江苏民生驱动战略》，江苏人民出版社，2016。
2. 李慧：《新常态下扩大江苏居民消费需求的对策》，《无锡商业职业技术学院学报》2016年第16期。
3. 李慧：《平台经济发展的瓶颈与阻碍》，《群众·决策资讯》2015年第5期。

B.27
江苏农业标准化的成效、难点与对策建议

金高峰[*]

摘　要： 江苏农业标准化取得阶段性成效的同时，仍然面临标准内容不足、管理机制不完善、生产与市场分散、外部环境不成熟等诸多阻碍，使其难与国际接轨、难以组织实施、难以检验监测，在借鉴国外先进经验的基础上，结合江苏省实际，应突出政府引导，进一步完善标准化机制、加强组织载体培育、突出示范推广、改善生产与消费环境。

关键词： 农业　标准化　专业化　江苏

农业标准化是现代农业的重要标志，是提高农产品质量、保障食品安全、增强农产品国际竞争力、增加农民收入的重要举措。江苏省委自2005年以来每年将农业标准化工作写入省委1号文件，并列入省政府农业、农村工作重点任务，通过农业标准化的实施，有力地促进了全省优质安全农产品的品牌化、规模化生产。然而，调研发现，近年来江苏省农业标准化在推进与实施中仍面临经营主体意识不强、农业标准内容滞后、检测监管体系不健全、外部环境不适应等问题，基于此，本文在借鉴国外经验的基础上，提出了相应的政策思路。

---

[*] 金高峰，江苏省社会科学院农村发展研究所副研究员。

一 江苏农业标准化的成效

江苏省一直非常重视农业标准化工作，坚持以示范区建设为抓手，加强农业标准化的推广与宣传，农业标准化体系不断完善，有力地促进了农业经济发展。

（一）基本形成了农业标准化的领导网络

农业标准化覆盖范围广、牵扯链条长、涉及主体多，需要建立并完善一套农业标准化领导与责任机制。近年来，江苏省除将农业标准化工作列入1号文件外，还连续多年列入省委常委会年度重点工作和省政府年度十大主要任务百项重点工作。全省各有关部门、各级党委政府就农业标准化工作，出台了一系列具体的保障措施。不少市县还将农业标准制（修）订、农业标准化示范区建设列入下级政府年度考核目标。一些部门（如水利厅等）、科研院所还将农业地方标准制定成果与科技进步奖、核心论文等同等对待，有效地激发了科技人员参与农业标准化的积极性。

（二）初步建立了农业标准化体系

一方面，结合江苏省农业产业优势与实际需求，不断完善修订农业产前、产中和产后等不同环节的标准。至2015年底，全省先后制（修）订农业地方标准2156项，主要涉及粮食、蔬菜、果品、畜牧、水产、农机、水利等领域，覆盖农产品品种、产地环境、生产技术、分等分级、检验检测等环节，为提升全省农产品整体质量水平、促进现代农业发展提供了坚实的技术支撑。另一方面，注重转化利用农业科技成果，将需要在全省推广实施的重要科技成果及时转化为地方标准。其中，秸秆机械还田、蔬菜穴盘育苗、水果套袋、草莓立体种植、稻鸭共作、食用菌工厂化生产、园艺标准园建设等一批现代农业科技创新成果通过标准得到及时推广并产生效益。

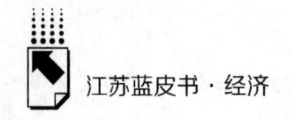

（三）建立了一批农业标准化示范区

全省以促进农业增效、农民增收为核心，以实施农产品质量安全和生产技术标准为重点，以农业标准化试点示范项目为抓手，不断增强农业标准推广实施效果。在农业标准化试点示范项目的建设管理上，严格执行《江苏省标准化试点示范项目管理办法（试行）》，坚持试点与示范项目并存，严格立项与源头把关，加强跟踪检查与长效管理，根据不同农产品及产业的特点，采取"公司+协会+农户+标准""公司+基地+农户+标准"等多种模式实施试点示范。据不完全统计，全省已建成396个国家级、省级农业标准化示范区，推广实施各类农业标准5800多项，促进种植户人均增收535.8元、养殖户人均增收1211.3元，累计增加经济效益约235.8亿元。

（四）农业标准化促进了农业经济发展

一是促进了农业科技成果的转化。借助农业标准化示范区这一载体，使更多的农业科技成果转变为看得见、学得上的具体标准，如仪征食用菌生产标准示范区牵头起草了《瓶装金针菇工厂化生产技术规程》和《杏鲍菇全程工厂化生产技术规程》，有力提升了全省的食用菌生产技术；二是培育了一大批优质品牌。全省各级示范区内先后培育168个省级名牌产品，先后有洞庭（山）碧螺春茶、阳澄湖大闸蟹、宝应荷（莲）藕等39个地方特色农产品取得国家地理标志产品保护；三是加快了农业产业化进程。如东海（老）淮猪养殖标准化示范区积极推广全程技术服务与管理的标准化，实行统一供应种（苗）猪、统一供应饲料、统一消毒防疫、统一技术指导、统一屠宰加工、统一使用古淮牌商标销售，有效提升了当地生猪产业化水平。

（五）农业标准化的社会影响不断增强

一方面，积极推动标准化农产品与市场的对接。通过参加两届全国农业标准化成果展、组织建设并开通江苏省标准化成果展示平台，重点展示全省农业标准化的工作成果及地理标志产品，宣传由江苏省主导或参与制定的国际标准、国家标准以及有特色的江苏地方标准；另一方面，加强农业标准化能力建设，提高农业标准化实施水平，分层次、多形式组织开展农业标准化培训，举办由基层农业推广人员、新型农业经营主体、农业标准化项目承担单位负责人、标准化行政管理人员等对象参加的农业标准化专题培训。当前，已有培训师资3000多人，初步建立一支既懂标准化知识又懂农业专业技术的农业标准化推广队伍。各市、县质监和农业部门也举办各类培训班、现场会5500多期，参训人员80多万人（次），有效提高了当地农业生产者、经营者实施标准化的意识和水平。

二 农业标准化建设的难点与问题

尽管江苏省在农业标准化方面做了大量工作，也取得了一定的成绩。但由于农业标准化是一项涉及面广、关系复杂的系统工程，从全省各地区的实践情况看，农业标准化的推进工作仍存在以下难点与问题。

（一）农业标准内容不足，难以与国际接轨

与全国其他地区相比，江苏省农业标准化工处虽然处于前列，但是与国际水平相比还有不小的差距。首先，农业标准内容不足、更新不及时。无标生产与流通现象普遍存在，而且现行标准多为农产品质量标准，有关农产品生产规程、种源、产地环境条件、检验检测等方面的标准还较缺乏。如仅对粮食、蔬菜、水果等大类产品制定了农药残留标准，还有待进一步细化。其次，农业标准的技术指标与国际标准和先进国家标准相比，存在较大不足。表现在技术含量低，安全标准定得太低、太宽，致使许多特色农产品及其加工产品失去应有的竞争力，出口创汇潜力难以发挥。

（二）标准管理与组织机制不完善，标准化实施难

首先，主体意识不强。不少政府部门并没有真正意识到贯彻实施标准的重要性，缺乏农业标准化的投入（人、财、物）、宣传与示范推广的动力；

许多企业、基层农业技术人员和农民对农业标准还不了解,实施标准化还不能成为自觉行动,有标不依情况普遍,难以真正发挥农业标准的作用。其次,标准混乱,农民无所适从。虽然制定了一系列的标准,但由于政出多门、市场秩序混乱,存在不同地区标准不一(国标、行标与地方标准同时存在)、同一地区同一产品多重标准等现象,很多农业标准难以贯彻落实。再次,农业标准的制定、修订与实施,需要有相应健全的执行组织作为保障。目前,江苏省农业的组织化程度还有待进一步提高,仍有一部分农业标准化示范区农产品主要以初级品为主,缺乏具有现代生产规模的龙头加工企业。

(三)农产品市场监测体系分散,标准化检验执行难

首先,由于行业的差距,国标、行标及地方标准之间存在层次不清、强制与推荐性标准界限不明等问题,在适用范围、技术要求等方面存在交叉、重复、矛盾等不协调问题,给质量技术监督部门的检验判定带来困难。其次,农业生产者及农产品批发市场分布广泛,分散了农业检测力量,影响了农产品质量的提高和农产品进入国际市场的进程。仅就农产品市场而言,存在大型农产品批发市场、城市超级市场、农产品专卖市场和农村集贸市场等不同层次、不同规模的组织,这些市场主体都可能在利润驱使下尽最大可能地降低成本、规避监管。再次,农业标准化监测体系不健全,检验、监测不及时。虽然近年来江苏省加大了农产品质量检测力度,但对农药残留量、有毒有害物的定量测定的技术支撑仍不够,不同地区间农产品动态检测工作差距较大。

(四)农业标准化的外部环境改善难

首先,农业生态环境恶化使生产安全合格农产品困难。当前,引发农业生态环境恶化的因素主要有农业生产中催熟剂、化肥、农药与生物(动物)激素等的过量不合理施用;含有塑料制品、有机磷、腐败物质等多种成分的农村生活垃圾随意处置;工业"三废"和生活污水的不合理排放。其次,

农产品优质优价市场机制还没有建立。当前，江苏省农产品的优质优价机制还不成熟，民众的优质优价意识还不强，群众受限于购买力和辨别能力等因素，导致冒牌产品和劣质产品的情况不同程度存在。再次，农业标准化急需的人才不能适应需求。质量标准、技术规程、品牌申报等农业生产的全过程，需要建立一支多层次、较高素质的农业标准化队伍。但是，全省一些经济落后地区农业技术人员不足、人员知识老化的现象还较突出，影响了农业标准化的实施质量。

三 农业标准化的国外经验

国外发达国家主要从农产品质量安全管理的角度，落实农业标准的制定、宣传、推广、监测等工作。凭着先进的科技水平与一流的管理经验，农业生产始终按专业化、标准化的操作流程实施的。他们的经验可以概括为以下五个方面。

（一）根据地方实际制定相应的国家标准与地方标准

各地适应自身地理环境差异、区域间经济发展不平衡的特点，参照国际标准，结合国家标准，制定适合本地区的农业标准以及围绕地方标准衍生的农业规范和简明的生产技术规程。发达国家除履行ISO9001、《动植物卫生检疫措施协议》等国际标准外，各国政府还参照国际通行标准、依据本国具体情况，颁布一系列农产品质量标准化的政策法律法规，如欧盟统一标准（HAC-CP）、国家标准（BRC）和美国的水产品和禽肉生产加工操作规程等，以保证其农产品的加工生产达到安全与质量标准。

（二）制定贯穿农业生产全过程的标准化体系

发达国家在农业标准化的推行过程中，不但看重对农业生产环境的标准化要求，还关注农业生产与工艺的标准化，如日本的农业生产标准化包含农产品生产环境、生产过程和工艺以及农产品的标准化等方面，每个方面都有详尽的规定和标准。再如欧盟从农作物种子选育、育苗培土到肥料与农药使用、农产品加工车间卫生与储运的具体材料等方方面面，都严格遵守ISO9001（国际标准）、HACCP（欧盟标准）、BRC（国家标准）、EUREP（行业标准）等标准。美国则主要从农产品生产的源头入手，通过全国性联邦法和地方法规的制定约束，严格规范前期生长环境。另外，各地都将农产品品种、质量等级、生产技术规程、运输储藏、加工等纳入标准化管理，统一农产品质量标准、检验方法标准与仪器等的执行。

（三）政府的重视与支持为农业标准化工作保驾护航

首先，各地在建设农业标准化示范区的过程中，采取了部门分工负责、相互协作的管理模式。如欧盟农业标准的实施监督采取政府部门分工负责的方式来实施，农产品的安全、卫生标准由检验检疫局负责贯彻实施，种子标准由初级产业和能源部负责实施监督，农药安全标准由国家注册管理局负责。其次，加强法律法规支持。政府用法规方式对进入市场的产品做出规定，并用统一标准对法规进行技术上的细化，降低企业标准化工作贯彻实施的难度。最后是资金支持。农业标准化需要扩大规模，增加投入，也要求有相配套的运输业、信息产业、服务业等，在发展初期必然需要雄厚的资金投入，单个企业或生产个体是很难满足的，这就需要获得政府的强力支持。如欧盟15国1999年柏林协定规定，2000~2006年新的共同农业政策安排财政预算支出，平均每年达405亿欧元，用于共同体农业的各项措施及改革。

（四）接轨国际先进标准培植核心竞争力

国际标准的竞争与各国产业竞争力密切相关，能够控制市场才能控制标准，能够控制标准才能扩大市场，为此，各国均非常重视国际标准化活动。如美、欧、日等发达国家都积极采用国际的农业和食品工业标准，积极参与国际性和地区性标准化活动，为提高本国的农业水平、发展对外贸易创造有利的条件；作为企业发展战略，很多企业通过将自己的标准转化为国际标准而在国际竞争中取得优势。如日本企业为了自己的生存与发展，不仅注重将自己公司的标准形成事实上的标准，而且注重将企业标准转化为国际标准，以便获得国际市场。

四　江苏农业标准化工作的政策建议

针对当前江苏省农业标准化推进工作中的难点问题，借鉴国外发达地区的实践经验，系统推进江苏农业标准化进程，应着重做好以下工作：

（一）培育新型农业标准化生产载体

农业龙头企业、专业合作社和有一定规模的家庭农场是发达国家推进农业标准化的重要载体，这些主体能够结合自身优势，自主制定等同于甚至高于同类企业的农业生产标准，加强产品研发与技术革新，提升自身的核心竞争力。为此，要进一步加强对这些经营主体的培育，一是推进农业生产的规模化。进一步加大农业剩余劳动力转移步伐，加快土地使用权的有序流转，培育农业专业大户，推进小而散、细碎化的小规模经营向专业大户、家庭农场、土地股份合作社等集中，实现适度的规模化经营。在此基础上，提升农业生产专业化水平，提升相关组织进行农业标准化生产的主观能动性。二是扩大订单化农业生产。加快推进农业龙头企业与农户的联结，进一步加大订单农业等的发展步伐，引导农民以订单签订的农业投入品标准、生产流程标准与产品质量标准，开展统一的农业生产。三是鼓励与支持小农户采用"企业＋农户""中介＋农户""协会＋农户"等集中管理生产和销售的农业生产组织模式，推进农民与农业协会、专业合作社和农技人员的合作，建立内部约束机制，提高生产组织化程度。

（二）完善农业标准制订与认证机制

一是加强对农业标准化的研究与标准的制订。要积极对接国际标准，充分发挥江苏省在科研教学、技术推广、企业等机构人才和技术优势，进一步加强农业标准化的科技攻关。各地区结合自身的主导产业与产品，按照

"两个市场、一个标准"原则，参照农产品进口标准，加快制定地方标准规程，形成覆盖农业产前、产中、产后全过程的"江苏标准"体系。二是建立强制认证机制。结合江苏省农业生产的实际，借鉴美国的良好农业操作规范（GAP），针对初级农产品的种植、采收、清洗、摆放、包装和运输过程制订相关操作标准，对农业生产组织进行分级，对于一定规模的农场和专业农业生产大户、家庭农场需要通过认证才能生产相关产品。

（三）加快农业标准化的示范推广与实施

积极围绕优势农产品与无公害农产品生产，建立健全农产品标准化生产示范基地的示范与推广机制。一是围绕全省各地区的农业主导产业，继续开展以大宗作物区域化布局、畜牧水产规模化养殖及农业产业化经营为重点的省级示范区建设，扩大市县级示范区覆盖面。鼓励示范建设与农业现代化示范基地、高科技园区和有机食品、绿色食品、无公害食品等基地建设相结合；二是要加快标准化示范区建设经验的推广。发挥示范区建设的良好示范机制与辐射网络，加快农业产加销等标准的示范推广应用，适时向周边地区传授先进实施经验，并以示范户的经验与经济效益（增收）的提升等的作用带动更多农户，推进各类农业标准的实施。

（四）进一步加强农产品质量安全体系建设

要以农产品质量安全为根本，推进标准化生产。要坚持从源头治理、标本兼治，从"产"和"管"两个环节入手，严格标准的监管。一是强化源头监管。要充分发挥基层干部覆盖面广、与群众联系紧密的优势，强化基层监管与社会监督；要严把农业投入品特别是高毒农药经营使用关，净化生产源头，严厉打击制售假劣农药和非法销售、使用高毒农药行为，实行农产品强制性例行速测制度和定量检测制度，对不合格农产品一律不准进入市场；二是整合提升现有检测体系。加快建立由各方社会力量参与的社会化检测服务体系，引导民众积极参与，抓紧开发研制便捷化的检测方法与技术，提升检测能力；三是加快农产品质量追溯体系建设。以现代农业信息技术为支撑，建立健全农产品质量追溯公共服务平台和符合国际通用规则的农产品安全追溯系统，探索建立产品质量安全追溯制度，出台农产品追溯相关管理办法，对农业投入品供应商、农产品生产商、农产品销售商、农产品消费者各关键点进行质量跟踪；与此同时，要积极推进与国外有关协会组织、质量检测认证机构的检测认证标准和结果互认，确保农产品质量安全。

（五）积极推进农产品品牌认证与维护

品牌是农产品的"敲门砖"，要依托各地区的发展基础与农业资源禀赋，开展以品牌企业、品牌产品、品牌产业为主的品牌创建活动，财政给予适当扶持。与此同时，统筹苏中、苏北农产品品牌优势较突出的地市资源，打包对外宣传、推介，并从中筛选一批优质农产品生产加工龙头企业、专业合作社、家庭农场等，组建苏中、苏北农业品牌联盟，推进品牌联盟单位共保、共建、共享品牌；积极落实品牌农业发展计划，大力开展"三品一标"（无公害、绿色、有机和农产品地理标志）认证和国际认证，扩大产地证明和市场准入、准出覆盖面。

（六）注重改善农业标准化的外部环境

一是树立人文、生态、绿色的发展理念。借鉴发达国家的先进经验，引进生产过程的环境标准化建设理念，完善相关环境保护的法律法规，研究制定农业生产中关键技术的标准化体系，如农业面源污染治理、农业化肥农药施控技术、农田节水技术及重大动植物疫病监控及防疫技术等。二是加强对农业标准化工作的培训推广。健全农技、科研等多方力量参与的多元化指导队伍，针对不同的培训内容、不同的生产阶段，采取多样化（如田间地头等）的培训或指导方式，提升农业标准化生产意识与执行能力。三是加快拓宽农业信息化的服务渠道。建立健全各级农业标准化的信息网络数据库，实现农业数据资源共享与安全交换，完善信息平台服务内容，让相关利益主体全面了解标准化的准确信息；要充分利用"互联网＋农业"的发展机遇，探索建立农业田间地头标准化监管的物联网体系。

B.28
江苏省土地规模流转的现状特征、发展思路及对策研究

高 珊[*]

摘 要： 江苏省土地规模流转工作进入加速发展阶段。种养大户、家庭农场、专业合作社等新型经营主体已经成为规模流转的主力军，流转方式逐步规范，流转效益不断提高。但是细碎化格局尚未改变，土地流转纠纷、规模经营风险、社会化服务体系不完善等依然存在。近期由于国内外不利因素影响，引发土地规模流转进入转折适应期，未来规模流转和规模经营将在现代农业中居主导地位。为此，提出了深化土地流转制度改革，循序渐进的引导土地资源规模流转；改良规模农业经营条件，完善基础设施；培育新型经营主体，创新经营方式；健全社会化服务体系，提高社会服务水平等思路建议。

关键词： 土地规模流转 规模经营 农业 现代化 江苏

近年来，从中央到地方各级政府大力鼓励以家庭农场、专业合作社等形式进行土地规模化、集约化经营。众多利好政策的密集出台，推动有限的土地资源向有能力的经营主体流转，掀起了农村土地规模流转新的热潮，加快农业现代化的实践进程。

---
[*] 高珊，江苏省社会科学院农村发展研究所副研究员。

一 江苏省土地规模流转的现状特征

江苏省不断深化农村土地制度改革，建立健全土地流转服务体系，积极引导农村土地有序流转，促进农业适度规模经营和产业化发展。全省土地承包经营的流转制度初步建立，土地经营权的流转行为日渐规范，呈现出由分散流转向规模流转、由粗放流转向高效流转等趋势。主要有以下特点。

（一）规模流转范围不断扩大

江苏省土地规模流转工作进入加速发展阶段，为全省农村经济注入新的动力。全省从2008年开始建立农村土地规模流转补贴制度，按照每亩100元的标准对参与土地规模流转100亩至300亩的流出方给予一次性补助，并打造了覆盖省、市、县、乡四级的"七个统一"的农村产权交易市场平台。根据农业部门统计，2015年江苏省家庭承包耕地流转面积已经占总承包面积的59.4%，比2011年增加了18.2个百分点，年均递增率达到10.1%。2015年流转出承包耕地的农户占总承包户的47.8%，流转用于粮食作物的面积占总流转面积的46.8%，分别比2011年上升了12.3%和8.8%。

（二）规模流转主体更加清晰

种养大户、家庭农场和专业合作社等新型经营主体已经成为江苏省土地规模流转的主力军。根据农业部门统计，2015年家庭承包耕地流转入农户和专业合作社的面积比例分别是46.1%、27.3%。2015年江苏省经营面积30亩以上的农户超过27万户，比2011年增加了6.6万户。2015年经农业部认定的家庭农场总量超过3万个，从事种植业、养殖业、种养结合业占全部农场的比例分别为67.1%、23.1%和6.9%。2015年合作社总数有7.1万家，入社会员达到131万个，从事种植业、养殖业和服务业的占全部合作社的比例分别为42.7%、28.8%和15.6%。

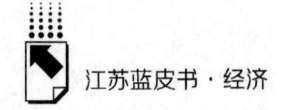

(三)规模流转方式逐步规范

江苏省专门制定全省统一的土地流转示范合同文本,由土地流转服务中心和有形市场统一对外发布、指导合同签订。明确提出2016年底前全省承包土地确权登记颁证工作基本完成。截至2016年3月底,全省共有县级市场62个,乡镇服务中心618个,进场交易的土地流转面积为93.8万亩。根据农业部门统计,2015年签订耕地流转合同份数超过542万份,约占转出承包耕地农户总量的88.6%,签订流转合同的耕地流转面积占总耕地流转面积的77.5%。2015年耕地流转的主要方式包括转包、出租和股份合作三种,涉及面积分别占总流转面积的33.3%、39.4%和19.2%。

(四)规模流转效益有所提高

全省土地规模流转对农民增收、农业增效的正面效应逐步显现。规模流转因其面积较大,多以村集体牵头,大部分由流转双方协商完成,全省土地流转价格基本稳定在800~1000元/亩。特别是集中连片用于发展优质高效农作物、畜禽养殖和旅游观光等高附加值农业的,土地流转价格更高。土地股份合作社以入股分红的形式增加了农户的财产性收入。根据江苏省统计局调查,当前家庭农场盈利能力明显高于普通农户,规模为100亩的粮食家庭农场,稻麦两熟一年纯收益在8万~12万元。现代农业园区、农业龙头企业等载体在科技创新、资本引入、人才培训、品牌创建等方面推动规模流转迈上新台阶。

二 江苏省土地规模流转存在的问题

认真审视全省土地规模流转的障碍与瓶颈,既是实现农业适度规模经营的重要内容,也是自身发展问题倒逼下的客观要求。尽管全省农村土地规模流转已经进入新局面,家庭经营的细碎化格局尚未根本改变,土地流转纠纷、规模经营风险、社会化服务体系不完善等情况依然存在。

（一）土地利用格局有待优化

小农分散经营格局仍然是江苏省农业生产的主要形式。根据农业部门统计，2011~2015年，全省家庭经营耕地规模10亩以下农户占总数的比例维持在92%以上，纯农户占全部农户的比例稳定在40%左右。土地规模流转仍有较大的潜力空间。随着土地确权工作的推进，加之农业剩余劳动力的社会保障还不到位，增加了农户的惜地情绪，细碎化的家庭经营格局有所固化。伴随规模流转的土地整治工程迫在眉睫。灌排年久失修、田埂路密集、租期到后无法修复耕地原貌等问题，引发了大型农业机械无法下田，规模化社会服务难以开展、流转双方利益受损等不利局面。因生产用房、烘干晾晒场地等配套基建用地指标紧张，规模流转主体发展空间受限。

（二）农地流转市场有待完善

土地规模流转中的历史遗留问题与新问题交织在一起。根据农业部门统计，2015年全省土地流转纠纷案例为2011年的近2倍，农户之间纠纷占总量的近80%。农村土地二轮承包中仍然存在四至不清，面积不准、现状变动较大、承包土地信息资料不全等老难题。私下流转、口头协议、低价流转、超期流转等现象屡禁不止。土地流转供需双方信息不对称，"流不出"与"转不进"的现象同时存在。农地流转合同还不尽完善，租赁期满后地上附着物处置机制不健全，及时复垦和原样退回责权不清。现有的土地流转保障金制度，数额小，难以形成违约成本；数额大，则增加了大多数资金不充裕的普通经营户压力。普遍缺乏对土地规模流入方的经营能力资格审查、评估准入及合同履行等监督机制。

（三）规模经营风险有待化解

土地规模流转的动力源于规模经营的土地需求。因农业季节性和周期性强，受自然灾害、市场波动等影响大，很多因素难以提前预测。融资风险和经营风险加剧。近期土地租金以及劳动力成本的上升，粮油及其他农产品在价格、品质等方面的国际竞争力逐渐丧失，给规模经营者尤其是粮食规模大户带来了巨大的冲击。容易诱发"非粮化""非农化"的转向以及退地的风潮。工商资本大规模租赁农地，无法回避自身逐利性和有限公益性，一旦投资失败或经营不善，就会导致资金链断裂，投资项目中断。在这些规模经营主体无法应对风险，匆忙撤离农业后，如何保障农地地力不减、农地流转收入不少、农业得以为继的难题，已经摆在各级政府的面前。

（四）社会服务体系有待健全

当前社会化服务体系侧重于生产服务，与新时期规模流转主体在金融、技术、信息、经营管理等方面的综合服务需求差距较大。公益性与经营性农业社会化服务组织的数量不足、水平不高。以农民专业合作社为例，根据农业部门统计，其提供的社会服务还较为单一。就行业门类看，仍以农机占主导地位。2015年全省农机合作社数量占服务业总量的比例为62%，比2011年上升了2.2个百分点。而植保、土肥及金融保险服务比例分别是19.9%、2%和0.8%，比2011年下降了3个、0.2个和0.7个百分点。就经营内容看，购买、仓储和运销服务还显不足，2015年三类合作社数量占总量的比例分别是3.2%、1.3%和4.5%，与2011年相比也有所下降，减少了0.2、0.2%和2.1%。

三 推进江苏省土地规模流转的发展思路及对策措施

土地规模流转是实现农业规模经营不可或缺的前提条件。就近期而言，受国内外形势的共同影响，江苏省土地规模流转主体及方式、规模经营效益及格局等都处于新的转折适应期。因利益分配不公、权利纠纷等造成土地流转双方的拉锯反复，甚至出现退地回调。随着农村剩余劳动力的彻底转移与现代生产技术的更新换代，未来土地规模流转及农业规模经营将在现代农业发展中占据主导地位。但这需要制度体系全方位的改善，也需要经济社会的全面进步，不可能一蹴而就，需要经历一个相对漫长而曲折的过程。

（一）发展思路

纵观土地制度的改革历史，从20世纪八九十年代农村集体的规模农业尝试，到如今大户、家庭农场的规模农业实践，都离不开流转制度的变革、生产条件的优化、经营方式的创新及社会服务的完善。为进一步提高土地流转效率、集聚资源要素以及稳定规模经营效益，建议明确以下发展思路：

一是深化土地流转制度改革。强化土地规范流转，对土地流出坚持"自愿、依法、有偿"原则，对土地流入坚持"集中、连片、规模"原则，正确处理政府推动、农户参与和市场服务在土地流转中的三大关系。健全对土地经营权流转资质审查和分级备案制度，完善土地承包档案管理工作，加强对土地承包经营权流转业务人员的培训，合理确定工商资本租赁农地规模、时间控制等管理标准，严防承包地用途"非农化"，进一步明确土地流转用途、风险保障、土地复垦、能否抵押担保、违约责任等具体内容。

二是改良农业规模经营条件。整合国土整治、农业综合开发、农田水利工程建设等重点项目，加快实施土地规模流转片区的田、林、水、路、村的综合改造。加强高标准农田建设，提高沟、渠、桥、涵、闸配套标准，适应大型的高性能新型农机推广及绿色环保等技术集成示范推广。激励规模经营主体实行可持续性土地利用方式，允许其有适当比例的配套设施用地，立法保护其对土地基建投入物等的物权。促进农业生产向优势产区集聚，形成水土资源、环境承载和生产能力互相协调的空间格局。

三是创新农村生产经营方式。探索推行合作式、订单式、托管式等既不改变承包关系，又能种养好的规模流转新方式。科学规划与示范引导，形成土地集中、专业合作与服务集约的多种规模经营模式，完善运行机制和利益链接机制，促进各类主体融合。引导普通农户主动参与农业产业经营，把土地资源转变为土地资本，促进土地资源优化配置，提升土地流转双方收益。在投入、补贴、金融、保险等方面发挥政策支持的导向和激励作用，激发各类经营主体创新经营方式和组织形式的内生动力。

四是提升社会服务体系水平。补足土地规模流转及农业规模经营的社会化服务短板，提升各类社会服务体系的专业化、特色化水平。从侧重生产的服务模式升级到服务农业生产经营全过程的新模式上来，打造贯穿产前、产中、产后各个环节的农业社会化服务体系。引导各类新型经营主体、农业科研院所及其他社会服务组织参与农业社会化服务。大力完善农村金融、保险、信息等服务项目，重点研发农业物联网、良种繁育、农产品配送及循环农业的关键技术，积极开拓农产品深加工、品牌创建及营销渠道。

（二）对策措施

循序渐进的引导土地资源规模流转，为农业适度规模经营提供有力的平台支撑，培育各级各类新型经营主体，建立起完备的社会化服务体系。这些不仅是构建以追求质量和效率为目标的现代农业的根本举措，也是改善农民福利，优化农村土地利用格局的重要路径。

1. 渐进引导土地规模流转

激发基层群众的创造热情，因地制宜地推广代耕代种、联耕联种、土地托管等多种土地规模流转的新形式。在确权、赋能的基础上，让农村产权交易市场成为推动土地规模流转的主要平台，促进农村土地、资金、技术等各类要素的合理配置，并提高利用效率。本着"成熟一块，流转一块"的方针，循序渐进地引导地区土地规模流转，优化土地利用格局，逐步实现从短期分散向长期集中转变。避免过激、超大规模的土地流转行为，逐步化解土地流转纠纷。

现阶段需要赋予农地制度和经营制度新的内涵，进一步明晰农户对家庭承包地使用、收益和流转的权利以及承包经营权抵押、担保的权利。同时，也要为获得土地使用权的规模经营主体确权颁证，立法保护他们土地经营权的合法性和土地流转的有效性。允许农民以承包经营权入股发展农业产业化经营，并稳定长期股权，确保农户获得增值收益和二次分红的合法权利。制定符合市场规律的各类土地流转价格、流转年限及退出机制，真正保护土地流转双方的切身利益。

加强大规模土地流转的监管。定期对租赁土地企业的农业经营能力、土地用途和风险防范能力开展监督检查。建立风险防范机制，分产业制定规模经营的进入标准要求，对不规范的农村土地经营权流转合同定期排查清理。重点协调规模大户承包区域内耕地整体布局，探索以村或镇街为单位，通过农地调整、互换等形式，促进生产相对集中连片。避免"一刀切"，及时调整不同规模经营主体的农业配套设施用地标准和优惠政策。

2.配套规模农业基础设施

树立大农业和大国土观念。对规模流转比例较高的农业地区开展新一轮的农村土地综合整治。顺应农产品供求的消费市场变化，适时适度调整规模经营的品种结构和生产规模。在确保粮食安全的基础上，科学划定永久性基本农田，扩大高标准农田建设规模。提升科学技术水平，加快作物和农业机械的更新换代，全力推广绿色循环农业。重视农产品精深加工，培育形成一批竞争力强、综合效益高的地方特色农业产业带。

鼓励现有家庭农场和种植大户自主开展农田整治。测土配方施肥、植保统防统治、"三品"生产认证等项目向规模流转区域倾斜。允许集中连片整治后新增的部分耕地，按规定用于完善农田配套设施。个别流转耕地面积较大的项目，允许其在项目区域范围外单独立项扶持。降低单个项目治理面积门槛，简化申报程序。探索先建后补、以奖代补等方式，对符合条件的规模经营主体，按照"谁申报、谁实施、谁管护"的原则，将项目建设和管护权一并移交。

扩大资金适用范围，财政资金除用于水电路等基础设施建设外，还可对育秧设施、烘干设备等进行适当补助。放宽具体措施实施比例限制，按照缺什么补什么的原则，对农、林、水、电、路及配套实施的关键环节进行扶持。对于规模流转用于粮食种植的经营主体，给予场地建设、仓储物流、建仓与修仓补贴或贴息贷款，按照实际代农储粮数量给予一定的资金补贴，提升产地机械化烘干能力，全面提升粮食产能。

3.培育新型规模经营主体

规模经营主体与小农户必将长期共存，只有二者相辅相成，才更有利于现代农业的发展。加快城镇化和工业化步伐，彻底转移农村剩余劳动力，参照失地农民的解决方式，完善进城农民的社会保障，让长期流出土地农户能够有稳定的职业和生活。尽快把新型职业农民纳入城镇职工医疗和养老保险体系，消除长期以来对农业、农民的歧视，从根本意义上给予职业农民"国民待遇"，在更高起点上为新型职业农民的生存发展构筑平台。

培育各种类型的新型规模经营，发挥各自的比较优势，加深行业分工和专业化生产。全面推进各类规模经营主体的联合与合作，把新产品、新技术、新装备导入农业生产和土地利用的过程，体现专业化与规模化优势，降低生产成本与提升行业效率。扶持农业内部三次产业的联动发展，培育新的经济增长点，使农业从单纯的种养业向上游、下游、侧边产业延伸，在农业内部形成农、工、商、储、运一条龙产业，全面提升农产品附加值和竞争力。

加大对职业农民培训补助力度。注重拓展农业多种功能的家庭农场，加强品牌建设、旅游推介、资助学习等方式进行扶持。提升培训实效，针对不同产业和不同类型的职业农民分类培训并进行职业技能鉴定。除基本的农业生产技能外，还需要系统地培训统筹核算、管理营销、风险预估、技术应用等多方面的知识和能力。有针对性地开展农业"电商"人才培训计划，引导各类新型规模经营主体加入全省的智慧农业信息平台。

4. 建立多元社会服务保障

着眼镇村服务一体化和为农服务规模化，围绕规模流转和规模经营，重点培育涵盖土地经营权金融抵押、农产品保鲜储运、品牌打造销售及农业保险等新型服务主体。推进智慧农业建设，将土地流转信息、农业产业信息、农业科技信息、农业物联监控等大数据集合在一起，为各类新型主体提供"精准、及时、全程顾问式"的信息服务。推动农产品流通方式变革，逐步从销售端向生产端拓展，形成以市场为导向、融合"互联网+"、绿色发展的生产组织方式。

促进公益性服务与经营性服务融合。完善以政府部门为主导的公益性农业服务机构，支持科研院所和涉农高校承担科研、技术推广等项目。鼓励各类农业服务组织将各类服务资源整合优化打包，为规模经营主体实施农业综合服务。采取政府购买服务、定向委托、项目招标等多种方式，引导支持龙头企业、合作社、专业服务组织等开展业务。探索建立农村集体土地产权证、大型农机具、设施大棚等抵押、质押担保方式，提供更多可行的金融服务。

以规模流转区域和规模经营示范田为基础，充分利用现代农业技术和装备，实现农机农艺融合、良种良法配套、技术物资结合。全面推广推行减量和精准使用化肥农药，秸秆全量还田等环保生产技术。强化农产品质量安全监管体系。通过生产技术标准的制定，带动标准化生产。通过品牌建设，带动产品质量提升和结构调整。鼓励工商资本支持发展农资连锁、种植种苗、农机作业、物流配送等经营性服务。

参考文献

1. 顾姝姝：《江苏六成耕地进入流转，家庭农场呈现规模效益》，人民网，2016年8月25日。
2. 张桂香、李响、胡振岳、孙桂琴：《"添柴加薪"喜创收》，《中国信息报》（网络版）2016年4月14日。
3. 章建宇：《加强土地流转风险管控，为农业适度规模经营保驾护航》，南京都市现代农业适度规模经营论坛，2016。
4. 邹陈勇、滕宏飞、王永恒：《浦口区农业社会化服务体系现状与发展的思考》，南京都市现代农业适度规模经营论坛，2016。
5. 滕宏飞：《浦口区粮食生产规模经营现状与思考》，南京都市现代农业适度规模经营论坛，2016。
6. 陈定洋：《农业供给侧改革要靠新型农业体系》，《学习时报》2016年3月28日。
7. 孔祥智：《农业供给侧结构性改革的基本内涵与政策建议》，《改革》2016年第2期。
8. 张勇奇、湛中林、谭涛：《聚焦经营规模适度，引领都市农业跨越》，南京都市现代农业适度规模经营论坛，2016。
9. 夏益国：《粮食安全视阈下农业适度规模经营与新型职业农民》，《农业经济问题》2015年第5期。

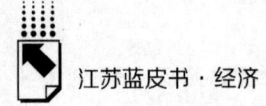

10. 孙林、傅康生：《农村土地适度规模经营的阻碍因素与转型路径》，《中共中央党校学报》2015年第19期。
11. 陈友、陈永红：《构建南京"一主多元"的新型农业社会化服务体系的思考》，南京都市现代农业适度规模经营论坛，2016。
12. 吴常宝、王正林、刘良峰、张红生、刘志明：《完善社会化服务体系，推进农业适度规模经营》，南京都市现代农业适度规模经营论坛，2016。

B.29
江苏省农业现代化进程与发展对策研究

吕美晔*

摘 要: 截至2015年底,江苏省农业基本现代化进程的目标实现程度已逾八成。但仍面临土地流转不畅,人才、资金、技术等要素缺乏、经营方式转型不顺、农业支持保护体系发展滞后等诸多问题。为此,要大力推进农业从业人员的减量提质;积极探索多种模式的土地流转和规模经营;创新农业金融抵押担保机制;做好科技成果示范与推广;合理设计和调整财政支农政策;加快农业生态环境保护体系建设,全力推动农业现代化迈上新台阶。

关键词: 农业 现代化 江苏

加快农业现代化建设是江苏农业供给侧改革和农民增收的重要途径,是率先基本实现现代化和全面建成小康社会的重要内容。"十三五"期间,江苏省将继续深入推进农业现代化建设,力争到2020年总体上达到省定农业基本现代化指标体系目标要求。农业现代化涵盖范围广、内容多,这就要求推进工作必须认清形势,理清思路,抓住重点,制定有效对策。基于实地调研和统计数据,本文梳理和总结了江苏农业现代化的现状进展,指出了其中

---

* 吕美晔,江苏省社会科学院农村发展研究所副研究员,博士。

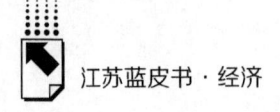

存在的一些主要问题,并提出了进一步推进江苏农业现代化发展的思路和对策建议。

一 江苏农业现代化的现状进展

近年来,江苏大力实施粮食稳定增产、绿色蔬菜基地建设、农业产业化经营推进、农业信息服务全覆盖、农业农村人才"双百双十"等重点工程,农业现代化建设保持持续稳定发展的良好态势。

(一)江苏农业现代化进程推进速度较快

面对错综复杂的宏观经济环境和艰巨繁重的改革发展任务,近年来江苏省各地认真贯彻落实省委、省政府关于农业现代化工作的决策部署,主动适应经济发展新常态,坚持稳中求进,狠抓各项扶农惠农政策措施的落实,农业现代化发展稳中有进。根据《2015年江苏省农业基本现代化进程监测报告》,2015年全省农业基本现代化进程的目标实现程度已逾八成。其中,农业产出效益、新型农业经营主体、现代农业产业体系、农业设施装备和技术水平、农业生态环境、农业支持保障六大类目标的实现程度最低超过70%,最高已超过90%。按照2020年全面实现省定农业基本现代化指标体系目标的要求,当前农业现代化进程推进速度还是相对较快的。

(二)江苏农业现代化水平在国内较为领先

2015年,江苏全年粮食总产量达3561.34万吨,粮食单产438公斤/亩,比全国平均水平高出72公斤。全省农村居民人均可支配收入16257元,是全国平均水平的1.42倍。农户参加规范的农民专业合作社比重达76%,农业综合机械化水平高达81%,远远高于全国平均水平。农业科技进步贡献率为65.2%,高出全国平均水平9.2个百分点。林木覆盖率22.2%,也比全国平均水平高出0.5个百分点(见表1)。

表1 2015年江苏与全国农业现代化部分指标比较

指标	江苏	全国
粮食单产(公斤/亩)	438	366
农民人均可支配收入(元)	16257	11422
农户参加规范的农民专业合作社比重(%)	76	42
农业综合机械化水平(%)	81	62
农业科技进步贡献率(%)	65.2	56.0
林木覆盖率(%)	22.2	21.7

数据来源：统计局、各新闻媒体及相关网站。

（三）江苏农业现代化水平与发达国家尚有较大差距

从同期各单产指标比较土地生产率来看，江苏稻谷单产略显优势，玉米单产明显低于发达国家水平。虽然近年来劳动力转移和城镇化进程加快，但相对于发达国家不到5%的农业从业人员比重，江苏的农业从业人员比重仍然高达19.3%（见表2）。从机械化程度来看，20世纪60年代后期至70年代

表2 江苏与发达国家农业现代化主要指标比较

指标		美国	日本	法国	江苏
单产(公斤/亩,2012年)	稻谷	556.57	449.25	—	561.94
	小麦	207.96	—	506.61	327.87
	玉米	516.28	—	605.69	366.36
农业从业人员比重(%)		1.6 (2010)	3.7 (2010)	2.9 (2012)	19.3 (2014)
机械(台/千公顷,2010年)	拖拉机	25.8	433.9	61.6	20.8
	收割机	2.0	221.2	4.2	19.7
单位耕地化肥施用量(吨/千公顷,2011年)		124.3	268.3	140.6	732.5
农业科技进步贡献率(%,2010年)		>80	>75	>80	61.2

数据来源：1. 李响、周鹰、李丽华等：《江苏与发达国家农业现代化水平的差距》，《江苏农业科学》2012年第40（12）期，第385~387页；

2. 曹明霞、周春芳、吕美晔：《江苏推进农业现代化发展的路径与对策研究》，见王庆五《2015年江苏发展蓝皮书：江苏经济社会发展分析与展望》，江苏人民出版社，2015，第186~193页。

初期，发达国家就已先后实现了从种植到收割的全面机械化。而即便是2015年，江苏省农业机械化率也仅为81%，农业科技进步贡献率与发达国家同期相差近20个百分点。而从农业生态环境的保护来看，江苏的单位耕地化肥施用量却高达发达国家的3~7倍。若以发达国家农业现代化同期值作为目标值，大致可以推断：江苏目前农业现代化程度相当于发达国家的80%左右，保守的预测至少要相差20年。

（四）江苏省农业现代化水平在省内呈南高北低阶梯状趋势

从2015年江苏农业基本现代化综合评估结果看，江苏农业现代化发展水平在苏南、苏中、苏北地区具有明显的地域差异，农业现代化实现程度较高的前五名除南通以外全部是苏南地市，排在后几位的都是苏北的地市（见表3）。这说明江苏农业现代化发展水平与三大地带之间具有明显的耦合关系。

表3 2015年江苏省农业现代化水平综合评价结果

项目	苏南	苏中	苏北
省辖市及名次	南京市(第1名) 苏州市(第2名) 无锡市(第3名) 常州市(第3名) 镇江市(第6名)	南通市(第5名) 泰州市(第7名) 扬州市(第8名)	盐城市(第8名) 徐州市(第9名) 淮安市(第11名) 宿迁市(第12名) 连云港市(第13名)

资料来源：2015年江苏省农业基本现代化进程监测报告。

二 江苏农业现代化发展中存在的主要问题

虽然江苏省农业现代化发展取得了较好的成绩，但仍然面临土地要素不能充分流动，人才、资金、技术等要素缺乏，农业生产经营方式转型不顺，相关农业支持保护体系发展滞后等方面的诸多问题，亟待解决与突破。

（一）大量高龄低质劳动力黏滞于农业内部阻碍现代化进程推进

农业部门大量男性青壮年劳动力转移，大量妇女、儿童和老人留守农村，使江苏省农业呈现老龄化、女性化的倾向，这种现象在苏北地区尤为严重。首先，保障性的生产动机、传统小规模农业生产经营方式直接导致生产的低效率和劳动力的低报酬；更严重的是，这大大阻碍了土地要素的释放，阻碍了土地要素向更有效率的生产者集中形成适度规模经营。

（二）土地产权交易不畅影响农业适度规模经营形成

当前全省农村劳动力非农化程度较高，却仍未形成全面的适度规模经营局面。这一方面和农户不愿流出有关，另一方面，土地产权交易不畅也是一个重要原因。谈判交易成本高、地块区位的不可替代性，以及产权交易市场的不健全，是导致土地产权交易不畅的主要原因。

（三）农业信贷和农业保险支持体系尚未建立

就全省层面来看，当前还缺乏面向现代农业的金融信贷和农业保险支持体系。一方面，农村政策性银行明显离农化，民间农业和农村金融组织面临授信担保困难、申请手续繁复、隐性交易费用高等问题；另一方面，由于农业项目本身就具有风险高、收益慢的特点，再加之农村土地集体所有的性质，使农业经营主体发展现代农业缺乏必要的抵押物，因此各类正规商业性金融机构都不愿对其进行金融信贷。此外，现行农业保险以大宗农作物保险为主，养殖业与现代高效农业保险覆盖率不高，加之理赔方式和保障水平不高，无法有效分散农业经营面临的自然风险冲击。

（四）农业科技供需对接错位

当前江苏省农业科技与农业生产相脱节的现象仍未得到有效解决。一方面表现为农业生产中的一些技术需求难以得到满足，如苏南和苏中部分地区对用于高效设施农业的小型机械需求较大，但在市场上一直缺少供应；另一方面，一些农业院校以及研究院所对科研人员的考核机制重成果、轻应用，使科研人员的成果转化及合作意识不强。在成果转化和合作时常常要求地方政府提供高昂的配套经费，导致科技合作难以进行，最终造成农业科技成果不适应生产需要，难以推广应用，转化率不高。

（五）财政支农政策并未发挥有效的支持和激励作用

一是政策设计未能充分考虑实际状况，导致执行困难。最典型的就是农业现代化的资金扶助配套政策，往往省里要求市县匹配，市县又要求企业匹配，一些项目要求地方（企业）配套投入与上级支持比高达3∶1。不少地方投入农业发展的积极性因此受到很大影响，有的干脆不申请这些项目资金扶持，致使一些农业项目无法落地。二是一些财政支农政策已经不符合农业发展的实际，甚至阻碍了农业现代化的推进。比如，粮食直补政策。一方面，农业生产资料价格的过快上涨导致每亩100元的种粮直补对农户增收的作用有限；另一方面，又使部分农民不舍得出让土地的承包经营权（苏北地区极为明显），阻碍了土地流转的顺利推进，补贴方式亟待转变。

（六）农业生态环境保护体系建设滞后

目前，江苏省的农业生态环境保护体系建设总体还较为滞后，引发了一些矛盾，也威胁着农业的可持续发展。一是化肥农药过度使用以及农用地膜随意丢弃造成的农业面源污染日益加重；二是粗放的畜禽养殖，特别是难以全面进行监控的小型养殖户，消耗资源高，浪费大，畜禽粪便未经处理随意排放，对农村环境造成严重污染；三是秸秆禁烧禁抛以及综合利用工程在一些地区遭遇技术瓶颈，推进困难重重。

三 江苏农业现代化发展的思路与对策

未来江苏省推进农业现代化发展的基本思路是：在遵循以市场机制为主导，以政府行政干预为辅的原则下，通过破除相关制度性障碍，加快完善产品市场和要素市场，充分发挥市场对资源的配置作用；在继续深化工业化和推进新型城镇化的背景下，加快降低农业劳动力比重；围绕加快土地流转和规模化经营，实现人才、装备、科技和资金的合理配置；以培育新型农业经营主体、转变生产组织方式、构建社会化服务体系和完善政府支农政策为突破口，促进农业生产经营效率的提高；政府要坚守粮食安全和生态环境底线，通过科学的政策设计和有效的激励机制，确保宏观经济和政治环境的稳定。

（一）提高公共服务和社会保障水平，推进农业从业人员减量提质

一是要进一步加大劳动力转移力度，并提高转移人口及农业人口的公共服务和社会保障水平。通过劳动力输出技能培训、中介服务、结对帮扶等途径，进一步推动农业劳动力的转移。同时，要推进就业、住房、教育、医疗、养老等公共服务和社会保障的均等化，提高转移人口、农业人口现有保障水平，使转移人口有工可做，有房可住，老有所养，幼有所教，弱化土地的保障功能。二是要鼓励通过以经营主体为主导，农业院校和企业配合，政府补贴的方式实现对技术人才和农业工人的培训。鼓励各类新型农业经营主体根据自身需求，与销售农资、农机的企业以及农业院校合作，对各类技术服务人才以及农业工人进行培训。政府可组织编制合作企业以及院校名录，并对培训予以奖励或补贴。三是要加强农业公共服务体系人才队伍的建设。形成新的人才培养、使用、流动、竞争机制，增加农业公共服务体系的事业编制，适当予以补贴，培育和造就素质高、创新意识强、职业化的服务团队，以适应不断变化的农业现代化需求。

（二）加快农村产权交易平台的建立，探索形成多种规模经营模式

一是要推进土地承包经营权的确权登记颁证工作，保障农民在土地流转中的主体地位。有序推进土地权属的确认登记和颁证，在充分尊重农民意愿的前提下，针对不同地区的实际情况，处理好土地确权与规模经营之间的关系，灵活推行"确权确股不确地"的做法。二是要不断完善农村产权交易

市场，推动土地经营权交易信息公开，交易过程公正和规范。通过产权交易市场，为土地流转的供需双方提供共享信息的平台，促进有效匹配、顺利交易，从而实现土地要素的快速流转。三是要探索推广现代农业园区、土地股份合作社、代管代种、土地全托管等模式，助推土地流转整合和农业的适度规模经营。在劳动力转移程度较高、经济较为发达的地区，如苏南以及苏中部分地区，以科学规划为基础，探索推广现代农业园区模式。由政府部门的财政资金承担土地流转整合的成本，并完善基础设施和服务配套，降低现代农业产业的进入门槛，增强农业吸引力。在劳动力转移程度较低，以大田种植为主的经济欠发达的地区，可以推广成立土地股份合作社，通过社员内部民主协商，降低和内化土地流转的谈判成本，开展各种形式的适度规模经营。在暂不具备土地流转条件的地区，也可以尝试通过代管代种、土地全托管等生产模式进行适度规模经营。

（三）加大农业政策性金融扶持力度，创新农业金融抵押担保机制

一是要进一步加大政策性金融贷款力度，支持政策性银行和商业银行创新金融产品，改善服务方式，拓宽信贷支农渠道。创造有利条件，在有效防范风险的前提下，引导社会闲散资本和民间资本发展适合农业生产特点和需要的金融服务。二是要进一步建立健全农业生产贷款的抵押担保机制，可通过鼓励措施引导商业担保机构开展农业生产贷款担保业务，探索实行如仓单质押、动产抵押、权益质押等担保形式。鼓励商业性保险机构在农村开展借款保证保险，发展农户联户担保的方式，降低信用风险。也可由地方政府出资支持成立农村信用担保基金或机构，可参考无锡市的做法，由各级政府共同出资设立农业贷款担保基金，实行基金担保、市场化运作。三是要进一步扩大农业保险覆盖面，加快建立农业再保险和巨灾风险分散机制，鼓励发展农业互助保险和商业保险，通过市场化手段化解经营风险。

（四）改进农业院校的科研考核机制，做好农业科技成果示范推广

一是要发挥好农业科研机构、农业大专院校培养农业科技创新人才的源

头性作用,完善农业院校科研人员考核机制,将农业科技成果应用与转化纳入其中,从而打破行政性分割,进行合理分工与联合。支持企业与大专院校、科研机构建立长期稳定的合作关系,共建技术开发实体,以项目或课题为纽带,对重大技术难题组织产学研联合攻关。二是要积极开展各类农业科技成果展示和技术示范活动,鼓励农业科技人员深入生产一线,针对农业生产需要开展技术研发与科技服务。要充分调动科技人员、农民和企业的积极性和创造性,实行专业人员和农民相结合、政府主导和市场引导相结合、有偿服务和无偿服务相结合的运作方式,走多元化、多层次的符合地区实际的农业科技推广之路。

（五）合理设计和调整财政支农政策,有效提升财政支农实际效果

改进财政支农政策,包括健全"三农"投入稳定增长机制、完善农业补贴政策、建立生态补偿机制、整合和统筹使用涉农资金等。一是要逐步改进传统普惠式的补贴方式,增加对基地经济组织的财政支持。政府对农业现代化的补贴重点应在有利于农业整体水平提升的领域,如动物防疫、作物良种和大型农业机械（如粮食烘干设备等）等,并逐步提高补贴标准和扩大补贴范围,积极探索委托龙头企业直补的具体办法。二是要改进财政支农资金投入方式。根据区域差异调整地方配套比例,确保财政支农资金在地区间的合理配置。要将补贴政策与土地流转、农业规模经营、农业可持续发展及粮食安全等政策结合起来,加大对产粮大县的奖励力度,探索农业生态补偿政策与机制,保障农业的生态功能,鼓励和引导生态农业的发展。

（六）加强农业生态环境保护和治理,完善农业生态环境保护体系

要加强农业生态环境保护体系,必须要加大财政投入,加快绿色农业生产技术的推广使用。如果将良好的农业生态环境视作公众普遍需求的稀缺商品,那么通过纳税交由财政资金支付购买也不乏合理性。财政资金主要用于政府制定相应的环保标准并对生产者行为进行监管,对环保技术开发的持续投入,以及补贴生产者的治污成本。针对江苏省当前较为突出的农业生态环

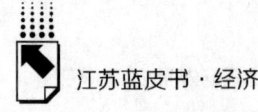

境问题，一是要从源头控制农业面源污染，推广科学施肥，从源头切断高毒难降解农药的使用，提倡农业病虫害的综合防治。二是要对小型畜禽养殖及其污染状况开展摸底普查，对农村畜禽养殖污染以奖代治，对治污突出，按时完成治理任务，考核优秀的乡镇予以奖励。三是要持续投入环保科技的研发，并适当补贴生产者的治污成本，引导其提高治污能力。

B.30
江苏如期完成脱贫致富奔小康工程的重点、难点及对策

张立冬 周春芳 赵锦春*

摘 要: 如期完成脱贫致富奔小康工程,是确保"十三五"期末全面建成更高水平小康社会的根本保证。本文立足江苏"十三五"扶贫开发的总定位、总思路和总目标,指明了如期实现脱贫致富奔小康工程的重点以及面临的难点,并提出了针对性的对策建议。

关键词: 精准扶贫 脱贫致富 小康社会

如期完成脱贫致富奔小康工程,是"十三五"时期江苏省扶贫开发的重大任务,是确保全面建设更高水平小康社会的根本保证。立足"十二五"实施脱贫奔小康工程第三方独立评估的总体情况,紧扣江苏省"十三五"扶贫开发的总定位、总思路和总目标,本文剖析了全省"十三五"扶贫开发的重点,从政府、市场、经济薄弱村和低收入农户等各扶贫开发相关主体出发,客观分析了如期完成脱贫致富奔小康工程的难点,并最后提出了相应的对策建议。

---

* 张立冬,江苏省社会科学院农村发展研究所副所长、副研究员,博士;周春芳,江苏省社会科学院农村发展研究所副研究员,博士;赵锦春,江苏省社会科学院农村发展研究所,博士。

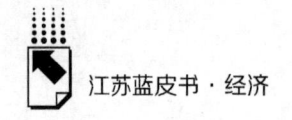

一 江苏如期完成脱贫致富奔小康工程的重点

从低收入农户和经济薄弱村两个维度出发，江苏如期完成脱贫致富奔小康工程的重点如下。

（一）开发式帮扶低收入农户增收脱贫

在低收入农户的精准帮扶上，按照是否具有劳动能力进行精准分类和精准施策，江苏采取了开发式扶贫和救助式扶贫相结合的帮扶措施。对于列入救助式扶贫范畴的无劳动能力低收入农户而言，主要通过社会保障来兜底，只需在"十三五"期末将农村最低生活保障提高到人均500元/月，即可确保该类低收入农户达到6000元标准的脱贫目标；对于列入开发式扶贫范畴的具有劳动能力的低收入农户而言，需要在诸多帮扶的条件下依靠提高其自身发展能力实现脱贫，而自然风险、市场风险使依靠开发式扶贫实现脱贫面临诸多不确定性。因此，如何在"十三五"期末实现列入开发式扶贫的低收入农户人均年收入达到6000元标准，是如期实现脱贫致富奔小康工程中6%左右低收入农户扶贫目标的重点。

（二）经济薄弱村的集体经济收入

从经济薄弱村集体经济收入情况来看，在"十三五"期间，一是要实现经济薄弱村集体经济年收入达到18万元，标准较"十二五"期间提高20%（"十二五"时期标准为15万元），实现的难度有所提高；二是对于"十二五"期间遗留下来的部分未达标的经济薄弱村而言，要在"十三五"期间实现集体经济收入18万元标准更是难上加难，是扶贫开发任务中难啃的"硬骨头"；三是在经济下行压力较大的宏观环境下，实现经济薄弱村集体经济收入18万元硬性约束的难度加大。仅以物业经济为例，建设资产租赁型标准厂房在帮助农村低收入人口实现"家门口就业"的同时，还能够给村集体带来一笔不菲的租赁费用，这一度成为苏北地区提高村集体经济收入的重要措施。然而，在经济下行压力较大且在未来较长的时期内处于"L"型的宏观环境下，经济薄弱村建好的标准厂房的出租和收益受到显著影响。如何结合返乡农民工创业、新型农业经营主体构建以及农村三产融合等，盘活部分存量空置的标准厂房等村集体资源资产，拓展提升经济薄弱村集体经济收入，是一件极为考验基层乡镇政府和村两委创造力的难题。可见，实现经济薄弱村集体经济收入18万元的硬标准，是"十三五"时期江苏扶贫开发的重点任务。

二 江苏如期完成脱贫致富奔小康工程的难点

准确理解把握脱贫致富奔小康工程的难点是抓好"十三五"扶贫开发工作的"牛鼻子"。归纳起来看，确保如期完成脱贫致富奔小康工程面临的难点主要表现为以下七个方面。

（一）如何处理好市场配置资源的决定性作用和政府在扶贫攻坚中的功能和作用两者之间的关系

在有限期限内硬指标的压力下，各地方政府肩负了重大的贫困治理责任，其往往采取定指标、下任务的方式，且有按照自己需求和意志来安排扶贫资源和资金使用方向的冲动，即易于产生政府起到资源配置决定性作用的倾向。政府的主要职责是营造良好的政策环境和市场环境，通过对公共资源的再分配，为农村低收入人口提供获得脱贫和发展的机会与资源，如果政府在实施层面主导过度，则可能导致扶贫效率低下。因此，要在充分发挥政府在扶贫开发中主导作用的同时，同步实现按照市场规律提升低收入农户和经济薄弱村自我发展能力的目标，必须要处理好市场配置资源的决定性作用和政府在扶贫攻坚中的功能和作用两者之间的关系。

（二）如何避免在"扶贫军令状"之下出现文本和数字脱贫现象

县（市、区）党委、政府承担主体责任，且各县、区层层签订扶贫开发责任状,是政府强化扶贫开发责任制的主要措施。该管理制度优势明显,但是在"扶贫军令状"之下也容易出现文本和数字脱贫的扭曲行为。由于扶贫任务层层下放,扶贫任务最终都落实到乡镇基层政府,在上级政府压力、扶贫对象压力和市场风险压力的多重压力下,为了应对"扶贫军令状"的硬指标考核,容易出现将脱贫成效仅仅显示在纸上面,甚至少部分地区出现在建档立卡之初即将部分非低收入农户纳入帮扶范围之列等现象。

(三)如何确保建档立卡低收入农户的动态性和准确性,实现有进有出的精准动态管理

对低收入农户的精准识别和精准管理是开展精准扶贫的前提。鉴于逐村逐户排查识别扶贫对象的高成本,以及各乡镇有限的人力、物力和财力,很难在建档立卡之初就能够在准确掌握农村家庭收入信息的情况下来确定低收入农户,而只能采取在总名额控制下依靠基层民主评议的方法来确定。可以说,在建档立卡之时就难以完全保证农村低收入农户的精准识别,更难的是要确保建档立卡低收入农户的数据动态和准确,实现有进有出的精准动态管理。不仅要统计并调整脱贫人口,也要统计新增低收入人口,还要统计返贫人口,这一要求依靠目前扶贫队伍的状况和农民收入信息系统的建设情况很难实现。

(四)如何处理好收入单一维度的脱贫硬性指标与低收入农户的可持续发展能力之间的关系

尽管基于收入维度的扶贫政策已成功地使农村贫困大幅度降低,但是经济维度的扶贫忽视了农村居民其他维度的贫困,且很可能造成两个方面的不良后果:一是收入维度的脱贫并不意味着该农户能够获得良好的教育、健康以及生活条件,而后者才是扶贫的真正目的;二是教育、健康、生活水平以及资产等维度的贫困会导致低收入农户的脱贫不牢固,该类农户极有可能由于某些负向冲击而重新返贫,并在脱贫和返贫的状态中摇摆。从目前农村贫

困的现状来看，上述不利结果已日益显著。因此，处理好收入单一维度脱贫与低收入农户可持续发展能力之间的关系，既是未来扶贫开发的重点，也是解决好短期脱贫与长期致富问题的关键。

（五）如何处理好精准扶贫、瞄准到户与发挥能人、带头人的作用之间的关系

考虑到低收入人口大多缺资金、缺技术、缺市场，产业发展风险大，部分地区的扶贫资源往往被具有资金、资源、技术、知识、信息和社会资本优势的乡村精英或者龙头企业占有或利用。扶贫项目或资金交由最能利用资源的人使用虽然无可厚非，但是该资金和项目的特殊之处是其所具备的扶贫属性，这就决定了其必须以带动农村低收入人口脱贫和提升经济薄弱村集体经济收入为目标，而脱离上述目标的"精英俘获"（乡村精英或龙头企业获取本来应该用于农村低收入人口的资源、项目和资金）现象必然不会带来显著的减贫效果。因此，需要构建相应的利益协同机制，既防止扶贫资源使用中出现脱离扶贫属性的"精英俘获"现象，同时又能充分发挥能人的作用。

（六）如何选择产业扶贫项目并保障产业扶贫收益

产业扶贫是可持续性最强的脱贫方式和路径，是确保建档立卡中开发式扶贫人口如期脱贫的根本保障。"十三五"时期，产业化扶贫是精准扶贫效率提升的重要保障，在扶贫致富奔小康工程中被寄予厚望的同时也肩负着更大的责任。然而，不能忽视的是，产业化扶贫与市场风险不可分离，尤其是农业产业化扶贫项目不但面临自然风险、市场风险和经营风险等多重风险，而且目前尚缺乏风险防范机制。因此，在扶贫任务硬指标的高压下，在将产业扶贫作为培育低收入农户内生发展动力实现开发式扶贫的普遍政策取向下，如何选择产业扶贫项目并保障产业扶贫收益，是一个虽较为棘手但必须认真谋划并重点突破的难题。

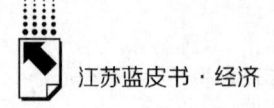

（七）如何处理好集中连片经济薄弱地区资源开发与绿色可持续发展之间的关系

按照"区域发展带动扶贫开发，扶贫开发促进区域发展"的思路，虽然"十二五"期间苏北六大重点片区经济社会面貌取得了明显改善，但在更高的扶贫标准下，实现苏北6个重点片区和黄桥茅山革命老区等集中连片经济薄弱地区面貌显著改善，依然是"十三五"扶贫致富奔小康工程中最艰巨、最繁重的任务。虽然上述地区拥有丰富生态资源，但是不能走以牺牲环境为代价换取发展的老路。如何把生态资源作为发展背景和支撑条件，构建绿色可持续发展的产业体系，实现保护生态和扶贫开发双赢，是实现重点片区和革命老区面貌显著改善目标的重要保证。

三 对策建议

立足脱贫致富奔小康工程的重点和难点，本部分有针对性地提出如下政策建议，以全面提升扶贫开发成效，到"十三五"期末完成脱贫致富奔小康工程，确保高水平全面建成小康社会。

（一）在充分发挥政府职能的同时要发挥好市场机制对效率的促进作用

在推进脱贫致富奔小康工程中处理好政府与市场关系的关键，是要贯彻落实十八届三中全会提出使市场在资源配置中起决定性作用和更好地发挥政府作用的决定。一方面，政府应从扶贫项目的具体实施者身份中退出，在尊重当地自然环境、产业基础、市场容量和市场环境等客观规律的前提下，出台各类相应的扶持政策。同时，充分发挥政府在扶贫开发中的组织、带动、协调、约束功能，加强扶贫机构队伍建设和扶贫资金的使用管理，以及扶贫统计与贫困监测等。另一方面，要充分发挥市场机制在扶贫开发中的调节功能，使政府的政策优势、资源优势和市场主体的资本投入、技术服务、生产经营、市场开拓优势结合起来，以经济利益为纽带，在各类市场主体和贫困群体之间建立合作双赢的长效脱贫机制，才能真正提高低收入人口、经济薄弱村的自我发展能力和"造血"功能。

（二）建立扶贫效果"评估"和"问责"制度

一是建立扶贫效果的评估机制。重点在于：一方面要建立扶贫成效的第三方评估制度。在脱贫致富奔小康工程的中期和末期，要由独立的第三方评估机构从扶贫资源投入的产出、结果和影响三个方面，客观、系统地衡量扶贫开发的成效。另一方面要建立低收入农户和脱贫农户的抽查核实机制。在畅通低收入农户表达通道的基础上，由省级扶贫办对低收入农户建档立卡和动态管理情况进行抽查，采取县域间交换核对方式进行核实，由乡镇党政主要领导对核实情况的真实性负责，而独立的第三方评估机构则对其进行抽查核实评估。二是建立扶贫效果问责机制。严格扶贫资金审计，不但要对扶贫资金的挤占、挪用、截留、贪占等违规、违纪现象严肃处理，而且对重大项目决策失误要进行问责；对于出现数字和文本扶贫、低收入农户和脱贫农户的抽查核实失真的，要加大对负责人的惩治力度。

（三）抓好产业化精准扶贫

重点做好以下四个方面的工作：一是科学确定特色产业。贯彻落实农业部等九部门联合印发的《贫困地区发展特色产业促进精准脱贫指导意见》，在产业扶贫中选择发展和扶持的产业时，要以市场需求和市场容量为主导，紧密结合当地的自然环境、产业基础等，不断优化扶持产业结构和产品结构。二是做好三产融合的大文章。要改变扶贫项目集中于低端种养环节的局面，按照主导产业提升、特色产业扩面、多元复合经营、产业融合发展的思路，积极向产前、产后延伸产业链，拓展增值空间。三是积极发展生态经济。对于集中连片地区和革命老区，充分利用其自然资源优势，支持发展优质、生态、安全农业，增加绿色、有机等优质农产品和特色农产品供给，大力发展休闲观光农业。四是加大保险力度。因地制宜地开展特色农产品保险,开展推广目标价格保险、设施农业保险,探索开展覆盖农业产业链的保险业务。

(四)完善产业扶贫利益联结机制

一方面,要严格遵守"产业+扶贫"的原则。通过签订合同或有约束力的协议等方式,让低收入农户参与到各类主体利用扶贫资金运行的产业项目中,并与低收入农户建立稳定的带动关系,而不能仅仅是季节性的劳动力雇用;注重发挥低收入农户的评价功能,确保低收入农户能够获得长期稳定的收益,把扶贫投入真正体现到为低收入农户增加收入创造财富上来,切实避免"扶农不扶贫、产业不带贫"现象。另一方面,要充分发挥农民合作社在产业带动扶贫中的积极作用。农民合作社是发展特色产业脱贫,开展资产收益扶贫,实施金融扶贫,实现科技扶贫的重要益贫性组织载体,对于已参加和有意愿参加农民合作社的低收入农户,应探索将到户财政扶贫资金和资源(包括经过多年扶贫开发投入所形成的折股量化给低收入农户的集体收益型资产)量化为其在合作社的股权,通过合作社的带动使低收入农户脱贫。规范合作社的发展是实现其与精准扶贫协同的基础,既要建立和完善扶贫资源拨付到合作社后的管理制度,切实保障低收入农户的合作收益;也要由政府和第三方机构对合作社的扶贫资源使用、管理和收益情况进行监督和审计,确保合作社的益贫性;还要建立低收入农户的退出机制,确保其退出自由且在合作社面临破产危机时优先保证其财产权。

(五)由收入单维度扶贫向以收入、教育、医疗、社保为主的多维度扶贫转变

提高农村低收入人口的持续稳定发展能力,解决好短期脱贫与长期致富问题的关键,是将对农村低收入人口的精准识别和帮扶从单一收入维度拓展到多维度的视角,以教育、医疗和社会保障为重点,切实提高公共服务对低收入人口的覆盖面,以提高其自身获取收入、预防和应对贫困风险的能力,从而有效防止因病、因学和因残等致贫返贫。这一方面需要加大对教育和公

共卫生的硬设施和软环境建设的投入，提高农村公共服务的能力；积极开展针对经济薄弱地区的职业技能教育，扩大对低收入农户子女在高中、读大学学杂费的减免和补助力度，确保低收入户子女读得起书。另一方面，需要调整农村社会保障事后救助和保障的偏向，大力实施低收入人口需求紧迫的农村大病救助工程，加大低收入农户医疗费用的报销比例，增加农民对基本医疗服务的利用，着力解决好因病致贫返贫问题；除对收入低于低保线的低收入人口进行收入补助外，对低保边缘人群也要进行教育和医疗专项救助；同时，在高中教育和大学教育救助基础上，应加大对农民就业培训的补贴。

（六）进一步深化"五方挂钩"工作机制

"五方挂钩"是江苏推进扶贫开发工作的品牌工程，更是"十三五"推进脱贫致富奔小康工程的重要抓手和举措。进一步深化"五方挂钩"机制的关键：一是资金投入要确保到位，尤其要通过上层协调确保"十二五"期间未执行相关扶贫政策文件规定的部分中央、部属垂直管理企事业单位，在"十三五"期间能够提供规定的帮扶资金并采取相应的帮扶措施。二是扩大"五方挂钩"帮扶单位范围。实施民企"百企帮百村"行动，通过资源开发、产业培育、市场开拓、村企共建等多种形式，鼓励民营企业到经济薄弱地区投资兴业、培训技能、吸纳就业、捐资助贫，参与开发式扶贫。三是加快南北产业转移。通过苏南发达镇（村）与苏北经济薄弱村实行结对帮扶的方式，扎实推进苏南地区劳动密集型产业向苏北经济薄弱村转移，切实提高经济薄弱村的造血功能，增强区域自我发展能力。

B.31
江苏财政政策促进城乡一体化研究

顾纯磊*

摘　要： 城乡一体化是打破城乡二元经济结构并构建新型城乡关系的必然趋势和内在要求。江苏省充分发挥财政政策对城乡一体化的带动与引导作用，城镇化率稳步提升，在产业发展、基础设施、公共服务、就业社保、社会管理等城乡一体化方面取得新的进展。为了进一步完善财政政策，更好地发挥江苏省财政政策对城乡一体化的推动作用，城乡统筹规划要以财政收入为基础，确保规划的可实施性；稳定地方税源，增加地方政府收入；完善土地使用及利益分配机制，优化财政收入结构；整合涉农专项资金，发挥财政资金支持城乡一体化发展的规模优势；建立健全财政转移支付制度，平衡地区财政；以人为本，发挥财政支出在转移农民市民化过程中的成本分担作用；建立与加强财政监督与长效问责机制。

关键词： 财政政策　城乡一体化　江苏

城乡一体化是打破城乡二元经济结构并构建新型城乡关系的必然趋势和内在要求。城乡一体化的核心是实现劳动、资本、技术、信息等各种生产要素在城乡之间的自由流动，达到城乡各种资源在城乡以及产业之间合理高效配置，最终实现发展成果城乡居民包容共享。江苏省按照《江苏省新型城

---

* 顾纯磊，江苏省社会科学院农村发展研究所助理研究员。

镇化及城乡发展一体化规划（2014－2020年）》以及建设"强富美高"新江苏的要求，积极适应我国经济发展进入新常态的特点，稳中求进推动城乡一体化发展。苏南地区城乡发展一体化已经取得显著成就，为苏中和苏北地区继续推进城乡一体化积累了重要的经验。在此过程中，财政政策对推动城乡一体化建设发挥了重要的引导和支持作用，但是，财政政策依然有进一步完善的空间，为了更好、更快地促进江苏省的城乡一体化发展，需要进一步明确完善财政政策的方向。

一　江苏省城乡一体化发展的现状

受到当前宏观经济环境不景气的影响，江苏省当前经济下行压力依然较大，但是在稳中求进的工作总基调下，城乡一体化稳步推进。

第一，在城镇化率与城乡居民收入水平方面，城镇化率稳步提高，城乡居民收入差距持续缩小。到2015年底，江苏省的城镇化率已经达到66.5%，比上年提高1.3个百分点，高出全国10.4个百分点；城镇居民人均可支配收入达37173.48元，农村居民人均纯收入达16256.70元，城乡居民收入比为2.29∶1，城乡居民收入差距实现六年持续缩小。根据江苏省统计局最新公布的2016年第三季度数据，全省2016年前三季度居民人均可支配收入为24366元，比上年同期增长8.5%。城镇常住居民人均可支配收入30592元，增长7.9%；农村常住居民人均可支配收入13345元，增长8.5%，农村常住居民收入增长率高于城镇常住居民可支配收入增长率0.6个百分点，意味着城乡居民收入差距进一步缩小，人民生活水平稳步提升，标志着江苏省城乡一体化建设取得了新的进步。

第二，在产业发展一体化方面，积极优化产业结构，培育发展新动能，挖掘发展潜能。截至2015年，全省三次产业增加值比例调整为5.7∶45.7∶48.6，实现产业结构"三二一"的标志性转变；三次产业的就业结构比例为18.4∶43.0∶38.6，就业结构与产业结构同时实现进一步优化。城市创新能力继续增强，2015年末全省人才资源总量达1160万人，比"十一五"末期增加350万人；全年实现高新技术产业产值6.1万亿元，比上年增长7.6%；战略性新兴产业销售收入4.5万亿元，比上年增长10.4%。农村劳动力转移取得突出成就，累计转移农村劳动力1875.1万人，转移率为71.5%，高出全国约20个百分点；在此基础上，农业现代化步伐明显加快，高标准农田比重超过50%，农业科技进步贡献率提高到65%，家庭农场、农民合作社等新型农业生产组织分别达到2.8万家和7.2万个，农业劳均耕地面积由1980年的2.38亩上升到2015年的19.40亩，适度规模经营比重大幅提高。

第三，在基础设施城乡一体化方面，持续实施农村实事工程，加大对农村基础设施建设投入，农村公共基础设施获得显著改善。截至2014年，全省完成16.7万多个自然村环境整治，打造了981个"环境优美、生态宜居、设施配套、特色鲜明"的省级康居乡村，整治覆盖面超过全省自然村总数的85%。如今，江苏高速公路通车里程已达4539公里，实现县县通高速，公路密度居全国各省区之冠。

第四，在公共服务城乡一体化方面，终身教育、就业服务、社会保障、基本医疗卫生、住房保障、社会养老等基本公共服务体系不断完善。79%的乡镇实现城乡统筹区域供水，2/3的县（市）实现生活垃圾四级运转。2015年，城乡社区事务支出1518.1亿元，同比增长24.3%。

第五，在就业社保城乡一体化方面，江苏省开始全面合并实施城乡居民养老保险制度，城乡居民医疗和养老保险基本实现全覆盖，社会保险主要险种覆盖率达95%以上。35%以上的涉农县（市、区）实现城乡低保标准一体化，率先建立了被征地农民生活保障制度。

第六，在社会管理城乡一体化方面，加快推进城乡综合改革，健全城乡发展一体化体制机制。"一委一居一站一办"新型社区管理模式全面推广，初步建立城乡统一管理的户籍制度和外来人口居住证制度；城乡建设用地增减挂钩试点有序开展，经济发达镇行政管理体制和小城镇改革试点加快推进，苏州市城乡发展一体化综合配套改革先试先行，成效显著，创造了"三集中""三置换""三大合作"等做法和经验，为苏中、苏北地区的城乡一体化建设提供了有益的借鉴。平安中国建设示范区和法治建设先导区建设加快推进，社会管理综合治理工作绩效持续全国领先。

二　江苏省财政政策在支持城乡一体化建设中存在的问题

（一）城乡一体化发展规划与财政配套脱节，制约相关规划顺利推进

《江苏省新型城镇化与城乡发展一体化规划（2014－2020年）》明确指出，要"加强地方人大对城市规划实施的监督检查，将城市规划实施情况纳入地方党政领导干部的考核和离任审计，严格执行规划责任实施追究制度"，而且城乡一体化规划支出被列入财政预算，充分调动了各市、县政府进行城乡发展一体化规划的积极性，甚至不惜重金聘请一流专家参与到规划中，结果是规划的蓝图非常美好，但在具体实施规划的过程中，马上就面临财政投入紧张，甚至无钱可用的问题，这种情况在苏北经济欠发达地区比较突出。由于城乡发展一体化规划与财政配套脱节，很多县镇的城乡一体化发展规划只能停留在图纸、模型的层面，无法得到及时有效的推进。另外，"多规融合"程度还不够高。在城乡一体化的过程中，涉及经济社会发展规划、土地使用规划以及生态开发与保护规划等，这些规划既有一定的独立性，更存在紧密的联系性。但是，由于这些规划通常属于不同的政府部门，这些部门在进行自己主管领域的规划时，大多基于自己部门的利益出发，割裂了不同规划之间的协调性、联系性和融合性，由此带来实际执行过程当中财政资金的过度支出等种种问题，制约相关规划的顺利推进。

（二）市县级基本公共服务财力不足，苏北经济欠发达地区尤为突出

在推进城乡一体化建设过程中，基本公共服务均等化是一项重要内容，而农民安置小区、道路、给排水等基础设施建设需要财政投入大量资金，再

加上我国处于经济结构转型升级的关键期，经济增速放缓，这又导致一部分地区财政收入下滑、财政支持城乡统筹发展的资金紧张，使城乡一体化建设进程受阻。江苏省城乡一体化发展的不足主要体现在苏北地区的城乡一体化推进较为滞后，苏北地区是江苏省当下推进城乡一体化发展的"主战场"，但是苏北地区的财政收入能力明显不足，2015年，苏北地区的徐州、连云港、淮安、盐城和宿迁的一般公共预算支出超过收入的数额分别为221.78亿元、134.15亿元、162.16亿元、268.81亿元和170.11亿元，财政资金十分紧张，到县镇一级，情况往往更为严重，部分地区财力甚至只能维持政府的基本运转，严重制约了政府提供基本公共服务的能力，从而严重制约了城乡一体化的推进。

（三）财政收入结构过度偏重"土地财政"，导致城乡一体化建设风险增大

江苏省近年来"土地财政"增长非常迅速，土地财政总额高，在地方政府财政收入中所占的比例同样非常高，在全国各省中排在前列。土地财政一般分为三类：土地直接税（包括土地增值税、契税、土地使用税、房产税）、土地出让金、土地间接税及土地借贷收入和相关部门收费，其中土地出让金是土地财政的主体。以江苏省内较为典型的南京市和苏州市为例，2015年，南京市和苏州市的土地出让金收入分别为772亿元和599亿元，而同期南京与苏州两地的一般公共预算收入分别为1020.03亿元和1560.76亿元，由此可见，江苏省"土地财政"对财政收支的重要性。随着可用土地规模的不断下降以及在去库存的压力下，国家对土地使用政策越来越严格，这种畸形的财政收入结构必然是不可持续的。财政收入剧烈波动的风险提高，导致城乡一体化建设所需财政资金的剧烈波动，不利于城乡一体化的稳步推进。

（四）支持城乡一体化发展的财政专项资金碎片化投放，规模效益较差

城乡一体化建设是涉及政府各部门的系统工程，很多部门都有专项资金

下拨支持城乡一体化建设，但是这些专项资金各行其政，划拨资金的各部门之间缺乏沟通，导致这些专项资金的投放呈现碎片化的特征，很难做到资金使用上的统筹规划，形成合力。另外，部分专项资金还要求县财政安排配套资金，这对苏南发达市县问题不大，但对苏北经济欠发达地区的市县财政就构成了很大压力。

（五）财政转移支付制度对城乡一体化的支持不足，有待进一步完善

财政转移支付的目的主要有两个：一是调节地区之间财政能力的差异，达到横向平衡的目的；二是提高地方政府提供公共品的能力，包括公共基础设施以及社会公共服务。然而，江苏省现行的财政转移支付制度还存在诸多缺陷，比如转移支付资金多头管理、管理权限分散、分配方法缺乏科学根据和标准、资金安排比较随意，并且缺乏有效的监督，导致财政转移支付不但没有发挥调节地区财力、平衡地区发展的作用，相反，还加剧了地区间财力分布的不均衡。而且转移支付资金大多被地方政府用来对地方政府办公条件的改造和维持地方政府基本运转上，造成转移支付在绝大多数时期没有发挥出其应有的效果。

（六）财政政策支持农业转移人口市民化的体制机制建设滞后

一是农业转移人口市民化的机会成本提高。由于拆迁补偿以及耕地征用补偿的日益提高，再加上国家支农惠民政策的直接间接补贴，农民的显性和隐性收入都在不断提高，而市民化往往意味着要放弃这些收益，导致农业转移人口的市民化转换的机会成本迅速提高，城市户口对农民的吸引力下降，很多农民现在反而不愿意放弃农村户口，这也是近期户籍制度改革效果不尽理想的重要原因。二是农业转移人口市民化的成本分担机制尚不明确。在城市生活的成本要远远大于农村，如果这些成本完全要由农业转移人口自身承担，那将使农业转移人口的生活压力大增，甚至可能形成城市贫困群体。现阶段，政府规划中虽然提及了要实行政府、企业、个人共同参与的农业转移

人口市民化成本分担机制，但是具体的措施还未出台，农业转移人口市民化的成本主要还是由农业转移人口自己承担，政府财政支持的体制机制建设滞后，三、四线城市对农业转移人口的吸引力不强，造成江苏省户籍人口城镇化率与常住人口城镇化率差距较大，阻碍城乡一体化的发展。

三　对策建议

（一）城乡统筹规划要以财政收入为基础，提高规划的可实施性

高质量的规划是高水平建设的起点，但是再好的规划也必须在实现之后才有意义。市县一级的城乡发展规划更多的涉及具体的建设与开发项目，这就需要投入大量的资金，城乡发展规划与财政的联系非常紧密。所以，为了让规划能够推行，让美好的蓝图变为现实，就必须基于市县财政收入为参考进行规划，充分考虑规划推进的速度以及需要相应投入的财政资金，否则规划的推进就会受阻，最终可能不得不修改规划，延误发展机遇。省级财政要加大对通过批准的市县一级城乡一体化规划的具体项目的财政支持，避免出现市县财政资金不足，无法支持具体项目推进的情况。要提高"多规融合"程度，使各项规划能够相互匹配融合，不至于某项规划太过超前而占用大量资金，也不至于因为某项规划太过落后需要重新返工而浪费资金，高效利用好有限的财政资金。

（二）稳定地方政府税源，增加地方财政收入

由于我国当前的分成税收体制，大部分的地方税收要上缴中央，造成地方财政收入不足。城乡一体化建设需要投入大量的资金，这就造成了地方政府在推进城乡一体化过程中财政投入不足的问题。所以，在国家正在进行的财税制度改革中，要考虑到适当提高地方政府税收留存比率，或者在新增税种中，适当地把一部分税种的征税权力交于地方政府，以确保地方政府在推进城乡一体化过程中财权与事权的相匹配。省财政不仅要加大"输血量"，

即要加大对市县财政的转移支付力度,而且要注重向苏北经济欠发达地区倾斜;要加大对县级财政"造血"能力的培养,苏北地区要善于抓住新一轮产业结构调整升级的机会,积极创造条件吸引合适的企业落户本地,就可以在推动苏北地区经济社会发展、增加县级财政收入的同时,创造更多的就业机会,为劳动力的就地转移提供条件,推动城乡一体化发展。

(三)完善土地使用及利益分配体制机制,优化财政收入结构

虽然"土地财政"的兴起与我国现行的分税制有很深的关系,但也与地方政府有意追寻有很大关系。随着全面深化改革的启动与推进,未来必然会对当前的分税制进行调整,以确保地方政府财权与事权的相匹配。另外,地方政府要明确农民的土地财产权,建立和完善农民承包土地所具有的"占有、使用、收益、处置"的完整物权制度,保证农民对土地的权利不会因为产权缺失而遭到侵犯,避免地方政府与农民争夺土地利益。完善征地补偿机制,确保农民在征地过程中获得公平合理的补偿。最根本的是要大力发展第二产业和第三产业,特别是附加值较高的高端制造业和现代服务业,通过推动产业结构转型升级增加税收,减少对"土地财政"的依赖,建立与完善财政收入增长的可持续机制,为推动城乡一体化提供雄厚的财政资金保障。

(四)整合涉农专项资金,发挥财政资金支持城乡一体化发展的规模优势

针对专项资金碎片化投放,难以发挥出这些专项资金的规模与联动优势的问题,江苏省要改革财政专项资金管理办法,加强对专项资金的整合,建立专项资金使用的协调工作机制,各专项资金管理部门之间要强化沟通,明晰职责,统筹规划,协调动作,强化各专项资金的关联性、持久性、互补性以及系统性,形成在同一项目区资金的统一协调,最大限度地发挥财政专项资金的使用效益。并考虑到苏北欠发达地区县(镇)财政配套能力普遍不强的现实,把部分乃至全部需要县(镇)级财政配套的资金直接纳入专项

资金，加大对苏北欠发达地区的专项资金投入，减轻苏北欠发达地区县（镇）财政压力。

（五）建立健全财政转移支付制度，平衡地区财政

首先，要制定并完善与财政转移支付相应的法律、法规和制度。我国目前转移支付方面的法律、法规和制度建设还比较滞后与不足，这就要求江苏省在这方面积极探索，勇于创新。其次，坚持转移支付公开透明的原则。一方面，省级财政要及时公布各项转移支付项目，并将转移支付的具体用途、转移对象等相关指标公布于众；另一方面，县级财政在接受转移支付的数额以及详细用途等公众关心的方面也要及时对外公布，接受人民群众的监督，才能保证转移支付资金及时有效地流向该去的地方。

（六）以人为本，发挥财政支出在转移农民市民化过程中的成本分担作用

城乡一体化建设必须坚持以人为本的原则，以切实解决和保障人民群众的切身利益为城乡一体化建设的出发点、立脚点和归宿点，其中，要特别注意妥善解决好农民集中居住和转移农民的市民化问题。充分发挥财政的引导、支持以及杠杆作用，建设高质量、高品位、高配套而低价位的农民集中居住社区，让农民真心实意、心甘情愿地向社区集中，避免过去一些强制性的做法。在转移农民的市民化问题上，首先要加快取消城乡分割的二元户籍制度，消除转移农民在城镇落户的各种体制性障碍和限制，并且制定各种有利政策激励有条件的农民向城镇转移；其次，财政部门要根据最新的城镇化数据，增加财政投入，保障新转移的城镇市民享有与原先的城镇居民同等的各种公共服务待遇，特别要注意解决新转移市民的就业居住、子女教育、社会保障和养老保险的同城待遇问题。

（七）建立与加强财政监督与长效问责机制

虽然江苏省经济发展水平上排在全国前列，但是依然还只是处于工业化

的中后期阶段，工业化任务依然很重，特别是在现阶段需要进行产业结构转型升级的特殊时期，新型工业化同样需要财政的大力支持，所以一定要确保城乡一体化建设资金的高效利用，要对地方政府使用城乡一体化建设资金进行长期有效监督，对滥用财政资金的行为进行问责，对相关责任人进行批评处理，确保有限的财政资金在江苏省城乡一体化建设中高效运行。

参考文献

1. 《江苏省新型城镇化与城乡发展一体化规划（2014~2020年）》。
2. 杨邦杰、杨德才：《中国发达地区城乡一体化发展思考——苏南地区调研报告》，《中国发展》2011年第11卷第5期。
3. 王志伟：《深化财政体制改革推动城乡一体化发展》，《经济师》2015年第1期。
4. 黄露露、张彦惠：《江苏省土地财政现状及对策研究》，《现代经济信息》2013年第12期。
5. 夏依、郭传辉：《土地财政的影响因素及其实证——基于江苏省的经验数据》，《金融与经济》2012年第9期。
6. 杨加猛、张志光、刘忠信：《财政转移支付的绩效评价分析——来自江苏的实践》，《财会通讯》（学术版）2007年第5期。
7. 黄雪琴、黄田园：《基本公共服务均等化下的财政转移支付制度研究——以江苏省为例》，《经济学研究》2008年第5期。
8. 刘志刚：《财政支持城乡一体化发展的建议》，《中国财政》2013年第8期。
9. 刘志刚：《发挥财政职能作用推进城乡一体化发展》，《中国财政》2012年第10期。
10. 张岩松：《公共财政与城乡发展一体化》，《农村财政与财务》2013年第10期。
11. 朱岩松：《加速推进我国城乡一体化的财政政策探讨》，《管理学家》2014年第2期。
12. 鲁敏：《构建适应新农村建设要求的公共财政体系》，《河北理工大学学报》（社会科学版）2010年第10卷第3期。
13. 田怡：《统筹城乡一体化的财政政策研究》，《阴山学刊》2012年第26卷第2期。
14. 陈大光：《推进城乡发展一体化的财政政策制度选择》，《农村财政与财务》2013年第10期。
15. 何平均：《新农村建设中城乡一体化发展的财政政策探析》，《湖南农业大学学报》（社会科学版）2006年第12期。

区域经济发展篇

Regional Economic Development

B.32
江苏参与长三角城市群一体化发展的路径研究

徐春华*

摘　要：《长江三角洲城市群发展规划》提出要建设具有全球影响力的世界级城市群，江苏地处长三角城市群北翼核心区，如何参与并融入长三角城市群一体化发展是亟待解决的问题。本文试图通过分析江苏参与长三角城市群一体化发展的基础与条件、剖析融入面临的现实问题，提出符合江苏实际的融入路径，为江苏全面融入长三角城市群提供决策借鉴。

关键词： 城市群　长三角　都市圈

---

* 徐春华，江苏省社会科学院经济研究所助理研究员。

随着《长江三角洲城市群发展规划》正式获批，长三角地区又迎来了新一轮的国家战略机遇，本次规划纳入江苏城市数量多达9座，除宁镇扬、锡常泰、苏通外，苏北盐城也在其中，这为江苏积极参与并融入长三角城市群一体化发展创造了条件。从目前看，江苏参与长三角城市群一体化发展基础雄厚、条件优越，但也存在一些不足和问题，需要针对江苏实际和长三角城市群发展愿景，采取切实可行的发展路径，参与长三角城市群的竞合协同发展。

一 江苏融入长三角城市群一体化发展的基础与条件

（一）综合区位优势突出

江苏地处长三角北翼核心，是"一带一路"、长江经济带、长三角一体化发展规划、苏南自主创新示范区、江苏沿海地区发展规划、南京江北新区等重要国家战略的叠加地区，在国家现代化建设大局和全方位开放格局中具有率先发展、示范带动的战略地位。经过多年发展，目前交通运输条件优越，拥有现代化江海港口群和机场群，高速公路网比较健全，苏南公铁交通干线密度全国领先，全省立体综合交通网络基本形成。在长三角城市群规划提出的"一核五圈四带"网络化空间格局中，江苏城镇体系中的沿海、沿江带和南京都市圈、苏锡常都市圈成为长三角城市群网络化空间的北翼骨干，其中苏锡常都市圈与上海地域相连、文化相亲、经济相融，与上海同城化、一体化程度较高，已经融入了上海经济圈并成为长三角城市群核心区的重要组成部分；南京都市圈向西辐射带动合肥都市圈及皖江城市带，向东与苏锡常都市圈、向南与杭州都市圈相连，处在沿江发展带、沪宁合杭甬发展带的核心地带，是连接上海核心和合肥都市圈及苏北腹地的重要纽带；南通、盐城两市控制着长三角北翼沿海发展带，是带动苏皖北部发展的重要功能区。

（二）总体经济实力雄厚

江苏产业体系完备，经济实力强，各市均形成了集聚优势明显的名片产业，城市经济比较发达，例如，江苏三大都市圈所涉及的9个地级市全部进入全国百强，2015年GDP占长三角城市群的43.9%，全国百强县江苏占了20个。科教与创新资源丰富，科技创新能力强，江苏拥有普通高等院校300多所，国家工程研究中心和工程实验室等创新平台近300家，其中，南京的科教资源禀赋仅次于北京和上海，据统计，2015年江苏研发经费支出1801.23亿元，研究与发展经费支出占地区生产总值比重达到2.57%，区域创新能力连续7年位居全国第一。开放型经济发达，2015年进出口总额和实际利用外资总额分别占全国的13.8%和23.5%，无论是实际利用外资、外贸出口，还是开发区建设、服务外包产业发展等，均走在全国前列。围绕上海国际经济、金融、贸易、航运中心建设和中国上海自由贸易试验区建设，对接上海2040城市总体规划纲要"一区（城市中心区）、两轴（延安路+黄浦江发展轴）、一廊（创新走廊）、两带（以战略性产业基地为主的东部沿海沿湾发展带、以技术密集型制造业为主的西部发展带）"的产业布局，江苏各市可以分类承接上海优质资源，推动产业全面转型升级。

（三）城镇规模体系完备

江苏大中小城市齐全，以城市群为主体形态的城镇体系日趋完善，2015年常住人口城市化率达到66.5%，已形成1个特大城市（人口>500万）、10个大城市（100万<人口<500万）、8个中等城市（50万<人口<100万）、42个小城市（人口<50万）、730个镇构成的城镇等级规模体系和"一带二轴，三圈一极"的城镇化空间格局，且随着人口进一步向大城市流入，城市首位度越来越高，中心城市辐射带动作用和中小城市、小城镇服务功能越来越强。在《长江三角洲城市群发展规划》的城市规模等级体系中，江苏包含1座特大城市（南京）、Ⅰ型大城市1座（苏州）、Ⅱ型大城市6座（无锡、常州、南通、盐城、扬州、泰州）、1座中等城市（镇江）和19座小城市，大城市数量和等级城市数量均占长三角城市群中的一半，为江苏参与长三角城市群一体化发展创造了先天条件。

（四）区域一体化实践经验丰富

江苏在推进区域一体化实践中形成了许多卓有成效的模式、策略、机制，为参与长三角城市群一体化发展提供了宝贵经验。自1994年底实施"区域共同发展战略"到"十二五"期间转而实施"区域协调发展"战略以来，江苏不断深化推进以沿海、沿江开发为重点的"江海联动、南北共进、东西合作"的区域联动策略，苏南、苏北共建模式成为国内其他地区纷纷效仿的模式。在"十二五"时期江苏将城市化战略拓展为城乡一体化战略，不断完善和创新城乡深度融合的体制机制，以城市群为主体形态推进新型城镇化进而助推城乡一体化，形成"三圈五轴"城镇空间格局，宁镇扬大都市区、苏锡常都市带、徐州都市圈在交通等基础设施、产业、生态的一体化融合发展取得显著效果。在《长江三角洲城市群发展规划》颁布之前，江苏沿江之沪宁轴带经多年融合发展已达到交通发达、经济繁荣、大中小城镇星罗棋布、经济产业带纵横交错的网络发展阶段。此外，近年来以苏通经济圈、锡常泰经济圈和宁镇扬经济圈等经济圈模式推动跨江融合发展的创新实践也取得丰硕成果和宝贵经验，为区域一体化提供了一种创新实践。

二 江苏参与长三角城市群一体化发展存在的问题

（一）基于行政区划的利益藩篱亟待破除

参与长三角城市群一体化发展，需要江苏各地市统分结合而行，各市要以区域间共同利益为基础，在功能定位、产业协作、港口协作、交通对接上合力而为，避免恶性竞争导致的内耗，要基于自身产业、区位等条件合理分工，充分发挥中心城市的集聚功能和辐射功能。但现行的行政区划边界的"硬"约束、行政管理体制和财政制度的"软"约束决定了各地市只顾追求地方及部门经济利益，割裂了区域间共同的利益基础，城市间协同发展动力不足。其突出表现在沿江港口结构性矛盾突出，内部竞争激烈；航空运输市场空间不平衡，高质量国际空港和机场群缺乏；省内特别是苏北地区高等级基础设施如高铁尚未形成网络；产业趋同现象严重，如苏锡常地区产业同构率在80%以上，进而导致城市发展定位趋同，城市群内部功能互补性不强，集群效应不高。此外，生态环境保护负外部性、顶层组织和制度保障缺失也不同程度地存在。一体化发展动力在于市场力量拟或以政府推动为辅、以市场作用为主，政府作用在于以价值链分工合作为目标共建跨区域的利益共享机制，疏解区域间利益分割，江苏各市特别是纳入长三角城市群的9市要摒弃"单兵作战"思维，以城市群或经济圈的形式，整体融入长三角城市群的一体化。

（二）基础设施网络系统尚有待完善

通达性是区域发展的前提条件，网络化的铁路、公路、水运和航空是区域通达性好的主要表现形式。江苏公路交通网络已经成形，高速公路密度和通车里程均为全国第一，但与省内中心城市间及与长三角核心区的交通需求相比，以高铁、高速公路、高等级航道为骨干的内畅外联的复合型交通通道还有待完善，"2小时江苏"快速交通圈仍未完全形成。沿江、沿海、东陇海和京沪（沪宁）四个国家级通道中，苏南和沿江地区的城际铁路网、苏中苏北地区的快速铁路网、沿海快速铁路干线还处在建设或规划阶段，沿江沿海港口集疏运体系、跨江通道网络、"通江达海、干线成网、省际互联"的高等级内河航道网等亟须加快建设。作为将承接上海非核心功能疏解的重点地区，处于长三角城市群沿海发展带北翼的南通、盐城及广大苏北地区综合交通能力还较弱，特别是南通这一关键节点城市与上海间联通渠道仍然偏少，加密其过江通道建设将有助于江苏省长江以北地区全面融入长三角城市群。

（三）高端创新要素聚集面临双重约束

建设成为具有全球影响力的科技创新高地是《长江三角洲城市群发展规划》对长三角城市群的发展定位之一，显然，江苏建设成为具有全球影响力的产业科技创新中心以及上海建设具有全球影响力的科技创新中心都是应有之义，科技创新需要高端创新要素支撑，人才、技术及资本的空间流动是趋利的，虽然江苏科教资源丰富，但聚集优质高端的创新资源，对外可能要面临上海的"虹吸效应"和浙江安徽等省份的竞争，对内可能面临各地市之间的争夺，处在苏中、苏北地区的城市在聚集高端要素上难度会更大，而且本身城市处在极化发展阶段，对周边城市的辐射带动不够，导致次级城市中依靠人才与优质技术要素供给的一些新兴产业规模难以培育，对其特色化发展、差异化参与长三角城市群一体化发展带来不利影响。

（四）北翼城市群发展规划相对滞后

江苏沿海地区连云港、盐城和南通三市城市综合实力相对较弱，城市规模相对较小，城市规模结构体系发展较为缓慢，在《江苏省城镇体系规划（2015－2030年）》中属于沿海城镇轴，在《长江三角洲城市群发展规划》构建的"一核五圈四带"的网络化空间格局中属长三角城市群沿海发展轴北翼部分，与位于沿海发展带南翼的宁波都市圈相比，在规划建设方面被弱化。从长三角城市群空间发展格局看，沿海城市带北翼的南通连接长江南北，是丝绸之路和长江经济带的交汇点城市，随着交通改善，靠江、靠海、靠上海的区位优势愈发显现，发展潜力巨大，是江苏沿海乃至苏北地区融入上海发展的门户城市，有望发展成为继苏州、南京之后，另一个在长三角地区发挥核心引领作用的城市，而都市圈或经济圈形式应是未来参与长三角城市群一体化发展的主要模式，因而规划建设以南通为核心，包括盐城、泰州乃至连云港等北翼城市的南通都市圈或都市带就显得尤为重要。

三 江苏参与长三角城市群一体化发展的路径选择

（一）制定江苏参与长三角城市群一体化发展行动纲要，强化各层面规划和制度有效衔接

《长江三角洲城市群发展规划》是在长江经济带"共抓大保护、不搞大

开发"新理念背景下制定出来的，规划对长三角城市群有新的总体定位、战略定位和发展目标，江苏作为长三角城市群北翼核心区，积极响应并参与长三角城市群一体化发展共建行动，谋求更高水平发展，需要加强各层面规划和制度的有效对接。一是尽快制定扬子江城市群发展规划，明确沿江8市的产业发展与城市定位，统筹沿江产业、跨江通道、城际快速交通建设，确保在科技进步、产业升级、绿色发展、全方位开放及制度创新方面走在长三角城市群前列。二是出台《加快江苏沿海城镇轴发展的意见》，化解《长江三角洲城市群发展规划》沿海发展带北翼规划建设滞后问题，激发沿海三市发展潜力，更好地带动苏北地区融入长三角核心区。三是制定江苏沿江、沿海、港口发展规划呼应上海航运中心建设，整合江苏沿江沿海港口资源，特别是推动苏通宁港口强强联合，建设长三角北翼航运、贸易副中心。

（二）以都市圈或经济圈共同体为主体形式，积极参与共建长三角世界级城市群

以都市圈或经济圈共同体形式参与长三角城市群一体化可以有效规避城市间产业同构现象，实现各级城市协同发展，一般采取三种模式，即集群模式——采取产业水平分工的方式形成城市聚集区，核心模式——通过城市间的垂直分工形成圈层式的组织结构，互补模式——利用城市在功能上的互补性实现合理分工与协作。为了避免过度竞争，使产业同构转变为规模效益，江苏要以扬子江城市群、徐州都市圈和沿海城镇带为主体，以都市圈共同化的形式参与长三角城市群一体化发展。具体而言，一要进一步推进南京都市圈发展，深化宁镇、宁扬、扬镇空间协调规划，以同城化交通通勤网络为依托，加强宁镇扬一体化、同城化发展，辐射安徽马芜滁地区；加快推进苏通经济圈、锡常泰经济圈建设，进一步加强与上海的城际交通一体化，加快融入上海大都市区的发展格局，以更高层次参与国际分工，探索与上海协同发展的经验。二要深化徐州都市圈发展，发挥江苏的对外带动功能，打造成为跨省级都市圈协同发展的示范；着力打造沿海城镇带，加快形成沿海高铁通道、宁淮城际等的建设，改善与上海、南京等的时空关系，发挥南通——上

海"北大门"的城市作用，将南通、盐城乃至苏北地区打造成承接上海非核心功能疏解的重点地区，助推沿海及苏北地区全面融入长三角城市群。

（三）构建产业升级与城镇转型互动机制，提升江苏参与长三角城市群的竞争力

基于产业价值链的产业分工是参与城市群的核心纽带，江苏产业体系完备，城市经济发达，对照"十三五"确定"一中心、一基地"发展目标要求，应该成为构建长三角城市群产业价值链的主导者，积极探索城市产业升级与功能提升的互动机制，加快构建与国际通行规则相适应的投资、贸易制度，全力提升主要城市国际国内资源配置的能力和效率。一是打破沿江八市横向割据，推进跨江融合发展，促进产业互补共荣、港口统筹规划，改变各市定位趋同、功能不强、特色不足等短板，加快健全以服务经济为主导、以智能制造为支撑的现代产业体系，进一步增强优势制造领域竞争力，形成一批具有较强国际竞争力的跨国公司和产业集群。二是增强苏北各市转型发展、创新发展力度，支持苏北各市积极挖掘生态资源禀赋，培育后发优势新产业，创新南北产业转移合作模式，加快升级"飞地经济"园区，将"飞地经济"园区打造成产城融合发展的先行区和长三角城市群创新价值链的节点区。三是通过简政放权，充分释放纳入长三角城市群规划的19个县级市的发展潜能，提升这些县级市的能级定位，培育转型升级的新增长点和创新发展的新平台，促进江苏都市圈真正形成特大城市和大城市带动下的中小城市和小城镇同步发展的都市圈发展新形态。

（四）突出南京、苏州、南通等节点城市引领作用，带动多层级城市群联动发展

长三角城市群地跨沪、苏、浙、皖，存在明显圈层结构和多层级城市群结构，除上海这个大核心外，存在苏州、南通、南京、杭州、宁波等节点城市，发挥着向苏锡常都市圈、沿海发展带北翼、南京都市圈、杭州都市圈和宁波都市圈的传导、引领功能。因此，江苏要发挥苏州、南通、南京三市的

引领功能，聚集高端要素，在更高层次上对接上海，带动城市群多层级联动发展。一是加强南京"一带一路"节点城市、长江经济带门户城市、东部地区重要的中心城市和国家创新型城市等"四个城市"建设，对内强化中心城市功能、优化城市空间布局，提升城市品质，推进城市产业价值链从"制造"向"创造"攀升；对外做大做强南京都市圈，推进与上海、苏锡常、杭州、合肥、宁波等都市圈的联动发展，带动江苏南、中、北积极融入沿海、沿江、沪宁合、沪杭甬四大发展带，为长三角形成高级阶段的网络化开发格局贡献力量。二是推动苏州、南通积极融入上海，无缝对接《上海城市总体规划（2016－2040年）》，从功能打造和空间响应上融入上海国际金融、航运及科创中心的建设，突出苏州开放型经济优势，率先复制推广上海自贸区的改革经验，主动探索自身的改革举措，建成科技成果转化和产业化基地。突出南通靠江、靠海、靠上海的区位优势，让上海的技术、信息、人才及外溢资本通过南通进一步向苏北平原辐射，更好地发挥南通在长三角城市群沿海发展带北翼核心城市的作用。

B.33
江苏参与"一带一路"建设新进展及分析

张远鹏*

摘　要： 江苏在参与"一带一路"建设方面能够发挥优势，积极进取，取得了很大成绩。"走出去"规模上台阶，国际产能和装备制造合作加强，与沿线国家贸易发展态势良好，市场不断拓展，在沿线国家载体建设进展显著；与中亚欧洲陆上物流不断发展，人文交流与合作加强，但仍有很大的发展空间，比如在教育、文化领域，在推动参与"一带一路"建设的扶持政策上，江苏省出台了不少政策，但力度和针对性有待提高。

关键词： "一带一路"　对外投资　产能合作

江苏处于"一带一路"交汇点，随着国家"一带一路"战略深入推进，江苏抢抓机遇、主动作为、全面发力。2015年5月，江苏省委、省政府召开贯彻落实"一带一路"国家战略、大力拓展对内对外开放新空间工作会议，制定对接国家战略规划的实施方案，并先后出台《关于抢抓"一带一路"建设机遇进一步做好境外投资工作的意见》等文件，明确了战略定位及发展目标，确定在深化产业合作，发展有特色的贸易新形态、加强基础设

---

* 张远鹏，江苏省社会科学院世界经济研究所所长，研究员。

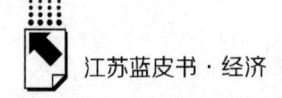

施互联互通、提升平台功能、密切人文交流、推进资金融通等六个方面创新突破，全面对接沿线国家建设与发展需求。

一 "走出去"规模上台阶，国际产能和装备制造合作加强

江苏和"一带一路"国家经贸合作基础较好。截至2014年底，江苏在"一带一路"沿线国家累计投资近1049个项目，中方协议投资额超过48.4亿美元，完成对外承包工程营业额150亿美元，分别占全省总量的33%、19%和26%。

2015年，江苏赴沿线国家协议投资额27.3亿美元，同比增长98.8%，占全省的比重提高了7.5个百分点；项目平均规模1460万美元，首次突破1000万美元，较2014年增加了556万美元。投资1000万美元以上项目50个，协议投资额24.9亿美元，同比分别增长110%和130%。

2016年1~9月，江苏赴"一带一路"沿线国家协议投资额28.3亿美元，同比增长33.6%。对外承包工程完成营业额38.5亿美元，同比增长14%。

与"走出去"快速发展相比，引进沿线投资面临一定的困难。由于我国经济进入新常态告别高速经济增长，加上要素、租税成本上升，外商投资意愿有所下降。2015年沿线国家在江苏投资201个项目，同比下降11.4%，新增协议外资20.12亿美元，同比增长21.3%，分别占全省总额的11.2%和7.9%。沿线赴江苏投资前五位的国家分别是新加坡、马来西亚、印度尼西亚、波兰、印度。

2016年1~9月，"一带一路"沿线国家在江苏投资设立167个项目，同比增长14.4%；新增合同外资6.97亿美元，同比下降34.1%；实际使用外资10.7亿美元，同比增长26.6%。

江苏是制造业强省，其产业优势、技术优势正好和相关国家的要素优势、市场优势形成充分互补。江苏已确定大力加强与沿线国家优势产能合

作，加快纺织、化工、冶金、水泥等传统产业"走出去"，着力提升电子信息、生物医药、新能源、高端装备等新兴产业国际合作水平。

2015年江苏对"一带一路"国家制造业投资12.6亿美元，同比增长92.3%，其中装备制造业投资近6亿美元。

2016年1~9月，江苏对"一带一路"沿线国家制造业投资14.3亿美元，同比增长26.7%，其中装备制造业投资7.7亿美元，同比增长41.1%。

江苏在沿线国家重大项目有序推进。江苏海外投资最大的"走出去"项目——"东方恒信"中标的巴基斯坦塔尔煤田第一区块开采经营权，项目计划投资10.77亿美元，该项目已列入中巴经济走廊能源规划项目的优先实施项目清单。德龙镍业3.3亿美元印度尼西亚镍铁合金冶炼项目、涤诺日化印度尼西亚3亿美元化学制品项目、天合光能泰国2.3亿美元电气机械项目等落地推进。

二 与沿线国家贸易发展态势良好，市场不断拓展

2015年，江苏与"一带一路"沿线国家进出口总额1124.7亿美元，同比下降3.4%，占全省进出口总额的20.6%。全省对外进出口总额同比下降3.2%，与"一带一路"沿线国家的进出口总额增长率稍逊于全省进出口总额增长率。

2016年以来，江苏加大"一带一路"沿线市场开拓力度，取得了积极的效果。总体来看，2016年以来江苏与"一带一路"沿线国家进出口情况好于全省，1~9月，江苏与"一带一路"沿线国家进出口总额794.5亿美元，下降5.8%，占全省进出口总额的21.3%，同比提升了0.6个百分点，其中，出口566.8亿美元，下降1.6%；进口227.7亿美元，下降14.9%。江苏与"一带一路"国家进出口总额增长率优于全省进出口总额增长率2.7个百分点，出口增长率优于全省出口增长率5.2个百分点，进口增长率劣于全省进口增长率3.7个百分点。从国家地区看，东盟是江苏在沿线国家地区中最大的贸易伙伴。江苏对沿线部分国家出口逆势上扬，其中对印度、泰

国、俄罗斯和菲律宾出口分别增长 3.3%、11.0%、10.5% 和 9.2%。从产品看，部分产品出口增势良好，纺织服装出口增长 4.3%，太阳能电池强势增长 36.0%，占全省光伏出口的 1/3，纸、电线电缆出口涨幅均在 20% 以上。

截至 2015 年末，江苏赴"一带一路"国家投资已覆盖沿线 64 个国家中的 53 个。印度尼西亚、新加坡、柬埔寨、巴基斯坦和泰国成为江苏在"一带一路"沿线投资的前 5 位国家，协议投资总额 42.5 亿美元。俄罗斯是江苏在欧洲地区的第一大投资国。

截至 2016 年 9 月，江苏赴"一带一路"投资已覆盖沿线 64 个国家中的 54 个。江苏在沿线投资规模列前 5 位国家及其排名与上年相同，合计协议投资总额 55.1 亿美元，占江苏对沿线国家累计投资总额的 54.2%，俄罗斯仍是江苏在"一带一路"沿线欧洲国家中的第一大投资国。

鼓励发展有特色的贸易新形态。顺应"互联网+"的发展趋势，江苏推动跨境电子商务等新型商业模式发展。2016 年 5 月，以"新起点、新跨越——聚焦新形势下中俄跨境电商发展路径"的第一届中俄跨境电商大会在江苏省镇江市举行，500 多家企业参加了推介与交流。大会期间，俄中就建立跨境电商统一服务平台达成一致，并签署了"一揽子"合作协议。

三　在沿线国家载体建设进展显著

境外经贸合作区建设，便捷企业特别是中小企业到国外投资设厂，抱团出海可以带来对外投资的集聚效应，扩大江苏企业在东道国的影响力。江苏第一家国家级境外经贸合作区——柬埔寨西哈努克港经济特区运作良好，经过多年孜孜不倦的努力建设，这两年进入收获期，企业入园加速。埃塞俄比亚东方工业园于 2015 年 4 月通过商务部、财政部考核确认，成为江苏第二家国家级境外经贸合作区。截至 2015 年底，两个国家级境外合作区已引入企业 135 家，入区企业实际投资额 4.3 亿美元，入区企业总产值 7.8 亿美元，上缴东道国税收 3000 万美元，解决东道国就业超过 20000 人。

2016年5月，由江苏海企技术工程有限公司在坦桑尼亚投资建设的江苏—新阳嘎农工贸现代产业园通过省商务厅和财政厅的联合确认，成为江苏第二家省级产业合作集聚区。截至2016年9月，柬埔寨西哈努克港经济特区、埃塞俄比亚东方工业园两个国家级境外经贸合作区合计引入企业160家，入区企业投资额5.2亿美元，上缴东道国税收4852万美元，提供东道国超过3.5万人的就业岗位。印尼双马农工贸合作区、江苏—新阳嘎农工贸现代产业园两个省级境外产业集聚区合计引入企业13家，入区企业投资额1.3亿美元，上缴东道国税收696万美元，提供东道国逾1600人的就业岗位。

四 与中亚欧洲陆上物流不断发展

欧亚国际货运班列不断增加。国际货运班列是江苏参与"一带一路"战略的重要举措。2015年以来，中欧、中亚班列开行数量和范围大幅增加，南京、徐州、苏州、连云港、南通五个省辖市先后开行了到中亚和欧洲的国际班列。连云港至中亚班列实行每周7.5列，中欧班列开行密度已由初期的每月1班发展为2班，并形成至土耳其等黑海沿线国家及至俄罗斯、波兰、德国等沿线国家的两条通道。连云港被国家发展改革委《中欧班列建设发展规划（2016－2020年）》列为中欧班列重要港口节点城市，新亚欧大陆桥集装箱多式联运示范工程入选全国首批16个国家级多式联运示范项目。苏州的"苏满欧"班列从1条出口线路、每月开行3列，发展成为集"苏满欧""苏满俄""苏新亚"于一体的进出口双向中欧、中亚班列货运平台，每月开行10列，2016年1~8月，"苏满欧"班列总计发送出口班列65列，发运货值5.38亿美元，同比分别增长16%和19%，苏州市被列入国家中欧班列统一品牌首批启动城市。南京市于2014年8月开启了中亚班列，2016年发展到每周稳定开行2班，2016年6月，南京至莫斯科中欧班列首发，成为全国实行统一标识后第一个新开行的中欧班列。8月25日，南通开通至阿富汗海拉顿"中亚班列"，成为我国至阿富汗的首条货运班列。欧亚班列将江苏及华东等地区的电子产品、工业零配件、服装、家居用品等产品源源不断地输送到欧亚大陆，释放了丝绸之路经济带物流通道潜能，为促进全省外贸稳定增长提供了重要支撑。

中哈（连云港）物流合作基地项目稳步推进。中哈（连云港）物流合作基地项目计划总投资30亿元，分三期建设。2014年5月，中哈（连云港）物流合作基地项目一期工程正式启动，标志着丝绸之路经济带首个实体平台正式投运。目前，中哈物流合作基地一期项目稳定运营，二期项目有序推进，基地配套货运专用铁路线已开工建设，2016年1~8月，中哈物流基地货物进出量193万吨，集装箱空、重箱进出场量9.2万标箱。2016年2月，国家质检总局指定连云港口岸为哈萨克斯坦粮食过境中国唯一离境口岸。

2016年"霍尔果斯—东门"经济特区无水港项目已经竣工，并已开展物流和多式联运业务，向海关联盟、中亚和欧洲国家的用户转运货物，基础设施建设也同时完工。

五　人文交流与合作加强

江苏高校"走出去"，在"一带一路"沿线国家加强教育合作。江苏高校以举办分校、开设语言培训中心、在普通学校内开设"孔子课堂"、进行合作办学的形式，为当地培养汉语人才。目前已有苏州大学、无锡商业职业技术学院、晓庄学院等瞄准"一带一路"沿线国家，在老挝、柬埔寨、印度尼西亚等国开拓境外办学。2016年11月20日，江苏海事职业技术学院成立了"一带一路"应用型海事人才研究院。发挥在海事职业教育领域的优势，搭建为国家战略服务的应用型海事人才研究、咨询、交流与国际合作平台，加强与沿线国家教育的互利合作。

举办"丝绸之路"媒体合作论坛。南京名城重点活动之一、首届"丝绸之路"媒体合作论坛于10月24日在南京举行。来自中国、俄罗斯、哈萨克斯坦、韩国、缅甸、印度尼西亚、柬埔寨、老挝等13个"一带一路"沿线国家的20余家主流媒体代表出席论坛。

中国（连云港）丝绸之路国际物流博览会持续进行。举办"中国（连云港）丝绸之路国际物流博览会"（简称"连博会"）是江苏全面落实"新丝绸之路经济带"战略构想和深化上合组织务实合作六点倡议的重要举措。连博会由中国国际商会主办，江苏省商务厅、江苏省贸促会、江苏省外办、连云港市人民政府承办，以构建国际物流大通道，服务丝绸之路经济带为主题，搭建陆桥沿线上合国家、亚太地区间经贸人文交流的新平台。首届连博会于2014年10月举行，还发起成立了30亿元连云港丝绸之路国际物流产业基金，为国际物流基础设施建设等方面提供资金保障。2015年9月，成功举办第二届。2016年11月，以"共建共享新亚欧大陆桥国际物流通道，携手打造绿色、健康、智力、和平丝绸之路"为主题的第三届连博会隆重举行。

成立"一带一路"纺织交易联盟。2016年10月15日，在江苏南通举行"一带一路"纺织交易联盟倡议大会。"一带一路"纺织交易联盟由中国供销集团和中国纺织工业企业管理协会共同发起，来自中国、印度、巴基斯坦、印度尼西亚等"一带一路"沿线国家的29家企业加入联盟。"一带一路"纺织交易联盟旨在沿着"一带一路"的发展方向，围绕供给侧改革的思路，配置全球纺织资源，优化中国纺织供应链，提升中国纺织整体竞争力。

举办2016中国—东盟建筑业合作高峰论坛暨中国—东盟建筑行业合作委员会成立大会。2016年5月，"2016中国—东盟建筑业合作高峰论坛暨中国—东盟建筑行业合作委员会成立大会"在南通举办，会议由南通市人民政府和中国—东盟商务理事会联合主办。会上成立了中国—东盟建筑行业合作委员会，并将中方秘书处设在南通，这将有利于充分发挥南通建筑业优势，推动建筑企业加快"走出去"步伐，进一步促进南通与东盟建筑行业互利合作，积极参与东盟基础设施建设。

江苏在参与"一带一路"建设方面能够发挥优势，并取得了较大成绩，尤其在贸易投资、产能合作、欧亚物流通道建设方面走在全国前列，但仍有很大的发展空间，比如在教育、文化领域，江苏是教育大省、文化大省，在教育方面江苏应继续加强在职业技术教育培训方面的合作，办出特色；文化领域交流多，深度的合作较欠缺。作为郑和下西洋的宝船制造地、起锚地，在与沿线国家共同打造"郑和下西洋"名片方面力度还不够大。在经贸文化交流方面缺乏有全国影响力的标志性的工程项目。

在推动参与"一带一路"建设的扶持政策上，江苏省出台了不少政策，但力度和针对性有待提高。2015年7月，设立江苏省"一带一路"投资基金，基金首期规模30亿元并已运营，省级商务发展专项资金政策继续明确对企业参与"一带一路"建设，开展国际产能和装备制造合作的项目，补贴比例上浮30%。创新政策性保险产品，加大承保支持。但江苏龙头企业少，中小企业多，据此应该更加关注中小企业，增加出台针对性强的扶持政策。比如建议参照其他沿海省份做法，省财政全额补助中信保海外投资合作政治风险；考虑设立境外投资损失补偿基金；发挥多年来在对外开放中形成的江苏开发区建设优势，加大境外经贸合作区和产业集聚区建设的支持力度等，与此同时，注重培养龙头型跨国公司。

B.34 江苏塑造区域协调发展新格局的路径分析

方维慰[*]

摘　要： 区域协调发展的新格局具有"以人为本""均衡有序""集约高效""创新驱动""绿色环保"等发展特征。对于现阶段的江苏而言，构筑此新格局具有重要的现实意义。为此，江苏需要以基础设施建设增强区域有机联系；以新型城镇化推进城乡一体化进程；以产业有序转移平衡区域生产力布局；以均等化公共服务缩小地区福利差距；提升苏南引领型发展的能力；加快苏中融合式发展的步伐；探索苏北绿色生态发展模式；积极谋划沿宁杭线发展轴线。同时，强化区域发展规划的指导作用；健全区域经济合作组织与制度；探索构建跨区域资金供给机制；提高区域政策供给的精准性，以便为区域协调发展提供强有力的政策保障。

关键词： 协调发展　新格局　江苏

《国民经济和社会发展第十三个五年规划纲要》提出，要以区域发展总体战略为基础，以"一带一路"建设、京津冀协同发展、长江经济带发展为引领，形成以沿海、沿江、沿线经济带为主的纵向、横向经济轴带，

---

[*] 方维慰，江苏省社会科学院财贸研究所研究员，博士后。

塑造要素有序自由流动、主体功能约束有效、基本公共服务均等、资源环境可承载的区域协调发展新格局。"新格局"相对以往的区域发展格局有许多新的任务与新的要求。因而，江苏需要在更高水平上，构建区域的协同发展与融合发展机制，通过互通有无、协作分工、优势互补、有序竞争来提高区域发展的合力，缩小区域发展差距，全面提升区域协调发展水平。

一 区域发展状况与构筑新格局的意义

由于受资源禀赋、区位条件、经济基础、开放程度等因素影响，江苏经济发展形成了苏南、苏中、苏北三个差异显著的经济梯度。为了控制经济发展失衡、贫困循环积累、区域贫富分化，江苏一直将区域协调发展作为重要的发展战略，使苏南的"锦上添花"，苏中的"釜底加薪"，苏北的"雪中送炭"成效显著。2015~2016年，苏南转型升级步伐加快，苏中整体发展水平提升，苏北全面小康社会建设取得新进展。2015年，苏南、苏中、苏北GDP分别比上年增长8.2%、10%、10.2%，苏北高于全省平均水平1.7个百分点；一般公共预算收入分别增长9.2%、13.9%、12.9%，苏北高于全省平均水平1.9个百分点；固定资产投资分别增长3.1%、16.6%、19.7%，苏北高于全省平均水平9.2个百分点；社会消费品零售总额分别增长9.7%、10%、12.1%，苏北高于全省1.8个百分点。沿海发展战略有力推进，沿海地区生产总值、一般公共预算收入、固定资产投资分别比上年增长10.1%、13.4%、17.5%，高于全省平均水平1.6个、2.4个、7个百分点。2016年一季度，苏南、苏中、苏北地区规模以上工业增加值同比分别增长6.1%、10.1%、9.7%，固定资产投资分别增长4.7%、13.3%、13.3%，进出口总额分别增长0.7%、下降2.5%、增长2.4%，出口总额分别增长3.6%、2.3%和6.9%，一般公共预算收入分别增长11.3%、20.1%、15.9%。沿海地区规模以上工业增加值、固定资产投资、一般公共预算收入分别增长10.2%、15.1%、19.5%，分别高于全省平均水平2.5

个、5.8个和7.4个百分点；沿海地区进出口总额同比下降0.7%，出口总额同比增长1.3%。

未来时段，在宏观上，江苏将面临经济运行趋缓、企业盈利空间缩小、金融运营风险增加、外贸出口空间挤压等发展挑战；在中观上，江苏将承受土地资源紧张、商务成本提高、环境承载能力弱化等发展压力。而区域协调发展的新格局具有"以人为本""均衡有序""集约高效""创新驱动""绿色环保"等发展特征，江苏构筑区域协调发展新格局，一方面可以在短期内拉动基础设施建设，释放有效的投资需求，对冲经济下行压力；另一方面可以在中长期内通过区域板块的有机联系与分工协作，持续释放经济增长的活力，为经济基本面长期向好提供支持。目前，江苏省第十三次党代会提出"聚力创新、聚焦富民，高水平全面建成小康社会"的总要求，因此，江苏在区域协调发展上也需要"更上一层楼"，主动把握"一带一路"、长江经济带、长三角一体化、沿海开发等国家战略深入实施的历史机遇，在区域合作上更加紧密、在区域分工上更加细致、在区域互动上更加深入，以构建要素有序自由流动、主体功能约束有效、基本公共服务均等、资源环境可承载的区域协调发展新格局。

二 区域协调发展新格局的动力来源

"十三五"规划《建议》指出要"用发展新空间培育发展新动力，用发展新动力开拓发展新空间"，而江苏也需要以资源、价格、利润为纽带，以政府、企业、个人为主体，探索寻求区域协调发展的动力机制，构建科学的区域发展空间架构。

（一）以基础设施建设增强区域有机联系

基础设施是为社会生产和居民生活提供公共服务的物质工程设施，也是经济布局合理化的前提，特别是现代交通基础设施的飞速发展，极大地促进了我国区域之间的经济联系。为了提高区域之间的可达性，减小距离摩擦作用，江苏一直非常重视交通基础设施的建设，目前，一个连接南北、横贯东西的立体式大交通格局正展现在江苏大地上，区域发展的交通瓶颈被逐步克服。今后，江苏还需要继续利用基础设施建设的"乘数效应"，完善现代化综合交通运输网络，推进长江深水航道和深水海港建设，按照《江苏省沿江沿海港口布局规划》，加大港口整合力度，构筑辐射中西部、连接国内外的大通道和大物流。以苏中、苏北为重点领域，推进徐宿淮盐、连淮扬镇、连徐高铁建设，在"十三五"末全面建成"三纵四横"快速铁路网。

（二）以新型城镇化推进城乡一体化进程

《国家新型城镇化规划》确立了以人为本、四化同步、优化布局、生态文明、文化传承的中国特色新型城镇化道路。目前，江苏城镇化率为66.5%，但是，半城镇化、伪城镇化现象还比较严重，迫切需要推进"人的城镇化"，以城乡和谐发展带动区域协调发展。为此，江苏需建立农业转移人口市民化成本分担机制；构筑多元化可持续的城镇化投融资机制；创新行政管理的设市设区模式；改革完善农村宅基地制度等。提高空间配置效率，优化城市体系，一方面，提升大城市和特大城市的品质，疏解中心城区非核心功能，防止房价高企、交通拥堵、环境污染等"大城病"，发挥南京、徐州、苏锡常都市圈辐射带动作用；另一方面，积极培育中小城市，在沿海地区布局新的区域性中心城市，依托沿东陇海线、沿运河、沿宁杭线等地区培育区域次中心城市，建设一批具有江苏特点的特色小镇，形成带动区域经济发展的增长极。

（三）以产业有序转移平衡区域生产力布局

产业是区域发展的动力基础，产业的有序转移将推动区域之间产业升级的转换承接，缩小区域之间经济与技术落差，从而实现生产力分布的相对均衡。推进产业、财政、科技、劳动力向苏北转移，一直是江苏区域协调发展的着力点。今后，江苏应加强产业转移的政策引导，支持承接产业转移示范区建设，探索构建区域产业链条上下游联动机制。坚持以市场为导向，以资本为纽带、以绩效为目标，进行江苏南、中、北产业的战略协同与错位竞争，通过产业链、资金链、价值链，建立彼此衔接、互惠互荣、充满活力的产业共同体。同时，严把产业承接准入门槛，加大污染防治和环境保护力度，推动产业转移、经济发展与资源环境相耦合。

（四）以一体化公共服务缩小地区福利差距

"区域协调发展新格局"将增进人民福祉、促进人的自由全面发展作为出发点和落脚点，因而，江苏需要"聚焦富民"，改善民生，推进全省基本公共服务均等化。推进市际医疗保险合作，实现退休异地安置人员就医医疗费用联网实时结算。在享受基本社会服务方面打破户籍限制，并建立相应的财政支出统筹分担机制。加快基本公共教育均衡发展，加强乡村教师队伍建设，推进城乡义务教育公办学校标准化建设。健全人口服务和管理制度，加快实施户籍制度改革和居住证制度，统筹推进本地人口和外来人口市民化，加快消除城乡户籍壁垒，促进人口有序流动、合理分布和社会融合。

三 区域协调发展新格局的构建重点

目前，江苏需要更高水平地推动苏南提升、苏中崛起、苏北振兴，推动南、中、北区域发展和沿沪宁线、沿江、沿海、沿东陇海线、沿运河等经济带的战略组合与联动发展，以构建更加科学合理的生产力布局空间。

（一）提升苏南引领型发展的能力

按照苏南现代化建设示范区的建设要求，苏南地区将建成自主创新先导区、现代产业集聚区、城乡发展一体化先行区、开放合作引领区、富裕文明宜居区，这一系列的目标定位要求苏南必须充分发挥示范作用与先导作用。目前，苏南处于工业化加速期向后工业化阶段演化的阶段，为了提升自身的溢出效应和引领功能，需要在新技术、新产业、新业态、新机制"四新"上率先突破，利用科教资源与人才优势，汇聚创新要素，推进自主研发与原始创新，成为全省创新发展的辐射源。苏南在进行产业转移时，应注重关联产业协同转移和产业链整体转移，同时，也可通过技术合作、战略联盟、服务外包等非产权合作方式，使技术转移与产业转移有机结合，以切实带动苏中、苏北产业集群的形成。为了提升综合影响力，苏南还需要增强发展的"软实力"，提升城市的服务功能、文化品位、管理水平，以增强城市对技术、专利、品牌、人才等高端要素的吸引力。

（二）加快苏中融合式发展的步伐

苏中地区具有承南启北、江海联动的区位优势，加快苏中融合发展与创新发展，将为江苏区域协调发展注入新的活力。为了强化在开放背景下集聚要素和配置资源的能力，苏中需要实行更加积极主动的开放战略，完善互利共赢、多元平衡、安全高效的开放型经济体系，加快融入长三角核心区。积极培育区域经济增长极，推进南通陆海统筹发展综合配套改革试验区建设，深化江阴—靖江等共建园区创新合作，支持扬州跨江融合发展综合改革试点和泰州转型升级综合改革试点。深化沿江与沿海开发，发挥黄金水道和黄金海岸的叠加优势，促进陆域经济与海洋经济良性互动。积极推动南北"两岸联动"，支持淮安参与宁镇扬同城化建设，拓展由南向北的纵深带动效应，提升沿江地区在长江经济带的地位。

（三）探索苏北绿色生态发展模式

江苏政府一直非常重视苏北的发展，先后推进"五方挂钩"、"四项转移"、南北挂钩共建苏北开发园区、"一市一策"等政策措施。随着区域协调发展的深化，苏北在利用外援的同时，更加需要培育内生发展动力，减少对于政策的路径依赖，推动"输血"与"造血"的有机结合，加快全面小康的步伐。在经济发展新常态下，过去拼资源、拼政策的传统发展模式已经难以为继，苏北必须推进生态优势与绿色发展的良性互动，发展有机绿色农业、节能环保产业、生态技术产业，实施开发园区的循环化改造，完善生态补偿机制，构建环保信用体系，强化生态保护和修复。加快推进黄河故道综合治理，构建特色农业走廊、绿色生态走廊、历史文化走廊、旅游观光走廊。呼应国家的"两路一带"建设，支持徐州在淮海经济区中发挥龙头作用，加快淮安苏北重要中心城市建设，推进连云港国家东、中、西区域合作示范区建设，支持盐城国家级可持续发展实验区创建，支持宿迁发展实现更大突破。

（四）积极谋划沿宁杭线发展轴线

在"十三次"江苏党代会上，江苏省委书记李强在报告中提出，要对沿宁杭线地区的发展作出谋划和推进。诚然，"点—轴"开发模式能够有效地提高经济投资的回报和空间组织的效率，是江苏非常成功的区域开发模式之一。在沿沪宁线、沿江、沿海、沿东陇海线、沿运河经济带的战略地位得以巩固的前提下，顺应长三角区域一体化融合发展的趋势，强化整体开发，拓展辐射范围，积极谋划沿宁杭线发展轴线，具有举足轻重的意义。宁杭发展轴地跨苏、浙两大经济强省，核心城市南京和杭州的产业结构具有很大互补性：南京的重工业和先进制造业发达，且科技创新资源丰富；杭州的旅游业、轻工业比较繁荣，且民间资本实力较强。因而，南京、杭州要大力发掘自身的优势，错位发展、有序竞争，利用建设长三角世界级城市群的契机，建设具有国际影响力的品牌城市。同时，南京和杭州还需主动强化对周边城市的溢出效应，推进产业升级、延伸融合和集聚发展，提高宁杭城市带的整体竞争力。

四 区域协调发展新格局的政策保障

目前，江苏需要探索有助于区域协调发展的政策供给与保障机制，以推动区域之间的基础设施共建共享、市场体系统一开放、公共服务统筹协调、生态环境联防共治。

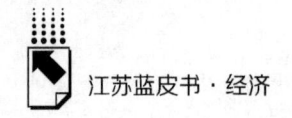

（一）强化区域规划指导的约束作用

江苏一直非常重视顶层设计与规划引领，在江苏"十二五"规划中，提出将区域共同发展战略深化为区域协调发展战略；在江苏"十三五"规划中，提出优化国土空间开发格局，促进城乡区域协调发展。为了塑造区域协调发展新格局，江苏需要关注不同规划之间的联动效应，做好区域规划与国民经济社会发展总体规划、主体功能区规划、土地利用总体规划、城市总体规划、镇总体规划、环境保护规划、水资源综合规划等统筹配合，使规划更具操作性。在空间规划上必须突出重点，实施分类指导，即分散进行、分块规划、分别实施，同时，加大跨区域、次区域规划编制力度，为区域协调发展提供具有前瞻性、统一性的发展路线。

（二）健全区域经济合作组织与制度

为了冲破区域发展的制度性障碍，江苏必须建立健全具有协调、约束、激励作用的多层次、多元化的区域经济合作组织与制度。可探索推进现有的省沿海发展办公室、省苏北发展协调小组办公室、长三角合作与发展办公室等联署办公，形成科学决策、开放合作、协同创新的区域协调发展管理体制。在官方经济合作与协商制度不断完善的背景下，积极探索制定具备法律约束力的文件、反行政性垄断条例和与之相对应的责任追究制度，通过订立有约束力的统一公约和法规，来保证各地政府在追求地方利益的同时不会伤害区域整体利益。同时，发挥民间组织在官方组织"失灵"的微观领域的调节作用，例如，行业协会制定行业共同发展规划、行业市场规则，探索跨区域市场资源整合等。

（三）探索构建跨区域资金供给机制

为了更好地发挥政府种子基金的"资本杠杆"作用，江苏除了设立一系列区域协调发展的专项基金，还需要积极创新区域协调发展投资基金的模式。目前，江苏可探索采用直接投资与参股设立子基金相结合的运作模式，鼓励社会资本参与基金设立和运营,重点投向跨区域重大基础设施互联互通、生态环境联防共治、创新体系共建、公共服务和信息系统共享、园区合作等领域。在省域范围内,建立税收利益共享和征管协调机制。创新财政、税收、金融投资政策,发挥地区积极性和创造性,从优惠性给予转换成促进性奖励。建立地区间横向生态保护补偿机制,合理确定转移支付标准,监督转移支付资金使用,促进生态补偿横向转移支付常态化、制度化。

(四)提高区域政策供给的精准性

在理论上,区域板块越细分,区域规划的指导性、针对性就越强,也越能精准发挥各个地区的比较优势,解决其所面临的瓶颈制约。因而,江苏需要实施差别化的区域发展政策,缩小政策单元,细化要素分析,以提高区域政策协同性、精准性、时效性。建立内涵清晰、措施有效、管理规范、分类指导的区域政策体系,并且将其与财政政策、货币政策、产业政策、投资政策、消费政策、价格政策进行匹配,以提升政策工具的组合效度。按照"公平、协调、共享"的区域发展原则,将区域政策聚焦于推进区域社会事业均衡发展和基本公共服务均等化,并且按照不同地区的主体功能定位和经济发展水平,建立动态化的政策供给体系。探索构建区域政策实施跟踪评估与优化改进系统,按照程序调整、完善或废止相应的政策。

参考文献

1. 杨开忠:《区域协调发展新格局的基本特征》,《中国国情国力》2016年第6期。
2. 孙文华:《不断增强江苏发展协调性》,《群众》2016年第4期。
3. 范恒山:《以协调发展理念谋划区域发展新格局》,《中国经贸导刊》2016年2月下期。
4. 魏宗财、甄峰:《区域一体化影响下的宁杭城市带构建研究》,《世界地理研究》2006年第3期。
5. 储东涛:《拓宽江苏区域协调发展空间》,《新华日报》2016年9月27日19版。

分市报告篇

City Reports

B.35
泰州市2016年经济运行情况分析及2017年发展预测

朱菊萍[*]

> **摘　要：** 2016年在宏观环境严峻复杂、经济下行压力较大的背景下，泰州大力推进供给侧结构性改革，积极实施各项改革措施，经济运行总体平稳，主要经济指标增速处于全省前列。2016年前三季度，泰州市完成地区生产总值2986.4亿元，同比增长9.5%，与南通、宿迁并列全省第1位。综合考虑投资、消费及进出口以和外部宏观因素的影响，2017年泰州经济走势展望：GDP增长在9%左右；固定资产投资将增长15%左右；社会消费品零售总额将增长11.0%左右；进出口将下降6%左右；居民消费价格指数将上涨2%左右，工业品出厂价格

---

[*] 朱菊萍，江苏省社会科学院泰州分院经济所所长，助理研究员。

指数将止跌回升。2017年泰州经济发展主要从贯彻落实省第十三次党代会以及市第五次党代会精神入手，以新发展理念为指导，以创新驱动产业结构调整，扩大有效投资，培育新动能，促进经济平稳较快增长。

关键词： 运行态势 经济走势 泰州

2016年，泰州在宏观环境严峻复杂、经济下行压力较大的情况下，全面落实创新、协调、绿色、开放、共享的新发展理念，大力推进供给侧结构性改革，深入开展"思想再解放、项目大突破、城建新提升"三大主题工作，加快建设"医药、生态、港口、文化"四个名城，大力推进大众创业、万众创新，积极实施各项改革，经济运行总体平稳，并呈现转型步伐加快、结构质态向好、发展动能优化等新特点，主要经济指标保持全省前列，处于预期合理区间。2016年前三季度，泰州市完成地区生产总值2986.4亿元，同比增长9.5%，增速分别高于全国、全省平均水平2.8个和1.4个百分点，与南通、宿迁并列全省第1位。

一 2016年泰州经济运行的主要特点

（一）运行态势总体稳健

工业经济总体稳定。2016年前三季度，完成规模以上工业总产值9418.6亿元，增长13.6%；实现规模以上工业增加值2070.4亿元，增长10.3%，高于全省平均水平2.5个百分点，列全省第2位。工业用电量增长2%，继续保持正增长。服务业比重不断提升。前三季度，实现服务业增加值1308.4亿元，增长10.8%，增速列全省第5位。服务业增加值占GDP比重43.8%，同比提高2.1个百分点。固定资产投资高位增长。2016年前三季度，完成固定资产投资2080.4亿元，增长17.3%，增速列全省第1位。其中，工业投资1327.8亿元，增长17.4%，增幅列全省第4位。市场消费运行平稳。前三季度，实现社会消费品零售总额811.2亿元，增长11.3%，同比提高0.7个百分点。

（二）转型升级成效显著

一是产业结构持续优化。前三季度，规模以上高新技术产业实现产值4030.2亿元，增长14.7%，增幅高于规模以上工业总产值1.1个百分点。服务业结构不断改善，传统服务业比重下降，租赁和商务业、文化体育和娱乐业、信息传输软件和信息技术服务业等现代服务业增加值同比增长17.8%。二是财政收入难中求进。前三季度，实现一般公共预算收入248.9亿元，增长7.1%。其中，税收收入202.7亿元，增长8.0%，税占比81.4%。三是企业运行质态良好。前三季度，规模以上工业企业主营业务收入、利润总额、利税总额分别为9083.69亿元、608.41亿元、1042.77亿元，分别增长13.9%、12.9%和13.6%，生产、效益同步增长。四是创新创业加快推进。1~8月份，全市新增发明专利授权量698件，同比增长102.9%。新增私营企业数11093家，新增个体工商户1.91万户。

（三）有效投入不断加大

一是"项目大突破"成效明显。前三季度，全市经核查认定的亿元以上新开工项目509个，其中5亿元以上项目53个、10亿元以上项目31个。亿元以上新开工产业项目完成投资918.7亿元，增长63.1%，亿元以上产业项目占全部产业项目的比重达50.4%，同比提高12.3个百分点。二是利用外资较快增长。前三季度，实际到账注册外资11.29亿美元，增长60.9%，下半年以来实际利用外资增速连续四个月列全省首位。三是投资结构有所优化。前三季度，高新技术产业投资占工业投资的比重达34.7%，同比提高6.9个百分点；与此同时，高耗能行业投资下降20.4%。四是金融支撑力度加大。9月末，全市金融机构本外币贷款5442.4亿元，比年初增加893.4亿元。

（四）五大任务深入推进

一是在去产能方面，严重过剩行业产品产量有所下降。前三季度，规模以上工业产品产量中，生铁产量下降4.4%，粗钢产量下降25.2%。二是在去库存方面，商品房库存出现积极变化。前三季度，商品房销售面积同比增长32.8%，继续保持较快增长。9月末，全市商品房待售面积比年初减少2.25万平方米。三是在去杠杆方面，工业企业资产负债率有所下降。9月末，规模以上工业企业资产负债率为51.2%，比上年同期下降2.9个百分点。四是在降成本方面，工业企业成本有所降低。前三季度，规模以上工业企业主营业务成本占主营业务收入的比重为84.9%，比上年同期下降0.1个百分点。五是在补短板方面，薄弱领域投资增长较快。前三季度，信息传输软件和信息技术服务业、租赁和商务服务业、科学研究和技术服务业投资分别为15.75亿元、73.27亿元、33.92亿元，分别增长47.2%、64.2%和43.3%，高于全部投资增速29.9个、46.9个和26个百分点。

（五）新经济发展势头良好

2016年以来泰州市委、市政府不断加快简政放权、放管结合、优化服务，推动大众创业、万众创新，激发市场活力和创造力，促进新经济蓬勃发展。一是新主体快速增加。截至9月底，全市共有私营企业数86745家，比年初净增11093家；个体工商户24.95万户，比年初净增1.91万户。新兴服务业和小微企业市场主体增长更为明显，有力地带动了就业。二是新产业、新业态方兴未艾。知识技术密集、成长潜力大、综合效益好的新兴产业发展明显快于传统产业。前三季度，全市汽车零部件、通信电子设备、仪器仪表、医药制造业产值分别增长20.5%、29.9%、19.1%、18.4%，四大行业合计增长22.0%，对规模以上工业产值增长贡献率为24.1%。网购、快递、移动支付等改变了社会消费方式，居民线上消费在过去两年高增长的基础上继续保持较快增长，服务类、移动端消费成为新的增长点。前三季度，全市限额以上批零住餐企业共实现网络零售额7.15亿元，同比增长

37.7%，占全部限额以上零售额的比重达到2.3%，同比提升0.4个百分点。三是新产品新技术迅猛发展。顺应产业结构和消费结构升级的大趋势，在电子信息、生物医药、智能制造、节能环保、新能源、新材料等高新技术的推动下，相关产品成为新的经济增长点。前三季度，高新技术产业产值增长14.7%，高于规模以上工业产值增速1.1个百分点，占规模以上工业比重为42.8%，比上年同期提高0.4个百分点。从新产品产量看，前三季度，化学药品原药增长63.2%，电光源增长25.1%，半导体分立器件增长27.3%，光电子器件增长31.2%。

（六）人民生活继续改善

2016年前三季度，全市城镇、农村居民人均可支配收入分别为27789元、13459元，分别增长7.8%、8.8%，农村居民收入增长继续快于城镇居民收入增长。民生投入力度加大。前三季度，一般公共预算支出中民生支出263亿元，同比增长21.4%，高于一般公共预算支出1.8个百分点；民生支出占一般公共预算支出的比重为76.5%，同比提升1.1个百分点。市场价格总体稳定。前三季度，居民消费价格同比上涨2.1个百分点，城镇登记失业率1.88%，均保持在预期目标以内。城镇新增就业7.64万人，完成全年目标的127.3%。市区改善民生10大类33项实事项目进展良好，姜堰区引长江原水、提高基本公共卫生服务补助标准、免费办理自然灾害惠民保险、发放文化惠民券等实事已经完成。

二 存在的问题和走势判断

（一）存在的主要问题

泰州经济增长好于全省、好于周边、好于预期，主要指标呈现稳中有升的良好态势。但也要清醒地看到，当前国际国内发展环境依然错综复杂。经济新常态特征愈加明显，困难挑战因素增多，"四降一升"预期仍在延续，有效需求与有效供给结构性矛盾善待有效缓解，短期内市场总体供求关系难有实质性改善。受国内外宏观经济环境及深层次矛盾的影响，泰州经济运行也出现了一些新情况、新矛盾和新问题。

1. 实体经济特别是制造业发展仍然面临较大压力

9月份，全市工业生产者出厂价格指数为99.31，连续57个月负增长。工业生产者出厂价格指数和购进价格指数的"剪刀差"不断缩小，由2015年的6下降到目前的1.6左右，企业利润空间受到进一步挤压。

2. 投资高位增长的难度有所加大

企业投资意愿相对不高，招商引资、项目建设的难度有所加大。全市固定资产投资虽然保持了较快增长，但增幅比上年同期回落6.3个百分点。其中，工业投资增幅比上年同期回落19.2个百分点，基础设施投资比上年同期下降26.7%，占全部投资的比重仅为8.4%，同比回落5.2个百分点。

3. 外贸进出口持续负增长

重点行业、重点市场、重点企业出口形势仍然严峻，1~9月份，全市进出口总额74.5亿美元，下降6%，其中出口48.3亿美元，下降1.3%。

4. 去库存压力依然较大

虽然房地产市场销售持续回暖，但与此同时，房地产待售面积、施工面积较快增长。截至9月底，全市商品房待售面积403.2万平方米，同比增长14.6%。商品房新开工面积433.4万平方米，同比增长66.5%。商品房竣工面积265.2万平方米，同比下降2.2%。随着近期国家房地产政策的微调，下一步房地产市场的走势值得高度关注。

5. 营改增后财政收支压力明显加大

2016年5月是营改增政策实施的最后期限，5月份之后全市财政收入快速回落，1~10月份，一般公共预算收入增幅比1~5月份回落了20.8个百分点，还将继续回落，保持3%以上的增速具有一定的难度。

6. 农民增收困难加大

受不利天气影响，全市农业丰产不丰收，农民收入增速下滑。2016年前三季度，全市农村居民人均可支配收入增速比上半年回落0.4个百分点，列全省第八位，比上半年后退1位。

（二）经济走势展望

总的来看，泰州经济运行总体平稳、稳中有进、稳中有好，但企稳、回升基础尚不牢固，尚不能依据已掌握的数据和现实情况作出经济下行已筑底见底的结论。当前和下一阶段的经济走势，国家层面的判断是在大的L形底部区域，呈现若干小的W形振荡波动态势，泰州的经济运行总趋势也大致如此。只要外部环境不发生大的变化，随着国家和省重大战略部署的推进落实和政策措施效应的逐步显现，以及"三大主题工作"和"四个名城"建设的深入实施，2017年全市经济总体平稳、稳中有进、稳中有好的态势将会继续保持。综合考虑投资、消费及进出口以及外部宏观因素的影响，泰州经济将仍可以保持中高速增长水平，但增幅将有所回落，预计2017年泰州市生产总值增长在9%左右。

一是固定资产投资将稳中略降。2017年全市"项目大突破"主题工作将进一步发挥作用，规划中的重大建设项目将逐步启动。但是受国内外市场需求疲软、要素成本不断攀升、工业品价格持续走低等因素影响，企业扩大投资的意愿有所减弱。考虑外部因素和投资基数的变化，投资增速将呈现稳中略降的态势，预计2017年固定资产投资将增长15%左右。

二是消费需求将基本稳定。就业稳定和居民收入增加夯实消费基础，新型城镇化快速推进释放出新增消费潜力，电商网购等新型消费模式有助于降低流通费用和交易成本，旅游、休闲、文化等新兴消费模式和消费热点继续保持，消费需求将保持基本稳定，预计2017年社会消费品零售总额将增长11.0%左右。

三是外贸进出口增速持续下降。国际经济格局的新变化，国内要素成本持续上升、人民币实际有效汇率升值等因素，使我国出口优势减弱，出现减速换挡的阶段性变化，未来我国外贸进出口增速将进入平稳增长期。泰州外向型经济规模与水平有限，2017年进出口将下降6%左右。

四是居民消费价格小幅上升，工业品价格止跌回升。当前国内外形势依然严峻，不确定因素干扰较多，经济企稳向好的基础尚不牢固，但随着一系列供给侧改革措施成效初显，国内经济出现回暖趋势，市场信心得到提升，企业生产积极性提高。总体来看，居民消费价格将温和上涨，工业品价格将止跌回升。预计2017年居民消费价格指数将上涨2%左右，工业品出厂价格指数将止跌回升。

三　促进泰州经济平稳较快增长的思考

2016年泰州经济保持了平稳增长，发展的势头较好，但一些结构性、深层次矛盾和问题仍比较突出，经济下行压力有增无减，总体形势依然严峻。2017年在经济方面，主要是深入贯彻落实江苏省第十三次党代会、泰州市第五次党代会精神，继续以"创新、协调、绿色、开放、共享"的新发展理念引领转型升级，加大供给侧结构性改革力度，着力构建以大健康产业为特色，以生物医药及高性能医疗器械产业、高技术船舶及海工装备产业、节能与新能源产业三大战略性主导产业为引领，以先进制造业和现代服务业为主体的现代产业体系，努力实现发展质量、经济总量、人均均量全面赶超，转型升级指数、生态环境指数、民生幸福指数全省领先，以"三赶超三领先"为泰州经济健康可持续发展奠定坚实基础。下面，我们结合当前泰州经济发展中的热点、难点问题谈一些思考性建议。

（一）加快构建现代产业体系

首先，加强供给侧结构性改革，提升产业全要素生产率。通过深化改革，完善制度，运用市场机制、经济手段、法治化办法化解产能过剩，进一步推动市场化的兼并重组，逐步清除"僵尸企业"，促进土地、资金等生产要素的优化配置，降低企业成本，提升企业生产效率，实现整个产业的优化。其次，鼓励和支持企业实施大规模技术改造，提高产品技术、工艺装备、能效环保等水平，改造提升传统产业。最后，构建现代产业体系，实现产业结构优化升级。以推进智能制造和突破关键核心技术为主攻方向，加快建设具有国际竞争力的先进制造业基地，加快培育大数据应用、工业机器人等战略性新兴产业新增长点，促进现代制造业与新一代信息技术深入融合，创新发展现代服务业特别是生产性服务业、电子商务等互联网平台经济，提升产业附加值，推动产业向价值链高端攀升。

（二）深化实施创新驱动战略

经济新常态下，坚持创新发展，靠创新塑造增长新动力、打造发展新引擎，是泰州转型升级的必由之路。首先，强化企业的创新主体地位和主导作用，要努力引导创新人才、科技投入、重大项目、重要平台等创新资源向企业集聚，提升企业和行业自主创新能力，培育领军型创新型企业，推动泰州由制造大市向创造大市转变。泰州科研力量较为薄弱，可以抓住支柱产业和龙头企业，可以通过政策引导，吸引国内外科研机构入驻联姻，强化企业的科研实力。其次，继续深化科技体制机制改革，切实发挥政府资金"四两拨千斤"作用，提高科技成果转化率。为解决科技成果与产业化应用"两张皮"问题，2015年泰州打造"泰科易"（泰州网上技术交易）平台，实施科技创新券制度，既促进企业加大科技创新投入，又倒逼科研院所的成果以产业需求为导向，形成真正意义上的产学研合作。再次，加大人力资本开发力度，培养和引进高层次创新型人才。进一步完善激励机制，提高研发人员待遇，提供创新创业平台和载体，创造舒适的工作生活环境，激发高层次人才创新创业活力，吸引更多领军型创新人才来泰州从事科研工作。最后，培育创客文化，营造浓厚的全民创新创业氛围。释放创业者的活力，积极推动大众创新、大众创业是泰州转型升级的重要动力源泉。营造良好环境，激发全社会创新激情和创业活力，促进新技术、新产业、新业态、新模式蓬勃发展。

（三）扩大有效需求

在经济发展的新阶段，要突出消费拉动作用，形成消费、投资、出口

"三驾马车"协同拉动经济增长。首先，优化投资结构，提高投资效益，充分发挥投资对经济增长的关键作用。加快推进重大优质项目建设，促进智能制造、高端装备、水利、交通、能源等重点领域投资增长。其次，提升消费对经济增长的贡献率，发挥消费的基础作用。适应个性化、多样化消费需求，着力培育质量好、服务好的消费品和服务性产品。进一步完善消费政策，改善消费环境，让消费者能消费、敢消费、愿消费，以消费倒逼转型升级。最后，发挥出口对经济增长的促进作用。扩大高端化、品牌化和低碳化产品出口，大力发展服务贸易，提高出口产品附加值。吸引世界500强企业总部、技术研发机构、营销中心入驻，提升利用外资质量。促进开发区产出型向创新型转变，提高开发区产业层次和科技创新水平，进一步发挥开发区在开放型经济转型升级中主阵地作用。加快实现从"引进来"向"引进来"与"走出去"并重提升，积极融入"一带一路"，鼓励有比较优势的企业开展境外投资，开拓新兴市场。

（四）着实转变政府职能

一是深化行政审批制度改革。深入实施《泰州市全面深化改革两年行动计划（2015-2016年》，最大限度地减少和下放审批事项、简化审批程序、缩短审批时限；要用政府权力的"减法"换取市场与民间活力的"加法"，激发全社会创新创业活力。要按照"多予、少取、放活"原则，发扬"店小二"精神，对市场主体倍加呵护和关心，支持其做大做强。二是深化政府机构改革。进一步精简机构和整合部门职能，完善依法行政制度体系，强化市场在转型升级中的主导地位，厘清政府与市场的边界。三是优化财政资金配置，发挥财政资金对转型升级的引导作用。目前与转型升级相关的各类专项资金分散在经信、发改、科技、人社等多个部门，需要统筹管理和整合，提高财政资金的使用效率。四是要建立健全政府服务平台。加快推进"互联网+政务服务"，加强智慧政务建设，打造"线上线下一体、五级互联互通"的政务服务平台，尽量让数据多跑路、群众少跑腿。

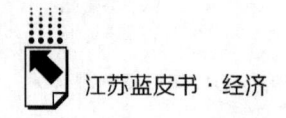

（五）进一步改善民生福祉

"十三五"期间要实现提高百姓富裕程度、提前实现城乡居民收入比2010年翻一番的目标，必须认真贯彻共享发展理念，按照"人人参与、人人尽力、人人享有"的总体要求和"坚守底线、突出重点、完善制度、引导预期"的基本思路，深入实施民生共享战略，注重机会公平，推动民生建设迈上新台阶。一是以创业带动就业，实现更加稳定、更高质量的就业。针对当前就业形势总体稳定但结构性就业矛盾突出的现状，大力发展经济，尤其发展就业容量弹性较大的第三产业，创造更多就业机会，实施更加积极的就业政策，切实完善创业扶持政策，制定对灵活就业、新就业形态的政策措施，推行终身职业技术培训制度，促进经济发展与扩大就业良性互动。二是改善收入分配，缩小收入差距。提高国民收入初次分配时劳动者报酬、规范国有行业职工收入、加强对高收入群体的税收调节和征收、加大对低收入群体的转移支付力度，实现收入分配改善。三是完善社保体系。按照保基本、兜底线、促公平、提水平的要求，多渠道提高社会保障综合水平。四是推进公共产品和公共服务建设。当前，加快以民生为导向的基础设施投资建设，既能稳增长，又有助于消化过剩产能。多采用以政府与社会资本合作的PPP模式，激发民间投资热情，完善公共基础设施，改善民生环境。切实维护农民利益，将国家粮食最低保护价政策落实到位，防止谷贱伤农。

B.36 连云港2016年经济运行情况分析及2017年发展战略调整建议

薛继坤*

摘　要： 2016年，是连云港发展的关键之年，经济运行总体呈现平稳向好态势。主要指标保持在合理区间，经济发展的积极因素不断增多。国家东、中、西区域合作示范区、上合组织物流园、港口等重点发展项目任务仍然艰巨，总体呈现缓中求进的趋势。从全市经济发展情况来看，2017年连云港经济发展将出现以下几个趋势：一是面临宏观环境较为复杂；二是发展的结构性矛盾依然突出，自主创新能力较低；三是资源环境约束压力仍较大。因此，我们建议：应该尽快调整发展战略，引入"三沿"思维，积极融入江苏省"四沿"战略；深入实施海洋经济强市战略，拓展蓝色经济空间；加快推动科技创新驱动战略，打造经济发展新引擎；进一步实施新型城镇化战略，引领区域经济协调发展，进一步提升连云港服务国家战略大局的能力。

关键词： 三沿思维　四沿战略　蓝色经济　新型城镇化

2016年，是"十三五"的开局之年，连云港市认真贯彻落实"稳增

---

* 薛继坤，江苏省社会科学院连云港分院助理研究员。

长、促改革、调结构、惠民生"等各项政策措施，牢固树立并自觉践行"创新、协调、绿色、开放、共享"五大发展理念，着力抓好供给侧结构性改革，经济运行总体呈现平稳向好态势。主要指标保持在合理区间，经济发展的积极因素不断增多。国家东中西区域合作示范区、上合组织物流园、港口等重点发展项目任务仍然艰巨，总体呈现缓中求进的趋势。

一 主要经济指标完成情况

（一）从总体来看，经济运行回升趋势有所增强

从主要经济指标完成情况来看，全市经济运行平稳中孕育着向好迹象。2016年1~9月份，全市完成地区生产总值1715.63亿元，增长7.9%，比一季度提高0.6个百分点，与上半年持平；增速在全省十三市中居第十一位，分别比一季度、上半年前移2位、1位。

居民消费价格指数（CPI）涨势趋缓。前三季度，全市CPI上涨了2.1%。八大类商品和服务消费价格"六升两降"。价格上涨的是食品烟酒（2.7%）、衣着（0.4%）、居住（0.7%）、生活用品及服务（0.2%）、医疗保健（14.9%）、其他用品和服务（0.4%）。价格下降的是交通和通信下降0.1%、教育文化和娱乐下降0.1%。

工业生产者出厂价格指数（PPI）和购进价格指数（IPI）温和上升。自2014年底以来，全市PPI和IPI连续20多个月在负区间运行，表明生产端持续通缩，相关产业产能过剩尚未得到有效化解，企业进一步去库存压力仍然较大。2016年以来，PPI和IPI虽然在负区间运行，但稳步走高，宏观经济回升趋势有所增强。

工业用电降幅稳步收窄。前三季度，全市工业用电量79.25亿千瓦时，下降6.6%。虽然仍在下降，但下降幅度逐渐收窄。

表1 2016年以来部分指标变化情况

单位：%

月份	工业用电量增长	CPI	PPI	IPI
1~2月	-8.2	2.7	-9.0	-9.1
1~3月	-6.8	2.6	-3.9	-8.3
1~4月	-8.0	2.5	-1.7	-2.4
1~5月	-8.4	2.3	-5.9	-6.3
1~6月	-8.3	2.2	-5.3	-5.4
1~7月	-7.1	2.2	-4.7	-4.7
1~8月	-6.6	2.1	-3.9	-3.6
1~9月	-6.6	2.1	-3.1	-2.8

（二）从供给来看，服务业支撑作用进一步增强

从供给侧来看，农业生产结构不断优化，工业运行平稳中向好，服务业对经济增长的拉动作用不断增强。前三季度，第一产业增加值188.88亿元，增长1.9%；第二产业增加值808.43亿元，增长7.9%；第三产业增加值719.32亿元，增长9.7%。

1. 农业稳定健康发展

2016年以来，全市不断调整农业生产结构，推广新品种、新技术，农业生产保持稳定健康发展。

全年粮食有望实现增产。夏粮生产量稳质优。一是总产稳。2016年小麦播种面积364万亩，亩产393.7公斤，总产143万吨；面积较上年减少1万亩，单产较上年增加0.2公斤，总产与上年基本持平。二是品质优。通过总体防控，小麦赤霉病田间病穗率在5%以上的发病面积为0.8万亩，占全市小麦面积的0.2%，全省最低，小麦品质全省最优。秋粮生产形势好，据农情调查，秋粮面积390万亩，比上年增加0.26万亩，秋粮亩产572.5公斤，比上年增加11公斤，秋粮总产223.3万吨，比上年增加4.45万吨。

高效农业继续扩面增效。全市积极推进高效农业产业集聚区建设，大力发展钢架大棚、日光温室、连栋智能温室、超大棚等各类设施栽培，规划建设东海西瓜甜瓜、灌云设施蔬菜、灌南食用菌、赣榆水果等8个千亩连片高

效设施农业基地，2016年前三季度新增高效设施农业面积5.9万亩。进一步推进东海、灌云"菜篮子"工程蔬菜基地建设，全市新增"菜篮子"工程蔬菜基地7190亩，累计面积达7.3万亩。

农业产业化推进有力。市级以上农业龙头企业达205家，其中国家级2家，省级48家；省级农产品加工集中区4家，实现县区全覆盖。前三季度，省级以上农业龙头企业实现销售收入185亿元，增长12%；省级以上农业龙头企业实现带动农户64万户，增长7%。农业产业化项目招引工作取得新突破，赣榆海福特公司、东海珠穆朗玛食品公司、东海如意情食用菌公司、灌云华虹公司等项目总投资分别为14.8亿元、10亿元、15亿元、10亿元。

农产品出口全省第三。加快推进"一带一路"连云港农业国际合作示范区建设，全省开放型农业现场会在连云港市召开，成功承办第十八届（2016）江苏农业国际合作洽谈会。前三季度，全市有出口实绩的企业145家，实现农产品出口3.61亿美元，居全省第三位。农业"走出去"战略成效显著，海德益食品公司在柬埔寨建设木薯、腰果种植农场2300公顷，雅仕公司在南非建设血橙基地1000亩。

2. 工业经济总体保持平稳

前三季度，全市1676家规模以上工业企业完成增加值938.4亿元，增长9.3%，居全省第九位，增速比1～8月回落0.1个百分点。完成总产值4474.54亿元，增长12.4%，比1～8月回落0.2个百分点，总体保持平稳运行态势。

工业结构不断优化。前三季度，全市轻工业完成产值1422.0亿元，增长16.0%，高于全市3.6个百分点。重工业完成产值3052.5亿元，增长10.7%。轻工业增速高于重工业5.3个百分点，产业结构不断优化。

30强企业支撑作用明显。前三季度，全市产值30强工业企业完成产值2016.2亿元，总量占全市的45.1%，增长12.5%，高于全市平均水平0.1个百分点，对全市工业生产增长的贡献率为45.4%，拉动全市规模以上工业总产值增长5.6个百分点。其中，恒瑞医药、正大天晴、宏鹏金属、华尔

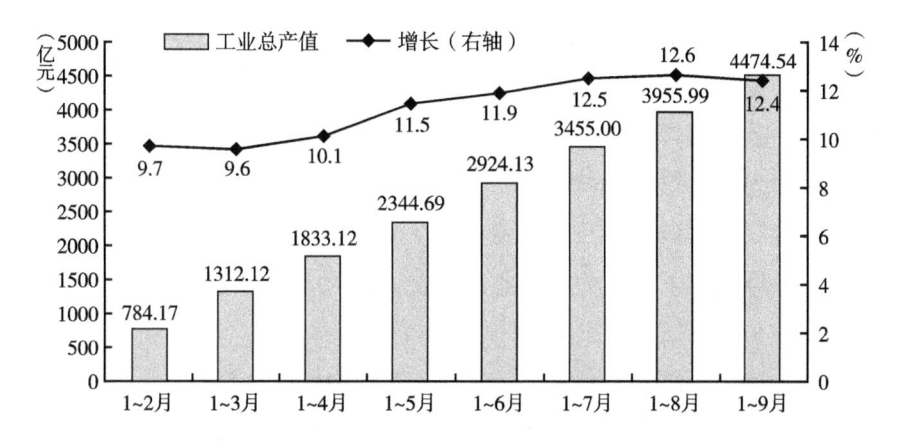

图1 2016年以来全市工业总产值情况

化工、金茂源生物化工、广晟健发、兆昱新材料、新海发电、易达酒业9家企业增幅均超过20%;新海石化、亚新钢铁、东方集装箱、启创铝制品、韩华新能源、润众制药6家企业增幅均高于全市平均水平。

主要行业增长良好。前三季度,全市35个工业行业大类中,完成产值较大的5个行业完成产值2709.9亿元,总量占全市的60.6%;增长14.6%,快于全市2.3个百分点。其中,化学原料和化学制品制造业完成产值870.6亿元,增长19.1%;黑色金属冶炼和压延加工业完成产值577.4亿元,增长6.0%;非金属矿物制品业完成产值480.7亿元,增长16.4%;医药制造业完成产值420.2亿元,增长21.1%;农副食品加工业完成产值360.9亿元,增长10.1%。

3. 服务业支撑作用明显

1~8月份,全市规模以上服务业实现营业收入325.75亿元,增长14.2%。

重点企业拉动明显。前8个月全市营业收入过亿元企业达到41家,增长15.9%,对全市服务业收入增长贡献率达78.3%。其中,以港口集团为首的5家营业收入过10亿元的服务业企业增长17.3%,占全市服务业收入比重达39.7%,对全市服务业收入增长贡献率达47.2%,规模以上服务业有近一半的收入是依靠5个重点企业增长拉动。

港口生产稳定向好。一是航线开发取得较大突破，实现了中远海运"地中海美西"航线、顺发航运韩国航线以及盐城步风港至连云港内河支线实现首航、集装箱海河联运顺利启动，前三季度港口新开集装箱航线7条，当前运营稳定集装箱航线49条。二是港口生产平稳增长。在全球市场下行压力下，前三季度港口上报吞吐量完成1.66亿吨，增长5.3%；集装箱完成355.6万标箱，下降4.2%（港口计费吞吐量1.19亿吨，增长24.4%；集装箱115.7万标箱，增长9.2%）。

信贷形势稳中趋好。9月末，全市金融机构存款余额为2596.95亿元，同比增长18.5%，比上半年提高3.3个百分点。贷款余额为2067.61亿元，同比增长15.3%。

（三）从需求来看，投资拉动力强劲

"三驾马车"对经济增长的贡献主要还是靠投资支撑，但随着人民生活水平的不断提高，消费市场日趋转旺，消费对经济增长的贡献稳步上升。

1. 投资增速全省领先

前三季度，全市完成固定资产投资1663.17亿元，增长15.9%，在全省十三个市中居第二位。其中，5000万元以上投资1549.04亿元，增长14.9%。

工业投资增势强劲。前三季度，全市完成工业投资1016.81亿元，增长22.0%，高于全市增幅6.1个百分点，在全省十三个市中居第一位。其中，电力、热力、气及水生产供应业完成投资155.88亿元，增长228.9%；医药制造业完成投资36.56亿元，增长160.3%；汽车制造业完成投资12.56亿元，增长140.3%；农副食品加工业完成投资40.6亿元，增长127.5%；印刷业完成投资7.36亿元，增长125.7%；文教娱乐用品制造业完成投资13.72亿元，增长105.9%。

房地产销售小幅回升。前三季度，全市房地产完成投资167.59亿元，增长7.3%。其中住宅投资135.77亿元，增长3.1%。全市商品房销售面积326.43万平方米，增长6.9%，比上半年提高了3.5个百分点。其中商品住宅销售面积315.92万平方米，增长10.6%。

2. 消费市场稳中趋旺

前三季度，全市实现社会消费品零售额678.02亿元，增长12.2%，比上半年提高0.3个百分点，在全省十三市中居徐州、宿迁之后列第三位。

餐饮业快速增长。前三季度，全市实现餐饮业营业额85.25亿元，增长19.2%，居全省第一位；批发业销售额1393.08亿元，增长10.9%；零售业销售额913.21亿元，增长14.0%；住宿业营业额27.33亿元，增长13.6%。

3. 进出口降幅进一步收窄

1~9月份，全市完成进出口总额5166亿美元，下降11.4%，居全省第十一位，降幅比1~6月、1~7月、1~8月分别收窄3.3个、2.8个、1.4个百分点。其中，出口27.64亿美元，下降9.0%，降幅比上半年收窄3.1个百分点。

（四）从效益来看，企业收入较快增长

经济稳步发展，国家、集体和个人三者收入增长各有不同，富民进程不断加快。

1. 财政运行总体平稳

前三季度，全市深入贯彻全面营改增试点前税收征管工作部署，认真组织财政收入，着力提升财政收入质量，完成一般公共预算收入176.7亿元，下降15.7%。剔除一次性收入等因素影响，全市一般公共预算真实收入同口径增长9.3%，其中税收收入同口径增长15.4%。

市区增长好于四县（区）。前三季度，市区完成一般预算收入95.85亿元，增长2.0%；四县（区）完成一般预算收入80.89亿元，下降30.0%，比市区增速低32.0个百分点。

税种结构出现新变化。前三季度，全市完成营业税44.4亿元，下降40.6%；增值税33.9亿元，增长86.3%；企业所得税14.19亿元，增长8.4%；个人所得税4.28亿元，增长7.4%。营业税比重下降，增值税比重快速上升。

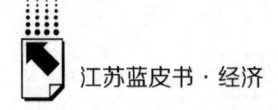

2. 居民收入稳步增长

全市居民人均可支配收入为 16033 元，增长 8.4%。其中，城市居民人均可支配收入为 21165 元，增长 8.1%；农村居民人均可支配收入为 10633 元，增长 9.1%。

3. 工业经济效益较快增长

1~8 月份，全市规模以上工业企业实现利润总额 272.3 亿元，增长 17.8%，增速在全省十三市中低于常州市（17.9%）居第二位。一是六大支柱产业支撑作用明显。医药制造业、化学原料和化学制品制造业、非金属矿物制品业、电力热力生产和供应业、农副食品加工业、黑色金属冶炼和压延加工业利润增速均在两位数以上。二是亏损企业数量、亏损金额双下降。1~8 月份，全市规模以上工业企业中有 140 家企业亏损，比上年同期减少 34 家；亏损企业亏损额 6.5 亿元，下降 11.8%。三是利润率提高。受到石油、煤炭、钢铁等大宗商品价格上涨影响，三季度全市规模以上工业企业利润率 7.1%，比上年同期提高 0.4 个百分点。

二 "一带一路"建设重点项目推进情况

中哈物流合作基地和港口 30 万吨级航道建设全面完成，成为集装箱干线港、枢纽港和"一带一路"重要出海口。铁路网基本建成，全面进入"高铁时代"。连云港成为区域性重要交通枢纽和物流中心，全方位开放格局更加完善，东陇海经济带的支撑作用进一步提升，"一带一路"交汇点核心区、先导区的作用得到有力发挥。

（一）徐圩新区（东中西区域合作示范区）建设情况

2016 年，徐圩新区经济保持了稳步发展的良好态势。一方面，主要指标达到序时进度要求。1~9 月份，新区实现规模以上固定资产投资 150.6 亿元，同比增长 20.7%，完成年度考核目标的 82.7%；规模以上工业投资 92.8 亿元，同比增长 16.1%，完成年度考核目标的 75.4%；公共财政预算收入3.82亿元，完成年度考核目标的67%；实际利用外资2650万美元，完成年度目标的33.1%；外贸进出口额4亿美元，同比增长1.1%，完成年度考核目标的74.3%。另一方面，重点项目投资势头良好。列入市重点的19个项目1~9月份实现投资51.4亿元，完成年度目标的89.1%。其中8个工业投资项目整体进展较好，实现投资46.3亿元，完成年度投资计划的90.2%。年产18万吨环氧乙烷、年产10万吨丁二烯，年产10万吨压路机等项目均超过序时进度。总体来看，2016年以来新区各项目标任务完成情况较好，但受上年投资基数相对较大和"营改增"等因素影响，新区工业固定资产投资、公共财政预算收入等部分指标完成全年目标难度较大；实际利用外资指标虽然暂时低于序时进度较多，但剩余外资任务已落实，可超额完成全年目标。

（二）上合组织（连云港）国际物流园建设情况

1. 规划建设稳步推进

1~9月份，园区共完成投资2.21亿元，其中基础设施投资完成0.4亿元，经营性项目完成投资1.74亿元。一是园区规划体系不断完善。"十三五"发展规划和产业规划编制完成，环境影响评价报告完成专家技术审查，防洪排涝规划已获市政府审批，粮食物流基地规划通过专家审查。二是公共基础功能进一步提升。G228园区段路面提升工程、两侧道路工程建成通车；大岛山路、金沙江路、中云台大道启动建设。智慧物流服务中心正在进行桩基扫尾施工，年内完成主体50%工程量。专用铁路工程获得省发改委立项批复，正在推进初步设计和征地拆迁工作。带式输送机隧道工程实现贯通。三是经营性项目建设加快推进。中哈铁路装卸场站、大宗散货交易中心、保税仓等项目完成工可编制，正在与哈萨克斯坦开展合作细节谈判，涉及铁路装卸场站征地拆迁工作正在推进，力争四季度启动建设。公路港二期工程力争四季度完成拆迁。内河码头24~35号泊位围堰清除工程完工，钢结构仓库完成90%工作量，年内建成使用。中外运上合物流中心项目正在推进初步设计和施工图设计。

2. 产业发展态势良好

一是园区经济平稳运行。1~9月，园区物流业总收入实现1.19亿元，同比增长31.47%；实现物流业增加值1.07亿元，物流业从业人数达到532人，园区入驻企业达到34家，物流量达到551.61万吨，其中内河港完成货物吞吐量430.47万吨，公路港实现进出车辆近44.57万辆，保税物流中心项目完成监管进出库货运量77.32万吨、集装箱3905标箱，监管货值4.51亿美元。二是政策资金支持力度加大。园区成功获批省级示范物流园区、首批江苏海洋经济创新示范园区、2016年度全国优秀物流园区，并正在积极申报国家级示范物流园区。推动连云港新亚欧大陆桥集装箱多式联运示范工程列入国家、省级示范项目。园区核心区作为市唯一入选项目成功纳入交通运输部"十三五"货运枢纽。省、市共同设立的园区物流产业基金进入正式运作阶段。省支持园区和中哈物流基地建设发展的意见已出台，形成完整的支持政策体系。积极帮助园区企业申报争取扶持资金，1~9月帮助园区企业落实相关补助资金225万元。三是加快推动物流业务发展。开展中亚国家农产品、新疆番茄酱过境、出口物流通道研究工作，依托国际班列运输，进一步畅通辐射中亚贸易物流通道。积极发展海河联运业务，组织赴淮安、漯河等地调研推介，收到良好成效。加快推进市内骨干集装箱运输企业与公路港建立发展联盟前期工作，推动交通部甩挂运输试点企业、港口重点物流企业与公路港对接，进一步深化在甩挂运输信息平台、甩挂运输场地运营等方面的合作。

3. 招商合作成效明显

一是进一步完善园区招商政策。着力突出园区发展特色，制定园区招商项目手册，包括园区专用铁路和公路港等基础物流项目、冷链物流中心和跨境电商等增值物流项目以及物流新技术开发应用和工业原材料配送中心等公共服务物流项目等20个招商项目；完善出台《上合组织（连云港）国际物流园鼓励投资适用办法（试行）》，增强园区政策吸引力。二是积极开展招商推介活动。组织联运区、港口控股集团、中外运陆桥公司共同组成连云港市物流经贸合作考察团赴乌兹别克斯坦和吉尔吉斯斯坦开展招商活动，在推介上合物流园、畅通物流通道、深化业务合作、加强投资共建等方面取得了阶段性的合作成果。赴上海召开园区招商推介会，邀请了物流地产、综合物流、冷链物流、快递物流等行业重点企业以及日韩等外资企业20多家有代表性的企业参会。赴南京、苏州、镇江等地开展招商活动，对重点企业进行门到门招商。三是推动在谈项目落地。今年以来，园区共洽谈合作项目10个，其中江苏公铁水网络科技有限公司、江苏连云港国际物流园投资有限公司、连云港力联物流公司等4家企业在园区注册运营，新增注册资本20.22亿元。推动开展海运快件业务，海关快件监管中心项目已开始在园区注册，争取年内运营。完成赛伯乐公司连云港跨境贸易运营公司项目可行性研究报告，积极推动项目尽快落地。

（三）港口加快构建丝路枢纽情况

一是以建设全能型港口为方向，加强港口安全配套系统建设。建成连云港海事监管基地。建设溢油应急设备库投入试运行，提高沿海溢油应急处置能力。建成徐圩80米海事趸船。优化国产船舶交通管理系统，实现和船舶、EDI等系统数据的交换和深度融合。建设统一的视频监控平台，通过可视化手段提高监管能力。升级海事单兵执法装备。完成灌河80米海事趸船浮码头工程初步设计批复。争取连云港车牛山救助码头建设项目纳入交通运输部海事局"十三五"规划。全港共加密34条集装箱航线，新增海河联运方式，巩固红土镍矿、胶合板、木薯干货种"第一港"地位，优先发展集装箱，共新开地中海美西、韩国蔚山等7条航线；成为江苏首个中韩陆海联运试点口岸、日韩货物进出中亚最佳推荐港口。二是加快构建丝路枢纽，扎实推进中哈国际物流基地和上合组织出海基地建设。其中，中哈国际物流基地形成由连云港核心区、新疆霍尔果斯物流场区、"哈国"东门物流场区构成的"一园三区"链式布局，一期合作项目进出货物有望突破300万吨、集装箱完成14万标箱，新增冷藏箱接卸、"哈国"小麦"集改散"等业务资质；二期合作项目包括连云港散粮筒仓、铁路装卸场站、保税仓库、大宗商品交易中心和哈萨克斯坦霍尔果斯无水港计划年内完成注资；加快引进中远海运集团参与合作，聚合释放港、航、路三方物流链联动优势。国际铁路班列持续增量，中亚出口班列已覆盖中亚五国主要站点，每天开行1列，运量占竞争市场的40%左右；中欧出口班列形成南至土耳其等黑海沿岸国家、北至德国等沿线国家的两条通道，实现每月2个班次的常态运作；江苏省新亚欧大陆桥集装箱多式联运示范工程获批成为国家首批多式联运示范项目，连云港中亚中欧出口班列被纳入国家《中欧班列建设发展规划（2016~2020年）》。上合组织国际物流园规划体系基本形成，专用铁路工程获省立项批复，智慧物流服务中心、大宗散货交易中心堆场、中外运上合物流中心项目有序实施；被认定为省级示范物流园区、江苏海洋经济创新示范园区，省支持园区和中哈物流基地建设发展实施意见正式印发；新增入园企业5家，新增注册资本20.23亿元。

三 2017年连云港调整发展战略的几点建议

从全市经济发展情况看，2017年连云港经济发展将出现以下几个趋势：一是面临宏观环境较为复杂。连云港进入经济增速换挡期、结构调整阵痛期和前期政策消化期，尤其是"一带一路"相关建设进入攻坚期，面临的经济形势更趋复杂，"增长减速"和"结构调整"以及"与国际接轨"所面临的新要求不断增多、带来的挑战也不断加大，经济运行中不确定性、不平衡性和脆弱性将逐渐凸显。二是发展的结构性矛盾依然突出，自主创新能力较低。高新产业数量少、规模小，现代产业服务业占比较低，服务能力较弱，具有自主创新和科技含量高的产业优势不明显，产业竞争力不强，增量与转型的任务仍然艰巨。三是资源环境约束压力仍较大。目前连云港市处于能源、资源消耗大幅增长阶段，随着一批临港基础产业项目陆续上马，重工业增速较快，比重较高，加上能耗基数较小，节能减排压力加大，资源瓶颈制约比较突出。因此，我们建议：应该尽快调整发展战略，进一步提升连云港服务国家战略大局的能力。

（一）引入"三沿"思维，积极融入江苏省"四沿"战略

在中国的区域发展中，协调发展是一个长期的主题。这些年来，东部、中部、西部和东北"四大板块"分化逐渐严重，区域发展不平衡现象凸显。为此，中央审时度势，提出了"一带一路"、京津冀协同发展、长江经济带三大战略，形成"四大板块"+"三个支撑带"的战略大布局，而"三沿"思维是对这一布局的延伸和优化。"三沿"思维是对传统经济布局的破旧立新，这种空间组织模式，既能发挥各区域自组织、自协调、自调整的能动性，加强相邻各区域的经济联系与合作，政府也能发挥统筹协调能力，消除区域壁垒，促进要素跨区域流动，缩小区域差距。我国的沿海省市，例如江苏、浙江、福建、广东，在历史上早就是中国的富裕之乡。然而"沿海地区普遍比内陆发达"的这一规律，在江苏省内部，却尚未得到体现。江苏沿海地区是中国民族产业的发源地之一，但经济发展速度缓慢，至今仍属于经济欠发达地区。比较而言，江苏沿海地区的经济发展要滞后于发达地区，甚至低于全国平均水平，是我国"黄金海岸带"的"经济低谷区"，与江苏经济强省的身份极不相称。可以说，江苏近年来经济增速的趋缓与沿海地区经济发展滞后有很大的关系。在新的历史条件下，作为江苏沿海重要组成部分的连云港需要什么样的区域经济发展战略？引入"三沿"思维，积极融入省"四沿"战略是下一阶段连云港发展任务中的重中之重。用"三沿"思维，激发"一带一路"交汇点区域潜能，优化连云港空间开发格局，统筹协调周边区域形成发展共同体，构建以港口群、城市联盟等为支撑的功能清晰、分工合理、各具特色、协调联动的发展格局，积极融入国家"三沿"经济总布局。

（二）深入实施海洋经济强市战略，拓展蓝色经济空间

共建"一带一路"、推动长江经济带建设、对接东陇海经济带，需要与沿线国家和地区开展全方位合作。作为"一带一路"交汇点核心区，连云港要重塑海洋经济发展定位，与沿线国家和地区在更宽领域、更高层次

上开展海洋经济的合作和交流。面对全国各地掀起的新一轮海洋开发热潮，连云港必须进一步增强海洋经济"洼地崛起"的紧迫感，积极推进海洋经济强市建设，转变海洋经济发展方式，从供给侧结构性改革出发，推动海洋产业向中高端发展，开辟海洋经济发展的新途径和新空间。一要创新发展。实施科教兴海战略，构建海洋科技创新体系，提高自主创新能力，促进海洋开发由粗放型向集约型转变，不断提高海洋经济发展水平。二要统筹发展。推动海陆江河协调发展，实现海洋资源向陆域集聚，陆域技术向海洋延伸，统筹开发强度与利用时序，提高海洋经济和陆域经济的综合效益。三要错位发展。突出与交汇点、长江经济带融合，科学规划、合理分工，形成资源共享、各具特色、互利共赢的海洋经济新格局。四要开放发展。全方位拓展开放发展潜力空间，加快形成陆海统筹、东西互济、面向全球的开放性海洋经济发展新格局。五要绿色发展。增强可持续发展能力，实现资源利用集约化、海洋环境生态化，增强海洋经济可持续发展能力。

（三）加快推动科技创新驱动战略，打造经济发展新引擎

新时期，连云港实施创新驱动战略必须在区域经济一体化背景下，全方位融入和布局创新网络，以市场机制为主要推动力，以多层次的协调机制和制度规范为依托，以跨区域的宏观大视野谋划和推动科技创新合作，提升连云港科技创新层次，实施科技创新国际化战略，探索科技创新开放合作新模式，促进人才、资金、科技、信息等生产要素集聚与共享。在国际发展竞争日趋激烈和我国发展动力转换的形势下，必须进一步深化"科学技术是第一生产力"的认识，推动科技创新与连云港经济社会发展深度融合，关键是提升自主创新能力，基础是提高全民科学素质水平。发挥科技创新在全面创新中的引领作用，加强基础研究，强化原始创新、集成创新和引进消化吸收再创新。要加快创新主体、创新机制、创新平台与创新发展深度融合，强化企业创新主体地位和主导作用，依托国家级高新区、创新型试点等平台载体，培育一批具有国际竞争力的创新型领军企业；大

力支持科技型中小企业健康发展，全力扶持众创空间项目，大力推动"大众创业、万众创新"，形成具有强大带动力的创新型城市和区域创新中心。同时，我们要紧紧抓住连云港国家创新型试点城市建设机遇，勇于创新、敢于突破，以市场创新为基础，推进城市治理体系和治理能力现代化为总目标，充分发挥市场在资源配置中的决定性作用，更好地发挥政府作用，加快形成有利于创新发展的市场环境、产权制度、投融资体制、分配制度、人才培养引进使用机制，加快形成统一开放、竞争有效的市场体系，为全面建成小康社会提供根本保障。

（四）进一步实施新型城镇化战略，引领区域经济协调发展

全面贯彻落实习近平总书记视察江苏重要讲话精神，推动国家"一带一路"战略交汇点建设，推动连云港区域协调发展，必须进一步推进连云港新型城镇化，充分释放新型城镇化蕴藏的巨大内需潜力，为连云港经济持续健康发展提供持久强劲动力。要把握新型城镇化引领连云港区域协调发展的新内涵，重点解决好四个问题：新型城镇化与连云港区域发展格局相匹配的问题（各区域城镇化水平不均衡），新型城镇化与连云港区域发展质量相互支撑的问题（避免"城市病""伪城市化""半城市化"等发展失衡问题），新型城镇化与连云港区域发展结构相协调的问题（城乡二元化和城市内部二元化），新型城镇化与连云港区域发展特色相融合的问题（尤其是临海小城镇建设）。新形势下，连云港新型城镇化应基于国际国内环境发生的深刻变化，着眼于科学发展的大格局和经济社会发展的大趋势，做好顶层设计，总体规划，发挥新型城镇化不可替代的融合和引领作用，达到新型城镇化引领连云港区域协调发展的新要求，做到以新型城镇化引领连云港区域发展战略与现代化战略衔接，以新型城镇化引领连云港区域协调有序发展，以新型城镇化引领连云港区域均衡、持续发展，在发展平衡性、协调性、可持续性明显增强的基础上促进连云港区域协调发展。

B.37 南通2016年经济运行情况分析及2017年发展预测

刘冬明*

摘　要： 2016年，南通市积极应对各种困难，主要经济指标完成情况良好。2017年，南通经济社会发展既面临提升产业层次、增强创新能力、提升中心城市首位度、改善社会治理、节能减排等压力，也具备诸多有利于发展的条件，必须围绕加快建设长三角北翼经济中心、区域性综合交通枢纽、具有区域影响力的创新之都、宜居宜业富有魅力的花园城市采取一系列措施。预计2017年地区生产总值增长目标在9%以上，其他主要指标进一步向好。

关键词： 经济运行　经济态势　南通

一　2016年主要经济运行情况

2016年，全市上下积极适应和应对经济新常态下复杂多变的发展环境，解放思想、抢抓机遇、开拓创新、埋头苦干，胜利完成了南通市年初人代会制定的各项目标任务，创新转型，迈出新步伐，江海联动实现新突破，基础设施建设实现新跨越，改革开放取得新成果，城乡面貌发生新变化，民生质

---

* 刘冬明，南通市发展和改革委员会发展规划处处长、南通市经济学会理事，经济师。

量得到新提升，加快向全面建成小康社会迈进。2016年，既是"十三五"规划的开局之年，也是新一届党代会召开之年、为新一届政府换届准备之年，年度总结和来年预测必须充分考虑这一特点。

首先，从总量指标看。2016年，实现地区生产总值6750亿元、增长9.5%，比2011年增长65.8%，五年平均增速10.6%；人均地区生产总值将突破9万元。一般公共预算收入570亿元，比2011年增长52.5%；固定资产投资额4813亿元、增长10%，是2011年的2倍多，五年累计完成投资额19271亿元，平均增速15.1%。

其次，从结构指标看。2016年，高新技术产业占规模以上工业比重将达到45.7%左右，比2011年提高了9个百分点，新兴产业产值占比将达到34.1%左右，5年提高了11.2个百分点，服务业占GDP的比重超过46%，5年提高了7.5个百分点；城市化率、全社会研发投入占GDP比重，分别达到64%、2.6%左右，5年提高了6.4个、0.5个百分点。

再次，从生态文明指标看。各项指标均达到省考核目标，"十二五"期间，能耗和二氧化碳排放分别累计下降了21.5%和18%，PM2.5平均浓度降幅和空间质量良好天数全省领先，绿色发展指数全省第一。

最后，从民生指标看。2016年，南通市城镇和农村居民人均可支配收入分别达到39260元和18800元，比2011年增长56.5%和60.3%，完成人均年收入低于5000元人口脱贫任务。财政用于民生支出比重由70.5%提高到75%以上。五大社会保险覆盖率超过97%。

同时，我们也清醒地看到发展中存在的一些不足。一是经济结构性矛盾仍较突出，均量水平和产业层次不够高，创新能力不强。二是区域协调发展水平有待提升，中心城市首位度仍有较大提升空间；三是民生改善和社会治理任务艰巨；四是节能减排和生态文明建设需要进一步加强。

二 2017年发展面临的环境

从总体上看，南通市仍然具备诸多有利于保持平稳较快发展的条件。

一是宏观发展形势有利于平稳较快发展。从国际环境看，和平与发展的时代主题没有变，世界经济在深度调整中曲折复苏，新一轮科技革命和产业变革，有利于南通市引进和培育新兴产业、先进制造业、现代服务业，推动经济转型升级。从国内环境看，前三季度地区生产总值增长6.7%，与一季度和二季度持平，供给侧结构性改革取得积极进展，产业结构持续升级，发展的质量效益稳步提升，我国经济筑底回稳的态势明显，未来企稳回升可以预期。

二是国家、省对南通市发展给予大力支持。"一带一路"、长江经济带、长三角城市群发展战略的全面推进，长三角一体化发展、江苏沿海开发战略的深入实施，积极对接上海自贸区、上海科技创新中心和苏南现代化建设示范区，全面推进陆海统筹发展综合改革试点，特别是上海"十三五"规划中明确提出要加强同周边城市的协同发展，为南通市加快发展拓展了更加广阔的空间。

三是发展的内生动力持续增强。随着全市项目建设的持续升温和产业、城市、交通"三大转型"的大力推进，以及党代会提出的"高水平全面建成小康社会""好上又好、能快则快"的发展要求和建设"长三角北翼经济中心、重要区域性综合交通枢纽、具有区域影响力的创新之都、宜居宜业富有魅力的花园城市"新的战略定位，为南通市经济发展提供了新机遇、新动能。供给侧结构性改革、新型城镇化、陆海统筹发展综合改革试点也为经济发展提供了有利条件和动力。

同时，应该清醒地认识到，2017年的发展仍将面临诸多考验。

从国际看，世界经济复苏基础依然脆弱，国际环境更加复杂多变，全球贸易持续低迷，金融市场和大宗商品市场大幅波动，地缘政治风险进入高发期。发达经济体复苏势头趋缓，一些新兴经济体增速大幅回落甚至出现负增长。政策的互溢、外溢效应拖累全球经济增长，主要经济体政策分化、逆全球化加剧全球贸易壁垒，美国大选、美联储加息、英脱欧等因素都将对国际环境造成较大影响。国际货币基金组织、世界银行分别预测2017年全球经济仅增长3.4%和2.8%。

从国内看，我国经济运行延续新常态特征，经济下行压力不减，"四降一升"预期仍在（"四降一升"：经济增长速度下降、企业利润下降、工业生产品出厂价格下降、财政收入增幅下降、经济风险发生概率上升）；有效需求与有效供给的结构性矛盾依然突出，新旧动能转换任务繁重，行业、企业、区域分化不断加深，结构性失业、金融领域、财政收支平衡的风险加大。

综上所述，在2017年工作中，既要看到有利条件和积极因素，看清经济发展有望继续保持稳中向好、稳中提质的发展态势，坚定做好各项工作的信心和决心，也要清醒地认识到经济形势的复杂性、严峻性，增强危机感、紧迫感，切实做好应对经济下行、投资增速放缓、外需低迷、实体经济困难、企业盈利能力下降、财政增收难度加大等困难和挑战的准备，着力在复杂环境下变压力为动力，化挑战为机遇，努力在新起点上开创科学发展新局面。

三　2017年经济发展主要指标预测

（一）地区生产总值

2016年初人代会确定的目标是增长9%左右。前三季度，全市实现地区生产总值5065.6亿元、增长9.5%，增速分别高于全国、全省2.8个和1.4个百分点。若以此增速测算，到2021年，全市地区生产总值预计将达到10626亿元。

南通市"十三五"规划《纲要》提出，"十三五"期间，全市地区生产总值年均增速定在9%左右。若以此增速测算，到2021年，全市地区生产总值预计将达到10385亿元；全市第十二次党代会提出，到2021年，全市GDP迈上万亿元台阶，既体现了省委、省政府要求南通好一些、快一些的要求，又符合南通的现实基础和发展走势，且与上述按2016年增速增长的预测基本一致。

从发展实际看，南通市猛攻项目建设，不断完善推进机制、加大推进力度，一批重大产业项目招引、落地、开工、投产速度明显加快，为2017年固定资产投资打下了良好基础；互联网消费、定制消费、养老消费、教育消费、健康消费等新兴消费的快速增长，居民消费保持总体平稳，消费对经济增长的贡献率稳步提升；叠石桥采购贸易试点扩大到通州、跨境电商贸易取得明显成效，加上人民币贬值预期因素，2017年出口增长仍存在正向利好。

综上所述，2017年经济发展预期目标在9%以上。

（二）城乡居民收入

2016年初市人代会确定城乡居民收入的目标是与经济增长保持同步。前三季度城乡居民人均可支配收入分别增长8.2%和8.9%。2011~2016年，南通城镇、农村居民人均可支配收入年均分别增长9.6%和10.6%，与经济增长基本保持同步，城乡居民收入差距逐年缩小。以此测算，到2021年，南通市城镇、农村居民人均可支配收入将超过60000元、30000元。

同时，根据市党代会所提目标要求，到2021年，南通市城镇居民人均可支配收入和农民人均可支配收入预期目标分别为60000元、30000元，城乡居民收入比进一步缩小为2∶1。

上述两个方面的预测结果基本一致。

随着国家创新型城市、创业型城市建设的推进，以及国家新型城镇化综合改革试点和城乡发展一体化的持续推进，居民收入增长的渠道在拓宽、规模在扩大；同时，也要看到，经济仍处于"L"形筑底阶段、财政收支平衡压力增大、制造业发展依然困难、创新创业存在"天花板"障碍，居民增收难度不小。

综上来看，2017年城乡居民民收入增速与地区生产总值大致同步，预测在9%左右。

（三）服务业占比

2010年，南通市服务业增加值占生产总值比重为37.2%；2015年，全市三次产业比为5.8∶48.4∶45.8。2011~2015年，服务业增加值占生产总值比重年均上升1.72个百分点。2016年,南通市服务业增加值占生产总值比重将超过46%。以此推算,到2017年,全市服务业增加值占生产总值比重调整为47.7%。考虑到新常态下服务业投资增速放缓及产出效益降低,以及人口老龄化的拖累、房地产进入新的调整期、电商对实体店的冲击等因素,这一比例需要适当调整。

南通市"十三五"规划提出,到2020年,服务业增加值占地区生产总值比重达到50%,年均增长1个百分点左右。以此推算,到2017年,南通市服务业占地区生产总值比重达到47%。

综上来看,预计2017年南通市服务业占地区生产总值比重在47%左右。

(四)城镇化率

城镇化率是衡量城镇化的健康程度的一个重要指标。2016年,南通市常住人口城镇化率达到64%左右。2011~2016年,年均增长1.28个百分点。

南通市国家新型城镇化试点方案和关于进一步推进户籍制度改革的意见提出,到2020年,实现城乡基本公共服务均等化全覆盖的常住人口城镇化率70%左右,户籍人口城镇化率与常住人口城镇化率差距缩小到5个百分点,即65%左右。按此测算,2017年常住人口城镇化率应达到65.5%左右。

根据人口发展和市场经济规律,当城镇化发展到一定阶段后,城镇化增速将趋缓,但在此之前,仍将保持一定增速。随着农业转移人口市民化进程的加快,以及多元化可持续投融资体制、节约集约土地利用制度等的建立健全,特别是中心城市、中心城区、中央创新区的建设和服务业的发力,近年内城镇化率将持续提高。因此,2017年南通市常住人口城镇化率达65.5%左右是可以实现的。

(五)R&D经费占比

2016年初市人代会确定的目标是2.6%。近年来,南通市着力改革财政扶持科技方式,以银行支撑、担保支持、创投优先、财政扶持"四位一体"

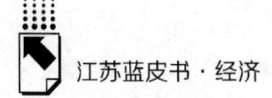

带动社会资本投入，2016年全社会研发经费占GDP比重达到2.6%，较上年提高0.5个百分点，达到预期目标。

南通市"十三五"规划提出，到2020年，全市R&D经费支出占地区生产总值比重为2.8%，"十三五"期间预计年均增长0.05%。按此测算，2017年南通市R&D经费支出占地区生产总值比重应达到2.65%。

考虑到全市正按照市"十三五"规划确定的建设国家创新型城市、知识产权示范城市和市党代会确定的打造一流创新之都的要求，加快科技体制改革，加大科技投入力度，加速创新驱动发展，奋力建设长三角特色产业科技创新基地，预测2017年R&D经费支出占地区生产总值比重可以达到2.65%。

四 2017年经济发展总体思路

全面贯彻省第十三次党代会、市第十二次党代会精神，紧紧围绕"五位一体"总体布局和"四个全面"战略布局，践行五大发展理念，加快建设长三角北翼经济中心、区域性综合交通枢纽、具有区域影响力的创新之都、宜居宜业富有魅力的花园城市，积极引领经济发展新常态，深化供给侧结构性改革和陆海统筹发展综合改革，聚力创新，聚焦富民，为高水平全面建成小康社会奠定坚实基础。

建设长三角北翼经济中心是物质基础，打造区域性综合交通枢纽是区位支撑，建设具有区域影响力的创新之都是动力源泉，建设宜居宜业富有魅力的花园城市是环境保障。

（一）加快建设长三角北翼经济中心

国家和省明确南通建设区域性经济中心等功能定位，对我们在经济总量上、在辐射带动能力上提出了更高的要求，是对南通市综合发展条件与潜力的肯定，也赋予南通在全国和江苏开放发展、协调发展大局中的重大责任。与先进地区比较，人均地区生产总值、居民人均收入等一些人均指标和结构性指标水平仍然较低，解决这些问题的根本还是要靠经济发展，因此必须把加快建设长三角北翼经济中心作为高水平全面建成小康社会的内在需求。重点任务是狠抓项目建设、建设现代产业体系、加强发展载体建设、推动各种所有制经济竞相发展。

（二）加快建设重要区域性综合交通枢纽

当前，南通正处于建设长三角北翼经济中心的关键时期，特别是全面融入苏南，深度接轨上海，促进与长江中上游、中西部地区合作开发开放对南通综合交通的发展提出了更新、更高的要求。因此，推进交通转型，建设重要区域性综合交通枢纽意义重大。必须推动交通建设由单一体系向综合枢纽转变、由基本通达型向集成运输型转变、由传统分散型向现代智能型转变。重点任务是加快对外重大基础设施建设、优化市域交通体系、加快通州湾示范区建设、提升区域合作发展水平。

（三）加快建设具有区域影响力的创新之都

创新是推动转型升级、提升核心竞争力的关键，是弥补传统比较优势减弱、保持经济中高速增长、实现优质高效增长的根本之策。目前南通市创新能力还不够强，创新载体建设水平还不够高，区域创新资源还不够丰富，科技创新对发展的引领作用有待进一步提升。必须把创新贯穿于经济社会发展的全过程和全方面，鼓励业态创新、模式创新，加快形成以创新为引领的发展方式。重点任务是增强创新发展能力、提升信息化水平、创新城市规划建设管理、深化陆海统筹综合改革和供给侧结构性改革。

（四）加快建设宜居宜业富有魅力的花园城市

宜居宜业的花园城市建设是南通经济社会发展的需要，是南通百万人民群众的热切期望，是实现人与自然、社会和谐发展的有效路径。必须大力推进生态文明建设，持续改善民生、使发展的成果更多更公平地惠及全体人民，加快推进花园城市、国家生态园林城市和国家森林城市"三城同创"。重点任务是加强生态建设、推进环境保护、推进文化强市建设、更多惠及社会民生。

Abstract

The blue book of *Analysis and Prospect of Economic and Social Situation in Jiangsu*, as the annual development report, has been written by the Jiangsu Academy of Social Sciences since 1997. In order to deepen the study of economic, social and cultural issues of the new normal in Jiangsu, the blue book is expanded into three volumes in 2015. In 2016, the 3 volumes of the blue book of *Analysis and Prospect of Economic and Social Situation in Jiangsu* were published.

The book of the analysis and prospect of the economic situation in Jiangsu is to analyze the economic operation of Jiangsu that year, forecast the economic situation of Jiangsu next year, and put forward the corresponding countermeasures, ideas and suggestions. The year of 2016 is the first year in "13th Five – Year", and it is also the first year of structural reforms of the supply side in Jiangsu. The year of 2017 is the start of the year for "thirteenth CPC Jiangsu provincial Party Congress", and it is also an important year of "13th Five – Year" implementation of deepening the structural reform of the supply side.

This book is an analysis of the economic performance of Jiangsu in 2016 and an outlook for economic development in 2017.

The content of this blue book is divided into 6 parts. The first part is the general report on overall research of Jiangsu ecoomic situation, which is about deepening structural reform and enhancing the supplyside of Jiangsu economic development advantage; the second part is the about transformation and upgrading, which is to study the economic transformation and upgrading of Jiangsu; the third part is about the reform, opening up and innovation, which is to research on Jiangsu's economic reform and opening up; the fourth part is about economic development in urban and rural areas, which is to analys the economic development in urban and rural areas of Jiangsu; the fifth part is about the development of regional economy, which is to research on the coordinated development of regional economy in Jiangsu; and the sixth part is the city reports. It is expected that these research reports will provide some reference for the relevant departments to formulate economic development policies.

Contents

I General Report

B.1 Analysis of Economic Operation in Jiangsu in 2016 and
Economic Situation in 2017
Wang Qingwu, Wu Xianman, Chen Liu, Fang Weiwei,
Li Jie, Zhou Rui and Li Hui / 001

Abstract: Looking back in 2016, Jiangsu's economic operation remained basically stable, and the major economic indicators were in line with expectations. The structural reform of the supply side achieved remarkable results. Looking forward to 2017, the external environment facing Jiangsu has improved, but the uncertainties remain large, especially the need to guard against potential risks in the financial and real estate sectors. It is expected that Jiangsu's economic growth in 2017 will remain at around 8%, in 2017 the province is to continue to deepen the supply side structural reform, vigorously develop the real economy, optimizing the layout of regional development, improve the level of the open economy, cohesion and innovation, focus on people, to complete the higher level of a well-off society to lay a solid foundation.

Keywords: Economic Growth; Supply Side; Reform; Real Economy; Jiangsu

Ⅱ　Transformation and Upgrading

B.2　On the Characteristics of Jiangsu Ocean Economy

Diao Huagong / 017

Abstract: In the economic new normal state, Jiangsu Ocean characteristic economy development should be reflect characteristic function, build the national Ocean advanced manufacturing base, build the Ocean science and technology innovation base, build the national Ocean Industry open cooperation model area and the ocean economy green development demonstration area. Under the new situation, Jiangsu development the ocean economy, should adjust the distribution of Ocean economic specializations, build the modern Ocean industrial system of Jiangsu.

Keywords: Ocean Economy; New Normal State; Characteristic Industry

B.3　Research on Improving the Endogenous Development
　　　Dynamic of Jiangsu Economy　　　　　　*Zhang Chao* / 026

Abstract: The weakness of Jiangsu economy endogenous dynamic are such as frontier technology cooperation, introduction of top talent, undertaking major national science and technology projects, innovation ecosystem construction, innovation and brand building of large enterprises, etc. In the first time we should create innovative eco collaborative system around the high-end talents, in order to gather first-class talents, allocate talents efficiently, undertake major projects, and improve innovation effectiveness. Secondly we should encourage entrepreneurs to enhance innovation ability, improve product quality, build brand, and exploit new market much more aggressively than before. In the end we should utilize rationally the supporting and leading role of national strategies, in order to promote complementary advantages among different regions and different departments, expand the basic of economic endogenous growth, and form a more effective endogenous development mechanism.

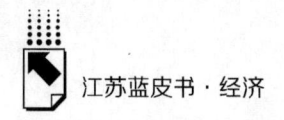

Keywords: Endogenous Dynamic; Intellectual Mechanism; Economic Growth

B.4 Prospects, Opportunities and Development Countermeasures of Jiangsu Internet Entertainment Industry

Li Jie / 035

Abstract: The internet entertainment industry is a green industry. It has a strong ability to promote development of forward and backward industries. It will provide a strong support for the economic and social transformation of Jiangsu. At present, the competition status of Jiangsu internet entertainment industry is not prominent; the industry advantages of Jiangsu internet entertainment industry are not obvious; the ecology of Jiangsu internet entertainment industry needs further optimization.

Strengthening capital operation, constructing good ecology of internet, paying more attention to cultural industry think tank research, deep integrating technology and culture, exerting the characteristics of Jiangsu's network literature and theatre market, those can be seen as the key countermeasures of Jiangsu internet entertainment industry contrarian upward.

Keywords: Internet; Entertainment Industry; Green Industry; Development Opportunity

B.5 Present State and Perspectives of Collective Economy in the Countryside of Southern Jiangsu Under the New Normal

Shen Yu / 042

Abstract: For a long time, the countryside of southern Jiangsu has most developed collective economy. This article summarizes the status of the collective economy in the countryside of southern Jiangsu, generalizes its forms in the new era and analyzes its contribution on the economic development, social progress and people's happiness in the region. In the end the author look into the future of the collective economy in the countryside of southern Jiangsu.

Keywords: Collective Economy; New Normal; Countryside of Southern Jiangsu

B. 6   On the New Development of Jiangsu's Pension Industry and the Reference of International Experiences   *Liu Yuan* / 052

Abstract: As the earliest and highest degree of aging province, Jiangsu's Pension Industry has made impressive progress, but also many problems need to be solved. In order to promote the new development of the pension industry, this paper learns from the advanced practices and experiences of the developed countries, such as the United States, Japan, Sweden and South Korea, and puts forward a new thinking by deepening of the connotation and expanding the extension of pension industry to innovate the industry development model, and strive to build and improve the division and cooperation among government, market and social works of the industrial chains. Then give some corresponding policy recommendations.

Keywords: Pension Industry; Home Care; Community Care; Faculty Care

B. 7   Difficulties and Countermeasures of Jiangsu Foreign Trade Steady Growth   *Cao Xiaolei* / 062

Abstract: Since the outbreak of the international financial crisis, Global trade suffes growth difficultiese. In the recent years, Jiangsu's import and export trade continue to decline. The foreign trade growth pressue gradually increase. The main difficulties are as follows: Global market demand shrunks, commodity prices decline; The pressure of utilizing foreign capital increases, Processing trade enterprises continue to decrease; Trade protectionism aggravates, Our province's Major exports decrease; Local sourcing increases and the import of intermediate products decrease. To promote steady growth of foreign trade, we put out some countermeasures, such as foster new trade growth point, drive trade growth by outward investment, development priorities and emerging markets and optimize the business environment.

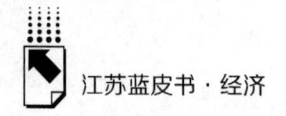

Keywords: Foreign Trade; Steady Growth; Jiangsu

B. 8 Research on the Endogenuous Engines of the
       Development of Jiangsu Open Economy   *Chen Simeng* / 071

Abstract: The open economy is good for the factor mobility, and under the action of comparative advantage, the open country can eventually get to higher efficiency, thus to endogenuous dvelopment. Jiangsu has built its leading scientific innovation, efficient industrial cluster, and well-regulated policy system. During the next step, Jiangsu should take full advantage of these factors. Generally, Jiangsu should promote the resource allocation capability, the rise of the global value chain, and the institutional bonus.

Keywords: Open Economy; Endogenuous Engines; Jiangsu

B. 9 On the Strategy of Jiangsu Enterprises Going out
       with RMB Advanced Internationalization   *Zhang Li* / 079

Abstract: With the inclusion in special drawing right (SDR) basket and as its third largest currency, it's a milestone for the internationalization of RMB, which brings grate opportunity for domestic enterprises "going out". In next 5 to

10 years, Jiangsu enterprises should aim to build the RMB dominated global value chains of their own by nurturing and leading new advantages in international cooperation, and promote the output of China standard and Jiangsu brand. About the detailed strategy, there could be the combinations of the upstairs FDI in developed countries, the down stairs FDI in developing countries and the resource-related FDI. Meanwhile, government should support the supplementary services and convenience.

Keywords: Internationalization; FDI; Value Chains

B. 10 Difficulties and Countermeasures of Expanding Private Investment in Jiangsu *Chen Han* / 089

Abstract: Since 2016, the scale of Private Investment in Jiangsu Province had continued to expand, the structure of investment had continued to optimize, the field of investment had continued to expand. But the factors restricting the sustainable development of the private investment will be also exist. The area of investment is narrow, there are restrictions on private investment in some regions and industries. The effections of PPP project in private investment is limited. The problem of financing is a long term existence. Private investment itself has low industrial level. Entrepreneur quality is not high. To further expand the scale of private investment and improve the quality of private investment should proceed from: we will Continuously broaden the field of investment, Focus on removing market barriers; Promot the local financial reform; Enlarging the share of private investment in the high-end link of industrial chain and High-tech industry; Promot the regional coordinated development Private investment; Reduce the speculative tendency of private investment. Support private investment and actively participating in reform and reorganization of state-owned enterprises; Launch a group of private investment reform pilot projects.

Keywords: Investment Scale; Investment Performance; Structural Reform

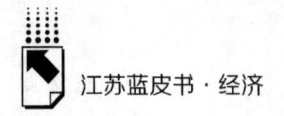

B. 11　Experience of Internet Platform Economy Development Home and Abroad　　　　　　　　　　　*Wang Dehua* / 100

Abstract: The Internet platform economy is becoming a new engine of economic development, with China and the United States leading the way at the present. The United States has vigorously promoted the development of the Internet platform economy by strengthening collaborative innovation, intellectual property protection, privacy legislation and human resource mechanisms. Zhejiang province, Guangdong province and Beijing city are relatively developed areas of domestic internet platform economy, which is closely related with a comprehensive range of support of the local government, including policy guidance, innovation drive promotion, decentralization, etc. In this area it developed relatively backward in Jiangsu province, so it needs to learn from these experiences and promote the development of the Internet platform economy.

Keywords: Internet; Platform Economy; Innovation

B. 12　Problems and Countermeasures of Internet Financial Development in Jiangsu　　　　　　　　　　　*Ding Minwen* / 111

Abstract: As a big economic and Internet province, in recent years, rapid development of the Internet financial. But it also reveals the lack of speed in the development system deficiency and increased risk. Face the problems realistically, Strive for risk prevention; technical progress; systematic innovation; personnel training; and environmental improvement and so on, Straighten out and clear countermeasures. Speed up Internet financial integration of the internet, the big platform of Jiangsu economy system. Effectively promote the transformation and upgrading of Jiangsu's industrial structure.

Keywords: Internet; Finance; Jiangsu

B. 13　Research on the Supporting Policy of Jiangsu

　　　"Internet +" Enterprise Development　　　*Xiao Ping* / 121

Abstract: Summary: "Internet +", the integration of the Internet and traditional fields, has become an irresistible trend of the times, profoundly affects the economic and social development. Based on the development of Jiangsu "Internet +" enterprises and the characteristics of Jiangsu economic development, this paper focuses on the analysis of existing support policies and the disruptive trend of "Internet +", puts forward some suggestions including, improve the efficiency of the implementation of existing policies, optimize existing policies from the perspective of the future.

Keywords: Internet Plus; Enterprise; Internet Platform; Industry; Standardize

B. 14　New Progress, Problems And Measures of Science

　　　And Technology Service Industry in Jiangsu　　　*Gu Limin* / 132

Abstract: It is necessary to increase the services about innovation chain, strengthen technology applications and integrate senior elements to develop science and technology service industry in Jiangsu. Therefore, Jiangsu should take measures to make progresses. Adjust the structure of the supply to form the collaborative technical service chain of government and market. Develop technology service chain the around innovation chain to improve the supply-demand balance. Strengthen the innovation to construct science and technology service system. Integrate senior innovation resources to improve the develop zones. Optimize the policy system to improve the industry the environment.

Keywords: Science and Technology; Service Industry; Innovation; Integration of Resources

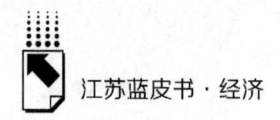

B. 15 Problems and Countermeasures of Green Development
of County Economy in Jiangsu　　　　*Zhan Zhaolei* / 143

Abstract: Green development is the basic path of county economy transformation and upgrading in the new period. Jiangsu has made a series of achievements in the green development of county economy, but there are still many deficiencies in the aspects of concept cognition and support ability. In the new historical period, Jiangsu should enhance the capacity and performance of county economy green development through top-level design, policy support, mechanism innovation, so as to provide a strong support for achieving the strategic objectives of "gathering force for innovation, focusing on enriching the people, building a well-off society in a high level".

Keywords: County Economy; Green Development; Ecological Civilization

B. 16 The Challenges to the Development of Jiangsu Entity
Retail Enterprise and the Coping Strategies　　*Cao Xiaochun* / 153

Abstract: In recent years, jiangsu entity retail enterprises face many challenges: rental of commercial real estate surge, other fees and taxes increase, internet sales impact, business planning is unreasonable, there are more problems in the operation and management. To meet these challenges, we must build fair environment about the competition between Online and offline enterprise, make a commercial layout reasonably, promote the development of O2O business model, guide the entity enterprise to strengthen supply chain management, and promote the entity enterprises improve the quality of service.

Keywords: Entity Enterprise; Retail; Network Shopping; O2O

III Reform, Opening up and Innovation

B. 17　Reshaping Jiangsu Economic Competitive Advantage
　　　Under the Structural Reform of the Supply Front
　　　　　　　　　　　　　　　　　　　　Lv Yonggang / 161

Abstract: In the economic new normal state, Jiangsu's economic traditional strength is weakened, the negative effects of traditional "strong government" strength is revealed, the advantages of traditional Development zones have been significantly reduced, the traditional open economic advantagees face challenges, the traditional post-dvelopment advantages are gradually lost. Under the new situation, Jiangsu should push forward the structural Reform of the Supply Front, grasp the key of reform, reshaping Jiangsu Economic Competitivve Advantage.

Keywords: Supply Side; Reform; New Normal; Competitive Advantage

B. 18　The Research on Transformation and Upgrading Innovative
　　　Development and Institutional Reform of
　　　Development Zone　　　　　　　　　　　　*Wang wei* / 169

Abstract: Jiangsu is one of provinces which its development zone is established early, the development speed is quick and the economic strength is strong. At present, the international and domestic situation faced by the development zone and the historical mission shouldered by the development have changed. The potential problems over the years is now growing under the new situation. The upgrading of factors such as human resources, technology, industry is urgently needed. And the transformation of kinetic energy is also strongly required. An innovation system which the integrated innovation and independent innovation is organic united should be actively established. The construction of market environment to ensuring the benefits of high-end elements is speeded up. The industrial foundation for the relevant industry of high-end industries should be strengthened. Jiangsu should accelerate the development of high-tech incubator services in development zones and establish the mechanism for the development of core high-end technology. A quality city which can help unleash the vitality of high-end talent should be builded. Jiangsu will actively build an industrial science and technology innovation center with global impact and an advanced manufacturing base with international competitiveness.

Keywords: Development Zone; Transformation and Upgrading; Structural Reform

B. 19 Research on Innovation and Development of The Open Economy in Jiangsu Under The Ideas about Sharing of The People's Livelihood Li Jie / 178

Abstract: Jiangsu, as the leader of the open economy in China, is facing some classical restricting factors which are just like the "bottleneck" to the open economy during its improvement to a higher level. Meanwhile all these factors are closely related to people's livelihood issues. To achieve a new development of the open economy under Chinese new normal, it is necessary to take people's livelihood as fundamental, and under these ideas Jiangsu should try its best to make innovation, to expand the new open space and new fields, as well as to push the mechanism of regulations deeper in advantage. This paper focus on the main problems of the development in the new open economy of Jiangsu, and base on the analysis, a possible path to achieve the goal of "enriching people" is given. Promoting internal open should be taken as the other main task of the new open economy while keeping on opening to the outside world. And the both paths can cooperate to realize the enhancement of livelihood of Jiangsu people. Finally, the article suggested eight measures used for the expansion of the new opening-up.

Keywords: Sharing of The People's Livelihood; Economic Innovation; Jiangsu

B. 20　The Supply Side Problem and Solution of

　　　　Jiangsu Manufactures　　　　　　　　　　*Li Feng* / 189

Abstract: Overcapacity, high production costs and obvious contradiction between supply and demand are the major problems faced byJiangsu manufactures. The solution includes promoting the supply side structural reform, developing the intelligent manufacturing, accelerating the service-oriented manufacturing and strive to build a leading province with international influences.

Keywords: Manufactrures Industry; Supply Side; Structural Reform; Jiangsu

B. 21　Expand the Advantage of Opening-up, Improve the

　　　　International Level of Innovation in Jiangsu　　*Li Sihui* / 199

Abstract: Integrating global innovation resources is an important path toexpand the supply of innovative elements, optimize the structure of innovation factors, improve the total factor productivity. It is also a key support to improve regional innovative ability, construct innovative province and technology strong province. To integrate global innovation resources, Jiangsu should aim at the high-end industry, from pure technological innovation to integrated innovation based on independent brand. Innovative industrial chains and clusters should be actively builded in order to create a virtuous circle of global innovation resources which will be integrated promote integration and whereas the same. Enterprises are guided to use various integration innovation models based on demand of market, demand of factors and demand of innovation. In the end, the enterprises complete the leap-forward from the integration of innovation resources to the integrator. And the status of Jiangsu in the global industrial chain, innovation chain and value chain if comprehensively promoted.

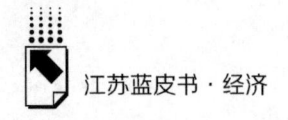

Keywords: Internationalization; Integrated Innovation; Agglomeration

B. 22　Research on Business Model Innovation of Strategic Emerging Industries in Jiangsu　　　　*Wang Shuhua* / 211

Abstract: Business model innovation in strategic emerging industries is as important as technological innovation. Since 2009, Jiangsu has placed strategic emerging industries in a prominent position, and has promoted the scale of strategic emerging industries to expand, and rapidly ranks first in China. However, the current business model in Jiangsu can't completely adapt to the development of strategic emerging industries. Therefore, it is necessary to push the business model of strategic emerging industries from a "focused" business model to an "integrated" business model.

Keywords: Emerging Industries; Business Model; Innovation

B. 23　Research on Replicating and Popularizing the Experience of FTZ in Jiangsu　　　　*Zhou Rui* / 222

Abstract: Subject: This report summarizes the content of the current FTZ, and then generalizes experience that can be replicated and popularized, and puts forward countermeasures in the process of jiangsu replication and popularizing experience. The study concludes that the Jiangsu should conscientiously implement the State Council to promote the replication of FTZ experience, closely tracking the progress of the FTZ, continue to promote the jiangsu Free Trade Zone declaration, and merge replicated FTZ experience with Jiangsu economy upgrade and transformation.

Keywords: FTZ; Replication; Promotion; Jiang su

B. 24　A Study on the Policy on Agglomerating Advanced Factors in Jiangsu from International Experiences
Du Yuwei / 231

Abstract: The agglomeration of advanced factors is the basic condition to realize the innovation-driven development. As a famous automobile industry city once, Oakland County in USA took various policies and measures to facilitate the spatial agglomeration of productive factors such as great amount of global high-quality capital, large quantities of advanced talents and rich innovation knowledge in recent years. Therefore, the county has realized the industrial transformation & upgrading and rapid economy growth. From Oakland's experience of transformation development, Jiangsu would agglomerate advanced factors in the world through some relative policies with completing the infrastructure system for spatial agglomeration, creating the exceptional environment for gathering talents, and constructing the innovation-driven modern industrial system.

Keywords: Advanced Factors; Factor agglomeration; Jiangsu

B. 25　Take Measures to Eliminate the Worries of Private Entrepreneurs in Jiangsu　　*Chen Qinghua* / 242

Abstract: At present, the private economy in Jiangsu, though affected by multiple factors, still occupies an important position in GDP. Due to lack of innovation ability and information, participation is not positive, and the legal supervision of Ji'an guanquelou, few people on the poor domestic development environment are not satisfied, Many private entrepreneurs have some negative emotions, Continue to take the "system transformation and upgrading, boost confidence in development" and many other measures. Actively explore the "new normal" under the growth of private entrepreneurs team law, and strive to build a strong ideological and political, strong industry representatives, political participation in government, and good social credibility of the private entrepreneurs. In order to effectively promote the transformation and upgrading of the non-public economy, and make contribution to the construction of a prosperous new Jiangsu.

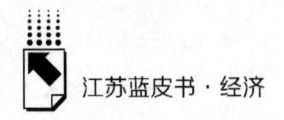

Keywords: Privately Operated; Entrepreneur; Transformation andUpgrading; Jiangsu

Ⅳ Urban and Rural Economic Development

B. 26 New Features and New Changes of Residents'
Consumption Demand in Jiangsu *Li Hui* / 251

Abstract: Since 2016, there have been some new features and new changes in the residents' consumption demand in Jiangsu. This paper first summarized the policy measures to promote consumption in Jiangsu since 2016, and then analyzes the new characteristics and new changes of Jiangsu residents' consumption demand, and some problems that need to be concerned about. Finally, it puts forward the suggestions to improve the consumption demand of residents.

Keywords: Residents' Consumption; Network Consumption; Jiangsu

B. 27 The Effectiveness, Difficulties and Countermeasures of
Agricultural Standar-ation in Jiangsu *Jin Gaofeng* / 262

Abstract: The agricultural standardization in Jiangsu have achieved substantive results. At the same time, there still faces many obstacles, such as the insufficient standard content, the imperfect management mechanism, the scatter production and market, the immature external environment. These make it difficult to integrate with international standards, difficult to organize the implementation, difficult to test and monitoring. Based on the advanced experience of foreign countries, combined with the actual situation in our province, we should adhere to highlight government guidance, further improve the standardization mechanism, strengthen the organization, focus on demonstration and promotion, improve production and consumption environment.

Keywords: Agriculture; Standardization; Professionalization Jiangsu

B. 28　The Characteristics and Suggestions of Land Scale Transfer: A Case Study of Jiangsu Province　*Gao Shan* / 272

Abstract: Land scale transfer has entered the stage of accelerating development in Jiangsu Province. The new management main body, such as planting large family, family farms, farmer specialized cooperatives, have become the main force of the scale transfer. The mode of circulation has been gradually standardized. The efficiency of circulation has been improved. However, the pattern of land fragmentation has not been changed. There were land circulation disputes and scale operational risks. The social service systems still has been incomplete. Recently, due to the adversities at home and abroad, land scale transfer has entered a period of transition and adaptation. Scale circulation and scale operation will be the dominant position in modern agriculture. In order to promote the agricultural modernization, we need the new development ideas. The reform of land transfer system will be deepened. Land scal transfer will be guided step by step. The conditions of scale agriculture will be improved. The new management operators will be cultivated intensively. The management mode will be innovated. The social service system will be improved.

Keywords: Land Scale Transfer; Scale Management; Agriculture; Modernization; Jiangsu

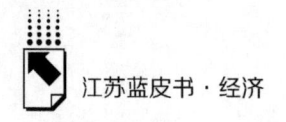

B. 29　AStudy on the Developing Process and Countermeasures of

　　　　Agricultural Modernization in Jiangsu　　　　*Lv Meiye* / 283

Abstract: By the end of 2015, Jiangsu Province had made more than 80% progress towards its early-stage agricultural modernization goals, while still facing the poor land circulation, the lack of talents, capital, technology and other factors, the tough business transformation, the undeveloped agriculture protection and supporting system and many other problems. Therefore, we proposed to vigorously reduce the quantity and promote the quality of agricultural practitioner staff; to actively explore multiple patterns of land circulation and scale operation; to make an innovation of mortgage and guarantee mechanism in agricultural finance; to implement the demonstration and extension of new scientific and technological achievements; to design and adjust the agricultural fiscal policy reasonably; and to speed up the protection system construction of agroecological environment, in the end to make all efforts to promote the agricultural modernization to a new level in Jiangsu.

Keywords: Agricultural; Modernization; Jiangsu

B. 30　The Key Point, Difficulty and Main Tasks of Poverty

　　　　Alleviation and Prosperity Project

　　　　　　　　Zhang Lidong, Zhou Chunfang and Zhao Jinchun / 293

Abstract: Making sure the Poverty Alleviation and Prosperity Project completed on schedule, is the basic guarantee to finish building a moderately prosperous society at the end of 13th five-year. Base on the location, thoughts and aim of poverty alleviation and development during the period of 13th five-year, this paper point out the key point and difficulty of Poverty Alleviation and Prosperity Project, and put forward the corresponding countermeasures and suggestions.

Keywords: Targeted Poverty Alleviation; Rags-to-Riches; Prosperous Society

B.31 Research on Fiscal Policy Promoting Urban-rural Integration in Jiangsu　　　　*Gu Chunlei* / 302

Abstract: The integration of urban and rural areas is an inevitable trend and an internal requirement to break the dual economic structure of urban and rural areas and to build a new type of urban-rural relations. Jiangsu province gives full play to the driving and guiding role of fiscal policy in urban and rural integration and the rate of urbanization has been increasing steadily. New progress has been made in urban and rural integration, including industrial development, infrastructure, public services, employment, social security and social management. In order to further improve the fiscal policy and promote the integration of urban and rural areas through better use of fiscal policy in Jiangsu Province, urban and rural development planning should be based on the fiscal revenue to ensure the feasibility of planning; we should stabilize local tax sources and increase local government revenue; we should improve land use and benefit distribution system, optimize the structure of government income; we should integrate agriculture related special funds and give full play to the scale advantages of financial funds in support of urban and rural integration development; we should establish and improve the financial transfer payment system and balance regional finance; we should play the role of cost sharing of fiscal expenditure in the process of transferring peasants' citizenship under the principle of people-oriented; we should establish and strengthen financial supervision and long-term accountability mechanisms.

Keywords: Fiscal Policy; Urban-rural Integration; Jiangsu

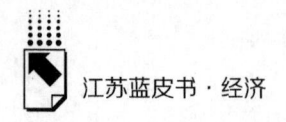

V Regional Economic Development

B.32 Study on thePath of Jiangsu's Participation into the Development of the Urban Agglomeration of Yangtze River Delta Integration　　　　　　　　　*Xu Chunhua* / 312

Abstract: "The development plan of the Urban Agglomeration of Yangtze River Delta" proposed to build a global influential and world-class Urban Agglomeration, Jiangsu is located in the north wing of the core area of the Urban Agglomeration in Yangtze River Delta, how to participate in and integrate into the development of the Urban Agglomeration of Yangtze River Delta is an urgent problem to be solved. This paper tries to analysis the foundation and conditions of Jiangsu's participation in the development of the Urban Agglomeration of Yangtze River Delta, the practical problem faced by Jiangsu, and then Put forward the path for Jiangsu's integrating fully, provide a reference of the measures.

Keywords: the Urban Agglomeration; Yangtze River Delta; the Metropolitan Area development

B.33 The New Development and Analysis of Jiangsu Participate in "One Belt And One Road" Construction
　　　　　　　　　　　　　　　　　Zhang Yuanpeng / 321

Abstract: Jiangsu has made great achievements in the construction of "One Belt And One Road" by taking his advantages, projects scale up as the steps of "Going Global", international cooperation in industrial capacity and equipment manufacturing have been strengthened, trade development along the belt and road countries goes well, the market is expanding, the industrial carriers along countries have got significant progress, and logistics with Central Asia and Europe continue development, cultural and education exchanges have strengthened, but there are a big development space yet, such as further cooperation in the field of education, culture, relative policies issued by Jiangsu province should be more targeted and forceful.

Keywords: "One Belt One Road"; Investment Abroad; Capacity Cooperation

B. 34 Path Analysis of the New Pattern of Regional
Coordinated Development in Jiangsu   *Fang Weiwei* / 329

Abstract: The new pattern of regional coordinated development has such characteristics as "people first", "balanced and orderly", "intensive and efficient", "Innovation-driven" and "green ecology". At present, the construction of this new pattern has important realistic meaning for Jiangsu. So Jiangsu needs to enhance regional organic ties by infrastructure, to advance the urban-rural integration new urbanization, to balance the regional productivity layout with orderly transfer of industry, to narrow regional disparities in welfare by equalization of public services. At the same time, Jiangsu strengthen the guiding role of regional development planning, improve the regional economic cooperation organizations and institutions, explore the mechanism of cross regional capital supply in order to implroe the accuracy of regional policy supply.

Keywords: Coordinated Development; New Pattern; Jiangsu

VI City Reports

B. 35 Analysis of Economic Operation in Taizhou in 2016 and
Forecast of Development in 2017   *Zhu Juping* / 338

Abstract: In 2016, under the background of severe and complicatedmacroenvironment and great downward pressure on economy, Taizhou city energetically promoted supply-side structural reform and implemented various reform measures. Therefore, economical operation was overall smooth, and growth of major economic indicators was placed in previous row of the whole province. In the first three quarters of 2016, Taizhou city's GDP totaled 298.64 billion yuan with year-on-year growth of 9.5% and shared first place of whole province with Nantong and Suqian. Comprehensively considering the influence of investment, consumption, import and export, and external macroeconomic factors, Taizhou economic trends in 2017 are prospected as: total retail sales of consumer goods will increase about 11.0%, import and export will decrease about 6%, consumer price index will increase about 2%, and ex-factory price indices of industrial product will rally. Taizhou economic development in 2017 will proceed with the implementation of the spirit of 13th Province Party Congress and 5th City Party Congress. Guided by new developing concepts and driven by innovation, steady and fast economic growth will be promoted through industrial structure adjustment, expanding effective investment, and cultivating new momentum.

Keywords: Operation Situation; Economic Trend; Taizhou

B.36 Analysis and Suggestion on Lianyungang Economy in 2016

Xue Jikun / 349

Abstract: In 2016, it is the key year of development of Lianyungang. Lianyungang economy shows a smooth trend. The main indicators are maintained in a reasonable range. The positive factors of economic development are increasing. Center, East and West regional Cooperation demonstration, SCO (Lianyungang) International Logistics Park, Port and so on, the task of key development projects remains difficult, presents a trend of slow progress. Look from the economic development, the economic development of Lianyungang will appear the following trends in 2017. First, we will face more complicated macro environment. Secondly, the structural contradictions of development are still outstanding. Thirdly, the constraint pressure of resource environment is still large.

Therefore, we propose that, we should adjust the development strategy as soon as possible. To introduce three-edge into the economy, and integrate actively into four-along strategy. Implement the strategy of the marine economy, and expand the space of Blue economy. To accelerate the innovation of science and technology, build a new engine for economic development. Further implement the strategy of new urbanization, Lead the coordinated development of regional economy. Further enhance the ability of Lianyungang to provide service for national strategy.

Keywords: The Thought of Three Edges; Four-along Strategy; Blue Economy; New Urbanization.

B. 37   The Development Overview of Nantong 2016 and the Development Outlook for 2017   *Liu Dongming* / 364

Abstract: In 2016, the city of Nantong actively responded to various difficulties, and the major economic indicators were in good condition. In 2017, nantong economic and social development are faced with many pressures, such as promoting industrial level, strengthen innovation ability, elevate the city level of the center, improving the social governance, energy conservation and emissions reduction. At the same time, Nantonghavemany conditions conducive to development. Nantongmust adopting a series of realmeasures, be around to speed up the construction of Yangzi river delta north wing economic center, regional comprehensive transportation hub, with the innovation of regional influenc city, and attractive livable appropriate industry garden city. The target for GDP growth in 2017 is expected to be above 9 percent, with other major indicators going further.

Keywords: Operation Situation; Economic Trend; Nantong

社会科学文献出版社　皮书系列

❖ 皮书起源 ❖

"皮书"起源于十七、十八世纪的英国，主要指官方或社会组织正式发表的重要文件或报告，多以"白皮书"命名。在中国，"皮书"这一概念被社会广泛接受，并被成功运作、发展成为一种全新的出版形态，则源于中国社会科学院社会科学文献出版社。

❖ 皮书定义 ❖

皮书是对中国与世界发展状况和热点问题进行年度监测，以专业的角度、专家的视野和实证研究方法，针对某一领域或区域现状与发展态势展开分析和预测，具备原创性、实证性、专业性、连续性、前沿性、时效性等特点的公开出版物，由一系列权威研究报告组成。

❖ 皮书作者 ❖

皮书系列的作者以中国社会科学院、著名高校、地方社会科学院的研究人员为主，多为国内一流研究机构的权威专家学者，他们的看法和观点代表了学界对中国与世界的现实和未来最高水平的解读与分析。

❖ 皮书荣誉 ❖

皮书系列已成为社会科学文献出版社的著名图书品牌和中国社会科学院的知名学术品牌。2016年，皮书系列正式列入"十三五"国家重点出版规划项目；2012~2016年，重点皮书列入中国社会科学院承担的国家哲学社会科学创新工程项目；2017年，55种院外皮书使用"中国社会科学院创新工程学术出版项目"标识。

中国皮书网

发布皮书研创资讯，传播皮书精彩内容
引领皮书出版潮流，打造皮书服务平台

栏目设置

关于皮书：何谓皮书、皮书分类、皮书大事记、皮书荣誉、
皮书出版第一人、皮书编辑部

最新资讯：通知公告、新闻动态、媒体聚焦、网站专题、视频直播、下载专区

皮书研创：皮书规范、皮书选题、皮书出版、皮书研究、研创团队

皮书评奖评价：指标体系、皮书评价、皮书评奖

互动专区：皮书说、皮书智库、皮书微博、数据库微博

所获荣誉

2008年、2011年，中国皮书网均在全国新闻出版业网站荣誉评选中获得"最具商业价值网站"称号；

2012年，获得"出版业网站百强"称号。

网库合一

2014年，中国皮书网与皮书数据库端口合一，实现资源共享。更多详情请登录www.pishu.cn。

权威报告·热点资讯·特色资源

皮书数据库
ANNUAL REPORT(YEARBOOK) DATABASE

当代中国与世界发展高端智库平台

所获荣誉

- 2016年，入选"国家'十三五'电子出版物出版规划骨干工程"
- 2015年，荣获"搜索中国正能量 点赞2015""创新中国科技创新奖"
- 2013年，荣获"中国出版政府奖·网络出版物奖"提名奖
- 连续多年荣获中国数字出版博览会"数字出版·优秀品牌"奖

成为会员

通过网址www.pishu.com.cn或使用手机扫描二维码进入皮书数据库网站，进行手机号码验证或邮箱验证即可成为皮书数据库会员（建议通过手机号码快速验证注册）。

会员福利

- 使用手机号码首次注册会员可直接获得100元体验金，不需充值即可购买和查看数据库内容（仅限使用手机号码快速注册）。
- 已注册用户购书后可免费获赠100元皮书数据库充值卡。刮开充值卡涂层获取充值密码，登录并进入"会员中心"—"在线充值"—"充值卡充值"，充值成功后即可购买和查看数据库内容。

数据库服务热线：400-008-6695
数据库服务QQ：2475522410
数据库服务邮箱：database@ssap.cn
图书销售热线：010-59367070/7028
图书服务QQ：1265056568
图书服务邮箱：duzhe@ssap.cn

子库介绍
Sub-Database Introduction

中国经济发展数据库

涵盖宏观经济、农业经济、工业经济、产业经济、财政金融、交通旅游、商业贸易、劳动经济、企业经济、房地产经济、城市经济、区域经济等领域，为用户实时了解经济运行态势、把握经济发展规律、洞察经济形势、做出经济决策提供参考和依据。

中国社会发展数据库

全面整合国内外有关中国社会发展的统计数据、深度分析报告、专家解读和热点资讯构建而成的专业学术数据库。涉及宗教、社会、人口、政治、外交、法律、文化、教育、体育、文学艺术、医药卫生、资源环境等多个领域。

中国行业发展数据库

以中国国民经济行业分类为依据，跟踪分析国民经济各行业市场运行状况和政策导向，提供行业发展最前沿的资讯，为用户投资、从业及各种经济决策提供理论基础和实践指导。内容涵盖农业，能源与矿产业，交通运输业，制造业，金融业，房地产业，租赁和商务服务业，科学研究，环境和公共设施管理，居民服务业，教育，卫生和社会保障，文化、体育和娱乐业等100余个行业。

中国区域发展数据库

对特定区域内的经济、社会、文化、法治、资源环境等领域的现状与发展情况进行分析和预测。涵盖中部、西部、东北、西北等地区，长三角、珠三角、黄三角、京津冀、环渤海、合肥经济圈、长株潭城市群、关中—天水经济区、海峡经济区等区域经济体和城市圈，北京、上海、浙江、河南、陕西等34个省份及中国台湾地区。

中国文化传媒数据库

包括文化事业、文化产业、宗教、群众文化、图书馆事业、博物馆事业、档案事业、语言文字、文学、历史地理、新闻传播、广播电视、出版事业、艺术、电影、娱乐等多个子库。

世界经济与国际关系数据库

以皮书系列中涉及世界经济与国际关系的研究成果为基础，全面整合国内外有关世界经济与国际关系的统计数据、深度分析报告、专家解读和热点资讯构建而成的专业学术数据库。包括世界经济、国际政治、世界文化与科技、全球性问题、国际组织与国际法、区域研究等多个子库。

法律声明

"皮书系列"（含蓝皮书、绿皮书、黄皮书）之品牌由社会科学文献出版社最早使用并持续至今，现已被中国图书市场所熟知。"皮书系列"的LOGO（ ）与"经济蓝皮书""社会蓝皮书"均已在中华人民共和国国家工商行政管理总局商标局登记注册。"皮书系列"图书的注册商标专用权及封面设计、版式设计的著作权均为社会科学文献出版社所有。未经社会科学文献出版社书面授权许可，任何使用与"皮书系列"图书注册商标、封面设计、版式设计相同或者近似的文字、图形或其组合的行为均系侵权行为。

经作者授权，本书的专有出版权及信息网络传播权为社会科学文献出版社享有。未经社会科学文献出版社书面授权许可，任何就本书内容的复制、发行或以数字形式进行网络传播的行为均系侵权行为。

社会科学文献出版社将通过法律途径追究上述侵权行为的法律责任，维护自身合法权益。

欢迎社会各界人士对侵犯社会科学文献出版社上述权利的侵权行为进行举报。电话：010-59367121，电子邮箱：fawubu@ssap.cn。

社会科学文献出版社